图书在版编目(CIP)数据

满江红.河洛悲歌/王曾瑜著.-郑州:河南大学出版社,2014.9
ISBN 978-7-5649-1622-0

Ⅰ.①满… Ⅱ.①王… Ⅲ.①长篇历史小说-中国-当代
Ⅳ.①I247.5

中国版本图书馆CIP数据核字(2014)第222445号

责任编辑　王四朋
责任校对　陈广胜
封面设计　王四朋

出　版	河南大学出版社	
	地址:郑州市郑东新区商务外环中华大厦2401号　邮编:450046	
	电话:0371-86059701(营销部)	
	网址:www.hupress.com	
排　版	郑州市今日文教印制有限公司	
印　刷	开封智圣印务有限公司	
版　次	2014年10月第1版	印　次　2014年10月第1次印刷
开　本	710mm×1000mm　1/16	印　张　19.5
字　数	281千字	定　价　229.00元(7册)

(本书如有印装质量问题,请与河南大学出版社营销部联系调换)

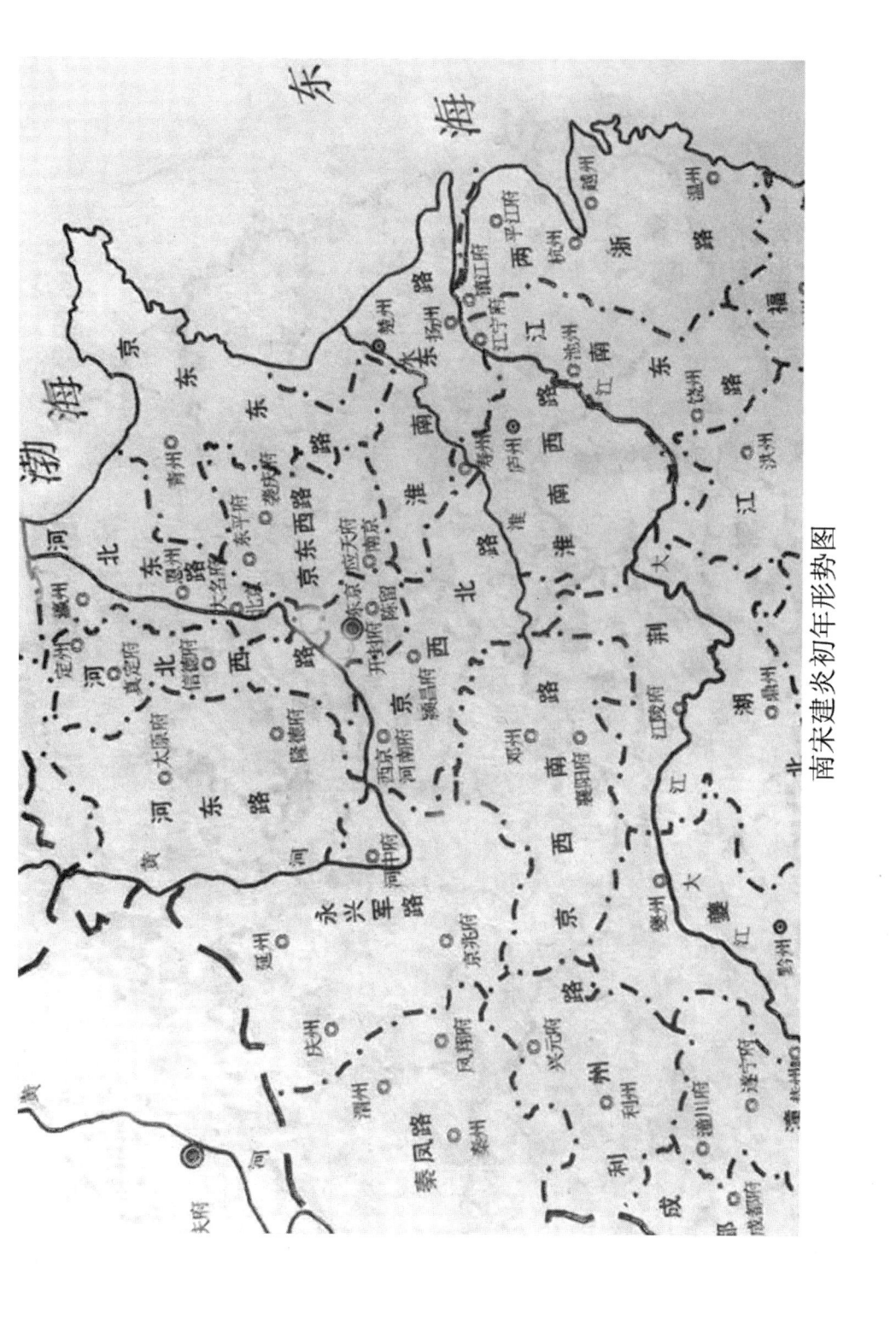

南宋建炎初年形势图

宋高宗像

吴后像

李纲像

宗泽像

岳飞像

中兴四将图

重要人物表

宋高宗赵构　宋徽宗第九子,南宋开国皇帝。

黄潜善　中书侍郎,御营使,后升右相和左相。

汪伯彦　同知枢密院事,御营副使,后升知枢密院事和右相。

冯益　宦官。

康履　宦官。

曾择　宦官。

蓝珪　宦官。

张去为　宦官。

赵叔向　宋朝皇族,敦武郎。

陈烈　赵叔向的谋士。

刘光世　御营司提举一行事务,后任宣抚使,为南宋方面军统帅。

王德　刘光世部将。

傅庆　刘光世部将,后为岳飞部将。

杨再兴　赵叔向部将,后为岳飞部将。

王兰　赵叔向部将,后为岳飞部将。

高林　赵叔向部将,后为岳飞部将。

罗彦　赵叔向部将,后为岳飞部将。

姚侑　赵叔向部将,后为岳飞部将。

李德　赵叔向部将,后为岳飞部将。

闾勍　主管侍卫步军司公事。

王渊　御营司都统制,后任同签书枢密院事。

韩世忠　御营司左军统制,后任宣抚处置使,为南宋方面军统帅。

张俊　御营司前军统制,后任宣抚使,为南宋方面军统帅。

潘瑛瑛　宋高宗贤妃。

吴金奴　后为宋高宗皇后。

张莺哥　后为宋高宗婉仪。

吕好问　尚书右丞。

马伸　殿中侍御史。

张所　监察御史,后任河北西路招抚使。

王经　河北西路招抚司前军统制,后任岳家军统制。

寇成　河北西路招抚司中军统制,后任岳家军统制。

于鹏　保义郎,河北西路招抚司干办公事,后为岳飞的部将和幕僚。

赵士㒟　宋朝皇族,知南外宗正事。

岳飞　武将,后任宣抚使,为南宋方面军统帅。

王贵　武将,后任岳家军统制、都统制等。

张宪　武将,后任岳家军统制、副都统制等。

徐庆　武将,后任岳家军统制。

李纲　南宋首任宰相、御营使。

赵九龄　迪功郎,李纲幕僚,河北西路招抚司干办公事。

朱梦说　迪功郎,李纲幕僚,后为岳飞幕僚。

李若虚　承务郎,李纲幕僚,后为岳飞幕僚。

邵成章　宦官。

宗泽　东京留守、开封知府。

隆祐太后孟宝红　宋高宗伯母。

孙革　东京留守司干办公事,后为岳飞幕僚。

张悫　同知枢密院事。

许翰　尚书右丞。

陈东　太学生、名士。

欧阳澈　士人。

田师中　张俊部将。

杨沂中　张俊部将。

王燕哥　东京留守司副统制,绰号一丈青。

马皋　东京留守司统制,一丈青丈夫。

刘衍　东京留守司统制。

黄彦节　宦官。

张浚　殿中侍御史,后任宰相。

秦桧　宋御史中丞,降金后任参谋军事。

王癸癸　秦桧妻。

宋徽宗赵佶　被金朝所俘的北宋皇帝。

景王赵杞　宋徽宗第六子。

济王赵栩　宋徽宗第七子。

郑太后　宋徽宗正妻。

乔贵妃媚媚　宋徽宗贵妃。

茂德帝姬赵福金　宋徽宗第五女。

宋钦宗赵桓　被金朝所俘的北宋皇帝。

朱皇后琏　宋钦宗皇后。

朱慎妃璇　宋钦宗妃。

郑庆雲　宋钦宗才人

狄玉辉　宋钦宗才人。

完颜斡离不　汉名宗望,金太祖子,金朝右副元帅,人称二太子。

完颜挞懒　汉名昌,金朝元帅左监军。

完颜粘罕　汉名宗翰,金朝左副元帅,国论移赉字堇,人称国相。

完颜谷神　汉名希尹,金朝元帅右监军。

完颜阇母　金朝元帅左都监。

完颜兀术　汉名宗弼,金太祖子,人称四太子。

完颜讹里朵　汉名宗辅,金太祖子,继任右副元帅,人称三太子。

唐括氏　完颜斡离不正妻。

耶律观音　契丹人,完颜兀术妾,后为王妃。

耶律余睹　契丹人,金朝元帅右都监。

刘浩　大名府兵马钤辖。

赵不尤　宋朝皇族,大名府兵马副钤辖,后为岳飞部将。

郭永　河北东路提点刑狱。

张益谦　权北京留守、大名府路安抚使、河北东路转运副使。

郭青　河北西路招抚司左军统制,后任岳家军统制。

王敏求　武将,后为岳飞部将。

李廷珪　武将,后为岳飞部将。

霍坚　武将,后为岳飞部将。

舒继明　武将,后为岳飞部将。

沈德　武将,后为岳飞部将。

张应　武将,后为岳飞部将。

李璋　武将,后为岳飞部将。

赵宏　武将,后为岳飞部将。

岳亨　武将,后为岳飞部将。

孙显　武将,后为岳家军统领。

大挞不野　渤海人,姓大,汉名臭,金军万夫长。

完颜蒙适(kuo)　金军万夫长。

韩庆和　汉人,金军万夫长。

韩常　韩庆和子,金军千夫长。

完颜聂耳　金军万夫长。

完颜余列　金军万夫长。

斜卯阿里　金军万夫长。

乌延蒲卢浑　金军万夫长。

李娃　岳飞后妻。

韩清　李娃表弟,北方抗金义军首领,后为岳飞部将。

柔福帝姬赵嬛嬛　宋徽第二十女。

完颜赛里　汉名宗贤,金朝皇族,号盖天大王,金军万夫长。

徐还　金朝通事。

完颜撒离喝　汉名杲,金朝皇族,中京都统。

智和　和尚,北方抗金义军首领。

信王赵榛　宋徽宗第十八子。

周绣儿　村姑。

赵邦杰　北方抗金义军首领。

马扩　北方抗金义军首领。

高泽民　岳飞外甥。

岳翻　岳飞弟。

巩义方　中牟县令,义胜军统制。

巩岫娟　巩义方女,后为岳雲妻。

姚政　相州汤阴县人,后为岳家军统制。

梁佛面　韩世忠妻。

茅佛心　韩世忠妾。

周佛迷　韩世忠妾。

杜充　北京留守、大名府路安抚使,后任东京留守。

宇文虚中　资政殿大学士、大金祈请使。

刘彦宗　金朝知枢密院事。

郭仲荀　武康军承宣使、东京副留守。

赵不试　宋朝皇族,相州知州。

秦仔　相州通判。

刘豫　济南知府,降金后当金朝子皇帝。

姚氏　岳飞母。

岳银铃　岳飞姐。

高芸香　张宪后妻。

芮红奴　岳翻妻。

岳雲　岳飞长子。

岳雷　岳飞次子。

梁兴　太行山忠义保社首领,后为岳飞部将。

赵雲　太行山忠义保社首领,后为岳飞部将。

李进　太行山忠义保社首领,后为岳飞部将。

宋金时代语汇简释

渊圣　宋钦宗。

三衙　殿前司、侍卫马军司和侍卫步军司,合称三衙。北宋时三衙分管全国的禁军和厢军。

秀才　对读书人的尊称。

村秀才　对读书人的贬称。

察院　监察御史简称。

殿院　殿中侍御史简称。

架阁　档案。

修武　修武郎简称。

保义　保义郎简称。

龙图　龙图阁学士简称。

行在　皇帝临时所在,南宋初,用以指宋高宗的行都,如应天府、扬州、杭州等地。

急脚鬼　宋代的快速邮递称急脚递或急递,开封城被金军攻破后,人们骂吴幵和莫俦为金军往返传旨,称急脚鬼。

裭领　背心。

以手加额　用手按额,是古人常用于表示宽慰和欣慰的手势。

进纳　宋朝平民以钱币、粮食等捐献官府而授予官衔,称为进纳。

大监　少府监、将作监等通称大监。

武翼　武翼郎简称。

忠翊　忠翊郎简称。

斡勒、颜盏、奥屯　女真姓。

阁长　宋时高等宦官尊称大官,次等宦官尊称阁长。

赤老　对军人的鄙称。

管军　高级统兵官。

冲替　犯罪或犯错误被撤职。

草卷　草稿。

都统　都统制简称。

干办　干办公事简称。

面对　口奏。

孺人　外命妇,即宫外贵妇的一种称号。有时也可作为官太太的尊称。

武经　武经郎简称。

秉义　秉义郎简称。

驱口　金朝的战俘奴隶。

防托　守卫。

把截　守卫。

歇泊　驻扎。

令人　外命妇,即宫外贵妇的一种称号。

宣教　宣教郎简称。

丁忧　官员因父母等去世,离职守孝。

起复　官员丁忧期间,朝廷特命不离职守孝。

投拜　投降。

根问　勘问,审问,追问。

大祥　古代二十七个月的守丧期结束,还须举行祭礼,称大祥。

大 事 记

建炎元年五月一日,康王赵构在南京应天府登基,后庙号高宗。武将刘光世奉旨刺杀宗室赵叔向。

中旬,张所弹劾黄潜善,被贬逐流放,途中会见新任宰相李纲。

被俘的宋徽宗等抵达燕京析津府。

宋徽宗十八子信王赵榛逃到庆源府,参加五马山抗金义军。

六月一日,李纲和宗泽到南京应天府,朝见皇帝。

李纲保奏宗泽出任东京留守,张所出任河北西路招抚使。

宋高宗命殿中侍御史马伸到潭州,处死张邦昌。

宗泽到开封后,抗旨关押金使牛庆昌。

御营都统制王渊到开封,迎接隆祐太后孟宝红到南京应天府。

七月,小武官岳飞上书,反对皇帝避敌南逃,被削除军籍。他于月末到北京大名府,投奔张所,得到重用,并结识招抚司幕僚赵九龄。

宋钦宗一行也抵达燕京析津府。

八月,宋高宗接受黄潜善和汪伯彦谗毁,将李纲罢相,下旨杀上书直言的名士陈东和欧阳澈。

九月八日,张所部署王彦率岳飞等出征。他随后被宋廷贬黜,流放岭南。

王彦、岳飞等率军屡败金军,与宗泽的东京留守司军会师于卫州新乡县。但王彦与岳飞等发生意见分歧,岳飞等脱离王彦,单独成军。

下旬,王彦军遭金军围攻而突围,另组八字军。

岳飞率军在太行山区鏖战,击败金军。

十月,宋徽宗、钦宗一行被金军押到中京大定府。

岳飞军缺粮,他前去向王彦谢罪,王彦拒绝收留。岳飞回侯兆川时,与李娃邂逅相遇。岳飞军在雁翅口、鸭子口等地击败金军,南渡黄河。

十一月,岳飞率军到开封城,东京留守司追究岳飞擅自脱离主将之罪,宗泽特别赦免岳飞。

十二月,宗泽命岳飞等出战汜水关,击败金军。

柔福帝姬逃出金营,投奔宗泽,被送往扬州,与宋高宗兄妹相会。

建炎二年正月至三月,宗泽指挥东京留守司军经过鏖战,将金军逐出大河以南。

宗泽与岳飞讨论阵图,岳飞谈了"运用之妙,存乎一心"的独到军事见解。

和尚智和与刘里忙抗金义军攻燕京城失败。

信王赵榛派马扩到东京开封府和扬州联系,引发宋高宗猜忌,实际上拒绝任何支援。

七月一日,宗泽忧愤成疾,大呼过河而死。

二日,宇文虚中奉旨释放牛庆昌。闾勍、岳飞等遵宗泽遗嘱,统军进驻西京河南府。後在竹芦渡、汜水关等地击破金军。

杜充接任东京留守,一反宗泽所为。

七月、八月,宋徽宗、钦宗等一行被金军押往东北会宁府,接受羞辱的献俘仪式,朱后自杀。

八月,金军攻破五马山,信王赵榛自杀,徐庆等援军突围。

九月至当年冬,徐庆等军在雁翅口会合岳飞母姚氏、李娃等,南渡黄河,与岳飞等相会。

目　录

[壹]　　登基　1
[贰]　　喋血　8
[叁]　　贬斥　18
[肆]　　许国心独苦　29
[伍]　　力争重任　38
[陆]　　张邦昌的末日　47
[柒]　　宗泽抗旨　54
[捌]　　岳飞上书　65
[玖]　　李纲罢相　75
[壹零]　志士枭首通衢　82
[壹壹]　南归梦　92
[壹贰]　北徙　98
[壹叁]　知遇　106
[壹肆]　出征前后　112
[壹伍]　会师新乡　118
[壹陆]　突围　127
[壹柒]　鏖战太行　137
[壹捌]　幽谷情缘　150
[壹玖]　故土恋　160

［贰零］ 南归心　一统志　169

［贰壹］ 从荥阳到汜水　182

［贰贰］ 扬州行朝的悲欢　190

［贰叁］ 辞旧迎新中的鏖兵　203

［贰肆］ 铁马北征　鸿雁南飞　214

［贰伍］ 运用之妙,存乎一心　226

［贰陆］ 两枚画饼　236

［贰柒］ 大呼过河身已僵　248

［贰捌］ 香消玉殒　256

［贰玖］ 横溃　263

［叁零］ 劫难中的团圆　277

北宋末年,金军攻破开封城,将宋徽宗和宋钦宗驱虏北上,城里的皇族几乎一网打尽。唯有宋徽宗的第九子康王赵构在外,成了漏网之鱼。康王身膺河北兵马大元帅的重任,却拥兵自卫,坐视父母兄弟蒙难而不救。金军退却后,他便顺理成章地登基,改元建炎,当时可称建炎皇帝,死后庙号为高宗。本卷接第一卷《靖康奇耻》之后,叙述宋高宗即位后的故事。

[壹]
登 基

南京应天府(治今河南商丘)原称宋州,是古代宋国的都邑。宋太祖建国,就是沿用宋的国号。后来宋真宗将应天府升为南京。南京城并不大,却设有隔城,将城区分成南、北两个部分。城东的南、北分别有延和门和昭仁门,城西的南、北分别有顺成门和回銮门,城南有崇礼门,城北有静安门。隔城也开两门,东有承庆门,西有祥辉门。宫城周长只有二宋里三百十六宋步,另开两个城门,南门叫重熙门,北门叫颁庆门,一个正殿叫归德殿。

康王赵构与耿南仲、黄潜善、汪伯彦等人商议的结果,决定新皇帝的登基仪式不在归德殿举行,而在府衙举行。另外在府衙的谯楼以东,临时修筑一个不大的圆坛。建炎元年(1127年)仲夏五月一日,天色微熹,赵构头戴前后各垂十二串珍珠的平天冠,身穿青衣纁裳,腰系金龙凤革带,脚穿红袜朱舄,在礼仪使耿南仲的引导下,登上圆坛。其后跟随的只有张邦昌、黄潜善、汪伯彦和耿延禧四人。古人一般认为天圆地方,圆坛象征着上天,其正北方设立一个昊天上帝的牌位,下面铺设蒿秸。在专制帝制之下,皇帝是人间的主宰,世人创造了天神,而天上的昊天上帝就是众神的主宰。圆坛的东、西方分别设有宋太祖和宋太宗的牌位,下面铺设蒲席。

宋高宗登坛以后,毕恭毕敬地向昊天上帝和祖宗叩头,尔后叉手恭立,由耿延禧代表皇帝,向昊天上帝和祖宗宣读册文:"嗣天子臣构敢昭告于昊天上帝及祖宗之灵。金人内侵,二帝北狩,天支戚属,混于穷居,宗社罔所依凭,中外罔知攸主。臣构以道君皇帝之子,奉宸旨以总六师,握兵马元帅之权,倡义旅以先诸将。冀清京邑,复两宫,而百辟卿士、万邦黎献谓人思宋德,天眷赵宗,宜以神器属于臣构。辞之再四,惧不克负荷,贻羞于来世。九州四海,万口一辞,咸曰不可稽皇天之宝命,慄慄震惕,敢不钦承。尚祈阴相,以中兴于宋。"耿延禧宣读完毕,宋高宗按照众人事先的设计,伏地恸哭一番。中国人自古讲究名正言顺,似乎唯有履行了这一道手续,宋高宗称帝方算是得到了昊天上帝和开国祖宗的批准,寅受天命,而具有无可评议和挑剔的合法性。

南京府衙临时安放了皇帝的几案和座椅,宋高宗正襟危坐,初次接受群臣拜贺。在震耳欲聋的万岁声中,他按捺不住内心的冲动,满面喜色,不由自言自语地说:"父母兄弟蒙尘,唯有朕身登大宝,此非天命而何?"

在官员宣读冗长的即位赦文以后,又由耿延禧宣读黄潜善任中书侍郎和汪伯彦任同知枢密院事的制词。两人升迁执政,当然是在人们意料之中;而一个当副宰相,另一个当枢密院副长官,却又颇出人们意料之外。因为按元帅府中的地位,是汪伯彦在黄潜善之上,如今两人却颠倒了官位。

按照宋时的惯例,拜官制词总是充满了赞美的语言。黄潜善对此项任命也出乎预料之外,他倾听制词中"器资沉毅,而足以任天下之重;学问宏博,而足以识古今之全"等赞词,真有一种醍醐灌顶,遍体酣畅之感。他完全明白,出任执政不过是第一步,未来的相位已是指日可待。尽管如此,他的脸上却不能流露丝毫喜色,只是绷紧脸部的每一条筋肉,装出诚惶诚恐的神态。

汪伯彦乍然听到自己的新命,真如五雷轰顶,他甚至不相信自己的耳朵,一时心如乱麻,又似岩浆翻滚。只有一句简单的话,反复在他的脑海中盘旋:"黄十四有何德、何功、何能,而反居自家之上?"耿延禧念的制词,他连半句也没有听清。用了极大的努力,汪伯彦才克制住了内心的极端不平和不快。

耿延禧刚读完制词,两个身穿紫袍,手执象牙笏的新任执政几乎同时走出班列,跪倒在地,连连叩头谢恩。当此暑日,因过度兴奋而大汗淋漓的黄潜善首先口奏说:"臣潜善蒙陛下天地之赐,虽粉骨糜身,何以报称恩宠之万一。然而臣庸德薄才,又何以当此大任,伏望陛下俯回天命,特赐追寝,另命贤臣,以安愚分。"汪伯彦也接着口奏:"圣恩如天之广大,而微臣虽有执鞭随镫之心,却无拨乱反正之才。枢府乃本兵之地,任重责大,用人当否,系国家之安危存亡,伏望圣慈特寝成命,更择贤才。"

二十一岁的宋高宗虽然体格健壮,表演整整一个上午,却忍不得饥,此时此刻,他不仅需要饮食,更需要后宫那群如花似玉的女子。他对两个宠臣的虚伪辞谢,颇感不耐烦,就用手一挥,说:"两位爱卿乃朕所倚信,无须过形谦逊。康履!"康履连忙走到案前叩头,口称:"小底在。"宋高宗吩咐道:"你可将他们两人押赴都堂,即日治事。"黄潜善和汪伯彦仍须捣蒜般地叩头谢恩,而年轻的官家却已起身离开府衙,返回行宫。

下午酉时,天色傍晚,而暑热未退。宦官冯益来到都堂,他撇开张邦昌、耿南仲等人,单独对黄潜善和汪伯彦说:"黄十四、汪十五,官家宣你们入对。"他不用"相公"尊称,只用排行,人们从他的口气中也听不出是亲昵,还是轻蔑,抑或两者兼而有之。但是,两个执政高官对这个仅为从八品的入内东头供奉官,却不敢有丝毫怠慢。他们望了望其他执政,说:"谨遵圣命,自家们当随冯大官前去,内引入对。"

三人骑马上路,冯益用揶揄的口吻说:"今日之事,黄十四当是喜出望外,而汪十五当是心存怨怼。"汪伯彦此时的心情已经平静多了,他拿定主意,至少对黄潜善暂时必须伏低做小,现在正好趁机向黄潜善表白:"自家才疏学浅,今入枢府,已是误辱圣恩,岂有心存怨怼之理。黄相公识虑高远,今委以大任,足见圣主英睿,有知人之明。此后只求黄相公事事扶持,但能了得国事,便是造化。"黄潜善也谦虚一番,说:"汪相公何须过谦,自家们皆是主上帅府旧僚,荷天地之恩,唯有同心协力,共济国事,以图报称,何分彼此。"

冯益用讥诮的目光看着两人的表演,说:"黄十四、汪十五,你们自帅府之时,便是主上底左辅右弼,今后自当用心辅佐。我无非是戏言一二,你们何须认真。"汪伯彦连忙解释说:"非是下官认真,亦须与冯大官略表心迹。"冯益说:"更说与你们,渊圣不似太上,而官家颇似太上。官家与后宫娘子们尽欢之后,方命我内引,然而你们亦须知趣,入对言语宜短不宜长,不得延误官家与夫人们用膳。"原来宋高宗即位后,立即遥尊宋钦宗为孝慈渊圣皇帝,人们一般就简称为"渊圣"。冯益与其他宦官不同,他将世事看透之余,对外官言谈颇为直率,而很少顾忌。尽管他已经坦率地流露了对皇帝的不敬,黄潜善与汪伯彦却不敢斥责,更不敢奏禀,只是诺诺连声,说:"感荷冯大官直言告诫。"

南京应天府的行宫不大,宋高宗既已将归德殿作为朝会所在,只能另外找一偏殿,名叫瑞应殿,作为日常办公所在。冯益带两个执政入殿,按照宋朝惯例,臣僚必须站立奏对。宋钦宗时,因军情紧急,不时赐坐。宋高宗听从韩公裔的私下劝告,还是恢复祖宗的旧例。他见到黄潜善和汪伯彦注视自己头上的一顶特制道冠,就首先指着道冠解释说:"祖宗以来,凡退朝以后,不戴头巾,只戴此冠。后来神宗皇帝易以头巾。今有娘娘命邵九传语,退朝后戴此冠,便是祖宗太平气象。"黄潜善和汪伯彦回答说:"此事亦是隆祐太后识虑深远,大宋中兴可期。"其实,平时戴道冠,乃是创始于迷信和提倡道教的宋真宗。作为皇帝伯母的孟宝红,本来称元祐皇太后,因为避她祖父孟元的名讳,就改称隆祐皇太后。皇帝所说的"邵九",当然就是指宦官邵成章。

宋高宗说:"朕退朝后,便习字读书不辍,又性不喜与妇人久处。此殿内唯一白木桌,朕命内侍,不施彩绘丹漆。国事鞅掌,本欲午膳后即召二卿议事。只因天气炎热,二卿劳苦,亦须歇息,故命内侍待酉时内引。"皇帝当面说谎,以清心寡欲自我标榜,两个臣子就尤须曲意奉承,汪伯彦抢先说:"陛下如此圣德,煞是大宋社稷之福。"黄潜善也接着说:"陛下践祚之初,躬行盛德,定可风动四方,开中兴而济子民。"但在奉承的同时,两人内心却不约而同地发问:"登基之始,便故作此态,亦不知若个人所教?"

宋高宗至此就转入正题,说:"中兴之初,国事千头万绪,当以何事为先?"汪伯彦故意谦让,瞧着黄潜善说:"茂和足智多谋,非臣可比,请茂和先为陛下开陈。"宋高宗将目光注视着黄潜善,黄潜善也不与汪伯彦客套,奏对说:"若依臣愚所见,天下攸攸万事,唯当以巡幸东南与遣使通和为急。"宋高宗说:"朕记得与卿于北京初次相见,便有此议。"汪伯彦说:"茂和之议与臣愚相合,渊圣和战无定议,又不能及时巡幸,陛下当以为前鉴,而不可再误。"黄潜善说:"国家再造之初,万不可与虏人相抗,和则存,战则亡。依臣愚所见,须守靖康之约,与虏人划河为界。朝廷遣兵,须屯大河之南,不可过河。陛下即位肆赦,赦文亦不可下河北、河东与河中府、解州。此便是以诚取信虏人,如靖康时毁约反覆,乃自取败亡之道。"

宋高宗点了点头说:"依卿之议,当如何遣使?"黄潜善说:"废伪楚之初,虏人尤为不悦,遣使当不惮卑辞厚礼。"宋高宗说:"此说甚是,遣使莫须以'通问'与'通和'为名,一为通问二宫,二为通和虏人。"汪伯彦说:"依臣愚之见,直是以'祈请'为名,方见得陛下底圣孝与求和之诚。"宋高宗说:"若虏人放还二宫,与朕通和,亦何惮卑辞厚礼!"汪伯彦以手加额,说:"陛下如此圣孝,足以感通天地神明,二圣回归,当指日可待。"黄潜善说:"敌国和,二圣归,然后中兴至治之世可期。"这是南宋初期的一种特有的政治现象,宋高宗与黄潜善、汪伯彦等人愈是不愿徽、钦二帝回来,就愈须唱迎还二圣的高调,而彼此间又有一种心照不宣的默契。宋高宗说:"依二卿之见,当命何人出使祈请?"黄潜善赶紧说:"徐秉哲虽受伪命,尚能悔过自新。他深得金人爱重,正可命他戴罪立功,以释金人之嫌。"原来黄潜善与徐秉哲颇有交往,他得知徐秉哲在开封围城中的各种罪恶后,仍然希望为徐秉哲开脱。宋高宗说:"便依卿奏。"

汪伯彦见皇帝高兴,就乘机试探另一个他最关心的问题:"如今政府群龙无首,不知陛下何时命相?"在他看来,宋钦宗尚剩下三名执政,而冯澥和曹辅又曾当过张邦昌的臣下,余下的唯有耿南仲,一个时期以来,他和黄潜善都密切地注视着康王与耿南仲那种不冷不热的关系,特别是今天登基,居然由耿南仲担任礼仪使,更引起他们的忌妒。宋高宗说:"张邦昌虽不能身殉社稷,然而使都城生灵免于肝脑涂地。虏人方退,便北面事朕。可授予郡王,一月两赴都堂,以示优恩。冯澥与曹辅忠心辅佐渊圣,并无过失,虽曾受伪命,亦是从权。今曹辅已得沉疴,尤须优礼,冯澥坚请致仕,朕亦当以礼相待。唯有耿南仲离间两宫,陷害李纲,祸国之事非一,朕恨不能以手剑斩其首级。然而他既是渊圣东宫旧僚,又未受伪命,今日还须教他充礼仪使。朕既已即位,自当罢黜耿氏父子。"原来宋高宗对自己不救父兄急难,多少有一种理亏心虚的感觉,似乎用了难兄的宫僚和执政充当礼仪使,就可以多一层掩饰,多增加一重继承帝位的合法性。两人听到皇帝如此谴责耿南仲,心中如释重负。黄潜善说:"陛下英明,洞照耿南仲底奸邪,乃国家之福。"

宋高宗说:"娘娘命九九叔传旨,言道若要宋室中兴,须命李纲为相。"九九叔是指赵士㒟。黄潜善和汪伯彦听皇帝历数现任执政,以为自己拜相在即,正暗自高兴,不料竟突然出现一个李纲,占取了相位,使他们心中愤愤不平。汪伯彦已无法掩饰自己,他说:"陛下方欲与虏人通和,李纲好用兵,只恐虏人不乐,和议难成。"黄潜善也说:"闻得靖康围城中,金人军前降札子,索取干戾人,第一个便是李纲。臣唯恐李纲拜相,朝廷欲和则不得,欲战则不能,天下无宁日。"宋高宗说:"若如此说,便是朕即位,亦非金人所喜。朕已命内侍召李纲入觐,朕当命为右相。二卿忠义,朕所简知,此事毋须另议。"黄潜善到此只能随风使舵,说:"陛下圣算高明,臣愚浅陋,岂能管窥蠡测。臣唯当仰遵圣意。"汪伯彦也赶紧抢着说:"李纲到阙,臣等自当与他和衷共济,协心国事。"宋高宗说:"如此甚好!"

黄潜善和汪伯彦到此也无话可说,正准备告退,宋高宗发问道:"刘光世去东京,可有音信?"两人连忙回答说:"臣等未得音问。"宋高宗说:"娘娘在东京,朕所忧者,叔向劫持娘娘,以号令天下。叔向不除,朕终不安心。"黄潜善说:"陛下御玺在手,又行登坛告昊天上帝之礼,娘娘今日同时在东京撤帘。便是叔向劫持,亦何所惧怕!"汪伯彦说:"话虽如此,莫须命王渊发兵,增援刘光世。"宋高宗说:"会得,只今夜便发兵。"黄潜善乘机说:"方今乱世,大元帅府结局之后,切恐调遣军马迟缓,莫须另设御营司,直属御前。"按照宋制,黄潜善身为副相,不掌兵权,发兵权应属同知枢密院事汪伯彦。黄潜善的真实意图就是抢汪伯彦的权力。宋高宗说:"便依卿议,另设御营司,卿可任御营使,汪卿任御营副使,其下便教王渊任都统制。"汪伯彦下意识地瞧了黄潜善一眼,又转头对皇帝说:"臣等当遵禀圣命,即刻令王渊发兵。"两人跪拜后,转身下殿,又被宋高宗喊住,说:"若有叔向音信,可不分昼夜,立即命人到宫门奏禀!"两人同时应答说:"臣等遵旨!"

[贰]
喋 血

五月一日,在宋高宗登基的同时,东京开封府的文德殿内,隆祐太后也举行了撤帘仪式。参加仪式的有吕好问、赵叔向、刘光世等人。下殿以后,吕好问带了隆祐太后的手书,启程往南京应天府,祝贺新君即位,与他同行的官员有监察御史马伸等人。赵叔向、刘光世等人都到南薰门外送行。按宋高宗的事先安排,他虽然不回开封,为了在京都装潢门面,特命保宁军承宣使闾勍出任主管侍卫步军司公事,掌管城防。闾勍今年四十四岁,长得膀阔腰圆,一副雄赳赳的武士气概,又颇善骑射,而他所统属的军队却不足千人。

刘光世一万四千人的军队到开封已有几天,屯驻在城东的刘家寺。赵叔向在开封招兵,他的军队由七千人扩充到一万五千人,仍然屯驻在城南青城。两支队伍正好分驻原金朝西路和东路军攻城时的营地,却又都没有隶属闾勍。送行完毕,刘光世面带微笑,说:"闾太尉,十五太尉,闻得十五太尉治兵极有方略。今日得便,小将愿去青城就教。"原来按宋朝的制度,人们称呼赵氏皇族,不得用姓。赵叔向的官位只不过是正八品的敦武郎,但自从领兵到开封后,却深得人心,百姓都按排行尊称他为"十五太尉"。刘光世已官至正四品的承宣使,却沿用百姓们对赵叔向的尊称,而自称"小将",显示了谦卑的姿态。赵叔向说:"刘三太尉生长将门,久经战阵,下官亦久有请教习学之意,敢请闾太尉同去。"闾勍说:"下官到东京不过四日,正须相访十五太尉与刘三太尉底大寨。"

三人并马到青城,陈烈、杨再兴、王兰、高林、李德、姚侑、罗彦等前来迎接,唱喏毕,杨再兴等武将退去,赵叔向与陈烈陪同刘光世和间勋穿行营寨。他们来到教场,只见空旷的场地上,很快有五百骑兵,一千步兵集合,每五十人为一队,骑兵居中,步兵分左、右两翼,排成严整的行列。杨再兴、王兰和高林三人纵马至赵叔向和两位客人马前,呈上三柄铁栜,说:"请三位太尉阅兵。"赵叔向请间勋在前,刘光世居中,自己在后,各自手擎铁栜,以军礼进入教场。时近正午,烈日如火,刘光世只身穿一件薄纱儒士便服,犹且流汗不止。只见军士们一律绯红军服,如火方炽,他们手持的兵刃,明光耀目,更有一种热不可耐的感觉。一千五百名军士虽然也个个汗流浃背,却又俨如磐石,纹丝不动。

阅兵结束,赵叔向请两位客人下马,登上教场边的土台,坐观操练。高林举起黄旗,军士们立即向看台举兵器,行军礼。高林接着高举红旗,骑兵就在擂鼓声中,列队跃马前行。高林又高举青旗,步兵也在擂鼓声中,列队冲锋。鼓声和喊杀声似乎震荡得地动山摇。高林举起白旗,骑兵和步兵立即后退,并恢复原来的阵形。高林最后高举黑旗,军士们就成队依次退出教场。刘光世只听到脚步和马蹄声,而没有半点喧哗声。

看完操演,刘光世算是吐了口长气,他心里暗想:"亦是天教我未与叔向厮杀,若与他厮杀,必败无疑。"他表面上只能佯装若无其事,且赞叹不绝,用手加额,奉承赵叔向说:"十五太尉用兵,便是古时写兵法这姓孙底,亦不能过!大宋中兴,必是有望!"前一卷已经交待,刘光世不爱学习,目不识丁,他身为武将,也根本不知《孙子兵法》为何物,而随便附庸风雅,却暴露了自己的底细,使赵叔向、间勋等人都不约而同地用惊异的目光望了他一眼。

赵叔向招呼两位客人到青城的一间房屋会餐,他们路过斋宫的建筑群,赵叔向指着正南的泰禋门,用激愤的语调说:"此门便是太上皇率我宗枝,北向恸哭,告辞宗庙底所在!"他又指着里面的端诚殿说:"此便是渊圣受辱蒙尘之地!"间勋也激愤地说:"靖康奇耻,亘古未有,此仇此恨,不知何日方得洗雪?"赵叔向又用哽咽的语调说:"我率兵回得开封,便去广亲宅,唯见得一片废墟,自家底兄弟妻儿,已被虏去,至今并无消息。闻得二帝北狩途中,宗亲多有不堪凌虐而死。我活于世间,但有一息尚存,定须取粘罕与斡离不底首级,挂于泰禋门!"刘光世听后,也痛哭流涕地说:"闻得阿爹与哥哥死于金明池,这回到东京,寻访数日,亦未能辨认得骨骸。可怜阿爹为将一世,为国捐躯,死后竟无坟茔安身。"赵叔向和间勋都知道,刘延庆和刘光国父子是在逃出开封城后被杀,其实说不上为国捐躯,但到此地步,也都不便说穿。间勋说:"久闻刘节使底大名,无缘得见,不料竟成故人!"赵叔向心想:"间太尉虽是武人,说话却不寓褒贬,煞是缜密。"就接着补充四个字:"可悲!可叹!"刘光世却并未细辨两人的弦外之音。

会餐的房屋平时就是赵叔向和陈烈两人的起居室,家具陈设相当简陋,都是清一色白木,未施彩绘。兵士们只是端上一瓦盆汤饼,一瓦盆炊饼,一个耀州粗黑瓷盘的熟切盐渍羊肉和四碟蔬菜。虽是盛暑天气,间勋只觉腹饥食香,就盛了一碗汤饼,用筷挑起其中的面片,吃了一口,又抓起一个炊饼,开始大吃大嚼,而平日餍饫美味的刘光世,却有一种难以下箸之感。陈烈已经有所觉察,就用略带诙谐的口吻解释说:"十五敦武平日只与军士会食,未尝吃肉,今日幸有贵客,我方得三月之后,始知肉味。"他对外有意只用赵叔向的官称,而不叫太尉,以示谦虚。间勋听后,又对赵叔向增加了几分敬意,心想:"可惜十五太尉是宗室疏属,若是太上亲子,又何愁虏人不灭!"他凭藉自己在官场多年的经验,也隐约感到,在皇帝和赵叔向之间,势必有一场较量,却还是忍不住赞叹说:"十五太尉煞是有古名将之风!"刘光世也附和说:"今日方知十五太尉底方略!"

众人吃罢,兵士又送上解暑的卤梅甘草汤。赵叔向呷了口汤,就开门见山地说:"两位太尉到此,莫非是要收我底兵柄?"间勋连忙解释说:"主上并未命我收十五太尉底行伍。"刘光世也说:"主上命我暂驻东京,只为备御虏人。东京新留守赴任之后,我便回南京。"赵叔向说:"主上登基,天命有归,我底军旅,便是朝廷底军旅。我别无他求,只愿隶属宗元帅麾下,渡河救取二圣,但能洗雪仇耻,我便退隐林泉。"刘光世立即附和,用慷慨激昂的语气说:"我亦愿随十五太尉北上,报此国仇家恨!"间勋却说:"如今元帅府结局,宗元帅已无兵柄。此事只待新留守到此,同共商议,上奏朝廷。"

大家一阵闲话,间勋起身告辞,刘光世也不愿久留,他起身,用双手执着赵叔向的右手,用恭敬和亲切的语调说:"今日有缘与十五太尉相识,三生有幸。国家艰难时节,十五太尉便是柱石。日后若能随十五太尉北讨虏贼,虽死何憾!五日之后,便是重午佳节,敢烦十五太尉与闾太尉劳趾,光临敝寨,共商渡河北伐之策。"赵叔向说:"既是如此,恭敬不如从命。"

赵叔向将两位贵客送出青城大寨后,与陈烈回到房里,两人开始密谈。按照成大事者不谋于众的原则,赵叔向的心事,只限于陈烈一人知道,对杨再兴等亲信将领也从未透露过。赵叔向脸上略带兴奋的表情,说:"难得刘三太尉尚有报国复仇之志,日后自可得其辅助。"陈烈说:"依我之见,闾太尉是个忠厚底人。常言道,有其父必有其子,刘三实是个奸猾之徒,十五太尉切须小心。"赵叔向表示不同意,说:"刘三太尉是个粗人,别无深机,他与虏人又有杀父之仇。"陈烈又重复他的意见说:"自家曾言道,太尉若不愿交兵柄,便须率兵杀过河去,灭了虏贼,救得二帝,立不赏之功,然后可以问鼎江山,成就太尉底大志。徘徊于京城,又如何成功?"赵叔向用对方的表字称呼说:"炎德所言极是,我何尝愿久住京城。然而目今兵微将寡,粮草不济,又如何渡河?待数月之后,方可进兵。"陈烈说:"唯恐太尉等得数月,天子却等不得数月。"赵叔向说:"待端午去刘三底大寨,劝谕他同共进兵。"陈烈说:"刘三太尉决非忠心徇国底人,切恐他包藏诡计,太尉借故不去,乃是上策。"赵叔向说:"既已应允,岂能不去。"陈烈再三劝说,赵叔向不听,陈烈最后说:"太尉定须前往,可与杨再兴等六将同去,缓急亦可照应。常言道,防人之心不可无,请太尉必保万全。"

宋代的开封习俗,称五月一日为端一,从一数到五,五日又称端五。刘光世在刘家寺的大寨门前,也悬挂了一个泥捏的道家始祖张天师,用艾叶做头,蒜头做拳,这是古人认为辟邪之意。赵叔向率杨再兴等六员虎将,一百精骑来到寨门。只见刘光世笑容满面,头戴以苏轼命名的东坡葛巾,身穿薄纱儒袍,其部将王德、傅庆等人也一律穿盛暑纱袍,与赵叔向一行全身戎装,佩剑持枪,适成鲜明对照。双方作揖礼毕,刘光世说:"闾太尉先已到敝寨,微有不适,我教他在屋内暂憩。故未曾迎接十五太尉,乞十五太尉恕罪。"赵叔向说:"既是如此,我当前去问安。"刘光世说:"闾太尉言道,不烦十五太尉看觑。十五太尉远道而来,天气盛热,请憩息片刻,他便出来拜见。"他亲热地执着赵叔向的手,与他一同进入堂内。虽然刘光世等人的衣着,使赵叔向一行的戒备心理稍有松弛,但杨再兴等六人奉陈烈之命,还是手持浑铁枪,紧随赵叔向身后。刘光世与部将们热情地招呼赵叔向一行依次就座。

众人方依次坐定,堂后出来十多名女使,浓妆艳抹,每人手擎一个上层社会常用的建州造兔毫茶盏,下衬漆木盏托,分别给众将献茶。他们将茶放在各人的几案上,就叉手站立一旁。给赵叔向献茶的一位颇有几分姿色,她向贵客毕恭毕敬献茶后,深深作揖道"万福",用娇脆的声音说:"久闻十五太尉底英名,奴今日得见,实是三生有幸。"赵叔向报以微笑,他感到燥热口渴,就左手持盏托,右手拿茶盏,准备先品一品茶,若有异味,就立即吐掉。其实,茶中并未投毒,而当赵叔向品茶之时,在他身边叉手站立的女使,突然用右手抽出藏在左手袖内的明亮尖刀,闪电般地向他胸中猛刺,她并不拔刀,就立即飞快逃跑。赵叔向惨叫一声,跌倒在地,来回翻滚,座椅和几案也被踢倒,殷红的鲜血从刀槽中汩汩流出,顿时成了一片血泊。他一时尚未气绝,只是睁大了一双充满悲愤、仇恨和绝望的眼睛。

猝不及防的行刺,就是连其他十多名女使也全无思想准备,他们发出了尖叫,然后纷纷逃跑。杨再兴、王兰、高林、姚侑、李德和罗彦六人,一时也惊得目瞪口呆,他们很快清醒后,就拥上前去,将血泊中的赵叔向抱起,连声哭喊。刘光世此时对自己和妻子向氏的设计,有一种说不尽的成功喜悦,他站立起来,宣布说:"宗室叔向谋叛,我奉主上圣旨,诛除此贼。然而众位将士,俱是忠义底人,你们伏侍朝廷,朝廷自有封赏。"在赵叔向的六员部将中,粗通文墨的唯有高林,他大声喊道:"刘三,你说十五太尉谋叛,有甚凭证?"刘光世听到对方直呼自己的排行,有几分不悦,他不耐烦地回答:"祖宗家法,宗室不可统兵。叔向不肯将师旅交付朝廷,便是图谋反叛。"

杨再兴怒目圆睁,他大吼一声,抡动那杆三十六宋斤的虎头紫缨浑铁枪,直奔刘光世。王德当即持手刀迎战,刘光世乘机逃跑。杨再兴看准王德的咽喉,执枪猛刺。王德用刀推挡,杨再兴的枪却从王德脖颈左边擦过,划破了一道血痕。傅庆见到对方来势凶猛,就挺剑上前助战,预先埋伏的甲士纷纷突入堂中,杨再兴等六人与他们格斗,刺死数人。高林喊道:"此处不是恋战所在,自家们当回大寨,与陈秀才共商报仇之策。"他说着,带头杀出大堂,其他五人也跟着冲出。

离大堂不远的一片空地,赵叔向带来的一百骑兵,已被刘光世军队包围,要他们降服朝廷。杨再兴等六将杀进包围圈后,就率军队突出寨门,向南飞驰。除了战死者和被俘者,杨再兴的队伍剩下七十多骑,而王德和傅庆却率五百骑兵在后穷追不舍。杨再兴突然单枪匹马,飞骑回驰,接连刺死三名追赶者,然后又驰马赶回队伍。王德和傅庆见对方如此勇猛,也只得暂时收兵回寨。

再说刘光世等待寨内的混战结束后,就带着间勋来到大堂上。原来间勋并没有什么不适,他先到大寨后,刘光世就向他传达圣旨。尽管间勋对赵叔向与皇帝的冲突并非没有思想准备,却仍感到突兀和难过,他沉思了一会儿,就皱着眉头说:"此事恐非吉祥之举。叔向是宗室,自家们身为臣子,如何杀宗室?不如将叔向活捉,交付主上处分,于职事上亦自无惭。"到此地步,他还盘算着如何去大内禀告隆祐太后,由太后出面,向皇帝求情,以求能保全赵叔向的一条性命。刘光世却回绝说:"自家们身为臣子,本无权杀大宋宗亲。然而主上有旨,不须要活底叔向,只须要死底叔向。"间勋长吁一声,他不忍心目睹这幕兄弟阋墙的惨剧,就藉口身体不适,躲在一间偏房中。如今他进入堂内,见到在血泊中气绝的赵叔向,胸前插着尖刀,而依然睁大了一双充满悲愤、仇恨和绝望的眼睛,就忍不住落下几滴清泪。他下意识跪倒在血地,拔出插在死者胸前的利刃,然后用手将死者的眼皮抚合,心中暗暗祝祷说:"十五太尉,你若英灵不泯,自可去太祖官家殿下伸冤。"

刘光世接到回寨的王德、傅庆等禀报后,才深感处理后事的棘手。他问间勋说:"叔向有一万五千人马,当如何招安?"间勋皱着眉头,长叹一声,说:"北有劲虏,虎视中原,自家们岂能自相屠戮!我愿只身去青城,劝谕叔向底人马,归顺朝廷。"刘光世说:"间太尉若能劝谕,我当分叔向底一半兵马与你。"间勋说:"然而叔向亦是个英雄,京城百姓敬仰。他死于非命,又无谋反底实迹。自家们亦须将他厚葬,于大相国寺设道场,追荐亡灵。"刘光世面有难色,说:"若圣上知得,切恐怪罪。"間勋带着几分愤怒说:"刘三太尉,你难道不怕冥报?"刘光世听得"冥报"两字,只觉得一阵寒噤,接着又在额头上冒出一颗颗豆大的汗珠,他连着说:"会得,会得。我与叔向无怨无仇,只是奉命行事,事不由己。自当亲去相国寺。"間勋不再说什么,他当即上马,只带了几名亲兵,直奔青城。

杨再兴等将回到青城,就向陈烈哭诉,陈烈对此噩耗既有几分预见,却又在预料之外,只是抚膺恸哭。王兰说:"如今只求陈秀才做主,发兵与刘光世厮杀,为十五太尉报仇雪恨。"陈烈说:"使不得!万万使不得!若是厮杀,岂不真是背叛朝廷?"李德愤怒地说:"若是恁地,又如何湔洗十五太尉底奇冤?"陈烈苦笑着说:"唯有求太祖官家在天之灵,湔洗十五太尉底沉冤。人生在世,大义须是分明。虏人尚在河北,岂能骨肉相残?"

姚侑说:"陈秀才之说甚是,然而自家们已与刘光世那厮交锋。诚如陈秀才所言,刘光世乃是奸猾小人。若是归顺朝廷,切恐亦落得十五太尉底下场。"陈烈觉得此说有理,沉吟不语,高林说:"陈秀才常言道,发兵过河,击破虏人,救得二圣,方是正理。自家们驻兵在此,刘光世定须相攻,不如即刻起兵,直奔河北。"大家七嘴八舌,议论纷纭。有兵士进来禀报说:"間太尉在寨门,求见陈秀才。"陈烈此时已拿定自己的主意,他对杨再兴等六人说:"你们可晓谕全军,若愿渡河北伐底,与你们同行,不愿底并令逐便。本军兵微将寡,钱粮缺乏,你们渡河以后,切须小心迎战。我当去迎见間太尉,以表十五太尉底心迹。"

陈烈到寨门,間勋已经下马站立,陈烈眼里噙着泪水,双方只是互相作揖,并不说话。間勋来到赵叔向生前的起居室坐定,陈烈就抢先沉痛地说:"我已知間太尉底来意。十五太尉冤深似海,然而大敌当前,岂有兄弟阋墙之理。杨再兴等将只惧被朝廷杀戮,又不愿与朝廷为敌,故带兵渡河去。我在此将不愿前往底人马,交付間太尉,交付朝廷,以明十五太尉底心迹。間太尉须知,十五太尉生前只愿将本军交付宗元帅,自有深机。十五太尉常言道,满朝文武,他唯敬仰李大资与宗元帅。"李大资当然是指资政殿大学士李纲。間勋动情地说:"此是人同此心,心同此理。十五太尉煞是个人杰,可惜不得其死。"陈烈愤愤地说:"不死于寇,却死于朝廷!"间勋说:"我已说谕刘三太尉,当为十五太尉厚葬,并在大相国寺做道场。"陈烈苦笑着说:"可惜死者不能复生!"间勋说:"唯有如此,亦方能表生者底心意。难得陈秀才深明大义,我当奏知朝廷,超授官封。"陈烈说:"哀莫大于心死。十五太尉已死,我尚求甚官封。唯愿间太尉开一线生机,放我逐便,青巾布袍,退隐林下,为大宋底顺民。军中不可一时无主,如今便请间太尉做主。"他接着深深一揖,就退到房外,骑上一匹青骡,挥泪离开青城,不知去向。

赵叔向猝死的消息,使全军震惊,有三千多人自愿随杨再兴等渡河杀敌,另有三千多人自动离开军营,间勋最后接管了八千多人马。当天下午,刘光世率军队来到时,间勋已大致作了较妥善的安置。到此地步,刘光世心头的忧虑方一扫无余,他十分欣喜地说:"间太尉底大功,我当奏知主上……"他正准备与间勋商议分占兵马的事,有军士进入禀报,说:"南京御营司都统制王太尉率兵到。"刘光世与王渊虽然相处不久,却已心存芥蒂,认为王渊并无才器,却事事处处压制着自己。但在表面上,却又不敢得罪王渊。他只能与间勋一同到寨门迎接。

王渊此行带着他最倚重的两个助手,御营司前军统制张俊和左军统制韩世忠。张俊已拜王渊为义父,"阿爹"的称呼不离口,更是深得王渊的喜欢。在赵叔向的起居室内,间勋与王渊分宾主坐定,王渊之下,就是刘光世、韩世忠和张俊三人。按照宋朝官制,间勋等三衙长官本是最高军职,然而宋高宗任命间勋,不是用通常的都指挥使、副都指挥使或都虞候的正式官名,而是另用主管侍卫步军司公事的官名,事实上就压低了他在军界的地位。相反,王渊作为新设的御营司都统制,却在军界居于最显要的地位。王渊对待刘光世,简直是颐指气使,即使对待间勋,也毫不掩饰地露出居高临下的姿态。他刚坐下,就用尊长的口吻说:"此回杀了叔向,是刘三底大功,抚定叔向底人马,是间太尉底大功,我自当奏禀圣上。叔向底兵马,可均分为四,间太尉与刘三、韩五、张七各占其一。"张俊听后,急忙起身作揖,说:"谢阿爹!"刘光世心中不服,而脸上不敢露出丝毫不悦之色,间勋却说:"偌大一个东京城,城中尚不足一千人马,如何守御?难得有叔向一支劲旅,乞王都统分我一半人马。"王渊用不容商议和分辨的语气说:"御营司亦是兵力不济,国家艰难时节,只得以护卫官家为重,守御京师为次。待募得新兵,自当分拨与你。"闾勍也无话可说。

再说新任御营司前军副统制刘浩与部将岳飞等人,也随王渊来到东京开封府。他们最初在五月一日夜接到紧急命令说,开封府有人谋反,劫持隆祐娘娘,必须前往营救。军队在后半夜匆忙出发,南京到东京二百八十五宋里的行程,沿途恰逢大雨和泥潦,这支以步兵为主的部队抵达开封城南青城,已是端午节的未时。军队又很快启程,返回南京。刘浩打听到赵叔向被害,朝廷准备放弃河北和河东等内情,内心感到郁闷,却又不便对人随意发泄。

回南京的第三天,张俊传唤刘浩说:"阿爹有话,可随我走一遭。"在前一卷已经交待,刘浩为保护岳飞,自己承担了处死违纪军士的责任,而他与张俊的私人关系也从此日益紧张。张俊对王渊开口一个阿爹,闭口一个阿爹,更使刘浩鄙薄其为人。但刘浩凭着积年的官场经验,只能更加小心谨慎地与这对义父子相处。王渊今天显得和颜悦色,在两个下级唱喏后,特别教刘浩与张俊坐下,他接着宣布说:"今奉御营副使汪枢相底堂除,命你为大名府兵马钤辖,可即日前往赴任。"

按照制度,品级较高的官员由三省或枢密院委派实职差遣,称为堂除。因为新皇帝登基的喜庆,刘浩加官一阶,升为武功大夫、开州刺史,却依然是正七品,本不够堂除的资格。刘浩听说是汪伯彦不按制度,破格堂除,已多少明白了其用心,无非是对自己不顾汪伯彦被俘的儿子和女婿,在相州夜劫金营,而实施报复,企图借金人之刀杀害自己。他想了一想,站立起来问道:"闻得黄、汪二相公欲遵靖康城下之盟,与虏人划河为界。北京位居大河以东,却是河北地界,不知二相公之意,北京可弃之不顾,抑或不可弃?"王渊一时被问得目瞪口呆,他想了一会儿,说:"朝廷底事,有圣上与相公们主持,自家们是武臣,不须管得。"刘浩顿时激动起来,他大声呐喊说:"大河以北,尺地寸土,皆是大宋底江山!我既为钤辖,自当率本部军马,誓守北京!"王渊说:"刘刺史甚是丈夫刚气,然而汪枢相言道,祖宗家法,总管、钤辖赴任,唯有单车匹马,他们所统底只是本地军兵,你此去不可带本部人马,唯可率二十名将士。"张俊赶紧补充说:"岳飞、王贵、张宪与徐庆四将,须留在本军,听候使唤。"刘浩用略带愤慨的语调说:"如今是军兴离乱之际,大名府底精兵锐卒,全已勾抽,改编为元帅府军与御营司军。我身为钤辖,难道唯是与老弱残兵守城?"王渊自感理屈词穷,就不耐烦地将手一挥,说:"你是武臣,须遵朝廷之命,三日内便须启程。"

刘浩第二天傍晚,就带了王敏求、霍坚、李廷珪等二十名部属动身。他与岳飞等人不免依依惜别,再三叮咛岳飞说:"鹏举性刚,伏侍张统制,尤须小心。"岳飞等人送刘浩一行,直到府城北的静安门外。

[叁] 贬　斥

宋高宗称帝已有十多天,他的心境愈来愈好,每日每时都在品味着称孤道寡的快乐。除掉赵叔向,使他心头落下了一块千钧重石。他马上又以其他罪名,将另一个图谋称帝的赵子崧贬为单州团练副使,流放到炎荒的岭南南雄州"安置"。赵子崧在几年之后,就抑郁而终。在河北抗金的宗室赵不尤南下应天府,他一到行在,就将所统的三千人马全部交给御营司,并且给皇帝带来了宋徽宗等已被押解到燕山府的消息。宋高宗兴高采烈,感到自己帝位稳固,再也无人争夺,当即将赵不尤升了三官。

在踌躇满志之余,宋高宗更纵情和醉心于声色。他将政务尽量交付黄潜善和汪伯彦处理,这两名执政也完全熟悉皇帝的意图,遇到小事,就自己决断,决不奏禀皇帝。对一大群宋宫女子而言,官家的登基,只是赚得了一场空欢喜,皇帝听从韩公裔的规劝,为避免自己好色的恶名,自食其言,他在即位前许诺的各种宫女封号,连一个也未兑现。但这群女子都已谙熟官家的脾性,连最娇宠的潘瑛瑛,也绝不敢在皇帝面前提起"封号"两字,除了加倍献媚以外,他们别无其他选择。

五月中旬的一天下午,在南京后宫,宋高宗与宫女们淫戏兴尽,高兴地说:"二十一日即是朕底生辰。阿爹底生辰定为天宁节,大哥底生辰定为乾龙节,朕底生辰亦须定一个节名。你们可各写一个节名,由朕选择,选中者便加封号。"于是众宫女就纷纷在纸上写了拟定的节名,呈送官家。宋高宗来回挑选,最后选择了潘瑛瑛所拟的"嘉庆节"和张莺哥所拟的"天申节",却又难分轩轾。张莺哥用眼神向潘瑛瑛示意"得罪",就说:

"嘉庆节乃是后汉隐帝底诞节。"宋高宗十分惊喜,他以手加额,说:"幸有张夫人博古通今!"潘瑛瑛气量最小,她挺着怀孕的大腹,向张莺哥瞪了一眼,张莺哥只能用眼神向对方表示谢罪。

天申节的名称算是确定了,却给皇帝出了个难题。宫中怀孕女子唯有潘瑛瑛一人,如果只给张莺哥封号,显然对最宠爱的女子有所亏负。他想了一想,说:"今日朕特封潘夫人为才人,张夫人为贵人。"按照宋宫制度,才人已是正五品,而贵人尚且无品。话音刚落,两个女子急忙下跪谢恩,宋高宗连声说:"免礼!免礼!潘才人,你须为龙子凤孙保重。"他一面说,一面起身离开御榻,准备将潘才人扶起。不料吴金奴早已急步上前,抢先将正在艰于下跪的潘瑛瑛扶起。潘瑛瑛至此才换了一张笑脸,她向吴金奴投以感谢的一瞥。宋高宗心想:"吴夫人虽姿色稍次,却是聪明伶俐,何不也赐一个封号?"但转念一想:"一日不可连封三人,待日后另行册封。"

宦官康履进来奏禀说:"今有九九节使乞官家入对。"赵士䢖已由宁远军承宣使升为光山军节度使,他身为皇叔,又有拥立之功,宋高宗对他有一份感激之情,故宦官们自然不能怠慢。宋高宗马上改换装束,头戴道冠,在瑞应殿召见。皇帝对这位德高望重的族叔显得特别客气,在赵士䢖依臣礼拜见后,特命赐坐,进茶。

赵士䢖是个仁厚君子,他听说赵叔向死于非命,深感痛惜,但思来想去,人死不能复生,最后还是决定不再向皇帝提出此事,只想救助贬黜岭南的赵子崧,他说:"闻得陛下将八七侄安置南雄州。重念太祖官家子孙凋零,八七侄尚有拥戴之功,切望陛下施天地涵容之德,将八七侄减轻罪罚。今日国难当头,尤须慰太祖在天之灵,以求祖宗佑我大宋。"他有意回避了赵子崧企图称帝的问题,而最后一句又是话里有话,因为他和皇帝都是宋太宗系的子孙,其实是要皇帝考虑宋太宗篡位的问题。宋高宗感到这位皇叔的面子不能不给,就说:"九九叔所言甚是,然而祖宗之法,朕不敢私。念宗亲葭莩之情,朕捐助银绢各二百匹、两,请九九叔命人送与子崧,三年之后,当许其自便。"

赵士䢖对宋高宗的决定并不感到满意,但到此地步,也无法再说什么,他又转向另一个话题说:"陛下圣神睿智,万民拥戴,大宋中兴有望。

臣身为宗室,当守祖宗家法,不便多议国政,然而国家艰危之际,又不得不言。闻得陛下已下旨特命李纲为相,召赴行在。李纲忠义,天下共知,常言道,用则不疑,疑则不用,而渊圣且用且疑,可为前鉴。执政之中,另有误国奸邪,陛下亦不可不察。如若忠义与奸邪并用,窃恐李纲难以成事,而非宗社之福。"

赵士㒟没有指名道姓,但宋高宗已经完全听懂,他所指的正是黄潜善和汪伯彦。宋高宗说:"黄、汪二卿学问宏博,识虑深远,朕简知于元帅府艰难之时,九九叔不须听信谗人之言。"赵士㒟说:"黄、汪二人倡言与虏人划河为界,弃祖宗河北、河东之地,此便是误国之尤。"宋高宗说:"国家事力不济,如何可与虏骑角胜负于大河之北,不如暂遵渊圣之约,姑且隐忍。待他日兵强马壮,朕当亲统六军,收复失地。"赵士㒟说:"唯恐失地易,而收地难。祖宗艰难百战所得之地,岂可轻弃!陛下万万不可听信奸佞之计。臣在朝一日,岂能容奸佞祸国殃民!依臣愚之见,奸佞不除,大宋中兴无望!"他的声调变得愈来愈高亢激昂了。

宋高宗到此已强压住满腔怒火。在他看来,皇帝的尊严正在于自己一呼,则臣僚必须百诺,自即位以来,今天第一回遇到一个敢于依凭皇叔之尊与自己争执的臣僚。但是,宋高宗在登基前后,毕竟有了一段学习当皇帝的经验。他已经懂得,至少在不少场合下,不与臣僚争论,而用居高临下的裁断,又是维护尊严的好办法。他用不客气的口吻说:"与虏人通和与划界之事,可待李纲入朝,从长计较。康履!送九九叔出宫去!"康履连忙应声说:"小底遵旨!"他转回头来,用一张似笑非笑的脸对着赵士㒟说:"请九九节使下殿!"

宋高宗绷紧脸部的肌肉,端拱默坐,目送赵士㒟垂头丧气地下殿。宋高宗想了一想,回头吩咐宦官冯益说:"你可传旨与黄、汪二卿,命他们拟一个外任闲便差遣,奏与朕知,九九叔为宗室尊长,尤须优礼。"两天以后,宋高宗下诏,以保护宗室为名,将原南外宗正司的皇族迁至镇江府,西外宗正司的皇族迁至扬州。于是,赵士㒟就按原来的差遣,以知南外宗正事的名义,被变相贬斥到镇江府。宋高宗在事后忍不住对宦官们高兴地说:"黄潜善和汪伯彦煞是有计谋!"冯益说:"此乃是官家圣虑高远,黄、汪二相公唯是仰秉成算。"

再说张所,他在宋高宗即位以前,就将自己在开封的家眷,连同王经和寇成的家眷接到了应天府,在府城里租用了简陋的民房,并且修书宗泽,请王经和寇成前来迎接家眷。在御史台中,原先的一台之长、御史中丞秦桧已经被俘北上,新的中丞尚未任命,原有的台官或是外任,或是贬斥,只留下了马伸和张所两人。宋高宗将马伸升任殿中侍御史,而张所只是保留监察御史的原官,已明显地表示了亲疏抑扬之意。但马伸和张所却仍维持了原来的亲密关系。

一天下午,马伸在张所家议论国政,有人力禀报王经和寇成到,张所急忙与自己和两人的家属出迎。王经和寇成官升修武郎,他们与妻儿在战乱后会面,自有一番离合悲欢。张所执着两人的手,向马伸介绍。坐定之后,寇成取出宗泽的一封书信,交给张所。张所看后,长叹一声,又交给马伸阅读,问王经和寇成说:"宗元帅安康么?"王经说:"宗元帅甚健,只是整日忧心国事。元帅府已结局,如今宗元帅不得统兵,军马暂交陈统制节制。"他们所说的"陈统制"当然是指陈淬。马伸愤慨地说:"荣辱升沉,虽然不足挂宗元帅底心。然而三个元帅,两人畏敌怯战,唯知苟全自保,竟官拜执政,一个奋身力战,国而忘身,竟成闲废。天道不公,一至于此!"他不能指责皇帝,只好怪罪天道。寇成说:"宗元帅言道,朝中有微人与佞人,中兴便是无望。"马伸听不懂他的话,问道:"微人与佞人是谁?"张所苦笑着解释说:"宗元帅所说,微人便是汪相公,佞人便是黄相公。"

大家一时沉默不语,还是张所打破了沉默,说:"待我上奏,先弹劾佞人,如何?"马伸说:"你与我何不同共上奏,弹击佞人与微人?"张所说:"不见九九节使以皇叔之尊,力劝主上罢免二人,竟外任镇江。不如由我先弹奏一人,若是成功,稍假时日,先觉可弹奏另一人。"马伸到此已明白张所的用意,由于弹奏成功的把握不大,以免两个御史同归于尽,就说:"待我一人先行上奏。"张所说:"先觉!你我相知,何分彼此。主上升你为殿院,有信用之意,故我底去就为轻,先觉底去就为重。我若有蹉跌,先觉尚可在朝中,尽天子耳目底职事。"张所的话已十分透彻,马伸也就不再争论。

在国难当头和国库空虚的形势下,宋高宗的寿诞,当然无法沿用父亲天宁节的寿庆排场。他正好乘机标榜自己的圣德,下诏说,因二圣未还,外廷停止天申节的上寿活动。但在另一方面,内宫的天申节庆寿又须尽量热闹。宦官和宫女们为了讨官家喜欢,想方设法,举行各种活动。十九日下午,除潘瑛瑛因怀有身孕在阁中休息外,张莺哥和所有的夫人们,全部聚集在瑞应殿,陪伴皇帝,观赏娱乐表演。南京宫殿的规模小,归德殿已经作为正殿,此外又难以找到较大的表演场所。

在金军驱虏了大批女乐之余,宦官们还是组织了东京和南京两地的妓乐,为官家弹唱歌舞。演奏者有二十一人,歌唱者有二十一人,而舞蹈者也有二十一人,这是为凑皇帝圣寿二十一的数字。女子们所唱的是张莺哥所写的歌词:

> 尧子舜孙,
> 禹玉含淳。
> 日月华光,
> 丕显丕承。
> 永寿于万,
> 自天其申。
> 圣文神武,
> 家邦中兴。

歌词虽然都是古代的政治套语,却突出"天申"两字,而配以悠扬的曲调,唱着还是颇为悦耳动听。宋高宗一面呷着福建进贡的解暑荔枝膏水,一面欣赏着舞女们婆娑蹁跹的美妙舞姿,心想:"虽比不得阿爹宣和全盛之时,亦是赏心悦目。当年朕只是一介藩王,如今却是九重之主,此委实是自天其申。"宋高宗每想到受难的父母兄弟,就往往有一种天命有归的自豪感。

一个年龄不到二十,眉清目秀的小宦官进入殿内,此人名叫张去为,他蹑手蹑脚来到站在一边观看表演的宦官曾择身边,低声说了几句。曾择示意他稍等片刻,等表演暂时告一段落,曾择就带着张去为走到皇帝御榻前,张去为口奏说:"黄相公只为张察院劾奏,今在宫阙外待罪,恳辞官家恩命,乞求内引入对。"按照惯例,台谏官弹劾宰相和执政,被弹劾者须向皇帝请求辞职,但黄潜善另外请求面奏,实际上已显露出不愿辞职的意思。宋高宗眉头一皱,说:"可传谕黄潜善,不须辞避,仍回都堂视事。待天申节后,朕对张所另有处分。"

宋高宗的作风与宋钦宗完全不同。宋钦宗尽管处理军国大事很少得到要领,失误太多,却完全可说是宵衣旰食,夙夜匪懈,而宋高宗却极不愿意损失声色娱乐的时间。他对臣僚奏疏,有一种简单的处置方法,就是教宦官或宫女为他念提要。如果听得入耳,就教他们全文通读,而听得不入耳,就弃置一旁。张所的奏疏已上呈两天,宋高宗只是听冯益念过一个提要,就按后一种方式处理了。然而张所却按照惯例,将劾奏的副本传送黄潜善,所以黄潜善虽然恼羞成怒,对张所恨得咬牙切齿,却只能照章办事。

当天后宫晚膳过后,张去为在一旁侍候汤饮,宋高宗感到他口齿伶俐,语言清晰,就问道:"你可识字?"张去为说:"奏禀官家,小底尚能粗通文墨。"宋高宗说:"你去瑞应殿,取张所底劾奏来,为朕读一回。"不一会儿,张去为回来,就将张所的劾奏为皇帝朗读一遍。张所的上奏有两份,一份是对划河为界,巡幸东南提出异议,另一份弹劾黄潜善。他在奏中说:

> 恭闻行在留南京,军民俱怨。东京重城,宗社宫阙,省闼百司,岂可迁也!陛下居京师,方足以控制河东、河北之地。河东、河北,天下之根本,如何可失?去年误用奸臣之谋,始割太原、中山、河间三镇以北二十州之地,继而尽割两河之地。遂使两河之民烦冤沉痛,怨流骨髓。今闻两河兵民无不扼腕,正当用之,藉以固守。若弃京师而不居,则两河之民无所系望,陛下之大事去矣。今急还京师,诚有五利:奉宗庙,保陵寝,一也;慰安人心,二也;系四海之望,三也;释两河割地之疑,四也;早有定居,一意边防,五也。国家之安危,在乎兵之强弱,将相之贤不肖,而不在乎都之迁与不迁也。诚使兵弱,而将相不肖,虽云渡江而南,安能自保?徒使人心先离,中原先乱耳!大河不足恃,则大江不足恃,亦明矣!诚使兵强,而将相贤,正须坐抚中原,以制强敌,何迁都之有?

张所在另一奏中列举了黄潜善的十大罪状,其中包括庇护"逆臣"徐秉哲等人。原来宋廷发表徐秉哲暂假资政殿学士,出任大金祈请使后,徐秉哲却以各种藉口拒绝奉使,而黄潜善仍多方为之开脱。中国古代的文献一般不用标点符号,而张去为居然琅琅成诵,没有错误的断句。他揣摩了皇帝的意向,朗读时只用平缓的音调,没有抑扬顿挫。

宋高宗听后,内心也不得不承认,尽管对金媾和的大政方针,不应在弹劾之列,而张所列举黄潜善的全部劣迹,特别是包庇徐秉哲等人,确是事实。他沉思片刻,就问宦官和宫女们:"若个人知得,祖宗之时,若御史论列执政不当,可贬甚么官职?"在场的宦官和宫女没有一个出来回答。实际上,张莺哥和张去为两人是可以回答一二的,然而张莺哥害怕潘瑛瑛忌妒,张去为也害怕康履等高级宦官忌妒,都只能藏愚守拙。宋高宗见无人应答,又问:"今夜若个人直省?"蓝珪回答说:"今夜汪枢相在都堂。"按照正规制度,枢密院长官虽然也是执政,却不能在都堂值班。当时宰相李纲尚未到南京,在罢免耿南仲等人后,宋廷只剩下三名执政,包括新任尚书右丞的吕好问,所以汪伯彦也破例在都堂值夜班。宋高宗当即对张去为口授旨意说:"你可传朕底旨意,命汪伯彦依祖宗底旧例,拟一个张所底贬官名目,另拟徐秉哲、王时雍、吴幵、莫俦四人贬官或降宫观官处分,再拟与宗泽一个知府差遣,奏与朕知。"众人明白,给徐秉哲等人处分或勒令退闲,也算是给黄潜善一个警告。

都堂临时设在南京宫城南的一间偏房中,汪伯彦见到这个陌生的小宦官,却也不敢怠慢,他说:"张大官,开封底架阁文字,全被虏人劫略一空。如今在应天府治中,幸有祖宗时底邸报架阁。请大官稍待片时,我当亲去检阅。"原来宋时称档案为架阁。汪伯彦命吏胥招待张去为,自己径出宫城,却不去府衙,而回到自己的租屋。他在一张纸上草拟后,就命胥吏交付黄潜善审阅修改。汪伯彦出于忌妒心理,其实还是乐意于黄潜善被劾下台。但是,张所的弹劾事关对金和战,就不能没有一种唇亡齿寒之感,况且李纲行将到南京任相,如果留下他一人对付李纲,就更加势孤力单。现在见到皇帝已经表态,就尤其需要向黄潜善讨好。

黄潜善的批改很快送来,汪伯彦一看,他原来所拟徐秉哲四人的宫观官和宗泽的知府名目,一字未改,而张所的贬官地区,却由荆湖南路的潭州(治今长沙),改为广南西路的容州(治今容县)。他看后哈哈大笑,说:"量小亦是君子,有毒方是丈夫!"就执笔重新誊写一遍,只是在张所的贬官名目上,写了"江州(治今江西九江)或容州"四字。他放弃自己原拟的潭州,实际上是想试探皇帝的意向,又可避免因皇帝选中自己所拟,而得罪黄潜善。宋朝的许多士大夫,如果说他们治国与救国全然无方,而彼此勾心斗角,玩弄机谋权术等小伎俩,却又有足够的聪明才智。

张所上劾奏后,接连几天,不见动静,于是又按惯例,在天申节后再上第二道劾奏。然而就在上奏的当天,宋廷发表张所责授凤州团练副使,江州安置,另外又发表王时雍责授安化军节度副使,黄州安置,徐秉哲和吴开提举江州太平观,莫俦提举亳州明道宫。一个忠心为国的御史,竟与四个逆臣同时贬责,而张所所受的处分,居然又重于徐秉哲等三人,一时朝野震惊。宗泽虽然升龙图阁学士,却授任襄阳知府,也使人们为之不平。

马伸找到张所家,只见张所和王经、寇成三家都在忙于收拾行装。他对张所愤慨地说:"正方,我检索旧例,祖宗以来,国朝御史弹劾执政,尚未有如此重责!你且慢行,我当上奏论诉。"张所此时反而显得平静,他说:"蝮蛇螫手,壮士断腕。我既上劾奏,岂有不备反螫之理。然而贬责如此之重,亦委是我未曾逆料。先觉万不可与他们争一时之短长,以免与我同归于尽。只待李丞相到阙,再见机行事。"马伸免不了泪水纵横,说:"正方,人生苦短,相见甚难,你且留滞数日。"张所沉静地说:"朝廷命我即刻启程,不得滞留。自家们既以国士自许,亦何须作儿女之态。"马伸说:"既是如此,我当送你出国门。"张所将手一挥,说:"送人千里,终须一别!"行装很快收拾完毕,张所、王经和寇成骑马,他们的家属分别坐上牛车,马伸和他们就在这套简陋的租房前忍痛诀别。

张所决定沿城西南的汴河南下,他本可以出城南的崇礼门,所以出城西的顺成门,只是为了拜谒西城外著名的双忠庙。原来正好在三百七十年前,唐朝爆发安史之乱,张巡和许远在睢阳,屏蔽江淮,进行了十分英勇、悲壮而惨烈的保卫战。他们殉难后,当地民众就为他们两人立庙。睢阳就是宋时的应天府。张所早就听到过当地不少有关传说,在应天府城的静安门西,人们还不时挖到唐朝的炮石,相传是张巡所埋。张所亲眼见到过一块,上面还刻有"大吉"两字。但是,在干戈扰攘之际,张所几次途经双忠庙,竟无暇晋谒,现在就一定要了此宿愿。王经和寇成也愿同行,彼此准备在双忠庙分手。

双忠庙迭经翻修,还是保留了唐代的建筑风貌,虽然在战乱年代,香火颇旺。庭院中心矗立一块石碑,镌刻着张巡吟咏的两首悲壮诗篇:

岧峣试一临,虏骑附城阴。不辨风尘色,安知天地心。门开边月近,战苦阵云深。旦夕更楼上,遥闻横笛音。

接战春来苦,孤城日渐危。合围俟月晕,分守若鱼丽。屡厌黄尘起,时将白羽挥。裹疮犹出阵,饮血更登陴。忠信应难敌,坚贞谅不移。无人报天子,心计欲何施?

张所等人在碑前长久地徘徊,然后与家眷进入正殿,只见张巡和许远的塑像,按照传统,坐北面南,两厢从祀的有南霁云、雷万春等将,都是唐朝装束,英姿勃发,栩栩如生,令人肃然起敬。据说塑像群出自一个高明的工匠之手,其容貌都酷似真人。张所等人各自手捧一束线香,面向张巡和许远的塑像,恭敬跪拜,张所致词说:"我等身为大宋臣子,谨以心香一瓣,敬献于先烈灵前。伏惟众神生为忠信,死亦坚贞,英名与天地共存,与日月争辉。目今中原涂炭,故国荒凉,二帝北狩,劲虏鸱张。我等虽无折冲万里之才,却有兴复九州之志。效学众神,以身许国。众神庙貌如生,尚其来飨,佑我大宋,一洗仇耻!"张所在致词过程中,强忍着眼泪,致词完毕,却忍不住落下几滴热泪。

待他站立起来,才见到有两个人在家眷后面,不声不响地与自己一同跪拜。一个人是于鹏,另一个人名叫赵九龄。

赵九龄字次张,常州武进县人,比张所大两岁。作为南方人的赵九龄,与北方人张所相识,还是在进京参加科举之时。赵九龄学识广博,却又恃才傲物,他经常喜欢用尖酸的言语,挖苦和轻薄别人。整个邸店的八十多名贡举人,很快都像躲避瘟疫一般,躲避赵九龄。唯有张所心胸豁达,他虽然也屡受赵九龄的讥刺,却与他愈来愈亲近。科举考试的结果,张所通过了礼部的省试,而赵九龄却被黜落。省试之后,虽然还有皇帝亲临的殿试一关,一般只用以显示进士们是天子门生,而不再黜落省试的合格者。

才高气傲的赵九龄在发榜的当天,就离开京城,张所一直送他到通津门外。张所明白,赵九龄的自尊心受到极大损伤,所以沿途默默无语,直到临近分手,才劝慰说:"依你底才器,下回定当金榜题名。"赵九龄却愤慨地说:"考官有目无珠,何必另试!"张所已经相当了解赵九龄的脾性,知道他决非一般的气话,而是言必信,行必果,他惊奇地发问:"次张意欲何为?"赵九龄说:"人生在世,求不得功名,亦须求富。家中薄田不足百亩,只是粗供粥饭。我这回赴京,你嫂嫂犹须典质钗钏。人生在世,终须图个快活。古语道,用贫求富,农不如工,工不如商。自今以后,我便去经商求富。"张所说:"次张满腹经纶,去逐锥刀之利,煞是可惜!"赵九龄冷笑说:"如今底高官显宦,又有几人不逐锥刀之利?他们居官已自不廉,又命干人经商,坐享厚利,亦官亦商。"张所到此再无话可说。

此后,一个在宦海,另一个在商场,却仍然保持了交谊和联系。这次赵九龄长途贩运一大批稻米和茶叶,昨天才到应天府。他听到朋友被贬黜的消息,好不容易找到了张所原来的租房,正好遇到了于鹏。于鹏已经升为保义郎,正等待吏部分配新的差遣,他也是闻讯赶来。两人打听到张所的去向,就一起追出顺成门。

张所见到赵九龄和于鹏,无限感慨,他给王经、寇成和家属们作了介绍。大家走出庙门,找到附近的一个大茶肆,张所、王经、寇成、于鹏和赵九龄占一桌,张所等家眷占一桌,人力、车夫们另占一桌。茶博士打量来客,问道:"敢问诸位大官人,须用煎茶,或是点茶?"赵九龄如今是腰缠万贯的豪商,却还是儒士打扮,他望了望众人,说:"暑热天气,不须煎茶,可点两浙第一号团茶,上十碟果子。"张所等人明白,赵九龄是要大家品尝自己的家乡茶。原来两浙路的茶是按品级分为一号到五号。茶博士先在三个桌上分别摆设十碟橘红膏、蜜姜豉、蜜麻酥、栗黄、蜜枣、灌香藕之类,然后递上一批调好茶膏的茶盏,最后又用茶瓶逐一冲茶,用竹茶筅逐一搅拌。

等张所诉说完,于鹏激动地说:"张察院,我愿弃官,随你去江州。"张所说:"于保义,深感你底情谊。然而你文武皆备,正可在此报效国家,随一个闲废底人,于国事又有何裨益?"赵九龄还是不改当年喜欢打诨的旧习,说:"随你去庐山,游山玩水,岂不是好?"他见到众人惊奇的表情,又解释说:"孔子曰:'用之则行,舍之则藏。'你上不愧大宋底列祖列宗,下不愧万姓子民,便须依孔子之教。主上信用姓黄底与姓汪底,国事亦只得由他们摆布,你便是肝肠寸断,又有何益?如今江州尚是个太平世界,不如前去图个清净快活。"不料张所突然用严厉的口吻说:"次张,你说此言,岂不愧对双忠庙底先贤前烈?"

  在两人的交往中,赵九龄还是第一次受到训斥。他虽然平时惯于谈笑风生,油嘴滑舌,此时却显出了几分狼狈。张所继续说:"金虏得寸进尺,贪得无厌。不见大辽之亡,虏人占得东京,又攻上京,夺取中京,又据燕京。辽朝不亡,金虏又何尝暂辍用兵。这回攻宋,扬言只取太原等三镇,然而兵临城下,又说须划河为界。观金虏之志,不逾淮渡江,占取岭南,岂能休兵。次张,你饱读诗书,亦是个噙齿戴发底男儿,难道甘心于辫发左衽?如依黄、汪二相公底行事,便是江州与常州,又岂是清净快活之地!"王经也激昂地说:"救亡图存,人人有责!"赵九龄感愧地说:"正方,听君一席话,胜读十年书。我平时常自负学富五车,今日方见得正方不负圣贤所教,煞是个立大节底国士。"张所说:"依次张之才,逢此乱世,正是你报国立功之秋。"赵九龄又很快联想到当年科场落第的辛酸往事,长吁一声,说:"报国无门!"寇成却用手敲着茶桌说:"有李丞相,有宗龙图,便是报国有门!"赵九龄投以尊敬的目光,说:"此回结识了王修武、寇修武与于保义,亦是不虚此行!我当遵你们所教,在南京专候李丞相。"

  一群志同道合的人,互诉衷肠,不觉日光西沉。在分手之际,赵九龄坚持要送张所和寇成、王经各二百贯铜钱,张所知道赵九龄的脾气,对王经和寇成说:"次张是慷慨底人,你们只管收下。"王经和寇成只能再三表示谢意,他们带家眷北上,回到陈淬军中。大家分为三路,作揖惜别。

[肆]
许国心独苦

星光黯淡,有五人五骑,乘着仲夏之夜的凉爽天气,沿汴河向西北疾行。五人之中,为首的正是南宋首任宰相李纲,另带二名从吏和二名厢兵。李纲字伯纪,福建路邵武县人,今年四十五岁,生就两道剑眉,一双丹凤眼,一股英锐之气逼人。他自从去年九月被贬离京,直到今年三月,才接到复官资政殿大学士、领开封府事的朝命,虽然也着手组织勤王之师,却为时太晚。在太平时节,任何人升任宰相当然是高兴的事。然而李纲此时此刻的心境,却连本人也难以说清楚,只觉得有极重的沉痛感和责任感。他前后收到宋高宗在登基前的手书,即位后的拜相制词,也确实对新君有很深的知遇和感恩心理。所以李纲安排家眷乘船,自己骑马北上,以求加速兼程。但是,他到亳州永城县时,却接到了新任御史中丞颜岐和右谏议大夫范宗尹的两份弹奏副本,两奏的大意是说李纲徒有虚名,却有震主之威,并且被金人所憎恶,不宜任相。李纲离开朝廷已有大半年,两份弹奏更使他感到朝廷形势的波诡云谲。他一面骑马,一面不由吟哦了一首小诗:

    舍舟行汴堤,
    行行近南都。
    伤心兵火余,
    民物亦凋瘵。
    尝胆思报吴,
    实启中兴主。

>　　谋身性虽拙，
>
>　　许国心独苦。

　　李纲一行进入应天府界，抵达下邑县的安平驿，已天色微熹。有驿吏闻讯出迎，向李纲唱喏，说："半夜时分，行在底张察院被贬，来此歇泊，待男女命他搬叠出。"李纲问道："张察院可是张所？他因甚事贬谪？"驿吏说："正是，闻得他因论奏执政黄相公，而去江州。"在朝廷的三个执政中，李纲对黄潜善和汪伯彦两人并不了解，对吕好问比较熟悉，而唯独对张所有相当好感。张所和李纲并无私交，但在李纲贬逐出京后，张所却几次上奏，力主复用李纲。现在李纲当然渴望与张所会面，却又命令驿吏说："自家且在门房暂住，不须惊扰张察院。"不料张所从驿馆中出来，向李纲作揖，很动情说："张所以待罪之身，拜见李相公。"李纲连忙还礼，说："不料自家们今日在此邂逅相逢。"张所说："李相公鞍马劳顿，一夜风尘，请略事歇息，然后再与相公叙话。"李纲说："不须歇息，国事鞅掌，正须就教于察院。"他吩咐驿吏说："且供进点心，我当与张察院会食。"

　　李纲草草地盥洗过后，头上只戴一顶薄纱巾。他与张所一面吃豌豆大麦粥和炊饼，一面畅谈。两人的谈话竟持续到傍晚。李纲对朝廷的情势其实相当隔膜，经张所的全面介绍，才算理清了眉目，却更加重了心头的忧虞。他到此已洞悉了自己相业的艰难，就问道："吕右丞委屈求济，而忠心于王室，其才如何？"张所明白，李纲对黄潜善和汪伯彦已经丧失争取的信心，而寄希望于吕好问，他回答说："吕右丞恐非善善恶恶，持危扶颠底人。上策须力荐宗龙图入政府。"李纲说："宗龙图是大忠大节底人，直气充塞天地，然而引他入政府，只恐我心有余而力不足。"张所说："他知襄阳府，煞是置于无用之地。依我之见，既主上不愿回京，如今外任官中，东京留守干系最重，若不得已而求其次，亦非他莫属。"李纲苦笑说："便是这个差遣，亦须费多少唇舌。"张所说："相公劳心忧思、唇焦舌敝底事，又岂是此一件。然而宗龙图若能去东京，相公又可省却了多少忧心。我敢以身家性命力保，若宗龙图在，东京断无再次失陷之理！"他最后的一句更显得十分激昂。

　　李纲一天一夜未得休息，却尚无倦意，他最后恳切地说："正方，我歇泊一夜，明日便去南京。你可缓行，一日行程，分为二、三日。我须力奏你回朝。"张所说:"城狐社鼠甚众,如何容得我回朝?"李纲说:"若是外任,你愿担当甚底差遣?"张所站立起来,用斩钉截铁般的语言回答:"国家艰危,非臣子辞难之时。我愿请缨,直赴两河,收复失地,万死不辞!"

第二天清晨,李纲和张所分别时,张所经过一夜思考,又给李纲举荐了布衣之交赵九龄,他最后语重心长地说:"相公,如今万口一音,图中兴大功,全在相公底处置得宜与否。左正言邓肃曾对我言道,相公学虽正而术疏,谋虽深而机浅。奸邪之辈,依凭城社,盘根错节,只恐相公难与为敌。此等人虽无经国之才,却颇有误君之术,相公切须小心。"李纲问道:"邓正言可是当年底太学生,曾赋诗进谏,备述花石纲之扰?"张所说:"正是此人。"原来宋徽宗在开封大兴土木,命众臣进诗献赋,歌颂太平盛世之时,邓肃却另外献诗十首,其末句说:"但愿君王安万姓,圃中何日不东风!"结果被宋徽宗流放。李纲在政府时,曾向宋钦宗举荐邓肃,然而当邓肃来到朝廷时,李纲却已贬逐出京,两人还始终没有见过一面。

张所的话,自然使李纲联想起辛酸的往事,不由感慨万端。李纲的宦运与宗泽十分相似,宋徽宗宣和初,开封发生大水,按照古代天道和人道交相感应之说,他乘机上奏言事,说上天降灾,预示人间将有灾变,盗贼和外患就是国家的隐忧。正在夸耀太平盛世,自鸣得意的宋徽宗自然忠言逆耳,将他贬为监福建路南剑州沙县税务。七年之后,金朝完颜斡离不所率东路军初次南侵,朝廷里笼罩了一片惊恐气氛。李纲力排众议,坚决挽留了准备逃遁的宋钦宗。他在危难时刻,以一个不知兵的文官身份,毅然主动请缨,负责开封城防,组织军民,打退了敌军进攻,一时名声大震。宋钦宗虽然破格授任李纲为尚书右丞,却不能委以全权,他与宰执们反而对李纲的部署多方掣肘。宋钦宗轻率地同意武将姚平仲夜袭金营,当劫营失败后,又怪罪不知情的李纲,将他罢免。于是太学生陈东率数万军民激于爱国义愤,伏阙上书,请求皇帝复用李纲。宋钦宗迫于民众的压力,虽然重新起用李纲,却又心存芥蒂,总认为李纲利用民望,胁逼自己。李纲与其他宰执屡次面折廷争,耿南仲怀恨在心,他设计了一个坑陷李纲的办法,怂恿宋钦宗命李纲率兵解救太原。李纲自知不能胜任,就向宋钦宗辞免。在宰执之中,唯一同情和支持李纲的,是同知枢密院事许翰,他给李纲写了"杜邮"两字,这是引用战国时代秦国名将白起被秦昭王赐剑自裁的典故。李纲只能接受许翰的警告,被迫受命出师。太原失守后,耿南仲陷害李纲的毒计成功了,而最终受坑害的却还是宋钦宗本人。

李纲沉默片刻,然后发出深长的喟叹,说:"难得有一个未见一面底知己,洞知我底肺肝!君子难进易退,小人易进难退,我这回去南京,亦唯有直道事主,用行舍藏而已!"张所说:"相公,如今非是太平时节,事关江山兴亡,丞相还须易进难退,鞠躬尽瘁,死而后已!今日底黄潜善与汪伯彦,便是昨日底耿南仲,与他们周旋,又岂可不工于心计!"李纲没有答话,只是深情地望着张所,张所又说:"依我所料,相公日后必定引许翰入政府。许翰秉性耿直,忠义有余,然而书生不知兵机。相公切宜用其所长,避其所短。"李纲明白,张所所指,是许翰任同知枢密院事时,大将种师中奉命救援太原,许翰片面指斥种师中"逗遛玩敌",后种师中兵败战死。他也没有正面回答,只是用眼睛更深情地望着张所,稍过片刻,李纲才用十分惋惜的语调说:"正方,你底才智器识,更在许崧老之上,可惜!可惜!可惜我无力引宗龙图与你入政府!"张所也只能以深情的目光回报,两人再也无话,就匆匆告别。

按照宋朝制度,百官上朝,依官位分为每天一朝的"常参",每五天一朝,即每月六回的"六参",每月初一的"朔参"和每月十五的"望参",规格各不相同,百官分班轮流奏对。有时一天达十多班,需要在中午赐食,百官转对延长到下午。参加转对的臣僚,分别聚集在殿门外的四个阁子里,等待阁门官员的内引。宋高宗即位后,向来懒于将转对延长到下午。六月一日,是他称帝后的第一个"朔参"日,参加转对的官员最多,他仍然设法尽量压缩奏对的时间。时近正午,有阁门官员奏禀,说:"今有丞相李纲与新知襄阳府宗泽到阙,乞内引入对。"宋高宗明白,这次朔参已势必延长到下午,就吩咐说:"传朕旨意,李纲与宗泽且在阁子赐食,候下午传宣,分班奏对。"

说来也是凑巧,李纲和宗泽都是在六月一日上午抵达应天府。南京的宫殿当然不如东京宽敞,归德殿门外临时找了两间小屋,作为群臣等候转对的阁子,尽管不少官员已经在奏对后离开,依然显得相当拥挤。宗泽先到,他找着御史中丞颜岐,就厉声斥责说:"颜中丞,你身为天子耳目,岂可充黄、汪二相公底鹰犬!"事实上,颜岐的上奏也确是由汪伯彦授意的,颜岐一时显得有几分尴尬,他还企图强辩,说:"宗龙图,你休得血口喷人!"宗泽用更严厉的声调说:"且如徐秉哲,仗金虏之势,威逼君父,上自后妃,下至民间女子,被他强驱入金营,数以万计。开封百姓称他为'虏人外公',你可曾弹击否?王时雍人称'卖国牙郎',你又曾弹击否?吴开与莫俦为虏人往返传旨,人称'急脚鬼',你又曾弹击否?黄、汪二人,计议将祖宗两河之地送与虏人,强驱千百万生灵辫发左衽,如此不忠不义底人,你又曾弹击否?金虏之仇,不共戴天,我大宋命相,难道须仰承虏人底喜怒?"颜岐面皮通红,浑身冒汗,却仍然强辩说:"新君初立,国力不济,我亦是为社稷安危上奏。"宗泽戟手指着颜岐,大声怒吼道:"如簧之舌,巧言诡辩!人可欺,天不可欺,你日后定须在太祖皇帝殿前吃铁棒!"

当颜岐被斥责得狼狈不堪之时,李纲进入阁子,似乎正好给颜岐解围。百官纷纷见李纲作揖,李纲逐一还礼寒暄。颜岐自我解嘲地说:"李相公,我奏陈轻率,然而亦是为国谋虑,我与相公本无私怨。"李纲说:"大敌当前,自家们须敌忾同仇,共谋兴复大计,何须问睚眦小怨。"宗泽在一旁,却并不急于同李纲寒暄。李纲主动找到宗泽,两人互相作揖后,竟一时哽噎无语,李纲只是执着宗泽干瘦的手,宗泽虽然竭力克制,还是淌下了热泪。李纲深情地说:"宗丈为国效命,天下无人不知,令人钦敬!"论年龄,宗泽比李纲大二十四岁,所以李纲特别用晚辈对长辈的称呼。宗泽说:"小人之言不足恤,我唯恐相公深自爱惜,顾忌形迹,不赴行在,上章辞免,如此正中了鼠辈底奸计。"李纲说:"国家艰危,非臣子辞避之时,况且主上恩遇如此之深。我当面对主上,殚竭愚计,然后辞避不迟。"两人的话当然都是说给众官听的。

中午时,百官转对完毕后,纷纷离开阁子,只剩下李纲和宗泽两人,他们吃着皇帝特赐的午膳,开始深谈。李纲为节约谈话时间,就先告诉宗泽说:"我在下邑遇见张察院,长谈终日,元帅府与朝廷底事,我已粗知梗概。"宗泽说:"我年迈无能,在世之日苦短,却又不敢偷安自便。人生得一知己足矣,张察院便是我底知己。我历观朝士,其忠智尚无出张察院之上,切望相公重用张察院,为大宋江山留一个人才。"李纲说:"张察院岂但是宗丈底知己,亦是我底知己。"宗泽见李纲说到这个地步,就不必再说,他换了一个话题说:"相公须知,水火不能相容,冰炭不可同器,君子与小人同朝,难以立事。"李纲说:"此事我唯当勉力,尽臣子之道,国事底成败利钝,尚须主上英断。"宗泽听李纲提到皇帝,立即联想到元帅府的往事,忍不住涕泪满面,他长叹一声,用深沉而缓慢的语调说:"我唯恐主上不得保守祖宗底江山社稷,大宋重蹈西晋东迁底覆辙。"宗泽后面的一句话,李纲已经听张所转述过,而此时更有一字千钧之感。两人长久地沉默着,有阁门官员进入阁子说:"今日下午,李相公第一班,宗龙图第二班。官家午膳已毕,特命李相公入对。"李纲望着宗泽说:"自家们待日后另行叙话。"就随阁门官员进入瑞应殿。

宋高宗自从称帝以来,匆忙用过午膳,不与宫女们嬉戏,就召见臣僚,这还是第一回。他召见黄潜善和汪伯彦是相当随便的,无拘无束的,在他眼里,两个外廷的执政与内廷的康履等宦官,其实说不上有多大差别。但是,尽管自己的身份是皇帝,而要召见李纲和宗泽两个臣僚,却不免有几分紧张,几分畏怯。连宋高宗本人也说不清楚是什么原因,自己在出阁另住康王府以前,最害怕的就是宦官白锷,母亲教白锷成天监视自己,虽然白锷从来是和颜悦色,而自己见到美丽的宫女,却不敢沾花惹草。今天召见李纲和宗泽,就有一种类似的心态。当然,两个臣僚也有所差别,他对李纲还是抱着很大的期望,只愿他处置好国事,自己可以做一个省心的皇帝;至于宗泽,则有一种难以言喻的嫌恶感,只是碍于制度,加之宗泽又是前元帅府的副元帅,不得不准备硬着头皮听这个老臣的训话。

宋高宗头戴一顶特制的道冠,身穿一件淡黄薄纱袍,正襟危坐,两旁侍立的是入内内侍省押班康履和干办御药院邵成章。在众宦官中,邵成章不仅在宋钦宗时地位最高,而且有拥立隆祐太后等大功,宋高宗本拟将他由入内内侍省押班升迁都知,却经不住众宦官的谮诉,他们反复说:"陛下若用邵九,切恐小底们不得侍奉陛下,陛下亦无欢乐。"于是宋高宗就安排邵成章一个较低的差遣,并且对他疏而远之。但今天召见李纲和宗泽,又临时想到了邵成章,感到可以用一个宫廷内外知名的宦官君子装潢门面。

李纲进殿后,向皇帝跪拜,激动地说:"臣李纲待罪在外,久违阙廷,适逢国家遭此大变,不期圣恩再造,重睹天颜,臣恭祝圣躬万福。"宋高宗听后,也有几分感动,特命赐座、进茶,这还是黄潜善、吕好问和汪伯彦三名执政从未享受过的礼遇。李纲谢坐后,宋高宗命令邵成章取来一件已经拆开的绛罗褪领,也就是背心,交给李纲,李纲只见上面有宋徽宗御笔所写"可便即真,来救父母"八个字,另加开的御押。原来曹勋已经从真定府潜逃到应天府,并且面奏皇帝。宋高宗当然十分重视这件褪领,认为父亲的八字御笔加重了自己称帝的合法性。

李纲得知了褪领的来由,就问道:"太上有何口宣?"宋高宗认为,有关太祖不得杀大臣和言事者的誓约,自己在离京前,已由宋钦宗引领,在太庙见过誓碑,不必对臣僚宣布,就说:"阿爹言道,但有清中原之策,便悉予举行,唯求洗雪积愤。然而朕岂可不顾父母兄弟底安危!"他一面说,一面就落下眼泪。李纲说:"臣受三朝深恩,恨不能粉身碎骨,迎还二圣。然而陛下圣孝,须是天子底孝,与庶民有别。昔日楚汉相争,项羽扬言,如刘邦不降,便要烹刘太公。刘邦言道:'我与项羽曾约为兄弟,我底阿爹便是你底阿爹,若要烹你底阿爹,幸分我一杯羹。'项羽终不敢加害,而放还太公。唯有大宋自尊自强,二圣銮舆必有可还之理。不然,虽是冠盖相望,卑辞厚礼,只恐徒劳无益。臣愚以为,如今遣使,但当奉表通问二宫,致陛下思慕之意,不可与不共戴天底仇敌通和,更不可以'祈请'为名。"李纲在奏对之初,虽然直截了当批评了派遣祈请使的主张,但宋高宗对他的说法也有满意之处,因为李纲并未按黄潜善、汪伯彦之流的预言,建议立即发兵,营救二帝。这个问题正是新君内心深处最忌讳的。

宋高宗接着问道:"金虏是朝廷第一个大患,依卿之见,当如何处置?"李纲说:"自古至今,无非是战、守、和三策。今欲战则不足,欲和则不可,上策莫如自守。待我政事修明,士气大振,然后方可议战。若陛下唯信讲和之说,不务战守之计,则国势益卑,无以自立。"

宋高宗说:"如今民穷财匮,军兵败亡之余,并无斗志。议者以为,虏若大举,朝廷亦难以自守,故劝朕巡幸东南,暂避虏人底兵锋。"李纲说:"不患无用底军兵,只患无能底武将,无策底文臣。汴京为天下根本,陛下嗣登宝位之初,岂可不回旧京,以慰安士民。然而事出权宜,亦可另以长安为西都,襄阳为南都,建康为东都,以备巡幸。天下形势,当以关中为上,襄阳为次,建康为下。北兵劲悍,南兵柔脆,人所共知。金虏贪得无厌,得陇望蜀,陛下若守靖康划河为界之约,岂但不足以塞虏人底贪欲,徒然失两河士民底忠心。金虏善于用敌之兵,因敌之粮。灭辽之后,便驱辽朝底契丹、奚、渤海、汉儿兵攻宋,深入中原之后,又驱两河汉人攻开封。陛下如何可轻失两河,使虏人得以驱北方劲悍之兵,攻南方柔脆之军。臣愚以为,陛下如欲自守,则必先守河北与河东,若两河失守,切恐天涯海角,亦非陛下安居之所。"

由于张所事先的介绍,使李纲的口奏有了充分的、精心的准备,他不但要坚持原则,还力图说服皇帝,取得皇帝的信任。在黄潜善、汪伯彦等人百般诋毁之余,宋高宗对李纲的满意程度反而超过了预期。在宋人的传统观念里,北方兵的素质胜过南方兵,而陕西经历与西夏的长期交战,更是精士健马的集中地。李纲并不一般地反对皇帝"巡幸"避敌,而强调上策是退居关中,以便保守陕西,同金军抗争。他陈述两河的利害得失,甚至使宋高宗割地的决心也有所动摇。李纲已经敏锐地观察到,皇帝对自己流露出满意的目光。

宋高宗说:"朕以眇然一身,托于士民之上,须卿扶持,以济艰危。"李纲泪流满面,说:"臣极感陛下知遇之深,然而臣才力绵薄,恐不足以胜任。臣已见颜岐底弹章,所以不避形迹嫌疑,只为国家祸难至重,臣感荷圣恩至深,唯求面陈千虑之一得,以报陛下。颜岐所言,论臣才不足以任相,乃是正论;若说臣为金人所恶,不当任相,便不是正论。陛下命相,于金虏所喜所恶之间,切望圣虑有以审处。"

宋高宗笑着说:"朕已面谕颜岐,若如此说,朕称帝亦非金人所喜。卿且安心供职,朕不日当命颜岐与范宗尹外任。"李纲说:"既有外廷之论,臣岂敢觍颜受命,唯求早归田里。"宋高宗说:"朕久知卿底忠义智略,社稷生灵,赖卿以安,卿毋须再辞!"他转过身来,对邵成章说:"你可将李卿押赴都堂,即日视事。传朕口宣,今夜命三个执政在金果园,代朕宴请李卿。"

李纲到此也不再推辞,他再次跪拜,语重心长地说:"臣愚陋无取,不意陛下知臣之深。然而今日图中兴之功,在陛下而不在臣。先贤管仲曾言道,国君不能知人,知而不能用,用而不能任,任而不能信,信而又使小人参之，足以妨废霸业。臣孤立寡助，切望陛下以此言为戒，留神于君子、小人之间，使臣得以尽志毕虑，虽死何憾！"

邵成章领李纲出殿，前往都堂。李纲觉察到邵成章想说而嗫嚅的模样，就说："邵大官，我备知你底忠心，你有何说，不妨直言。"邵成章立即泪如涌泉，说："我见相公转述管仲底言语，便思念北狩底渊圣。渊圣若一心一意信用相公，不参用耿南仲等小人，何至有播迁之难。然而今日事势，尤须相公一力主张，若是听凭黄、汪等小人胡做，我大宋再无兴复之望，渊圣亦只得饮恨异乡。"李纲听后，也十分感动，说："我已跪奏，图中兴，在圣上而不在李纲。我与张察院在下邑分别之时，他赠我十二字：'易进难退，鞠躬尽瘁，死而后已。'我当身体而力行！"邵成章以手加额，说："此是大宋社稷之福！张察院被贬，煞是可惜！"

两人说着，已来到都堂。黄潜善、吕好问和汪伯彦三个执政早有准备，李纲与他们互相作揖寒暄。汪伯彦满脸堆笑，说："我早曾言道，李相公不到，政府便是群龙无首。"吕好问说："自家们代伯纪掌政一月，恐有不是，尚须伯纪教正。"李纲说："国耻至重，私怨至轻，我愿与三位相公共图救国长策。靖康时，大臣失和，以私怨妨废国务，议论不一，诏令轻改，自家们当以为深戒。"他接着就开诚布公，向三人介绍了刚才的奏对，问道："三位相公若有异议，便请驳正。"李纲胸有成竹，准备同他们进行一场政策的争辩，不料黄潜善却说："李相公执掌大政，我当努力辅佐。李相公底规模素定，我并无异议。"汪伯彦更是风趣地说："如今李相公已在马上，我甘愿执鞭随镫。"于是，都堂的会面，当夜在金果园的御宴，就在一团和气中轻松地结束了。

[伍] 力争重任

宗泽第二班奏对,已是下午申时。他见到皇帝,元帅府的往事不免涌上心头,百感交集,涕泗交颐,长跪不起,哽噎不语,过了好一会儿,才艰难地开口说:"臣宗泽叩见陛下,恭祝圣躬万福!"宋高宗一时不免有几分哀怜之意,命令康履将宗泽扶起,赐坐,进茶。

宗泽喘息略定,才悲愤地说:"臣愚身膺帅府重寄,不能救援开封,致二帝北辕,万诛何赎!"虽然只是寥寥数语,却使这位拥兵避敌,占取帝座的宋高宗有几分尴尬,有几分自恶,一时无言以对。他想了一想,决定转换话题,就命令康履将有宋徽宗御笔和御押的椸领交给宗泽观看,并且说明这件椸领的来历。

宗泽说:"太上真迹,此乃天意。切望陛下每日每时,念二帝与宗亲底深仇奇耻,卧薪尝胆,以图中兴。臣犬马之齿,六十有九,已届风烛残年。臣扪心自问,尚无恋栈之心,而早有归田之志。臣虽至愚,粗知自爱,所以报颜留侍陛下,并非贪冒恩宠,实为不破金虏,臣死不甘心!"宋高宗听后,也有几分动情,他说:"朕素知卿忠义,国步维艰,故朕亦不忍命卿致仕颐养。卿于国事有何计议,朕当虚心听纳。"

宗泽说:"人主职在任相,今陛下爰出独断,力排众议,命李纲为相,委是得人,唯当用之不疑。渊圣参用小人,败坏国事,臣愿陛下以为深戒。"宋高宗完全听懂他的话,是指黄潜善和汪伯彦,他不想反驳,只是保持沉默。宗泽恳切地说:"若李纲相业不终,臣切恐陛下中兴大业便难以成就。奸佞之辈张皇敌势,劝陛下卑屈事仇,不得誊播即位赦文于两河。

臣实不忍见陛下蹈西晋东迁底覆辙,不忍见大一统之王业沦为偏霸。不忠不义底人,陛下万万不可信用。"宋高宗脸上露出不高兴的神情,用呵斥的口吻说:"常言道,兼听则明,偏信则暗。大臣议论国政,各执一是,朕须兼听,择善而从。"

宗泽望着皇帝,发出了无可奈何的苦笑,心想:"元帅府底旧事,又如何重提?"但他也不肯退缩,说:"自古有为底英主,大是大非,大忠大奸,大善大恶,不可不察。臣愚愿陛下远法周宣王,近效唐太宗,赏善罚恶,进贤退不肖,重光大宋基业,上不愧天地祖宗,下不愧万姓臣民。使陛下底中兴伟业,光照史册,而与周宣王、唐太宗齐名。臣每读《诗经·小雅》,称颂周宣王薄伐玁狁,未尝不感奋激励。愿陛下整军经武,选将练兵,待机而动。臣虽老朽,亦粗知兵机,誓愿执戈,为陛下底前驱!"说到最后几句,宗泽音容慷慨,神情严肃,使宋高宗不得不有所动心。他感到应当适时结束这次奏对,就说:"卿底心迹,朕已熟知。卿且在南京颐养数日,待朕与大臣从长计议,另委卿以重任。"接着就吩咐康履送宗泽出殿。

不料宗泽站起身来,又口奏说:"臣尚有一事,须奏禀陛下。他日迎奉二帝归朝,太上自有龙德宫,而渊圣尚未有颐养底去处,请陛下预先计度,使天下知陛下孝悌之心。"宋高宗完全明白,宗泽的弦外之音,是要他不必担心二帝回来,会与自己争夺帝位,而应对营救父兄取积极态度,他说:"如渊圣回归,自当复辟,不须另置宫室。"话音刚落,又为自己的失言而深自后悔。宗泽看到皇帝的表情,又乘机说:"陛下若能洗雪奇耻大辱,迎回二圣,功业盖世,四海归心,万姓称颂。渊圣是仁厚之主,亦必不愿复辟,必不能复辟。"他的话使宋高宗感到宽慰和高兴,皇帝脸上露出了难以掩饰的、满意的微笑,说:"卿天资忠义,尽心王室,可无愧于古人!"

再说李纲,他开始了忙碌的相业。六月一日御宴后,当夜立即起草奏疏,第二天早朝,向皇帝进呈十议,包括议国是、议巡幸、议僭逆、议伪命、议战、议守等。他又用大量时间召见百官,询问情况,讨论对策。他经过殿中侍御史马伸的介绍,立即任用开封围城中坚持抗金的李若虚和朱梦说当幕僚。他特别奏禀宋高宗,给死难的李若水和吴革以追赠和褒恤。

李若虚作为李若水的亲兄,特授从九品文官承务郎,朱梦说特授较低的迪功郎。张所的朋友赵九龄也主动投奔相府,并且向官府慷慨捐助五万贯铜钱,李纲也按宋朝的进纳制度,授官迪功郎,任用为幕僚。李纲的私第临时设在应天府城北的原钤辖司,三个幕僚与他朝夕相处,彼此很快成为无话不谈的布衣之交。李纲发现,朱梦说为人倔强耿直,李若虚为人平和,却是柔中有刚,而最有智谋的则是赵九龄。

李纲的事情虽然千头万绪,而最使他操心的,就是如何安排宗泽和张所。他一直没有放弃将两人引入政府当执政的打算,却又不敢贸然向皇帝提议。一天夜里,四人又在讨论此事,朱梦说竭力主张正式上奏,李若虚主张先提出宗泽一人,而赵九龄却说:"明知不成功底事,无须一试。"李纲感叹说:"大宋养士一百六十年,自蔡京当政以来,士大夫名节扫地,寻觅一个似宗龙图、张察院底,实难其人。"有吏胥禀报,说是宗泽已来到相府。李纲连忙与三个幕僚出迎,并向宗泽介绍了他们三人。

这是一次预先约定的会见。房间里只点了一支蜡烛,在黯淡的火光下,宗泽用爱怜的目光望着李纲消瘦的面庞,说:"李相公,如今你是恁地忙,我是恁地闲。"李纲虽已就任正一品的宰相,面对正三品的龙图阁学士,仍然尽恭尽敬,他说:"宗丈,国务鞅掌,今夜请宗丈来,便是以朝廷底事就教。"赵九龄笑着说:"久闻宗丈底大名,如雷贯耳。我只道是三头六臂,原来直是如此短小精悍。"朱梦说说:"艰危时节,不须说笑!"赵九龄说:"艰危时节,尤须说笑!"说得众人都笑了起来,宗泽称赞说:"李相公,今日有幸,得见三位有节义底佳士。"李若虚谦逊地说:"自家们才识短浅,蒙马殿院、张察院引荐,承乏于此,唯愿助李相公涓埃之力。"

宗泽的眼光落到书案的一张纸上,上面有李纲的四行小楷:"易进难退,忍辱负重,鞠躬尽瘁,死而后已。"就问道:"李相公,此是何意?"原来李纲正式拜相后,宋高宗虽未正式宣布,却在事实上确定了每天的宰执奏对程序,第一班召见李纲,第二班召见三名执政。宋高宗对李纲的各种建议,往往含糊其词,须经过三名执政覆议后,才最终决定可否。除六月一日初次奏对外,也不再赐坐。李纲对赐坐与否,倒并不计较,但对自己的建议事实上必须经黄潜善和汪伯彦审查,却颇为恼火。生性刚烈的李纲,在奏对回府以后,有时不免长吁短叹,最后只能在书案上留下这四句座右铭。宗泽听李纲说明原由后,感叹不已。

李纲说:"我进呈十议,主上与执政商议,将僭逆与伪命两议留中不出。我与吕好问相识,以为他颇能清谨自守,不料他入政府之后,往往附会黄潜善与汪伯彦,令人觖望。"宗泽感慨说:"本朝自文正公范仲淹提倡名节,士风为之一变。然而自崇宁、大观以来,士大夫鲜廉寡耻,故靖康时底开封围城中,能仗节死义底人,寥若晨星。"他不能直接指责宋徽宗,所以只是用宋徽宗即位初的"崇宁"和"大观"两个年号。朱梦说说:"方今士风,一患名节不立,二患忌贤妒能。国势危如累卵,身家性命尚且难保,犹自念念不忘于微小私怨。不能救国,便沮挠他人救国;不能成功,便败坏他人成功。不知如国破家亡,他们又得甚底利便?直是一群醉生梦死底鼠辈!"赵九龄补充说:"更有甚者,一如唐朝底李林甫,口蜜而腹剑。"宗泽说:"二迪功所论,深中时病。如黄佞人、汪微人,便是口蜜腹剑底人。"

李纲因为身份关系,感到多谈黄潜善和汪伯彦无益,他说:"幸得主上圣明,已宣谕黄、汪二相公,废罢靖康时划河为界之约,允我所奏,专设河北西路招抚司与河东经制司,措置收复失地。"宗泽高兴地说:"如此甚好!"李若虚听李纲说到收复两河失地的问题,就取过一张地图,铺在书案的蜡烛旁边,李纲说:"自家们计议,收复之事,须出万全。如今士怯兵弱,切恐不可以北上,深入真定与中山二府。"他用手指着地图说:"大河以北,失陷底唯有濬、卫、怀三州,虏人在三州仅有孤军数千,又胁制汉民,剪发签军,然后仅及一万。三州与真定之间,有庆源、信德二府,磁、相等州,都为朝廷坚守。若王师夺回三州之地,不唯拱护得东、西两京,亦可大振士气。待日后兵精将勇,徐谋恢复真定、中山、太原等地。"宗泽说:"此说甚是。然而炎暑将退,秋冬时分,正是虏人弓劲马肥,大举侵犯之时。若要此战成功,一须及早出兵,攻其不备;二须增援庆源、信德二府,磁、相、洺三州城守,阻止虏人大军南下接应。泽虽不才,愿统兵前往。闻得御营之师已有十万之众,若勾抽得二三万人马,便可成功。"

李纲说:"此事我已曾奏禀,黄、汪二相公言道,大驾驻跸南京,御营兵卫寡弱,须护卫主上,不可勾抽。主上宣谕,攻三州底军兵,尚须于各州抽摘,或另行招募。我身为宰相兼御营使,竟调遣不得御营军!"他的脸上露出了无可奈何的苦笑。宗泽拍案而起,愤懑地说:"岂有养兵十万,饱食终日,不事战斗之理!黄、汪二人却是依元帅府底旧例行事。"当时宋军的主要机动兵力就是御营军,然而按照宋高宗和黄潜善、汪伯彦的主意,御营军至多用于镇压各地盗贼,不得调遣到抗金前沿。赵九龄讥讽说:"河北底失地至轻,黄、汪二相公底性命至重!然而失去手足,又何以保全头目?"

李纲说:"我待明日奏禀圣上,保举宗丈为同知枢密院事。若不得已而求其次,便依张察院之议,另保举宗丈为东京留守。依宗丈之见,河北西路招抚使与河东经制使当委任何人?"宗泽沉思了一会儿,说:"招抚使非张所不可,经制使可委河阳府通判傅亮。"李纲说:"我亦曾听人说及傅亮。"宗泽说:"傅亮为陕西同州冯翊县人。陛下即位之初,命他知滑州,滑州残破,已无城壁。傅亮上奏:'陛下能归东都,臣能守滑;陛下不归,臣亦不能守。'黄、汪二人摘录此语,责他悖傲不逊,于是降官通判。我曾与他言谈,此人颇知军事,议论劲直。"李纲说:"宗丈知人善任,我当依宗丈所荐。宗丈麾下底陈淬统制,不知以为如何?"宗泽说:"陈淬亦是忠义之士,谋略可用,而胆气不足。"当夜商议,李纲和宗泽确定了两套人事方案:第一套方案是宗泽进入政府,张所任东京留守,傅亮出任招抚使,陈淬任经制使;第二套方案是宗泽任东京留守,则由张所任招抚使,傅亮任经制使。

第二天是普通的常参日。李纲照例是第一班,进入瑞应殿,站立口奏说:"靖康时拘于旧制,任用枢密长贰,除种师道外,都是不知兵底文臣,往往误国败事。依臣愚见,如今文臣知兵底,唯有宗泽……"不等李纲说完,宋高宗就截断他的话说:"朕已知卿意。宗泽虽忠,议论颇多迂阔,不可为执政。黄潜善已拟他为青州知州、兼京东东路安抚使,此亦是一路守御重任。"原来黄潜善和汪伯彦早已抢先进谗言,说李纲任相,必定举荐宗泽为执政。皇帝不容宰相把话说完,自然是给李纲一个难堪,但李纲已无暇计较,他又连忙提出第二套方案说:"东京留守范讷,已有左正言邓肃底弹章。他扬言道:'留守唯有战、守、降、走四字,如今战则无兵,守则无粮,若虏人进犯,不降则走。'"宋高宗说:"朕已决意罢黜范讷。"李纲说:"宗泽自为小官,即卓荦有气节,敢做敢为,不诡随于世。依臣愚见,端的无他人可为留守。"宋高宗笑着说:"朕已料卿有此议。宗泽实是忠心,然而他在磁州,凡下令,一切听命于崔府君。郭京装神弄鬼,致使京城失陷,亦可为深戒。"李纲说:"古人亦有用权术,假借于神,而发号施令。如战国时底田单守即墨,每出约束,必称神师,终于大败燕军。陛下曾为大元帅,当深知宗泽底用兵。"宋高宗不再说话,李纲明白,皇帝还须与执政另外商议,就用斩钉截铁般的口吻,重复张所对自己的言论:"臣敢以身家性命力保,若任用宗泽为东京留守,东京断无再次失陷之理。"

李纲从宋高宗的表情看出,皇帝心有所动,就另外提出了河北西路招抚使与河东经制使的人选,详细说明理由,他最后说:"张所与傅亮虽是贬黜底人,然而臣询访百官,委实更无他人,故不揣冒昧,乞陛下圣断。"宋高宗说:"张所弹奏黄潜善不当,然而他所论两河事宜,与卿意略同,亦可知他尽忠于社稷。卿下殿后,可谕意黄潜善,且看他底意思如何?"

李纲下殿后,立即到阁子中找着黄潜善说:"自家们受圣上委任,当艰难之秋,负天下底重责。如今士大夫们往往顾全性命,不赴朝命,宁愿弃官,而逃避东南。昨日议置河北西路招抚使与河东经制使,寻访许久,竟无人可以承当。独有一个张所,有意于收复两河,却以言事得罪。国事危迫,不如命张所戴罪立功。先国事,后私怨,古人亦是勉为其难。黄相公若能做古人所难底,岂非是美事?"黄潜善万万没有料想到李纲会提出张所,虽然李纲尽量用委婉的口气,黄潜善的内心仍然感到震惊,但他表面上还是露出了愈来愈和善的微笑,说:"潜善虽是个愚陋底人,尚知古义。我早曾言道,丞相掌政,自当努力辅佐。任用张所底事,丞相只管放心。"汪伯彦看着两人对话,露出了一丝奸笑,却又立即收敛。

在第二班奏对时,宋高宗对三名执政介绍了李纲提出的人选。吕好问和汪伯彦都望着黄潜善,示意请他首先表态。黄潜善爽快地说:"臣在阁子中,李纲已备述曲折,臣别无异议。诚如李纲所言,先国事,后私怨,古人所难。臣虽至愚,亦粗知古义,不敢以私废公。"宋高宗脸上露出满意的神色。吕好问也说:"臣亦无异议。"唯独汪伯彦却说:"宗泽拘泥古战法,以兵车对阵,战败于南华。张所与傅亮狂悖,陛下贬黜之余,岂宜破格超擢。依臣愚见,此三人不可委以重任。"汪伯彦对黄潜善的心机了如指掌,他表面上立异论,其实正是为了讨好黄潜善。黄潜善说:"臣以为军兴之际,难拘常格。既有李纲力荐,陛下且试用之,以观后效,亦以示陛下圣恩广大,宽贷罪愆,天地无私。"

宗泽、张所和傅亮三人的新命很快发布了,只是傅亮的头衔为河东路经制副使,须以副使的身份主持经制司的事务。李纲原先以为需要费许多唇舌的人事安排,居然一次奏对,就获得通过,不免喜出望外。不料傅亮患病,一时难以赴行朝就职,而张所却很快来到应天府。他和宗泽随宰执一同奏对。宋高宗问张所说:"卿底招抚司欲置于何地。"张所从木笏后取出一张地图,铺在地上,然后用木笏指着地图说:"臣愚以为,招抚司当暂设于北京大名府。若从大名府出兵,由东而西,先复濬州,再据卫州,然后收怀州。三州既取,便移司于庆源府,以图收复真定与中山府。"张所的计划当然是与李纲、宗泽等人反复讨论而商定的。

宋高宗望着宰执们说:"卿等有何计议?"汪伯彦说:"不知张招抚意欲何时出兵?"张所说:"此事难以预料,王师屡挫,当慎于初战。若措置得宜,早则于今秋出兵,迟则于明年夏出兵。"汪伯彦说:"兵贵神速,若是明年夏方得出师,唯恐远井救不得近渴。"张所说:"常言道,巧媳妇做不得没面怀饦。臣今兵微将寡,钱粮缺乏,如轻率出师,有害无益。"怀饦就是汤饼,类似于现在的面片汤或汤面。宗泽说:"兵家之事,迟速进退,难以预测。臣愚请陛下许臣等便宜行事。"李纲说:"《孙子兵法》有言,'兵家之胜','不可先传','将能而君不御者胜'。靖康时,统兵底文臣武将事权不专,动辄受制于朝廷,朝廷前后反覆,轻易更改诏令,臣愿陛下以为深戒。"宋高宗说:"朕既委二卿以重任,自当许卿等便宜行事。"宗泽和张所都喜不自胜,连忙谢恩。

宋高宗当面批准两人各带御营兵一千人,空名官告一千道,以便对立功者临时借补官资。借补官资者须申禀朝廷,得到认可,才算真命。宋高宗还授权宗泽和张所可以辟置,即自己先任命部将和属官,再禀报朝廷。于是宗泽就辟置了马皋、一丈青等原来的部将,儿子宗颖为书写机宜文字,只有陈淬未被辟置。因为宋廷已任命主管侍卫步军司公事闾勍守卫东京,也就顺理成章地成为宗泽的副手,而另派陈淬出任恩州知州。张所也辟置寇成和王经为部将,赵九龄和于鹏为招抚司干办公事。他请赵九龄当自己的幕僚,自然是向李纲力争的。

宗泽和张所准备就绪,就急忙赴任。在离开行朝前夕,李纲特别在相府为他们饯行。参加晚宴的还有宗颖、赵九龄、于鹏、李若虚和朱梦说,王经、马皋等将不赴行朝,直接往东京和北京待命。李纲向赴任者逐一敬酒,他语重心长地说:"社稷是一个大鼎,留守司、招抚司与经制司三足鼎立,国家底兴亡成败,全仗你们努力!切望你们亦能彼此协同,共济国事。宗丈,东京居中,你尤须借主上便宜行事之权,左右协调招抚、经制二司底事机。我不便居中,遥度军事。"在制度上说,宗泽与张所、傅亮之间各有所司,互不隶属,但李纲却要求他们在制度之外,由宗泽牵头,建立密切的协同关系。

张所说:"我与宗丈自当同心同德,共立事功。然而我所忧心,乃是朝中底小人。自古未见内有奸佞当权,而将臣能立功于外。若相公不能主张,便是一鼎十足,亦当覆𫗰。"宗泽没有说话,但他用眼神表示完全同意。赵九龄笑着说:"枢密院掌兵,干系尤重,丞相何不举荐微人为尚书左丞,另荐一个正人为枢相。此名为偷梁换柱之计。"赵九龄诙谐的语调,连向来十分严肃的宗泽也笑了,他说:"次张煞是智囊,此计可行。"李纲却望着张所,说:"欲求一个知兵底,实难其人。"张所明白,李纲所说,是指自己在下邑县的临别赠言,建议对不知兵的许翰"用其所长,避其所短"。赵九龄说:"用一个不知兵底正人,岂不远胜于不知兵底微人?"宗泽称赞说:"便是次张识道理,知利害!"李纲问道:"依你们底意思,尚有何人可为枢相?"张所说:"有一许景衡,曾在御史台供职,忠纯正直,然而亦不是知兵底人。"李纲向张所颔首示意,他心有所感,就站起身来,对众人咏唱了一阕《苏武令》:

塞上风高,渔阳秋早,惆怅翠华音杳。驿使空驰,征鸿归尽,不寄双龙消耗。念白衣,金殿除恩,归黄阁,未成图报。

谁信我,致主丹衷,伤时多故,未作救民方、召。① 调鼎为霖,登坛作将,燕然即须平扫。拥精兵十万,横行沙漠,奉迎天表。

李纲平时并不善于咏唱,今晚却是慷慨悲歌,不但唱出了自己的心声,也使众人产生强烈的共鸣。宗泽听后,也被李纲的豪情所感染,当场赋诗一首:

---

① 方、召是指西周时的方叔、召虎,他们辅佐周宣王中兴,征讨敌国。

燕北静胡尘,
河南濯我兵。
风云朝会合,
天地昼清明。
泣涕收横溃,
焦枯赖发生。
不辞关路远,
辛苦向都城。

　　酒阑席终,宗泽、张所等人当即启程,李纲说:"我当相送至回銮门。"宗泽说:"相公明日还须朝会,不可远送。"李纲深情地说:"你们都是我志同道合底救国知己,岂可不送!"大家骑马,直到城西回銮门外,李纲和李若虚、朱梦说等人驻马伫立,凝眸望着在黑夜中很快消失的人群,仍然迟迟不愿回府。此后,傅亮也来到行朝,接受河东经制副使的任命,在七月中旬离应天府赴任。

[陆] 张邦昌的末日

李纲送走宗泽等人,回府后久久不能入睡。他反复考虑两个问题,一是如何在张邦昌等僭伪的问题上伸张正义,二是如何举荐许翰和许景衡,顶替汪伯彦。他在向皇帝奏举宗泽时,曾强调了枢密院官长应当懂得军事,现在却要举荐两个不知兵的人,如何避免奏对前后矛盾。次日朝会以后,在阁子里等待第一班奏对时,宦官曾择向李纲递交了宋高宗的御批:"汪伯彦进知枢密院事,张悫同知枢密院事。"

李纲到此方才明白,在枢密院的人事安排方面,黄、汪已经抢先了。张悫曾任北京留守,在宋高宗逗留大名府期间,不仅取得信任,而且同汪伯彦的关系也不错。他在李纲到行朝的前一天,已经调任户部尚书。李纲进入瑞应殿后,首先将御批放在皇帝的案上,说:"张悫通晓财利,差充户部尚书,正是用其所长。然而就任未及二旬,未见功效,便授执政,升迁太峻。陛下命相,臣不当过问,至于命执政,臣须过问。"宋高宗面有难色,说:"依卿之议,当用何人?"

李纲只能放弃将汪伯彦调离枢密院的打算,他说:"臣以为,许翰在靖康时曾任官枢府,外柔内刚,学行纯美,谋议明决,可充同知枢密院事,以辅佐汪伯彦。"宋高宗笑着说:"朕早知卿必有此议。然而许翰曾督促种师中进兵太原,以至败衄。"李纲明白,这也是黄潜善和汪伯彦已抢先进了谗言。事实上,黄、汪两人不仅攻击许翰,还毁谤李纲与许翰结为朋党,这在古代君主专制体制下,当然是皇帝十分嫌恶的罪名。李纲回答说:"许翰只为太原危急,恐种师中进兵迟缓,有失事机。然而种师中久经战阵,自可便宜行事,不须因枢密院数纸移文,便仓促进军。"宋高宗说:"卿此说有理。"李纲说:"许翰力主重用种师道,调集各地军马,增援京师。可惜渊圣偏听唐恪、耿南仲之说,专信和议,京城弛备,致有靖康之耻。"宋高宗说:"朕当召许翰赴阙论事,然后再议任用。"话虽如此,五天以后,宋高宗又直接下御笔到学士院,命令正式起草制词,授任张悫为同知枢密院事。

当时李纲荐举了许翰,已不便另提许景衡,就转换话题说:"臣底僭逆、伪命两议,陛下已留中多时。臣以为陛下若兴建中兴底事业,便不可尊崇僭逆之臣。近世士大夫寡廉鲜耻,不知君臣之义,开封城破,臣子视君父播迁,如同路人。伪命臣僚,若一切不问,又何以砥砺气节?请陛下三思。"宋高宗说:"执政以为,目即国家艰难,人心未固,士大夫在开封围城中底事,出于权宜,当一切矜贷。"李纲说:"既然执政有异论,臣愿与他们廷辩。"

宋高宗当即命令宦官曾择,召三名执政上殿,这还是李纲任相以来,初次与他们共同奏对。李纲说:"三位相公熟读圣贤书,当知《春秋》大义,晋国赵盾尚未逃出国境,只因赵穿杀晋灵公,太史董狐便在史策上写赵盾弑君。开封城底官吏百姓,感荷张邦昌救得全城生灵,元帅府底属官军兵,又感荷他自动逊位,以免征讨流血。然而此类都是私利,不当以私利废《春秋》底公义。张邦昌既是僭逆,如何可不正典刑,却容他在朝廷,使行路之人,指目为另一个天子。"

黄潜善强辩说:"此事亦出于权宜。留他在朝,亦是为便于防范。"吕好问说:"唐德宗避难于奉天,不挟朱泚同行。后朱泚作乱,唐德宗后悔不及。"李纲说:"吕相公此说,直是不伦不类,首鼠两端。唐德宗出狩奉天时,朱泚只因弟朱滔作乱,而罢官废居长安。姜公辅劝唐德宗出狩之前,不如杀了,以绝后患,唐德宗不听。如今张邦昌已为僭逆,岂可以朱泚为比。"

李纲一时激动得流泪,他跪拜在地,举起象牙笏说:"臣不可与张邦昌同列,如见得他,当以此笏迎击。陛下必欲用他,请罢免臣!"汪伯彦懂得,在这场激烈的廷辩中,自己已不可能是赢家,就说:"李纲气直,臣等所不及。"宋高宗问李纲:"依卿之见,张邦昌当如何处置?"李纲的意图,只是坚持按儒家的君臣伦理,确定张邦昌的僭逆身份,就说:"可将他贬谪潭州,以为人臣僭逆之戒。"宋高宗说:"卿可为朕草拟御笔。"李纲当场起草,宋高宗动笔照抄,一字不改,御笔说:"张邦昌僭逆,理合诛夷,原其初心,出于迫胁,可特与贷免,责授昭化军节度副使,潭州安置,令守臣常切觉察,月具存亡,申尚书省。"

处理完张邦昌的事后,李纲高屋建瓴,乘胜追击,又口奏说:"开封围城之中,士大夫不顾节义,受伪命底甚多,岂可不予处分?其中王时雍、徐秉哲、吴开与莫俦四人,乃罪恶之尤,为金人传导指意,议废赵氏,胁逼太上与宗亲去虏营,做臣子所不忍言底事。请问黄、汪二相公,你们为何尚举荐徐秉哲出使,此后所拟处罚又何以如此之轻?"黄潜善和汪伯彦到此只能下跪说:"臣等失误,乞陛下责罪。"宋高宗说:"卿等虽处置失宜,朕特与免罪。"两人急忙叩谢圣恩。李纲真忍不住想趁热打铁,将黄、汪两人逐出朝廷。他权衡再三,还是不敢开口,只怕操之过急,而效果适得其反。

宋高宗又和宰执们议定,将王时雍等流放湖南和岭南,奏对就此结束。四名宰执出殿后,吕好问气得不愿同李纲说话,而黄潜善和汪伯彦却皮笑肉不笑地奉承李纲,说:"幸得丞相主张公义,自家们心服口服。"李纲说:"自家们既同在政府,一切自当开诚布公,以公义与国事为重。"两人又谄媚地说:"相公所言极是!"

六月十三日,天色未明,宋高宗正与张莺哥熟睡,有宫女在床前急报说:"恭贺官家,潘才人已生下一个皇子。"宋高宗和张莺哥连忙披衣而起,奔向后殿的一个阁子。只见在烛光下,潘瑛瑛躺在床上,脸色虽然苍白,却流露出幸福的笑靥。因为天热,在她身边的婴儿,只盖了一层薄纱,从裸露的肩部看来,身体显得相当瘦弱,但容貌却酷似父亲。另有吴金奴在一旁侍立,向皇帝作揖,口称:"圣躬万福,臣妾恭贺官家即位之初,便得皇子。"宋高宗兴奋异常,问道:"才人可好?"潘瑛瑛说:"臣妾托官家洪福,又有吴妹妹衣不解带,朝夕服侍,母子平安。"由于潘瑛瑛在开封围城受苦受难,新生的婴儿先天不足,已是一个显而易见的事实。但张莺哥、吴金奴等人仍然对婴儿赞不绝口,说他是龙凤之姿、天日之表。其实,古代虽然流行所谓帝王之相的说法,可是谁也说不清楚,如龙凤之姿、天日之表一类,又有哪些规范性的相貌标准。宋高宗早已为新生儿取名旉,他将赵旉轻轻抱起,婴儿只是发出微弱的啼声,更使他十分爱怜,立即命令召乳母喂乳。宋高宗又望着吴金奴,说:"吴夫人,朕今日封你为贵人。"吴金奴连忙叩头谢恩。

宋高宗坐在潘瑛瑛的床边,爱怜地捏着她的玉手,高兴地说:"你底几个姐姐,都未曾为朕生子。朕靖康元年初,与张邦昌出使不测之虏,一心于社稷家国,岂知有死生祸福。不料妈妈竟于此时出宫,暂憩于你家。如今才人又为朕生子,岂非是死生由命,富贵在天?"他说到张邦昌,不知怎么,又联想到李纲在廷辩时的话,就自言自语地说:"行路之人,指目为另一个天子。唐德宗不用姜公辅底言语。不如杀了,以绝后患!"宫女和宦官们听着官家并不连贯的喃喃自语,都不明其意。但潘瑛瑛却皱了皱眉,她认为,自己刚生下儿子,官家就说出一个"杀"字,是一种不祥之兆。

皇子降生的消息传开,宰相李纲率领百官在朝会上拜贺。宦官捧出一盘又一盘浴儿包子,分赐百官。浴儿包子是面食,但里面用金钱、银钱、犀角钱、象牙钱、金果、银果等做馅,这是从宋真宗时传下来的习俗。包子一词当然含有生子吉利的意思,后世的有馅面食称为包子,正是起源于宋代。但宋高宗已不可能像父亲那样铺张,除了宰执大臣每人赐两个包子外,其他官员每人只赐一个,其实成了一种象征性的赏赐。

在四名宰执奏对时,李纲说:"陛下后宫诞生皇子,实是普天之下底大喜。按故事,自当肆赦。陛下登宝位时,赦恩旷荡,而独遗河北与河东,亦不及各路勤王之师。不如乘此机再下赦文,以慰两河为朝廷坚守底官吏军民,与天下忠臣义士之心,宣示陛下誓守两河底德意。"宋高宗说:"卿言甚是,然而僭伪之人尚需追究。"他的后一句话,另有深意,这当然是四名宰执一时无法理解的。李纲等说:"臣等遵旨!"

宋高宗说:"朕另有一事,须与卿等计议。后宫才人潘氏,姿质粹美,今已生皇子,朕欲立以为后。不知众卿底意思如何?"李纲未及开口,吕好问说:"日后皇子承祧宗社,潘才人自当母仪天下。臣以为,陛下遥立正宫为后,另册潘才人为妃,以示陛下不忘父母宗亲之意。"李纲望着吕好问,认为他的说法颇为得体。宋高宗说:"吕卿所言甚好,朕依卿所奏,册潘氏为贤妃。"

三天以后,宋高宗亲自下手诏,命令御史台特设诏狱,审讯宋齐愈等人。另有侍御史王宾上奏,弹劾吕好问,说他无大臣气节,曾污伪命,不可以在新朝任执政。吕好问感到再无面目留在政府,坚决要求辞职。宋高宗给予礼貌发遣,命他以资政殿学士的虚衔,外任宣州知州。吕好问从此就在中央的政治舞台上销声匿迹。李纲率领黄潜善、汪伯彦和新任同知枢密院事张悫,合班口奏诏狱的审讯结果。原来宋齐愈谎称他从未接受伪命,直到入诏狱后,才招供了首先提名张邦昌的事实。此外,龙德宫华国夫人李春燕也被逮捕,入应天府狱。她在狱中坦白了与张邦昌的全部关系,其中包括两人在枕席间的谈话,涉及宋高宗当藩王时的劣迹。按当时的法律,算是指斥乘舆,即骂皇帝的大罪。

李纲原先坚持僭逆和伪命两议,本是为了按儒家伦理确定罪名,强调国难时的气节问题,而无意于将人置于死地。所以在这次奏对时,他和三名执政的态度最初倒是空前的一致,说:"大理寺议刑,以为宋齐愈谋叛,当斩,然而经陛下即位之初大赦,死罪可免。"黄潜善与宋齐愈有私交,更是竭力求情。不料皇帝的态度却是前后翻覆,他厉声说:"宋齐愈奸恶悖逆如此,岂可不正典刑。若张邦昌僭逆底事成功,置朕于何地!"于是大家都无法再为宋齐愈劝解。

李纲说:"张邦昌敢于僭窃位号,陛下已经特恩宽宥。李氏所供,只是细故,似不须加罪。"汪伯彦已经揣摩到皇帝的意图,他乘机说:"臣原以为张邦昌只是因虏人威逼,权宜行事。他在大内与宫女侍寝,身披赭衣,语斥乘舆,足见其反叛之心。张邦昌不除,切恐国无宁日。"宋高宗说:"卿言正合朕意,可命马伸出使潭州,赐张邦昌自裁。王时雍罪恶之尤,亦当处斩。"张悫说:"范琼多为不臣底事,然而至今未曾降罪。"宋高宗说:"范琼武夫粗人,不知义理,理当阔略。卿与汪卿可晓谕他从此效忠朝廷,率兵平盗贼,将功赎过。"这也是宋代特别的政治逻辑,似乎节义之类,可以责备通晓儒家经典的文官,却无须苛求于武人。

奏对结束后,宋齐愈立即腰斩于应天府的闹市。一批官员因为私纳宫女等罪,分别流放登州沙门岛和岭南。李春燕被处以脊杖二十,发配车营务,给一个"下名",即低等的厢兵做妻。

  几天以后,殿中侍御史马伸就启程前去潭州。张邦昌自从被押送到潭州以后,住在天宁寺内,全家过了一个月的高级囚禁生活。虽然衣食不愁,却不能自由行动,张邦昌不免时常私自叹息:"我原来只望寄居在一个江南小郡,安度余生,不料却拘禁于此寺。"在百无聊赖之中,张邦昌只能用佛经消磨时光,企求自己的苦痛能在佛教的虚幻净土中得到解脱。

  马伸率领当地的东南第八将禁兵二百人,来到天宁寺,在寺院内的平楚楼前,向下跪的张邦昌宣读宋高宗诏书:"张邦昌初闻以权宜摄国事,嘉其用心,宠以高位。比因鞫治他狱,始知在大内赭衣黄袍,宿于后宫,宫女侍寝。心迹如此,甚负国家,遂将盗有神器。朕虽欲容贷,惧祖宗在天之灵,尚加恻隐,不忍显肆市朝。今遣殿中侍御史马伸问状,止令自裁,全其家属,令潭州日给口券,常切拘管。"张邦昌还未听完,就瘫倒在地,大声恸哭,被两名胥吏挟持而起。

  张邦昌流泪对马伸说:"马殿院,你亦在围城中,当知我底冤屈。太后与圣上早有明谕,贷邦昌一死!"马伸说:"你当时若能尽节,抵死不从伪命,便是大宋底忠臣。一不能抗金房底威逼,二不能拒妇人底蛊惑,已自萌生不臣之心,我又如何救你?"张邦昌说:"然而太后与圣上既有明谕,当伸大信于天下。请殿院稍宽时日,容邦昌奏禀圣上。"马伸说:"我奉圣旨行事,不容你另有奏禀。你可登平楚楼自缢。"张邦昌大喊"冤枉",马伸吩咐吏胥:"可将他押上平楚楼!"

  张邦昌最后大喊:"先觉!请容我与家人叙话道别!"马伸虽然奉命行事,但见到张邦昌的模样,内心还是哀怜和同情的,当即让家眷同张邦昌诀别。家眷包括老母、弟弟张邦基、妻妾、儿女、儿媳、女婿、孙子、孙女、外孙、外孙女等,总计有四十多人,彼此生离死别,哭声一片。张邦昌最后沉痛地说:"我曾读《史记》,秦朝李斯被斩时,对他底儿子言道,如今再欲牵黄犬,出上蔡东门追逐狡兔,岂可得乎!父子恸哭,而三族被杀。我被金房所逼,又不愿与卖国牙郎王时雍之流为伍,只求为大宋顺民,如今却是做一个江南布衣,已不可得。然而圣恩宽大,你们尚可保全首领。你们切记我底遗言,子子孙孙莫读书,莫仕宦,唯是以耕织度日。"说完,就瘫倒在地,捶胸顿足,痛哭不已。马伸到此也只能硬着心肠吩咐说:"可将张邦昌送上平楚楼!"两名健吏上前,将张邦昌连拉带拖,进入平楚楼。不一会儿,吏胥出来禀报:"张邦昌已缢杀,请马殿院验尸!"马伸轻微地叹息一声,此时此刻,他实在不忍心登楼验尸,却又必须履行最后一道手续。

[柒]
宗 泽 抗 旨

宗泽到开封后,着手修葺城防,积贮粮草,收编各地的盗匪和溃兵,训练军队,在他的整治下,开封才逐渐恢复生机。一个六十九岁的老人,夙兴夜寐,日理万机,却似乎有着用不完的精力。一天,宗颖禀报说:"今有虏人底牛大监等八人,以出使伪楚为名,来到开封城下。"宗泽说:"主上登基已有二月,虏人岂有不知之理。名为出使伪楚,其实是来探我虚实。你可将他们押来府衙。"

金使被宗颖率军兵押进正衙,仍然显得十分倨傲,为首者站立,并不向宗泽行礼,只是睥睨斜视,说:"我乃是大金少府监牛庆昌,奉元帅右监军之命,探望楚国皇帝。"宗泽望了望幕僚、东京留守司干办公事孙革,示意由他出面,孙革说:"牛庆昌须知,此间并无楚国,坐正衙底是我大宋宗留守。"直呼其名,而不用官称,正是以无礼还敬无礼。牛庆昌说:"宋国已被大金所废。康王出使,乘机潜逃,官封元帅,却拥兵自卫,不救开封,如今假息于应天府,一似釜中游魂,苟延残喘,又能有几日?"孙革立时拔剑,架在牛庆昌肩上,厉声大喝:"牛庆昌!你须知此间是大宋底东京留守正衙,胆敢污蔑主上,我手中底利剑岂能饶恕得你!"牛庆昌顿时惊慌失措,结结巴巴地说:"自古……自古两国相争……不……斩……不斩……来使。"孙革冷笑一声说:"你既不使我大宋,又何以自称来使?"

宗泽用赞许的目光望着孙革,说:"你且问他,户贯在何地?"不等孙革发问,牛庆昌就转身面对宗泽说:"我底祖贯在涿州固安县灵平乡永清里。"孙革听后,得知他原来是辽朝治下的汉人,就说:"你是个汉儿,你底祖先难道是辫发左衽？你如此衣饰，岂不辱没了祖先？有何面目，在祖宗之地耀武扬威？"牛庆昌只能用哀求的语气说："宗留守德高望重，威名远扬，唯求开恩恕罪，放自家们回归。"宗泽并不理睬他，只是吩咐孙革说："可将他们枷项押赴狱中，待日后审问虏人底动静虚实。"八名金使听说要枷项入狱，都一齐下跪求饶。宗泽置之不理，只对孙革说："你可告谕他们，若金人放得二帝、天眷南归，我便纵他们北回。"宗泽处分完毕，就亲自写奏，禀报朝廷。

宗泽关押金使，在朝廷中掀起了一场风波，首先受到责难的当然是李纲。宋高宗惊恐的神色中夹杂着愠怒，说："宗泽胡做，不识事体！自此之后，教朕如何遣使，通问二宫？"李纲说："臣初次奏对，便上奏陛下，二圣之归，系于大宋底自尊自强。宗泽这回扣押金使，便是自尊自强之举。岂有金使如此凶悖，大宋反加礼遇之理。"宋高宗说："此直是使虏人得以藉口，侵犯中原。"李纲说："难道陛下承祖宗基业，废伪楚，赐张邦昌自裁，虏人便不得藉口？金虏侵犯，势在必行，唯我整军备战，有以迎击。"

宋高宗同李纲话不投机，又在下一班奏对时，同三名执政商议。黄潜善乘机诋毁，说："臣早曾奏知陛下，宗泽狂人，与李纲结为朋党，不可用。"汪伯彦说："依臣之议，不如罢免宗泽，另委重臣，镇守东京。"两人不断进谗言，而张悫却沉默不语，宋高宗望着张悫，说："卿以为如何？"张悫说："宗泽处分金使，煞是轻率。然而他自赴京师，委是出力，甚得军民之心，闻得隆祐太后有手书与陛下，褒奖宗泽。臣以为，陛下可亲书手诏，命宗泽放回金使。"张悫自从任执政以来，还从未与黄潜善、汪伯彦异论，他对李纲沮挠自己任执政，也怀恨在心，但对宗泽却有几分敬意。

宋高宗同意张悫的意见，说："卿且为朕草拟手诏。"在张悫起草手诏时，黄潜善又乘机进言："宗泽所为，直是招惹虏兵。如今已是初秋，臣愚早曾奏禀，乞陛下巡幸东南。若迎奉隆祐太后与太庙神主先到南京，然后发送太后与六宫先去东南，陛下巡幸，可另择利便时机。"黄潜善提出一个分阶段退逃东南的计划，主要是为了减少李纲的阻力。宋高宗问道："卿等以为，朕当暂以何地为行在？"汪伯彦说："臣以为大驾莫须先至扬州，若有缓急，便可渡江。"逃往东南的计划就此决定了。宋高宗说："此事卿等不须说谕李纲,待日后朕自与他宣谕。你们可命王渊择一御营统制,率兵去东京奉迎太后与神主。"他又扭过头去,对身边的冯益说:"你与他们同去东京,以手诏宣谕宗泽,命他放回金使。"皇帝与执政商议的事,却可暂时对宰相保密,使三名执政官暗自高兴。

　　御营都统制王渊接到命令,认为奉迎太后是件美差,当即优先照顾了干儿子张俊,张俊率御营司前军出行,岳飞身为前军第四正将,王贵为副将,张宪和徐庆为准备将,也率本部人马随从。一路之上,冯益意气骄横,不可一世,而张俊却一味小心逢迎,不敢稍有违忤。但岳飞等人对冯益的作威作福,都感到愤愤不平。军队抵达开封后,张俊驻兵城南青城,自己和第一正将田师中率领二百人,护送冯益入城。田师中只比张俊小八岁,张俊的长子病故以后,就将儿媳改嫁田师中,田师中从此称张俊为"阿爹",成为张俊最亲信的部属。岳飞等四人提出请求说:"自家们曾隶属宗留守麾下,宗留守到南京,又无缘得见,愿随太尉入城,拜谒宗留守。"张俊说:"青城亦不可无人统兵。王大与徐二且留营中,岳五与张四可随我入城。"

　　张俊、冯益一行从南薰门入城,只见城上的楼橹已开始重新修建,御街两旁的朱漆杈子和黑漆杈子也已部分树立,冯益用马鞭指着街上的往来人群,对张俊说:"我也曾在靖康围城中,备受苦楚。不料数月之后,市井繁盛,几复旧观,人群熙来攘往,面无菜色。宗留守治理东京,委是政术过人。如黄十四、汪十五,不过是两个走尸行肉而已!"张俊知道冯益向来说话随便尖刻,却只能表示洗耳恭听的模样,不敢附和他辱骂执政。

　　一行人马来到开封府衙,张俊、冯益、田师中、岳飞和张宪五人进入正衙,宗泽向东南跪拜,遥领手诏,他拆开封皮,捧手诏读了一遍,然后对冯益说:"冯大官,你既与张统制前来奉迎太后,且稍待时日,我自当另写奏疏,请冯大官回行在奏禀主上。"冯益听宗泽对释放和优待金使不作正面回答,就说:"官家专候宗留守顾全国体,开释虏使。"宗泽愤怒地说:"二帝北狩,虏人乃是不共戴天底仇敌,此便是国体。虏使指斥主上,人臣所不忍听,此便是国体。将在外,君令有所不受。宗泽虽是至愚,而身为大宋臣子,正是为顾全国体,不敢奉诏!"他的话不仅使张俊和冯益大吃一惊,就是连敬陪末座,又素知宗泽性格的岳飞和张宪,也大吃一惊。冯益平时凌侮文官武将,如同家常便饭,就是连黄潜善和汪伯彦,也根本不放在眼里,但今天却赔着笑脸,低声下气地说:"宗留守忠勇,天下共知。一介房使,无足轻重。若宗留守将他放了,小底见得官家,亦可了却职事。"宗泽斩钉截铁地说:"宗泽一日为留守,房使便一日不得放!主上问罪,自有宗泽担当!"

冯益面对这个瘦小而倔强的老人,反而产生一种敬畏之情,不敢再说。张俊认为事不关己,见到宗泽灭了冯益的威风,暗自高兴,不愿为冯益说话。岳飞和张宪对宗泽格外钦敬,但正衙之上,尚没有他们说话的地位。田师中很注意巴结冯益,他向张俊使眼色,见到张俊不予理睬,也不敢出声。马皋、一丈青王燕哥、刘衍等一批统制进入,打破了堂内的僵局。他们当然是为见岳飞和张宪而来,在彼此作揖寒暄之后,宗泽乘机说:"冯大官、张统制,你们可先入大内,谒见太后。岳武翼与张忠翊曾随我征战,多立战功,可暂留此处,与众将叙话。"

张俊、冯益和田师中离开后,众将纷纷对岳飞和张宪嘘寒问暖,一丈青尤其亲切,她说:"岳五哥、张四哥,自开德府一别,姐姐煞是思念你们。"她以"姐姐"自居,而称对方为"五哥"和"四哥",这还是过去共同作战时从未用过的亲热称呼。岳飞经她一说,不知怎么,眼睛竟湿润起来,丈夫有泪不轻弹,他极力克制自己的泪水。一丈青已经看出岳飞的感情,问道:"岳五哥受了甚底委屈?"岳飞的性格向来沉默寡言,此时更不愿意回答,张宪却代他回答:"自家们心上不快活。"马皋问道:"有甚底不快活?"张宪说:"刘刺史离军,去了大名府,此是第一个不快活;军中多有不平底事,不得乱说,说了便违犯阶级,须受重责,此是第二个不快活;屯兵于南京,虽是饱食终日,却不得与虏人厮杀,报家国之仇,此是第三个不快活。"接着他向众将叙述了御营军中各种各样的腐败情状。按照宋朝的军队阶级法,下级不得违犯上级,即使上级有过错,也不容顶撞或上告,否则就要受很重的处分,甚至被斩。岳飞等人明知王渊和张俊献媚宦官,克扣军士钱粮,徇私舞弊等事,也不敢上告。

张宪说了多时,岳飞才说:"御营司前军人称自在军。我所统底第四将,有一个军兵劫掠百姓资财,待根问时,他却言道:'前军是自在军,何

· 57 ·

以第四将不得自在?'"张宪补充说:"此人原是追随宗留守,在开德等役颇为敢战,岳武翼责打他四十军棍,他犹自叫屈。"刘衍叹息说:"此亦是近朱者赤,近墨者黑。"张宪又介绍说:"且如那厮田师中,原是张统制底亲兵,一无才武,二无战功,只知唤'阿爹',便屡被超擢,军中多是不服。"岳飞悲怆地说:"我离母弟,别妻子,难道只为求一个自在军底正将?今日得见宗留守与众统制,直是如游子归家。"岳飞过去随宗泽紧张征战,顾不得思亲,现在却闲得发慌,思亲之情也就愈来愈重。

一丈青对宗泽说:"宗留守,何不将岳武翼、张忠翊等招致留守司?"宗泽静听岳飞、张宪与众将谈话,长久地沉默着,内心却无限感慨,但既然自己管不了御营司的一兵一卒,牢骚话又有何益。他听到岳飞说"游子归家"四字,更深感痛心,但处在他的地位,也只能简单地说:"我何尝不愿招致你们来此,然而调遣御营司底兵将,岂是易事,只得容日后缓议。岳武翼与张忠翊且在此欢聚一日,明日请王、徐二将来此,我亦久欲一见,以慰思念。"

岳飞和张宪当夜回营后,张俊和冯益召集众将会议。张俊宣布说:"我与冯大官谒见隆祐太后,决议三日后,扈从銮驾与太庙神主去南京。明日田十七率本将人马,随我入大内,收拾太后底銮舆行装。岳五去太庙察看,以备三日后奉迎神主。杨十率第二将步兵,随冯大官入城,选取拆洗女童。其余各将且暂住营中,待日后同共启程。"他所说的"田十七"和"杨十",是用行第称呼田师中和杨沂中。众将大多不明白"拆洗女童"一词的深意,有人问道:"拆洗女童是甚人?须选取多少?"冯益笑着说:"天子重色,自古而然。官家不愿有太上重色底名声,故只说是浣洗衣服,然而须选取民间姝丽童女,多多益善。"众将爆发出一阵哄笑。岳飞、王贵、张宪和徐庆四人面面相觑,只见彼此都眉头紧锁。

第二天上午,岳飞留张宪守营,自己和王贵、徐庆进城。王贵和徐庆前去府衙,参谒宗泽,会见留守司众将。岳飞率领了一队军兵五十人,前往太庙。太庙且不说对民众,就是对文官武将,也是一个十分神秘的所在。然而在靖康围城最混乱的时期,竟无人看守,太庙的不少神器被盗。直到宗泽出任留守,才重新安排了宦官和兵吏守护。由于留守司已经事先通知,一名暂摄太庙令的宦官黄彦节出迎,他见到来将,就流着眼泪说:

"在围城之前,渊圣皇帝曾与新天子、景王一同来此。不期新天子未能来京拜谒太庙,却要迁神主南行!我曾在东宫伏侍渊圣,亲见渊圣俭德,亦不知车驾北狩,何时得回京阙?"岳飞听后,也十分感伤,他说:"太庙神主南迁,是我大宋臣子底大耻大辱,然亦是事出无奈,万不得已。唯求黄阁长供应香烛,我须敬告神主。"

在黄彦节的引领下,岳飞先到太庙的宋太祖室内,焚香跪拜开国之君的木雕神主,岳飞泪流满面,长跪不起,说:"微臣岳飞虽然官卑职小,亦粗知尽忠义理。今日奉朝廷命令,须奉列祖列宗底神主南行。微臣不胜大愿,他日他时,誓当扫灭仇寇,迎二帝回京师,奉神主归太庙,以雪今日底奇耻大辱。敬祈太祖皇帝神明,佑我大宋,以申微臣区区之志!"岳飞沉痛而慷慨的誓词,使黄彦节十分感动。他又引领岳飞在宋朝各代皇帝的神主前焚香跪拜。当两人告别时,黄彦节突然执着岳飞的手,深情地说:"我虽为内侍,亦非无报国之心。我所见武将虽多,而深知节义底大丈夫,当推岳太尉。唯求天佑神助,他日他时,岳太尉得以亲奉神主归太庙,兵捷献俘,了此宏誓大愿。"他对一个低等武官,特意使用"太尉"的尊称,以表示自己的敬意。岳飞却用一种惶惑不解的眼光望着对方,在他的心目中,宦官就应当像冯益之辈,今天却见到了另一种宦官。黄彦节觉察到岳飞的神色,就补充一句:"岳太尉,此委是我底至意!"岳飞慌忙回答:"岳飞虽不才,蒙黄阁长以意气相许,当深自砥砺,不负所望。"这是岳飞与黄彦节的初次结识,后来岳飞身为大将,两人关系又有进一步的发展。

再说冯益和杨沂中率领军兵,穿行开封大街小巷,甚至登堂入室,抢掠民间美女,并且乘机勒索钱财。抢来的女子,由冯益亲自看验,在每名选中者的左臂缚上一条黄绢,上有"大内诸阁分拆洗女童"九字,规定除他本人外,其他人一律不得擅自解开。那些未中选的女子,还须父母出赎金。他当天选中了一百五十名,由军兵押送,分乘三十辆牛车,沿御街南行。沿街的行人纷纷躲避,而很多女子的父母却跟着牛车队,悲啼哀号,与车中的绝望哭声汇成一片。冯益却得意洋洋,与杨沂中并马前行,他用挖苦的口吻说:"杨十,你底军兵托官家洪福,今日得了多少飞来横财?回南京后,你须分我五百贯。"

正说话间,只见一支军马横街,拦阻去路,为首的正是宗泽,他头戴幞头,身穿紫袍,立马街心,后面有马皋和一丈青夫妻两骑,各自手执兵刃。冯益感到来势不妙,急忙纵马前行,向宗泽行礼,主动解释说:"宗留守,我奉官家旨意,选取女童,以供后宫拆洗之用。"他话犹未了,几百名百姓来到宗泽马前,下跪喊冤。宗泽强压怒火,只是用威严的目光逼视冯益,然后心平气和地说:"冯大官,四月之前,康大官已在本府掠取洗衣妇一百名,骚扰民间,有累主上盛德,如何这回又要掠取洗衣妇?既供拆洗之用,又何以必选姝丽女子?"冯益张口结舌,无言以对,宗泽问道:"敢问冯大官,这回选取洗衣妇,合计多少人?"冯益说:"一百五十人。"宗泽说:"偌大底开封城,岂无一百五十人自愿应募,赴南京宫中拆洗。待我明日张榜招募。今日选取底女童,既非自愿,容我逐人审问,听其自便。我愿与冯大官同共增广圣德,不知大官以为如何?"

冯益恰似哑巴吃黄连,他尴尬地沉默许久,然后用哀求的语气说:"宗留守忠直刚正,我委是心服口服,然而此事却是难以回奏官家。"宗泽说:"此事自有宗泽承当,我另须奏禀太后。"冯益万般无奈,只能听凭宗泽发落。宗泽当街逐一甄别,凡是不愿去南京的,一律亲手解开黄绢条,让父母认领,大家欢天喜地,谢恩而去。最后仅剩二十五名自愿去南京的女子,交冯益带走。

隆祐太后孟宝红临行前,在文德殿举行简单的辞别大内仪式,宗泽率东京留守司的文官武将,张俊率御营前军部将,还有冯益,太后的侄子卫尉卿孟忠厚都参加了仪式。隆祐太后头戴龙凤花钗冠,上有大小首饰花二十四株,身穿青罗绣翟衣裳,但面部不化妆,不戴面饰和耳环,在殿上正襟危坐,脸上露出心境沉重的表情。宗泽执笏,率百官跪拜,口称"恭祝太后圣躬万福,一路平安"。接着,他又口奏了关押金使和甄别拆洗女童两事,隆祐太后眉头微皱,说:"老婆既已撤帘,便不问国事,你当自家上奏。"隆祐太后的内心自有苦衷,她并非不能明辨是非,而是不敢卷入是非。她最初听从赵士㒟的建议,宣布立康王为帝。但她得知贤良的赵士㒟被变相贬黜,就对拥立康王的事深感后悔,却又为时已晚。积三十多年的痛苦经验,隆祐太后完全懂得,她如果触犯皇帝,太后的宝座难保,可能恢复过去的幽闭生活。

但宗泽却继续口奏说:"銮驾与太庙神主前往南京,此是主上圣孝。然而新天子登基之初,又当国家患难之余,岂可不回东京,主张乾坤再造之功,社稷中兴之业。朝廷有奸邪之臣,鼠目寸光,倡议媾和,甘心投拜贼虏,惶惑圣聪。臣为此已屡上奏疏,伏望太后详察兴亡成败之机,与主上细论是非曲直。若国家大计不立,只求纵欲苟安,不思发奋图强,太后便是去南京,又岂能安居?"他说着,止不住泪流两腮,隆祐太后望着宗泽银白的须发,眼泪也夺眶而出。经历三十多年的辛酸,她的感情本已相当麻木,泪水也似乎乾枯,而面对老臣出自肺腑的忠言,却不容她不感动。隆祐太后承认宗泽"只求纵欲苟安"的批评,可说是入木三分,但她也透彻地了解,既然是一个根本不想争气的侄皇帝,自己虽然身为伯母太后,是完全无能为力的。她实在不想说什么,但到此地步,已不能不说:"宗卿忠肝义胆,天下共知。老卿年近古稀,不能优养林泉,却须以国事烦劳,老婆委是不忍心。然而大宋天下,若无卿等二三人用心扶保,又如何支撑?"她说完,竟大哭起来,这是她近三十年来,第一次哭得那么伤心。在场的文官武将、宦官宫女也纷纷落泪。

宗泽再次跪拜在地,说:"臣唯当殚精竭虑,力图恢复,以报太后殿下知遇之恩。请太后殿下善保圣躯。"隆祐太后忙命小宦官将宗泽扶起,她定了定神,又说:"闻得有一名女将王淑人,今日可在殿内?"一丈青王燕哥应声而出,两膝齐跪,双手撑地。古代妇女往往戴头饰,所以一般不叩头。隆祐太后说:"古有木兰代父从军之说,然而史籍上无可稽考。岂如淑人巾帼豪气,勇冠三军,功在社稷。老婆封你为新兴郡夫人,另赐金钱一文。"当即有宫女用木盘送上金钱一枚,上铸"得胜回朝"四字钱文。一丈青谢恩毕,退回班列。

隆祐太后走出文德殿,却在殿门外长久地伫立徘徊。她被废之后,十分憎恨这个埋葬自己青春和欢乐的大内,曾经暗自千百遍诅咒为"活地狱",可是今天却又有一种万分依恋之情,她不禁喃喃自语:"不知今生今世,老婆得重归大内,与宗亲相聚否?"最后,她在宫女和宦官的催促下,还是登上了四望车。四望车是宋朝太后和皇后的一种专用车,五彩涂绘,镂刻龟纹,前后用青锦为帘,座位设黄褥,长辕用凤头装饰,用三只牛拉车。

  一支特殊的队伍,沿着御街,向南薰门行进。从宋太祖的高祖父开始,总计十一代帝后的神主,分装在十一辆明远车里。虽然号称明远车,却不合宋朝礼制,只由卫尉卿孟忠厚临时指挥一批吏胥和工匠,用其他车改装而成,一律涂成红色,四角垂铜铃,前后垂帘。每辆车里的帝后两个木质神主,只能用黄绢紧紧缚定,以防在颠簸的路途中震倒。拉车的畜力也由四马改为四牛,由胥吏押车,岳飞所率的第四将军兵护送。太庙神主和隆祐太后的南撤,当然被开封百姓们视为一种不祥之兆。在宽阔的大街上,饱经患难的男女老少又一次自动聚集,大家唉声叹气,失望地哭泣,有的叫"万岁",有的对明远车队高喊:"官家!尔们何时回归?"岳飞和张宪骑马在明远车队之前引导,而王贵和徐庆骑马押后,他们还都是初次见到这种令人酸楚和难堪的场面。岳飞咬紧牙关,只顾低头前行,他的内心有一种难以言喻的沉痛感和愧疚感。

  紧随明远车队之后,是以隆祐太后四望车为核心的队伍。张俊、田师中、冯益、孟忠厚等人都在队伍之中。隆祐太后微微掀开青锦帘,望见百姓的送行情景,又使她心潮起伏,忍不住用黄手帕拭泪。最后,她只得背诵老子的《道德经》,以排遣痛苦。然而她听到车外的人声,说是已经出了南薰门,又忍不住掀开车后的青锦帘,望着离自己愈来愈远的京师正门,两串泪珠滴落在胸前。

  尽管队伍行进缓慢,御营司前军终于进入应天府宁陵县界,距离去府城只剩一天行程。张俊和冯益安排好隆祐太后的食宿后,又举行宴会。张俊认为行将圆满完成任务,心境很好,与冯益互相传杯,开怀畅饮。冯益本来说话随便,醉语更多,他絮絮叨叨地讲了康王府和宋宫的许多轶闻和丑事。张俊和众将都闻所未闻,听得津津有味。冯益不知不觉说到了宗泽:"我平素最喜奸臣与佞臣,他们是我底财神,却又不须烧香礼拜。今日得见宗留守,却也敬他十分。可怜那厮无见识底小娘子,只知欢天喜地归家,不知祸患在后。却是这二十五个小娘子有见识。"田师中发问说:"冯大官,你何以说二十五个娘子有见识?"冯益带着更深的醉意说:"宗留守虽是忠节过人,已是风烛之年,整日忧劳国事,在世之日,岂不屈指可数?

京师之民切恐难免有七灾八难。直说与你们,官家已与黄十四、汪十五议定,先送娘娘与太庙神主去江南,然后官家与政府亦南迁扬州。上界有天堂,下界有苏、杭,二十五个小娘子去得江南花团锦簇底世界,岂非有福?"

张俊高兴地说:"自家们得免征战之苦,去锦绣世界,亦岂非有福?"说得很多人哈哈大笑,七嘴八舌,议论纷纭,冯益却制止了大家的说笑,他说:"此是官家机宜,尚且瞒过了李丞相,今日偶尔漏言,你们切不可张扬。"众人听后,又是诺诺连声。只有岳飞、王贵、张宪和徐庆四人,坐在角落,一言不发。岳飞双眉紧锁,右手攥着一个炊饼,只是用力将它挤压成小面团,藉以发泄胸中的悲愤。

第二天,队伍顺利进入南京城,宋高宗特别在应天府宫城重熙门前,举行迎接太庙神主和隆祐太后的典礼。伯母与侄子还是初次见面。两人各有需求,一个企求保全太后的地位,另一个力图张扬皇帝的圣孝,表面关系显得十分亲热和融洽。宋高宗特别命名伯母的住处为隆祐宫。

冯益当天在瑞应殿向皇帝转呈宗泽奏疏,他似乎天良发现,只是用平缓的语调说明情况,不寓褒贬,不进谗言。尽管如此,宋高宗还是怒不可遏,他咬牙切齿地说:"这厮老汉!欺朕太甚!"立即传旨命三个执政入殿。然而当黄潜善、汪伯彦和张悫三人入殿后,宋高宗还是羞于拿出有关拆洗女童的奏疏,只将有关金使的奏疏交给他们传阅。宗泽奏疏的言词确是十分激烈,他说:

> 陛下何故只信凭奸邪与贼虏为地者之画,浸渐望和,为退走计,弃两河千百万生灵,如粪壤草芥,略不顾恤。贼虏遣奸狡小丑,觇我虚实,却令迁置别馆,优加待遇。不知二三大臣,何为于贼虏情款如是之厚,而于我国家讦谟如是之薄?臣之朴愚,不敢奉诏,以彰国弱。此我大宋兴衰治乱之机也。陛下果以臣言为狂,愿尽赐褫削,投之瘴烟远恶之地,以快奸邪贼臣之心。不胜痛愤激切之至,臣藉稿阙下,以俟诛戮。

黄潜善说:"臣之无德,有以招致宗泽弹奏,指为奸邪。然而他自称'不敢奉诏',又是置陛下于何地?"汪伯彦进一步煽动说:"宗泽无人臣礼!"宋高宗的目光又转向张悫,张悫瞧着皇帝盛怒的模样,当然不敢异议,他说:"臣愚以为,须先命一个重臣,取代宗泽,然后再议其他。陛下既已决计南巡,东京留守底差遣,屏障江淮,干系尤重。"宋高宗说:"李纲曾以身家性命,力保宗泽。卿等敢力保何人?"三个执政竟谁也不敢应声。宋高宗发怒说:"难道天下之大,百官之众,卿等竟不能举一人?"三个执政还是沉默不语,最后黄潜善吞吞吐吐地说:"此事容臣等缓缓商量。"宋高宗很不耐烦地将手一挥,用呵斥的语气说:"卿等且下殿去!"

黄潜善等下殿,宋高宗见到冯益对执政们投以讥诮的目光,就问道:"你在东京多日,宗泽政绩如何?"冯益连忙下跪,说:"宗泽坏了小底差使,小底委是怀恨在心。然而军国大事,小底不敢胡言乱语,请官家去问娘娘。"宋高宗听后,反而对冯益赞赏有加。张去为进殿,呈上一份新任御史中丞许景衡的急奏。他的上奏正是为宗泽而发,奏中说:"今若较其小疵,不顾尽忠报国之大节,则不恕已甚。若罢逐宗泽,别选留守,不知缙绅中有威名政绩,加于宗泽者否?"宋高宗看后,只是长吁短叹,再也拿不定主意。

再说隆祐太后居住隆祐宫,自潘贤妃以下,都遵照皇帝的旨意,小心侍奉。隆祐太后正在与潘贤妃等人闲话,逗弄满月不久的小皇子赵旉。宋高宗进入请安,然后问道:"伯娘以为宗泽如何?"隆祐太后已经完全明白皇帝的用意,却首先强调说:"老婆久已撤帘,天下事全凭九哥主张。"宋高宗说:"臣构委是诚心就教伯娘。"隆祐太后见他态度诚恳,就说:"宗泽扣押金使一事煞是轻率,然而时运艰虞,莫须阔略小过。如今内无李纲,外无宗泽,切恐九哥底江山坐得不稳。"隆祐太后聪明地回避了拆洗女童的事,也不敢为宗泽多说好话,而宋高宗终于接受了劝告。他将许景衡的奏章用金字牌递送宗泽,示意宗泽只管安心任职。

[捌] 岳飞上书

在隆祐太后未到南京之前,宋高宗按照与三名执政的事先商议,对李纲说:"秋高气爽,须预防金人入寇。朕意以为,可迎奉太后及六宫前去东南,朕当与卿留中原。"皇帝的话其实带有试探和逐步转弯的性质。李纲说:"陛下圣虑,愿独留中原,以系人心,乃是社稷之福。臣虽不才,愿为陛下草诏,昭示天下。"围绕着金军可能在秋冬大举进犯,朝廷百官早已议论纷纭,大多数人都主张逃避东南。宋高宗和黄潜善、汪伯彦等人的商议,其实也已泄漏外传。李纲在皇帝面前却又不能说穿,他希望通过一纸诏书,以正视听。宋高宗一时也无可奈何,让李纲起草,李纲援笔立就,呈送皇帝,宋高宗看到其中"朕与群臣、将士,独留中原,亲督六师,以援京城及河北、河东诸路,与之决战"一句,不免皱起眉头,却又只能勉强地说:"便依卿之所拟。"

隆祐太后到南京只有两天,李纲照例在阁子里等待奏对,有阁门官员向他呈送宋高宗的手诏,李纲只见手诏说:"京师未可往,朕当巡幸东南,为避敌之计,俟来春还阙。可令三省、枢密院条具合行事件。"就急忙随阁门官员进入瑞应殿。

宋高宗改变他与执政的商议,在隆祐太后南下之前,就迫不及待,先下手诏,表明他已下定决心,要排除李纲的阻挠。他端坐在殿内,等待着一场势不可免的君臣辩论。李纲跪拜礼毕,就捧着手诏,放在御案之上,严肃地说:"人君发号施令,如人出汗,而不可反汗。陛下既已降诏,独留中原,人心悦服,岂可诏墨未干,而失大信于天下?"宋高宗说:"国事须从权达变,朕终夜思虑,虏势盛强,岂可留在中原,蹈渊圣底覆辙。"

李纲说:"陛下不愿为渊圣,臣亦岂愿为何㮚。自古中兴之主,奋起西北,则足以据中原,而占有东南;起于东南,却不能恢复中原,而占有西北。其故无他,天下底精兵健马,皆在西北。臣亦是东南人,所以力劝陛下,只为若是逃避东南,切恐大宋无以立国,陛下亦不得在东南高枕而卧。"宋高宗说:"御营之师,唯恐难胜金虏。"李纲说:"与虏人角胜负,全在三军之勇怯,而三军之勇怯,又系于陛下之进退。陛下底御营军,乃是各地抽摘底精兵,岂有聚集御营军十万,而畏惧金虏之理。陛下巡幸东南,却是将十万大军置于无用之地。东南水土卑湿,不利西北士马,人所共知。臣与宗泽力劝陛下回东京,便是以天子之勇,鼓舞三军之勇。借使金虏深入,臣当与宗泽邀截掩击,力挫虏人兵锋。若一意退避,不思击败来犯之敌,大宋又何以自尊自强?陛下又何以徐谋恢复,迎还二圣,为中兴之主?"

任凭李纲如何苦口婆心,千言万语,反复规劝,宋高宗却一口咬定:"朕唯是不去东京,亦不留南京,而决计巡幸东南。"李纲万般无奈,只好不得已而求其次,说:"臣以为邓州是古之南阳,为汉光武龙兴之地,城高土厚,可屯重兵。西邻关陕,可得劲军,北近京畿,可遣援师,南通巴蜀,可取货财,东达江淮,可运谷粟。陛下若去邓州,可使天下军民知陛下不忍弃中原,而随时增援京城与两河,以备与敌决战。"他甚至不提原拟作为南都的襄阳府,而只提位于襄阳府北约一百八十宋里的邓州,也是用心良苦。宋高宗十分勉强地说:"便如卿底计议。"李纲说:"臣敢请陛下收取巡幸手诏,以免挫伤天下抗金志士底锐气。"宋高宗立即将御案上的手诏撕个粉碎,藉以发泄自己的愠怒。

李纲完全觉察到皇帝的神色,但事已至此,再无退让的余地,他用最恳切的语调说:"臣非不知外论汹汹,黄、汪二相公对人宣扬,言道陛下东南巡幸之计已定。然而国家兴败存亡,亦在此一举,臣愚岂可计较升沉荣辱,而不在御榻之前力争?"他望着在皇帝身边侍立的康履和冯益,又说:"左正言邓肃上奏,言道两个内侍在开封以拆洗女童为名,搜求美女,骚扰民间,有累圣德。"他的话没有直接批评皇帝,而宋高宗的脸色立时变得十分尴尬和难堪,他虽然好色,却又最忌讳负好色之名,李纲的话深深地刺痛了皇帝。李纲并不因皇帝的脸色而中止谏诤,他继续用温和而恳切的语气说:"陛下与臣亲历宣和全盛之时,太上不能居安思危,后宫一万,费用无极。如今陛下履艰难之运,正宜痛定思痛,以恭俭、忧勤之德,戒勖骄奢、淫逸之风。臣不胜至愿,愿陛下以大成之量,大有作为,为中兴英主,辉耀史册。"宋高宗还是保持沉默,李纲言有未尽,只能继续口奏说:"本朝宦官之势,莫盛于宣和之际,以宴安侈靡蛊惑上心,窃弄威权,败坏国事,此乃是陛下所亲见,臣言之痛心。伏望陛下引以为深戒,内侍有为非作恶底人,尤须严惩不贷。"

李纲奏事完毕,宋高宗只是尴尬地坐着,一言不发,这当然也使李纲感到难堪,他站立片刻,就告退下殿。李纲走后,宋高宗立即面带恼羞成怒之色,拍案起立,高喊道:"李纲视朕如同孩童,无人臣礼!是可忍,孰不可忍!"李纲饱受儒家文化的熏陶,他的言行举止,其实没有一丝一毫脱离古代的臣规。但说也奇怪,宋高宗对待李纲,虽有君臣之分,却一直有几分畏怯的心理,他曾力图铲除这种心理,认为君主必须树立驾驭臣僚的权威,所以在初次朝见后,就取消了赐坐,但畏怯之意却始终不能消除。他总觉得,朝中只要有李纲,自己就无法为所欲为。每逢有重大的政见分歧,争辩的胜利者总是李纲。在宋高宗看来,巡幸东南是自己性命攸关的头等大事,他原先拿定主意,绝不退让,但经不住李纲的雄辩,最后还是忍痛让步。李纲的苦心规劝,在宋高宗看来,是一场难堪的羞辱,但李纲不离开瑞应殿,他还是没有发怒的勇气。

宋高宗这种奇怪的心理状态,早已被几个亲信的宦官揣摩得相当透彻。康履走到皇帝面前,装出口欲言而嗫嚅的模样,宋高宗问:"康履,你待说甚么?"康履说:"有祖宗家规,李相公又如此严责,小底岂敢乱道?"宋高宗说:"朕恕你无罪,只管说来。"康履说:"官家何不另命一个首相,以防权臣。"宋高宗兴奋得拍案说:"此计甚妙!"当即写了一份简单的御笔:"李纲迁左相,黄潜善升右相,许翰为尚书右丞。"许翰已奉召到行在,奏对过一次,宋高宗认为,许翰既是李纲所荐,也应当给一个体面。御笔由曾择送到学士院,规定连夜起草制词,在第二天发布新命。

再说岳飞回营后,心情一直处在极度苦闷之中。他经过三夜思考,写成了一份上皇帝书,私下请王贵、张宪和徐庆三人传阅和商量。不料三人持一致的反对态度,张宪说:"国朝重视文士上书言事,自家们是武夫,便是上书,亦是无补国事。"王贵说:"主上巡幸大计已定,切恐李丞相亦自阻拦不得。岳五哥上书,岂但不能动摇朝廷大计,切恐王都统与张观察怪罪。"原来张俊迎接隆祐太后和太庙神主到南京后,由都统制王渊疏通宦官,超升三官,为徐州观察使。岳飞愤懑地说:"天下文武一体,为何重文轻武?早知如此,何须背刺'尽忠报国',前来投军?不如在乡里厮守老母、妻、子,随不试知州守卫故土相州。"他的话更勾起了其他三人的乡思,张宪说:"我恨不能肋生肉翅,飞回相州!"张宪与高芸香新婚一别,思恋之情最苦。王贵叹息说:"身在军中不自由,自家们若是擅离,岂不成了逃军?"按照宋朝的军法,对逃军的处分是很重的,可以斩首。徐庆说:"常言道,卜以决疑。自家们何不去龙兴寺问卜?"王贵说:"营中不可无人,以备张观察非时召唤。你们可去龙兴寺,我且在此坐衙。"

岳飞等三人出城西军营,前往龙兴寺。龙兴寺是应天府城内最繁闹的商业区,类似于开封城中的相国寺,寺内有龙兴塔,位于一座小土山上,是全城的最高点。龙兴寺旁有一条小街,卜肆云集,有相面、拆字、八卦、六壬、盲人揣骨听声之类。有的开一个店铺,招牌都竞出新奇,如南京第一易课、泰来星、鉴三命、沈星堂、花字青等。有的只是沿街摆摊,不断重复叫喊说:"时运来时,买庄田,取浑家。"以招揽顾客。

岳飞等三人牵马前行,见到有一家卜肆,面街只立四根柱子,没有墙体和门窗,下有一层石阶,屋内有一张长方桌,其上铺着纸墨笔砚,一位先生约四五十岁,端坐桌后,他的后面竖着三块木牌,自右至左,分别写有"神画"、"预知"、"天命"六个大字。北宋后期有风靡一时的卦影,相传是成都人费孝先的发明。算卦者为顾客作画,并且题辞或诗,表述吉凶祸福。张宪说:"待我先问。"他将马缰绳交给岳飞,进屋作揖,说:"请问先生尊姓高名?"那位先生起立答礼,说:"助教姓李,自号画天机,太尉请坐。"张宪坐在长方桌的右侧,说:"自家乃是御营司底将官,有一心事,特来问卜。"那个先生问道:"太尉有甚底心事?"张宪说:"先生既知天机,料事如神,小将底心事,自可测算。"那位先生见张宪不肯说出自己的心事,就盘问了姓名、出生年月、户贯等情况,取出六壬,演绎片刻,最后画了一张简单的墨画。画上有一颗官印、一个太阳和一道水流。他提笔写诗说：

> 休道大江风浪恶，
> 中兴瑞霭遍扬州。
> 扈从博取封侯印，
> 千乘万骑紫光浮。

原来宋高宗准备巡幸东南的风声传遍应天府，御营司的军人都是北方人，很多不愿离乡背井，在张宪之前，已有不少军人问卜。岳飞和徐庆当然知道张宪的心事，是问卜高芸香是否吉祥安泰，他们牵马站立石阶上，见到了画和诗，就不约而同地叹了口气。张宪起立，不待先生解释，就说："先生所画，委实不是我问卜底心事。然而烦劳先生写卦影，亦须赠钱一百文省。"他取出五十六文钱，放在桌上，也不再作揖，就走到屋外。那位先生面色阴沉，也不敢应声。原来宋朝的钱币，一百文当一百文行用，称为足陌，而几十文当一百文行用，称为省陌。官方通用的省陌是七十七文，而市井的省陌却按行业而各不相同，算卦问卜的省陌最少，五十六文就折算为一百文省。

张宪的问卜，使另外两人也深感扫兴，徐庆说："世上底占卜星相，本是以浮词混话居多。阳阴有准、祸福无差底又有几人？岳五哥亦不须再问。"他们离开这条小街，漫无目标地前行，见到一个茶肆，徐庆说："我肚里已觉饥渴，不如买些馒头，前去吃茶。"他们来到一家新开张的荤素从食店，只见两块招牌上分别写着"万家馒头"和"东京第一"，原来此家店由东京迁到南京。徐庆掏钱，买了二十个羊肉馒头，店家给两张荷叶包裹。三人又在木柱上拴好马匹，一同进入茶肆。他们来自下层社会，习惯于喝煎散茶，茶博士给他们端来了浓浓的三盏。

三人正在吃喝，岳飞只见有两个儒士进入茶肆，坐在他们旁边的一个桌位。他们头戴胡桃结巾，身穿白绢襕衫，举止不俗。岳飞突然心有所动，就起立上前，向两人恭敬唱喏，说："小将见两位秀才请安！"两人起立还礼，张宪和徐庆也上前行礼，彼此通报了姓名和户贯。原来两个儒士正是李若虚和朱梦说，李纲上朝后，他们忙里偷闲，不穿官服，出来察看民情，见到三位武士彬彬有礼，就请他们在一桌同坐品茶。

岳飞素来尊敬儒生，向李若虚和朱梦说简单介绍了自己的经历和准备上书言事的原委,然后取出文稿,说:"小将粗陋,不识义理深浅,今日有幸,得见两位高士,切望不吝教诲。"李若虚和朱梦说只见这份上书用正楷写成,其上说:

> 陛下已登大宝,黎元有归,社稷有主,已足以伐虏人之谋;而勤王御营之师日集,兵势渐盛。彼方谓吾素弱,未必能敌,正宜乘其怠而击之。而李纲、黄潜善、汪伯彦辈不能承陛下之意,恢复故疆,迎还二圣,奉车驾日益南,又令长安、维扬、襄阳准备巡幸。有苟安之渐,无远大之略,恐不足以系中原之望,虽使将帅之臣戮力于外,终亡成功。为今之计,莫若请车驾还京,罢三州巡幸之诏,乘二圣蒙尘未久,虏穴未固之际,亲帅六军,迤逦北渡。则天威所临,将帅一心,士卒作气,中原之地指期可复。

李若虚读后感动地说:"岳武翼虽是屈沉下僚,不忘忧国,忠节过人,令人钦敬。然而李丞相赤胆忠心,天下无人不知,岳武翼何以与黄、汪二相公相提并论?"岳飞说:"我虽读书甚少,亦知孔子《春秋》底大法,当责备贤人。李丞相不能主张官家去东京,而建议巡幸长安、襄阳等地,亦是失策,而授黄、汪两个奸臣以可乘之隙。"朱梦说惊叹说:"我所识底武将,第一个便是统制吴革,可惜他天生英才,捐身殉国难。不期今日又得与岳武翼等相知,实是三生有幸!请受我一拜!"说完,就与李若虚一同起立,再次作揖,岳飞等也慌忙起立还礼。

五个人意气相投,竟从正午前一直交谈到傍晚。李若虚和朱梦说向岳飞等三人坦白,他们就是李纲的幕僚,也使岳飞等人惊叹不已。临别之前,朱梦说嘱咐说:"岳武翼便可依此上书,亦可使朝廷知御营中自有国士。李丞相规模宏阔,腹中撑得船过,岂能计较你底忠言。"张宪向两人提出请求,说:"自家们只求去东京,追随宗留守,杀敌报国。若留在御营司,却是素餐尸位,报国无门。切望李丞相与两位官人玉成。"李若虚和朱梦说允诺。彼此分手后,岳飞等骑马来到登闻鼓院,对站立门前的吏胥简单说明原委,然后在一个木匣中投放了上皇帝书。

李若虚和朱梦说回到相府,天色已经断黑,李纲正在等他们吃晚膳。三人边吃边谈。李若虚听了李纲的叙述,担忧地说:"相公今日深得直道事主之义,然而便佞之臣取悦上心,骨鲠之臣违忤上意,切恐……"他说到此处,"相业不终"四字还是咽下了去。李纲说:"洵卿底言语,直是道破事理。大臣出处去就,本是常事,何足深计。我自任相以来,深感力不从心,事事动辄掣肘。然而为相一日,须尽一日底职事。且如御营司底事,亦粗知宦官、佞臣与庸将势如辅车相依,却一时下手不得。"

朱梦说介绍了岳飞等人,说:"我所识底武人,吴革之后,只有岳飞,煞是将才!"李纲说:"平世求相,乱世求将。大宋承平日久,文事太重,文士轻视武夫,学者耻谈兵事,朝廷贱辱战士,如今正当观时制变,以选拔将才为先。你们明日便去御营,召岳飞等人到此。"朱梦说说:"若依允他们,调拨至东京留守司,只是下策。唯有取代王渊,方是上策。"李纲苦笑说:"肖隐与洵卿识得一个韩信,我却做不得萧何!"在宋朝严密的选官用人体制下,特别是上面有一个只想苟且偷安的皇帝,要破格用将,提拔官位颇低的偏裨,取代王渊,出任御营司都统制,真是难上加难。

第二天早朝时,左、右二相和尚书右丞的新命正式发布,引起了不小的震动,百官都明白皇帝的用意,更不用说是李纲本人。但李纲本着"易进难退"的原则,还是率领新的宰执们合班谢恩,接着又在都堂召见百官,处理国务。待他回到相府,王贵、张宪和徐庆三人已经奉召而来,却单单没有岳飞。

原来按宋朝的制度,岂但平民布衣,就是连岳飞那样的低级武官,也没有上奏的资格,他们只能用上书言事的形式,表述政见。臣民的上书言事,需要经过有关机构的筛选。岳飞呈送上书的登闻鼓院,就是第一道筛选关口,其长官是左、右司谏和正言。如果第一道关口受阻,又可呈送登闻检院,其长官是左、右谏议大夫。宋钦宗颇为勤政,他读过不少士民的上皇帝书,而宋高宗自即位以来,却连鼓院和检院编排的臣民上皇帝书目录和提要,也不屑一顾。

现在掌管登闻鼓院的是前面提及的左正言邓肃,他对岳飞的上书十分赞赏,命令吏胥编排和誊录后,立即分送大内和都堂。当天在都堂值夜班的是黄潜善。宦官曾择将御笔送到学士院后,就转身来到都堂,向黄潜善私下通风报信。黄潜善听到自己升迁右相的消息,喜不自胜,当即命吏胥召汪伯彦前来,共同商议下一步的对策。自从张悫在罢免宗泽的问题上稍稍表示异议后,两人就不再把张悫当作亲党。

都堂上烛光辉煌,香炉中喷出了阵阵幽香,虽然两人都已吃过晚饭,长方桌上还是摆满了丰盛的酒菜。汪伯彦献媚地说:"黄相公高升,乃是众望所归。"黄潜善得意洋洋地说:"李纲这厮,直是轻狂而粗疏,既力阻圣上巡幸,又论奏拆洗女童底些小琐事,岂非犯圣上底深忌,自取其咎?曾大官言道,李纲气数将尽,汪相公升迁,已是指日可期。"按宋朝官制,知枢密院事的官位已在门下侍郎等副相之上,汪伯彦的下一步升迁只能是右相。汪伯彦笑着说:"须知百足之虫,死而不僵,何况李纲尚居左揆之位,圣上亦自顾惜他底虚名。依我之见,欲去李纲,须先断他底左右臂?"黄潜善说:"左右臂是甚人?"汪伯彦说:"许翰新入政府,左右臂乃是张所与傅亮,若他们建功立业,便增重李纲底权势,得以与宗老汉行其劝大驾入京之谋。"

两人正说话时,有亲吏呈送登闻鼓院誊录的岳飞上书,说:"此是邓正言转呈底紧切上书。"黄潜善认为,邓肃是李纲一党,他所转呈的上书无非是主战文字,就随手一撂,不屑一顾。汪伯彦斜眼看到其上题款是"武翼郎、御营前军第四正将岳飞上皇帝书",却依稀记起,说:"此人莫不是刘浩底部曲,相州人氏?"他取过来一看,就用一种嗤笑声说:"这厮赤老!竟将自家们与李纲一并骂了,言道'有苟安之渐,无远大之略',必是刘浩底党羽无疑。""赤老"是对军人的鄙称。黄潜善经他一说,也拿来一看,说:"御营底偏裨,竟有犯上之人,直是可恨!"黄潜善所以那么说,是因为李纲和他还兼任御营使,而汪伯彦兼任御营副使。汪伯彦说:"有些少村秀才聒噪,舞文弄墨,上书言事,也只得由他们。不料赤老之中亦有不守规矩底人,若不稍加惩治,何以立朝廷之威?"他命令吏胥取过纸墨笔砚,就在誊录的岳飞上书题款旁边批上两行字:"小臣越职,非所宜言,可与冲替,削除军籍,以儆效尤。付王渊。"黄潜善见他写完,就说:"甚好!"吩咐吏胥说:"可从速付与王都统!"

第二天清晨,岳飞正在操演军兵,有张俊的亲兵前来传令,说是张俊要召见他和王贵。岳飞和王贵抵达统制衙中,见张俊唱喏,张俊满脸不悦之色,也不教他们坐下,径自将岳飞的上书交付两人,责备说:"岳五,我待你不薄,你何故不循分守,无事生非?朝廷底事节,自有宰执,都统王太尉尚且管不得,你是个草芥子大小底将官,却不知分晓,直是恁地逞能!今有汪枢相批示,叫我如何掩覆你?"岳飞未曾料想到,自己的上书竟在一天之内,就有如此快速的反应,他慷慨陈词说:"山河破碎,生灵涂炭,小将虽是行伍贱隶,亦略知忠君爱国底大义,故不揣愚陋,议论朝政。张太尉亦是北人,你难道便甘心家乡沦为异域,父老宗亲悉遭驱虏,辫发左衽?"

王贵见岳飞抗论不屈,就急忙打断岳飞的话,说:"岳武翼虽亦是忠心,却是年少气盛,不知事体轻重,今日又伏侍不周,言语冒犯,乞张太尉做一床锦被遮盖。"张俊叹了口气,说:"岳五,我亦怜惜你底勇锐,以为日后有危难,用得着你。如今既有汪枢相之命,我亦留你不得。王太尉发怒,责令打你五十军棍,我今免你皮肉受苦。你即便出营去,坐骑须交付军中。"其实,王渊并没有下令责打岳飞,这是张俊有意编造,做一个空头人情。王贵还想求情,岳飞制止了他,岳飞向张俊深深作揖,说:"谢张太尉不打之恩!"张俊吩咐王贵说:"你且权管第四将,待王太尉另命正将。"实际上,他虽知王贵能征惯战,却不想让王贵接替岳飞,继任正将。

第四将的将士得知岳飞受责罚的消息,都愤愤不平。张宪建议说:"岳五哥,莫须去相府,见李承务与朱迪功申理委屈。"众人纷纷表示赞成,岳飞却说:"李承务与朱迪功煞是仗义底人,然而李丞相主张国事,亦自艰难。我便自去东京,在留守司当一战卒,也胜似在御营司任一正将!"张宪等人见岳飞言辞激愤,知道他脾气倔强,就不再劝说。

岳飞开始收拾简单的行装,却发现自己的剩钱还不足五百文。岳飞官为武翼郎,每月俸禄本来有"料钱"二十贯,当时因为财政困难,只发放十贯,另外还有米、面各一宋石,他兼有正将的差遣,每月却可收入"供给钱"三十贯。他单身一人住在军营,与汤阴的家眷音问不通,照理是可以有积蓄的。但是,在王渊和张俊克扣军饷之余,不少军兵已到啼饥号寒的境地,岳飞等人只能以自己的俸禄,补贴军兵。徐庆说:"些少钱如何去得东京?"他取出三百文给岳飞,其他人也纷纷解囊相助,岳飞却一概拒绝,说:"此去东京二百八十五里,只二三日行程,四百八十七文盘缠,已是足用。"

岳飞带上兵器和衣物，就匆匆走出营门，愈来愈多的将士闻讯赶来，为他送行。岳飞对此地一点也没有怀恋之意，只是对王贵等人说："切望自家们得在东京相聚。"突然，有一个军士牵着他的衣服，哭着说："不知岳武翼何时得还？"岳飞一看，原来正是被自己责打四十军棍的人，不免有几分感伤，说："我如今不是武翼郎，只是白身。蒙你不念旧恶，唯有感愧而已。"那个军士哭得更加伤心，说："岳武翼责打男女四十之后，又资助三百文。不知自今以后，又有甚底正将，得以如此爱兵如子？"他的话使很多将士都感泣起来，一个兵士叹息说："男女们随你奋身厮杀，积多少战功，方得一个武翼郎底低官，却因一纸直言，便一旦都休。天下又有多少统兵官，刻剥军士，凌辱部属，聚财积货，贿赂上司，却连升美官。此亦是天道不公，自来如此！"他的评论更是深深刺痛了岳飞的心，但他不愿意在众人面前落下一滴泪，只是向众人长揖，然后转身快步而去。岳飞走后一个时辰，李若虚和朱梦说来到营中，他们立即与王贵等将飞马出回銮门追赶，却不见岳飞的踪影。

李纲回府听了情况介绍后，气得长时间说不出话，最后，他对王贵等三将说："我身为御营使，却庇护不得一个将才，直是问心有愧！"他提笔给王渊写了批示，对王贵等三将说："御营不是你们底住处，且去宗留守处建功立业！"王贵、张宪和徐庆三人第二天就离营，前往开封。然而他们抵达东京留守司后，方知岳飞并未去开封，大家不免多方打听和寻找，却在很长一段时间内不知他的下落。

[玖]
李纲罢相

王贵、张宪和徐庆离开南京一天后,李纲邀请许翰到家里议事。许翰六十岁,比李纲年长十五岁,李纲其实是将他当长兄对待。首先由李若虚和朱梦说介绍岳飞上书等情况,许翰说:"此非细事,伯纪何以不奏明主上,以辨是非曲直。"李纲说:"自家们计议,岳飞上书不合主上之意,便是廷辩,亦是无济于事,姑以隐忍为上。待日后岳飞在宗留守麾下立功,另议升迁。目即可忧虞底事,乃是王渊统御营各军,多为不法,缓急之际,实难依仗。"许翰说:"可由台谏官弹奏,将王渊冲替。"李纲说:"王渊内有宦官,外有黄潜善、汪伯彦之助,深得主上宠信,冲替已非易事。另命一个都统制,又实难其人。"许翰说:"王渊之下,便是提举一行事务刘光世。"李纲说:"此人是将门之子,骄纵怠惰,军纪不严,又深结内侍。"许翰说:"闻得左军统制韩世忠颇有勇名。"李纲说:"他与张俊最得王渊倚信,视为左右臂。其余统制更是自郐以下。"大家沉默多时,许翰说:"莫须将东京底步军间太尉调遣至御营,此人委是忠谨。"李纲笑着说:"崧老所议直是上策。"当时宋军中十分讲究资历,间勔作为三衙长官,调任御营司都统制,足以压服众将。

八月上旬,隆祐太后和太庙神主又在孟忠厚等人的护送下,乘船沿汴河与运河前往扬州。宋高宗安排太后去扬州,表明他实际上还是打算坚持巡幸东南的原议。隆祐太后走后,一场酝酿已久的政争很快进入决战阶段。

在一次宰执合班奏对时,许翰首先发难,他口奏说:"邓肃上弹奏,言道王渊所为,多是不法。当无事之时,三衙管军犹可尸禄备员,以冒宠荣。如今御营之师十万,岂可托付非人。乞陛下明察。"汪伯彦立即反驳说:"许相公入政府未久,又不兼御营职事,切恐不可听信无根之言。国朝之制,台谏官自可风闻言事。然而捕风捉影底事,不得弄假成真。臣承乏枢府,兼职御营,唯知王渊忠心耿耿,勤于职事,恐不可诬。"两人争论多时,许翰说:"王渊不法底事,可委台谏官案验。"宋高宗说:"王渊乃朕所亲擢,不须案验。"许翰不免情绪激动,说:"今日天下劲兵,聚集御营,扈卫车驾,事关重大。若统兵官不得其人,缓急之际,十万之师不得当一万之用,切恐后悔不及。"宋高宗也面带怒色,说:"朕信用王渊,无须后悔!"见到许翰与皇帝形成僵局,李纲感到此时不宜再说。

汪伯彦见皇帝为自己撑腰,气势更盛,他又口奏说:"北京权留守张益谦上奏,言道自大名府置招抚司以来,骚扰民间,盗贼愈炽。臣与张枢相已下枢密院札,责问张所。依臣愚所见,不如罢招抚司,专令北京留守司措置收复失地事宜。"

李纲至此不能不挺身而出,他说:"张所是臣所荐,招抚司是臣建议而设。朝廷以河北百姓无所归聚,故设招抚司,招抚壮士,用以抗击虏人,收复失地。各地盗贼炽盛,只是兵荒马乱之时,州县官吏失于抚存所致。若说河北盗贼横行,皆是招抚司之过,则京东、京西底盗贼,又有何说?汪、张二相公不能与臣共休戚,不关白臣,而径作枢密院札行下招抚司,是何理?"说得汪伯彦哑口无言,张悫面带惭色,低头不语。

李纲又说:"臣不知朝廷于张所,是愿他成事,或愿他败事?若愿他成事,则不须唆使张益谦上奏,沮抑张所;若愿他败事,亦无须挟私害公,施展诡计,自可明令罢招抚司。沮抑一个张所,又有何难!难道众相公竟愿河北军民尽为金人所虏,河北州县尽为金人所得,中原且不能保,然后方为快意!靖康之时,朝廷议论不同,无以公灭私之意,御敌无策,而倾陷有术,终致二帝北狩,难道今日仍欲蹈其覆辙?"李纲正论侃侃,音容慷慨,语调激昂,镇慑了众人,黄潜善也不敢出面与他进行诡辩。

宋高宗只能下旨说:"汪伯彦,张悫,你们可另下札子,改正前失。"汪伯彦和张悫忙说:"臣等领旨!"直到下殿时,两人仍然面容苍白,神情尴尬。许翰在下殿后对李纲说："今日方见得伯纪直是宰相大器,御敌无策,倾陷有术一语,亦是深中时病。"李纲叹息说："胜负未见分晓。王渊底事,又须另觅时机奏对。黄潜善与汪伯彦底倾陷委实不难识破,然而却是潜诉之深,已牢不可拔。"许翰说："今日方知,明辨是非不难,而国事之难,实在于不愿明辨是非。"限于古代的臣道,两人只能用委婉曲折的语言,表达了对宋高宗的看法。

八月十四日,宋高宗突然下达一份手诏,说："可令枢密院降札,命宗泽节制傅亮,即日收复河东州县。付李纲。"李纲接到御笔,当即要求面对。在瑞应殿内,皇帝照例头戴道冠,身穿淡黄袍,正襟危坐,神情严肃,曾择和张去为在两旁侍立。李纲完全明白,黄潜善和汪伯彦再无勇气和自己廷辩,而今天的手诏却正是出自他们的幕后策划。李纲行礼毕,就口奏说："臣与张所等已曾明奏,王师屡挫之后,当慎于初战,以免伤损国威。傅亮赴任不足一月,新募底军兵未练,粮草未足,宗泽经营东京,虽见成效,而立即出兵河东,亦恐事力不济。陛下命二人轻率出师,不知欲他们成事,抑或败事?"

宋高宗说："河外州县未复,朕又如何在邓州奠居?黄潜善与汪伯彦言道,傅亮好为大言,实是色厉内荏,故逗遛不进兵。"李纲说："若陛下底手诏只为巡幸事宜,臣亦是东南人,如赞助陛下巡幸东南,于臣之私利又岂不安便?只为巡幸一事系国家底安危存亡,故不惮烦辞,再三开陈,幸蒙陛下虚心听纳。只为招抚与经制二司,出自臣之建请,张所与傅亮,出自臣之力荐,黄潜善与汪伯彦力沮二人,乃因以沮臣,使臣不得安其职,不得行其策。国家处艰危之运,身为大臣,岂可勇于私争,怯于公战,工于谗毁,短于谋国。臣愿陛下以靖康奇耻为鉴,留意君子与小人之分。臣初次面对陛下,曾引先贤管仲之言,参用小人足以妨废霸业,何况陛下底中兴大业。若陛下参用小人,切恐臣亦难以毕志尽虑。"

李纲到此只能阐明自己与黄潜善、汪伯彦势不两立的情势,而宋高宗却没有勇气公开偏袒一方,他说："张所才略过人,可留他招抚河北。如傅亮底人才,今岂难得,不如且罢经制司。"李纲说："陛下必欲罢傅亮,请先罢臣!"这句话正是宋高宗费尽心机逼着说出口的,然而到此地步,皇帝却又产生了畏怯情绪,不敢顺水推舟,反而出来圆场,说:"朕早曾言道,社稷生灵,赖卿以安,卿言罢相之事,朕不忍听。"他又说了不少好话,挽留李纲。

李纲下殿去了,宋高宗只是呆呆地望着他的背影。皇帝自己也不明白,罢相的事酝酿已久,今天又事先作了多种设计,但一旦面对李纲本人,却又不得不临阵退缩。突然,他又想起了隆祐太后的话:"如今内无李纲,外无宗泽,切恐九哥底江山坐得不稳。"就发出了深长的叹息。他转回头朝曾择看了一眼,说:"你有何说?"

曾择走到御案前,只是下跪叩头,宋高宗说:"朕免你无罪,只管说来。"曾择说:"小底以为,若是威略震主,便是权臣。明日便是中秋,权臣不除,官家如何欢度中秋,又如何去东南快活?天下底事,难道唯有李相公,黄、汪二相公便治理不得?"宋高宗经他一说,立即提笔写一份手诏:"傅亮兵少,不可渡河,可罢经制司。付黄潜善。"

曾择将手诏带到黄潜善的府邸,汪伯彦也在那里焦急地等待着。曾择笑嘻嘻地取出手诏,说:"今日若非我底一言,两位相公多日精心策划,便成画饼。"黄潜善说:"今夜特备薄酒,恭请曾大官畅饮。"曾择说:"不须,不须,我须回宫覆奏,伏侍官家。"黄潜善和汪伯彦连忙吩咐取来本地著名的桂香酒,两人各自用双手捧着香螺金卮,向曾择敬献。曾择同时用双手接过两个金卮,两口喝完,然后开始玩赏,说:"两个金卮煞是打造精致,巧夺天工!"黄潜善说:"既是曾大官喜爱,自当割爱,却是不成敬意。"

曾择说:"感荷黄相公底厚意。忆昔太上宣和时,朝中有一谚语:'三千索,直秘阁;五百贯,擢通判。'得一个正八品底直秘阁尚需三千贯,罢一个宰相,又所须几何?"他说完,将两个金卮搁置桌上,然后用右手伸出一个手指。汪伯彦忙说:"下官已自理会,曾大官且放宽心。"一个高踞百官之上的执政,面对一群皇帝宠信的宦官,从来是谦称"下官"。曾择说:"我急需钱使,请于十日之内,连带两个金卮,送至私第。"

黄潜善和汪伯彦送曾择出门,又回到堂中,黄潜善说:"十万贯足钱,何处置办?"汪伯彦笑着说:"令弟执掌户部,岂不易如反掌?"黄潜善发出会意的微笑,汪伯彦又说:"圣上之意,只是体貌大臣,命李纲引退。若是李纲贪恋相位,不上奏辞免,便当如何?"黄潜善说:"我教张殿院上弹奏,岂容他不上奏辞免。"他立即写一短简,命令吏胥送往御史台。

吏胥走后,黄潜善说:"明日便是中秋,今宵已自月圆,我当与汪相公开怀畅饮。"汪伯彦用略带诙谐的口气说:"久闻七夫人天生丽质,善弹琵琶,歌喉如呖呖莺声,黄相公爱如掌上明珠,金屋藏娇,秘不示人。今夜若能一睹丽容,听一阕清词,亦不虚度此良宵美景。"黄潜善哈哈大笑,说:"我亦久闻你底四夫人姿色倾城,长袖善舞,但愿他日身登贵府,亦请四夫人为我舞《佳人剪牡丹》。"

黄潜善所说的"张殿院",是殿中侍御史张浚。张浚是四川绵竹县人,字德远,今年三十一岁。金朝立张邦昌伪楚政权时,官为太常寺主簿的张浚逃到太学,不愿向张邦昌称臣。但他与宋齐愈有深交。黄潜善等人不断散布流言,说处分伪齐官员,杀宋齐愈,全是李纲的一力主张。于是因受伪命而被处分的官员,人人怀恨李纲。黄潜善发现张浚在言谈中流露出对李纲的仇恨,就设法举荐他为殿中侍御史。张浚得到黄潜善的短简,就立即上奏弹劾李纲。

中秋的当天,黄潜善特意给李纲出示手诏,接着,李纲又接到了张浚弹奏的副本。他当即向皇帝上了辞职奏。

宋时的中秋虽没有后世吃月饼的习俗,却也是一个重要节日。夜来月光皎洁,金风送爽,南京城里,从宫廷到贫户,都用不同的等级和规格饮酒赏月。处处是丝竹和歌曲之声,此伏彼起,彻夜不绝。闾里间儿童们从事各种嬉戏,也是通宵达旦。金军刀光剑影的侵逼,似乎还远离着应天府城,节日期间,人们总是追求欢乐,排除忧虞。在上层社会,醉生梦死,灯红酒绿,只求挥霍和享乐于一时,更是不乏其人。但也有少数忧国志士,却在对月伤怀。特别是李纲本人,今夜良宵却成了他一生最痛苦的一夜。

李纲只陪家眷饮了半盏酒,聊表团圆之意,就来到庭院,陪伴李若虚和朱梦说两个幕僚。一张小桌上铺陈了简单的酒菜,可是三人都没有心绪动一下筷,举一下盏,只是相对长久默坐。李纲终于开口了,他望着明月,发出长长的喟叹,说:"二帝值此夜月,应是思归团圆之心益切。我身为大臣,竟不能整顿朝廷,救取二帝,洗雪仇耻!"他忧世伤时,一时声泪俱下,李若虚劝解说:"世事不可逆料,相公众望所归,安知日后不再掌国政,主张兴复大计。"

李纲沉痛地说:"万事委是不可逆料。去年九月,我被贬出京,虽也忧虑国运,却未料得竟有如此奇耻惨祸。此回任相之前,蒙张招抚勉以'易进难退',不料一个易进难退底宰相,只是在任七十余日,功业未就,便须引退。黄、汪必是败坏国事无疑。然而便是他们狼狈下野,切恐亦容不得我回朝。若是容我回朝,唯恐国事已收拾不得。宗留守屡曾告诫,切不可蹈西晋东迁底覆辙,然而不蹈此覆辙,他们又如何甘心?"朱梦说和李若虚明白,李纲的话,不仅是针对黄潜善和汪伯彦,也是针对皇帝而发的。经历了七十多天的周旋,李纲对皇帝的秉性,自己和皇帝的关系,已经看得十分透彻了。

李纲又对两人说:"蒙马殿院引荐,与你们意气相合,为布衣深交。我罢相之后,切恐你们须受牵连。你们在此,已是事无可为,不如外任,与你们两个安便底差遣。"朱梦说说:"自家们在开封围城之中,追随吴统制抗金,九死一生,苟活至今,亦是不幸中之大幸。今日得与丞相共尝艰难,岂不是无上荣光?"李若虚补充说:"依黄、汪二人底心胸,便是外任,他们又岂能放过?"李纲说:"话虽如此,洵卿底父母年老,李侍郎已自殉国,不可令他们再受连累,我当与令弟一个安便差遣。"原来李若虚的父母现在由幼弟李若樸照管。

第二天,李纲除再上辞职奏外,特别通过吏部,安排李若樸到远离前沿的福建泉州,任监惠安县盐场,命李若樸即日与父母赴任。十五年后,李若樸官至大理寺丞,在岳飞的冤狱中主持公道,此是后话。

十七日,李纲第三次上辞职奏,并最后一次单独奏对,宋高宗还是虚与委蛇,说了许多挽留的空话,这也并非出自对大臣的礼遇,面对李纲的堂堂正论,"朕允卿所奏"五字,虽然反复在嘴里盘旋,却终于没有勇气说出口。直到李纲下殿,宋高宗还是说:"朕终不忍卿为傅亮底区区细事,便离别朝廷。"然而到十八日早晨,李纲的罢相制词就急速地发布了,对李纲作了很重的谴责。李纲当天就离开应天府,外任杭州的闲官。在黄潜善和汪伯彦的授意下,一些台谏官纷纷上弹奏,于是宋高宗又下令将他流放到炎荒之极的海南岛。

当时马伸去潭州执行张邦昌的死刑,尚未回朝,唯有左正言邓肃上奏,仗义执言,为李纲辩护,于是邓肃罢官回乡。黄潜善和汪伯彦又设法贬责李若虚为监相州酒税,朱梦说为监大名府魏县李固镇,将两人发往河北前沿,其实无非是企图借金人的刀,杀害他们。

[壹零]
志士枭首通衢

李纲罢相,不能不引起朝野极大的震动。邓肃在罢官之前,通过登闻鼓院收到一百六十四封上书,有的只用温和的言词谏劝,也有的却用激烈的语言抨击,都一致反对罢免李纲,建请复相。邓肃照例命令吏胥誊录,并编排目录和提要,全部转送大内和都堂。来自民间和低级官员的上书,还一致谴责黄潜善和汪伯彦,建议皇帝予以罢免,这对两人造成了很大的压力。汪伯彦怀着惶恐不安的心情,对黄潜善说:"舆情汹汹,恐有不测。靖康时便有陈东鼓惑士民数万,伏阙言事,宰相李邦彦亦遭暴徒殴击。渊圣不得已,而复用李纲,罢逐李邦彦等人。我已命王渊调遣二百军兵,出入护卫,以防凶徒滋生事端。"黄潜善将陈东的三份上书递给汪伯彦,说:"这回陈东又适来应天府,其上书言语凶悖。若不预作措置,防患于未然,切恐靖康伏阙事再见于今日,圣上行事,亦不得不如渊圣。"两人最担心的,一是出门被百姓拦街殴打,所以命令王渊派兵护卫,二是落得如当年李邦彦的可悲下场。

汪伯彦仔细地、反复地阅读陈东的上书,额头上不由冒出了颗颗汗珠,最后,他指着上书中的一段文字,对黄潜善说:"陈东建请圣上罢巡幸东南之议,亲征河北,复相李纲,罢免黄相公与我,俱不足上轸宸襟。唯有此段文字,足以使圣上震怒。"原来陈东上书有如下的一段:

陛下以介弟之亲,元帅之重,自可号召天下,拥兵勤王,恢复宋室,而不当于二帝北狩、宗社艰危之际,遽即大位。将来渊圣皇帝回归,不知何以自处?

黄潜善看后,又取出另一份上书说:"另有一个狂士欧阳澈,上书极力诋毁汪相公与我,言道元帅府拥兵不救东京,坐视二帝蒙尘,又语侵宫掖,并无忌讳。"汪伯彦没有料到欧阳澈的上书,居然还翻元帅府时的旧账,他只见上书中又有如下的一段文字:

> 陛下即位于艰厄之时,犹不思国家之奇耻,宗社之大辱,宫禁宠乐,日传于外。宦寺弄权,以拆洗为名,掩耳盗铃,搜求姝丽,过于攘夺。既自淫佚于内,欲求俭朴之名于外,不可得也。好色伐性,古人所戒。昔汉成帝自为太子时,以好色闻,其后逸欲无节,终为汉室昏乱之主,西汉之基业,由成帝而坏。况今金虏虎视,山河残破,中兴之业艰难,任重道远,陛下岂可不慎其细哉!

汪伯彦看后说:"依我之见,黄相公不如持二人底上书面对,乞圣上早作处分,预备弹压事宜。"黄潜善说:"你何以不与我同去面对?"汪伯彦说:"相公是右揆,我是执政,且职掌枢府,不预政事。"汪伯彦的话当然是一种藉口,他已明白事态的严重,知道众怒难犯,认为有关弹压事宜,最好还是让黄潜善出面。

黄潜善和汪伯彦估计到宋高宗不会看任何人的上书,认为陈东和欧阳澈的两份上书,一个说宋高宗不当称帝,最足以触犯皇帝的深忌,另一个说宋高宗好色,又最足以刺中皇帝的深痛。按照宋朝的传统,是相当重视文士的上书言事。如今两名宰执既然已是千夫所指,被舆论斥骂为奸臣,显然已不便自己出面处置,唯有请求皇帝亲自处理,才是一种最恰当、最得体,又是最少风险的办法。彼此对以上理由显然难以言传,而只能心照不宣。

宋高宗在宣布李纲的罢相制后,一直命宦官们报告李纲的行止和去向。当他听到李纲已经上船南下,就下令在后宫设宴庆贺。他如今感到一个讨厌的樊笼已经打破,自己成了一只可以自由飞翔的鸟。在餍饫酒食之余,他带着醉意搂住身边的潘贤妃,用手抚摸她的下巴说:"李纲任相,朕无帝王之乐;如今李纲罢黜,朕方知有帝王之乐。帝王乃是至尊,自当随心所欲,为所欲为,岂容得大臣聒噪!"在旁侍立的康履笑着说:"此是官家英断,小底们早曾道来,李纲不去,官家便不得快活。"众人都哈哈大笑。

八月二十五日,右相黄潜善与三名执政共同奏对后,又请求单独奏对。当时尚书右丞许翰也已经提出辞职,尚未得到皇帝批准,黄潜善请求单独奏对,其实还是嫌忌许翰。黄潜善从笏后取出陈东和欧阳澈的两份上书,然后口奏说:"李纲天资轻躁,而强辩似智,豪言似勇,颇能欺惑愚众,窃流俗底虚誉。无知小民,轻信易动,靖康时万民伏阙上书,几致酿成大变。此回罢相以来,又有狂士一百余人上书,鼓吹浮言妄议,变乱是非,为李纲称颂功德,诋毁陛下中兴之政。其中尤以陈东与欧阳澈二书,言语指斥,为人臣所不忍读。陈东本是靖康伏阙上书底祸首,窃恐他鼓惑愚民,劫持朝廷,威逼陛下,须早为预防之计。"

宋高宗做了几天快活皇帝,对士民的上书一字未读,陈东和欧阳澈的上书就成了新闻。他听到了有人竟敢"指斥"自己,才颇感震惊和愠怒。他取来两份上书阅读,全身出了阵阵冷汗,脸色变得愈来愈难看,最后竟瘫软在金龙交椅上,有气无力地说:"朕本无黄屋心,不意人言可畏,飞短流长。"

宋高宗的神态完全出乎黄潜善的意料,黄潜善原先只期待皇帝狂怒,而且怒不可遏。他不得不随机应变,用激愤的语调说:"陛下应天承运,臣民推戴,迫以大义,入继大统,又有太上'可便即真'底御笔。陈东狂妄,胆敢指斥乘舆,臣蒙被圣恩,恨不能手剑斩取首级!"听了黄潜善的话,宋高宗活像一只泄气的皮球,又重新打足了气。他忘了帝王的雍容和尊严,简直是从金龙交椅上弹跳起立,大声吼道:"依卿之意,当如何处置这厮奸贼!"话音刚落,又发现自己过于冲动,有失体面,连忙坐下。

黄潜善早已准备了应答,他反而用较为缓和的口气说:"陈东与欧阳澈言语指斥,犯大不恭之罪,按律,在十恶不赦之列。臣恨不能将他们凌迟于闹市,千刀万剐,以儆效尤。然而国朝自太祖皇帝深仁厚泽,列圣相承,尤重上书言事。若将他们重责脊杖,刺配沙门岛或广南远恶州军,又恐群臣上章解救,狂士得以藉口,煽动奸民伏阙。依臣愚之见,此事须陛下及早处分,以迅雷不及掩耳之势,平息事端。"

在中国古代社会,宋朝是最讲究尊重士人的一个朝代。秦始皇可以痛快地、毫无顾忌地焚书坑儒,而宋朝自从前述太祖立下太庙誓碑以来,对于上书言事的士人从来不敢滥施诛杀。太祖的誓约作为宋朝的最高机密,如今事实上已经公开。依黄潜善的本意,当然希望将陈东和欧阳澈处以极刑,以泄心头之恨,但他决不敢贸然从事,特别是陈东,作为声誉满天下的名士,他更没有胆量冒天下之大不韪。杀害名士,在古代的政治伦理中是极不光彩的事,黄潜善的全部盘算,就是启动皇帝的杀机,而使自己卸脱杀害名士的恶名。

宋高宗说:"既是如此,事不宜迟,朕自可写御批付卿,从速将两个凶徒斩于闹市。"黄潜善说:"臣承乏右相,不掌庶务。陈东与欧阳澈以言事为名,臣已被指目为奸佞,势须回避。此事唯有陛下圣断,亲下手诏与孟庾。"孟庾是应天府的知府。宋高宗立即提笔写了简单的手诏,由冯益接取,交付黄潜善,黄潜善却不敢接受,说:"请冯大官将手诏径下府衙。"冯益鼻中发出了嗤声,说:"黄相公,你怂恿官家下手诏,又将杀两个蠢秀才底重任交付孟大尹。官家底手诏,一字千钧,小底不曾吃得豹子胆,承受不得。"他说完,双手将手诏往黄潜善手中一塞。宋高宗听到冯益的讥讽,也对黄潜善有一些不快,他用命令的口吻说:"卿须自去吩咐孟庾!"黄潜善再不敢作任何搪塞和辩解,连忙说:"臣领旨!"

但黄潜善回到都堂,就立刻做了小手脚。他将手诏密封后,命令吏胥送往府衙,并且传话说:"可令孟大尹处分毕,便奏禀圣上,不须关白三省。"他又唯恐因此受到皇帝的责怪,连忙准备了一批珍宝,分送康履、蓝珪、曾择、冯益等众宦官,疏通关节。

陈东是镇江府丹阳县人,字少阳,年方四十二岁。他在北宋末年领导了著名的爱国群众运动后,名重天下,却辞官归乡。宋高宗即位后,又特别将他召到南京。陈东正好是在八月中秋抵达应天府,寓居道教的神霄宫,并在当天向尚书省递交申状。三天以后,李纲正式罢相,陈东到南京的时间虽短,而所见所闻已使他忧心忡忡,他激于大义,接连上书。

陈东家财不丰,他住在神霄宫的客房,只带一个家仆,平日深居简出,大部分时间用于读书。有一个士人李猷,是明州鄞县(今浙江宁波)人,昨天才投宿神霄宫,听说在道观内还住着陈东,今天特来拜访。两人相见礼毕,李猷说:"晚生慕名已久,未见陈秀才,只道是个叱咤风云底豪杰,今日得见,原来是个儒雅之士,却又能为惊天动地底事。"陈东说:"我只是一介书生,平时又不善交游。当时只为江山安危,唯有倚重李相公,此是人同此心,心同此理,故数万人不期而集,不召而至,于宣德门伏阙上书。"李猷说:"然则陈秀才敢于倡义天下,亦是得仁人无敌之勇。"陈东说:"我与李相公并无一面之交,唯是敬服其刚毅果敢,奋不顾身,以任天下之重。可惜如今朝廷又罢黜李相公,进退去就,于李相公私计为甚轻,却于江山社稷为甚重。信用黄潜善、汪伯彦之辈,教人如何安心?"李猷听说陈东竟与李纲未见一面,不免大吃一惊。

两人正说话时,一个应天府吏胥闯入客房,问道:"敢问哪个秀才便是陈学士?"陈东起立说:"我是陈东。"吏胥作揖,说:"奉本府孟大尹台旨,请学士叙话。"陈东说:"陈东奉主上召命而来,不敢私见孟大尹。"吏胥说:"孟大尹直令请学士去府衙。"陈东问:"可有公文?"吏胥从身上掏出一个小纸片,上面只有"进士陈东"四字。原来宋朝"进士"一词使用相当广泛,即使不是科举及第的进士,只要从事进士学业或参加进士考试者,也可叫"进士"。陈东看后,不以为然地说:"此是甚底公文?"

吏胥连忙招呼四名兵士进屋,各自擎着手刀。李猷大声喊道:"陈秀才是天下名士,人所敬仰,你们休得无礼!"吏胥说:"我亦知陈学士是名士,只是奉命行事,身不由己。"陈东此时已经明白对方来意,他对李猷说:"只为我上书得罪。"吏胥说:"学士不须惊疑,孟大尹直令相请,别无他意。"陈东说:"朝廷召我来此,若有美官,当有快行前来急报。既由你们来召,必是得罪无疑。孟大尹既有台旨,我岂敢逃避不去,请容我稍稍进食,不知可否?"吏胥说:"孟大尹以礼相请,自当容陈学士进食。"

当时已是下午申时,陈东的家仆为他提前准备晚饭,只是端来了一碗粟米饭,一碟蔬菜。陈东取出自己上书的原稿,交给李猷,说:"此便是上书底草卷,难得与你萍水相逢,请代为收藏。"李猷粗略地看了一下,说:"陈秀才底文字煞是忠愤激烈。闻得太祖皇帝有约,不得杀上书言事底人,料想并无大害。若是陈秀才受刑责,我当倡率行在义士,营救陈秀才。"陈东说:"与李秀才仅有一面之交,不料竟是如此仗义。有生必有死,陈东底生死荣辱,何足萦怀。只可惜大好河山,竟被黄潜善、汪伯彦等奸佞肆意破坏,天下苍生须蒙受大灾大难!"他说着,两串泪珠落到了碗里。站立一旁的吏胥也十分感动,说:"今日方见陈学士底大忠大义!"

陈东从容不迫地吃完晚饭,他又对吏胥说:"临行之前,更容我作家书否?"吏胥忙说:"会得。"陈东的家仆取来纸墨笔砚,陈东提笔疾书,人们只见他字画遒劲,墨行整齐,顷刻而毕。他将家书交付仆人,然后毅然就道。神霄宫的道士、游客和寓居书生闻讯,都赶来送行,众人都不免带着忧虑和伤感,而陈东却是神色慷慨自若。

陈东一行来到府衙,已是下午酉时。在他之前,欧阳澈也已被用同样方式拘押到府衙。孟庾突如其来接到一份急件,拆开密封,只见一张黄纸上写道:"速将陈东与欧阳澈处斩,枭首市门,付孟庾。"并有皇帝的御押"㧑"。这还是孟庾入仕以来,初次得到皇帝直接发布的命令,他感到事态的严重,却又莫名其妙,就向黄潜善派来的吏胥盘问再三,却是一问三不知。所以在陈东未到之前,孟庾先对欧阳澈以礼相待,探问究竟。

欧阳澈是江南西路抚州崇仁县人,字德明,今年三十一岁,浓眉美髯,是个性格豪爽的书生。他甚至没有警觉到有何异常现象,见了孟庾,就高谈阔论,自己交待了上书的情况。孟庾探明事情的真相,不免暗自惊叹和叫苦,心想:"黄相公直是奸狡,教主上与我负杀名士底恶名。"

陈东来到后,孟庾最初还是给予礼遇,彼此寒暄,还向他介绍了欧阳澈。陈东坐下后,就开门见山地说:"孟大尹召唤陈东,切恐是为上书底事,得罪主上,须加刑责。"孟庾正愁没有转弯的话题,就喊道:"陈东与欧阳澈听旨。"陈东和欧阳澈连忙跪拜,孟庾宣读了简单的御笔文字,且不说欧阳澈,就是连陈东也几乎不相信自己的耳朵。陈东原先以为,最坏的情况也不过是杖脊,刺面,发配沙门岛。

死到临头,欧阳澈起立抗辩说:"太祖皇帝有誓约,不得杀上书言事人。我直言国事,谏诤主上,又有何罪过?"孟庾说:"我不知有太祖皇帝誓约,自须依主上手诏行事。我亦不知你们所犯何罪,既有手诏,不可不遵命。"他的话其实也带有表白性质。陈东几乎与欧阳澈同时起立,他听了孟庾的话,就知道他只是一个贪恋禄位的庸夫。因为孟庾如果是一个有节操,不诡随的官员,完全可以暂时扣押手诏,与皇帝面折廷争,竭力营救。他悲愤地说:"欧阳秀才,不须与孟大尹枉费唇舌。自家们只为拯救国难,挽回李相公而死,亦可谓死得其所;然而不得死于金人锋镝之下,却死于独夫民贼与巨恶大憝之手,却是死有余恨!"欧阳澈也激昂地说:"不料今日得与天下名士同死,亦是虽死犹荣!"

"独夫民贼"是古代专用于斥骂皇帝的词汇,而谴责的分量很重,孟庾说:"陈东,你既已指斥乘舆,亦是罪不容诛,死有余辜。"陈东说:"孟子曰,'民为贵,社稷次之,君为轻','君之视臣如土芥,则臣视君如寇仇'。康王在藩邸时,并无贤德可言,他不救开封底二帝与宗亲,拥兵潜逃,坐视宗元帅孤军苦战,不孝不悌,妄自称帝,此便是独夫。宠信奸佞,荒淫女色,忍弃两河千百万百姓,如粪土草芥,一意欲与仇寇媾和,逃避东南苟安,此便是民贼。"

孟庾不敢与他们争辩,当即吩咐吏胥和军士将两人押赴龙兴市。原来龙兴寺附近有一片空地,四围设置栏栅,取名龙兴市,成为南京城里繁闹的集市。白天有很多小商贩设摊,夜晚还有夜市。在暮色苍茫之中,陈东和欧阳澈被一百多吏胥和军士从府衙押往市中心,沿途骂声不绝,历数皇帝和奸臣的罪恶,围观者愈来愈多,许多人都为他们流泪。到龙兴市中心后,手执兵刃的军士驱散百姓,将两人围成一圈,准备行刑。突然,有李猷和神霄宫的一名道士冲入圈内,抱住陈东和欧阳澈恸哭,重复着说:"杀无辜忠义,天理不容!"陈东并不落泪,他只是悲愤地说:"我只恨江山托付于无道底君臣,国难未已,而死不瞑目!"欧阳澈慷慨地说:"我既已置身死地,只愿以一死激天下忠义之气,共赴国难!"就不再说话。直到临刑,陈东和欧阳澈引颈受戮,神色不变,两人的首级被悬挂在市门上。几天之后,李猷等人设法出资赎回尸身,用棺盛敛,送回陈东和欧阳澈的故乡。

第二天宰执奏对时,宋高宗首先对黄潜善说:"昨夜二人底处分已毕。"黄潜善说:"此是陛下圣断,足以防患于未然。"宋高宗说:"欧阳澈论朕宫禁宠乐,流言毁谤,朕以俭德率天下,岂有此事。陈东必欲复相李纲,反诬朝廷无理。"汪伯彦明白,皇帝此时的心态,是被人说中了痛处,而需要进行自欺欺人式的自我安慰,他连忙说:"飞短流长,自古而然,岂足以有损于圣德高明底万一。"

在场的张悫完全明白君臣对话的真意,唯有许翰却听得莫名其妙。他在下殿后,就问黄潜善说:"主上处分了甚人?"黄潜善只能回答说:"便是圣上所指底陈东与欧阳澈。"许翰又问："不知如何处置？二人是否已逐出南京？"黄潜善说："二人已被斩首。"许翰大惊失色，说："祖宗之法，岂能因言事而受诛戮！"黄潜善装出无可奈何的神情，说："本拟今日面对论救，却是为时已晚。"许翰愤怒地责问说："黄相公，主上处分，必有手诏，何以不在政府商议营救？"黄潜善狡辩说："圣上手诏直下应天府孟大尹，故不得展示政府同僚。"

在旁的汪伯彦和张悫都不插一语，汪伯彦还不时向许翰投以轻微的讥笑。正好孟庾走上前来，黄潜善又严肃地责备说："你何以不关白政府，而将陈东与欧阳澈处斩？"孟庾瞧着黄潜善的脸色，知道他在假戏真唱，就不敢辩解。许翰到此已经完全看透了黄潜善的居心，他愤愤不平地说："杀害名士，却又推诿罪责，虽是费尽心机，然而千古骂名，还须留与黄相公！"他说完，就拂袖而去。

许翰到登闻鼓院取来陈东和欧阳澈上书的原件，反复阅读，精神受了极大的刺激，一夜未睡。第二天早朝后，宰执在阁子里等候面对，许翰见到黄潜善、汪伯彦和张悫三人谈笑风生，更增加了痛愤感，他用牙齿紧咬嘴唇，一语不发。

直到面对时，许翰的满腔悲愤才有节制地迸发出来，他慢条斯理地口奏说："臣为李纲所荐引，故黄相公等指臣为朋党。'朋党'之词煞是可畏，天下又有多少忠臣义士被构陷于朋党之恶名。然而臣得与李纲同道为朋，而非同利为朋，直是臣底荣光。李纲忠义奋发，天下有识之士以为，舍去李纲，便无以辅佐中兴。陛下既已罢相，臣留于政府无益，故连上八章，恳乞陛下恩准。"宋高宗说："既是卿恳辞再四，朕当允卿所奏。"

许翰叩头谢恩，又站立口奏说："臣辞离陛下之时，唯有一事，不得不言。东汉末年，曹操号称奸雄，他受祢衡之辱，犹且不愿负杀名士底恶名，而将祢衡送与刘表。国朝底祖宗之法，尤重士人上书言事。便是在太上宣和时，多少士人以言事得罪，止是贬逐了当，渊圣即位，便与叙复。陛下身登大宝之初，亲下明诏，言道'容受直言，虽有失当，不加以罪'，可谓信誓旦旦，用以矫治宣和弊政，天下欢呼。然而时隔四月，便亲下手诏，杀两个言事底士人，大宋世世相承底规制，陛下破坏于一旦。臣切恐震怒祖宗在天之灵，降罚于陛下。"当时秘密的太祖誓约虽已外传，而皇帝本人并未正式确认,所以许翰的奏对只能闪烁其词。

宋高宗听后大惊失色,他本人曾在太庙见过宋太祖的誓碑,按当时的迷信习俗,真害怕得到誓碑所说"天诛地灭"的报应。黄潜善和汪伯彦还是初次见到,皇帝的脸色因惊恐而变得如此难堪。宋高宗瘫倒在金龙椅上,一时竟张口结舌。黄潜善很快地敏感到,自己可能要为杀两个士人,而支付罢相的代价,他自己不敢说话,只能向汪伯彦投以求救的目光。

汪伯彦的心情是矛盾的,他的内心向来不服黄潜善,很希望黄潜善因此而罢相。但是,他又担心一旦黄潜善倒台,会牵连自己,而如果黄潜善不罢相,又会怀恨自己。汪伯彦盘算了一小会儿,就口奏说:"臣愚以为,若非陛下当机立断,诛除二名狂士,必将酿成大变。祖宗在天之灵,当有以鉴谅陛下底苦心,委是出自万不得已。"

此时此刻,宋高宗的内心是在悔恨自己有太强的报复心理,所以汪伯彦的宽慰反而触发了他的狂怒,他立即厉声斥责说:"你们巧言令色,致使朕得罪太祖,都与退下!"吓得黄潜善、汪伯彦和张悫面如土色,下跪叩头不止。宋高宗此时对三人感到十分厌恶,喝令退殿,三人只得狼狈下殿。许翰也向皇帝告退,宋高宗说:"卿今日直言,煞是忠心,朕日后自当用卿。"许翰说:"臣感荷圣恩,然而臣既由李纲所荐,李纲不回政府,臣实难靦颜受命。"许翰因为宋高宗用严词谴责李纲,并且杀戮名士,已经寒心到极点。他已拿定主意,从此不论皇帝如何宣召,自己决不回政府。

再说黄潜善等退出瑞应殿,正遇康履,康履说:"黄相公,今日有甚底事,气色不好?"黄潜善似乎在绝望中见到了救星,急忙拉他到殿外一个僻静角落,窃窃私语,康履笑道:"此事不难。"说完,就伸出了三个指头,黄潜善忙说:"康大官,会得!会得!"三十万贯贿赂立时拍板成交。

康履进入瑞应殿,只见宋高宗神情颓丧地呆坐着,曾择和蓝珪正在小声宽慰。康履向曾择和蓝珪使个眼色,两人退到殿外。从藩邸到皇宫,这群宦官跟随宋高宗多少年,对他的脾性了如指掌,而其中最善于随机应变,讨好皇帝的,就是康履,因而也最受宠信。康履下跪说:"小底已知官家不悦之意。依小底所见,两个歪秀才,便是错杀,亦只是草芥子般底细事。太祖官家若要怪罪,亦不须待今日,而须在一百五十年前。"

康履隐约地提示了当年宋太宗杀兄篡位的事,说宋太祖的神灵真要降罪,首当其冲的应是宋太宗,而不是宋太宗的六世孙,对宋高宗确有很强的说服力,使他的愁容为之一扫。宋高宗说:"然则今日底事当如何?"康履说:"官家若立即与陈东、欧阳澈叙复,唯恐宵小之辈异论蜂起,难以弹压。闻得龙兴寺底佛事最为灵验,不如待小底为二人做道场。官家亦可在大内焚香敬告太祖官家。太祖官家底神明见官家诚心如此,必能鉴谅。"康履不愧是宦官群中最有办法的一个,他对症发药,连哄带骗,只消片言只语,居然又使这个年轻而狂躁的官家回嗔作喜。

黄潜善和汪伯彦在宦官们的帮助下,又很快取得宋高宗的宠信。九月,两人为皇帝草拟和发布一个"巡幸淮甸"诏,诏中强调"小人撰造言语,妄倡事端,欲摇动朝廷,不可不治",告发者可以升五官,而同谋与知情人也须"并行处斩"。十月,宋高宗如愿以偿地将行在搬迁到扬州。

[壹壹]
南 归 梦

宋徽宗一行抵达燕京析津府后,被金人分配三处居住。宋徽宗、后妃、皇子等一千多人住延寿寺,朱后、朱慎妃等一百多人住愍忠寺,另有宗室一千八百多人住仙露寺。三寺都位于今北京城西南,是当时著名的大寺院。由于金军严密看守,彼此不能自由往来,幸亏茂德帝姬尚能不时看望他们。

尽管延寿寺的客房颇多,宋徽宗等人住在里面,仍然相当拥挤。生活在一个晨钟暮鼓、梵呗声声的世界,宋徽宗的心情依然不能有片刻安宁。他愈是感受幽囚的困辱,就愈是怀念昔日宫廷的繁华。五月下旬的一个上午,宋徽宗得到消息说,仙露寺的宗室贫病交加,大量死亡,许多女子沦为娼妓,又不免长吁短叹。突然,有一个男子,辫髪左衽,进入院内,却又对宋徽宗行汉人的跪拜礼,说:"臣秦桧叩见太上陛下!"

因为所有的战俘仍然保留了汉人的服饰,宋徽宗最初不免吃一惊,但又很快醒悟过来,他连忙将秦桧扶起,说:"秦中丞,不知你今在大金任何官职?"秦桧说:"臣蒙左监军提携,初为任用,如今升参谋军事。"其实,金朝立国之初,制度处于草创阶段,完颜挞懒最初只是给秦桧一个孛堇的头衔,女真语意为官长。秦桧学了点女真话,又向完颜挞懒请求一个汉语官衔,自己定名为参谋军事。

宋徽宗说:"既是如此,秦参谋,容老拙还礼。"他说完,就深深作揖。秦桧说:"臣本是宋臣,不忘宋德。太上还礼,岂非折杀微臣。"他说完,又再次跪拜。秦桧的言行使宋徽宗对他有了一些好感,心想:"秦桧虽屈从番人,却不忘故主。"

秦桧取出一份宋高宗登基的赦文,交给宋徽宗,说:"楚国已废,九大王今在南京即位,二太子与左监军命臣前来贺喜。"宋徽宗将赦文仔细阅读一遍,以手加额,感怆地说:"此是皇天与祖宗佑我大宋!"他落下了几滴清泪,又将赦文递给身边的景王赵杞。

秦桧说:"二太子与左监军将去桓州凉陉避暑,与国相、右监军议事。二太子与左监军底意思,宋室既已兴复,欲放太上与宗亲回归。"这对宋徽宗当然是天大的喜讯,宋徽宗说:"若能南归,我赵氏当世世感戴大金生成之德。"

秦桧说:"二太子与左监军定于二日后启程,茂德帝姬亦随同前去,明日便来辞行。他们底意思,请太上自作书与国相,备述诚意,用以感动国相。"宋徽宗忙说:"老拙会得。"他教景王取来文房四宝,磨得墨浓,宋徽宗拿起笔来,忽然又将笔放下,说:"秦参谋,你既伏侍左监军,必知其内情。老拙笔墨荒疏,若秦参谋见怜,请代为草拟一书。"

秦桧并不推辞,提笔起草,移时而就,宋徽宗和景王在旁也已将草稿读完。宋徽宗说:"秦参谋果是才思敏捷,草卷亦甚为得体。"他又指着一段关键性的文字念道:"'某愿遣一介之使,奉咫尺之书,谕嗣子以大计,使子子孙孙永奉职贡,岂不为万世之利也。'此意甚好,然而未说南归之意。"

秦桧说:"太上思归心切,臣岂有不知。天下万事,欲速则不达。此事只待二太子与左监军说谕,太上须以诚心感动国相,方能委屈求济。"宋徽宗恍然大悟,说:"秦参谋煞是思虑缜密!"他当即另外用纸,将秦桧草稿稍作修改,誊写一遍。

秦桧取过宋徽宗的手书,准备离开,宋徽宗执着他的手说:"切望秦参谋此去,仔细劝谕大金底元帅们。老拙若能南归,须不忘秦参谋底大恩,自当重酬。"秦桧苦笑着说:"臣虽在左监军麾下,亦不过听候使唤而已。臣与臣妻日夜思乡心切。切望太上南归后,得以重金赎臣。臣但愿得归建康故里,死于故里底牖下,便是心满意足。"宋徽宗说:"老拙若得归还,誓不相负!"

秦桧的到来,宋室的重建,给绝望的宋俘们带来了一线生机。景王陪伴了一会儿父亲,又来到母亲的房中。乔贵妃媚媚与另外三个儿子同住一间,还比较宽敞。景王只见母亲坐对铜镜,由安康郡王赵楏为她梳头。他们来到燕京近二十天,乔贵妃由于心境的关系,对镜认真梳头还是第一回。景王望着母亲,她原先漆黑乌亮的头发,竟初次出现了上百根银丝。乔贵妃一边梳头,一边吟唱杜甫的诗句:"白日放歌须纵酒,青春做伴好还乡。"十三岁的瀛国公赵樨手执作为头饰的凤头银梳,为母亲在妆台上轻扣节拍。

乔贵妃的举止引起景王深沉的悲哀,他心想:"不过四月之内,妈妈红颜骤衰,新添如许白发。自家不过二十四岁,已自须发全白。尚何青春做伴可言!"但孝顺的景王只能将悲哀埋藏于内心,而不忍使母亲扫兴,他微笑着说:"妈妈离得汴京,至此方快活一回。"

济王赵栩兴奋地说:"六哥,九哥既已登基,亦是上苍垂佑我大宋。"景王说:"回归底事,只是初见端倪。便是回归,切恐九哥难容大哥。"乔贵妃说:"此事只管放心,若是回去,我当委曲周旋,必不使大哥官家受屈。"景王不以母亲的话为然,但不愿争论。他的内心另有自己的想法:"若九哥为天下主,便决无兴复大宋,报仇雪恨之理。然而若不能复失地,灭大金,我赵杞又有何颜苟活于人世!"当然,这番话除了长兄宋钦宗外,他目前不愿意对任何人说。

景王上前,取过安康郡王手里的木梳,说:"儿子伏侍太上官家,今日也须为妈妈梳一回头,聊表孝心。"乔贵妃感伤地说:"昔日开封底荣华富贵,已成过眼烟云。幸有四个儿子曲尽孝道,无微不至,亦是不幸中底大幸。可怜韦姐姐在大金极北寒地,形孤影单,亦不知她底消息。"

济王笑着说:"若得南归,韦娘子便是太后娘娘,妈妈又如何比得。"乔贵妃说:"在汴京时,不免有贪荣华、比富贵底心,如今却是大彻大悟。我来世投胎,只求一个粗茶淡饭之家,安居乐业,全家和睦慈孝,便是造化。"

第二天,右副元帅完颜斡离不和茂德帝姬赵福金来到延寿寺。茂德帝姬的心境比初到金营时略好,这不仅因为完颜斡离不对她十分宠爱,完颜斡离不的正妻唐括氏也对她相当宽厚。但每到延寿寺,还是免不了思念前夫蔡鞗。在妻妾被驱掠一空后,蔡鞗与众驸马都成了鳏夫,他们也囚居在延寿寺内。茂德帝姬每次前来,蔡鞗只能回避不见。茂德帝姬的旧情仍然藕断丝连,她只要有便,总是向宋徽宗等人询问:"我底驸马可好?"而得到的回答也总是说:"甚好,煞是贤孝。"事实上,蔡鞗虽是蔡京之子,却看不出有其父的多少遗传基因,自从当了俘虏以后,他在众驸马中确是表现最好的一人,宋徽宗对他也格外亲信。

完颜斡离不见宋徽宗后,行女真跪礼,跪左膝、蹲右膝,连着拱手摇肘三次,称宋徽宗为"泰山"。茂德帝姬说:"二太子与奴明日去凉陉避暑,特来与阿爹辞行,并请阿爹观看射柳、击球之戏。"宋徽宗不得不强颜欢笑,说:"老拙已自见得二太子击球,端的是好身手,却尚未见大金射柳之礼,今日幸得一睹为快。"茂德帝姬解释说:"射柳与击球本是亡辽底旧俗,大金国亦颇以此为乐。"

今天被邀请者有宋徽宗、郑太后、乔贵妃和众皇子。宋徽宗和众皇子骑马,而郑太后和乔贵妃却分别登上两辆驼车。驼车还是辽朝的遗物,朱漆双轮,前面各有双驼驾车,车厢高大宽阔,雕镂彩绘,前有黄绢绣帘,用豹皮作坐褥,因为天热,又临时在豹皮上另铺薄绵黄绸垫。完颜斡离不亲率一猛安合扎亲兵,押送着这群高级战俘,沿燕京城内的大街前行。

茂德帝姬有意与乔贵妃同乘一辆车,当驼车启动后,她就伏在乔贵妃怀里抽泣。乔贵妃轻声问:"五姐又受甚么委屈?"茂德帝姬也轻声回答:"未受委屈,唯是思念五驸马。"乔贵妃立即掏出红罗帕,爱怜地为茂德帝姬拭泪,说:"五姐须要谨慎,若下车时面带泪痕,二太子嗔怪。"茂德帝姬也掏出一方白绸帕,递给乔贵妃,说:"请将此物赠予五驸马,以示永怀。"乔贵妃展开手帕,只见上有四行娟秀的字迹,原来是分别摘录李清照和李煜的词:"此情无计可消除,才下眉头,却上心头。剪不断,理还乱,是离愁。"

乔贵妃看后,连忙将白手帕藏好,用深情的语调说:"但愿天可怜见,五姐与五驸马得以破镜重圆。"茂德帝姬悲痛地说:"此事虽是朝朝暮暮盼望,却是无望。我如今苦心降志,愿做西施,只求阿爹南归,报得此仇。"乔贵妃乘机转移话题,问道:"秦参谋昨日见得太上官家,已言及此事,不知后段如何?"茂德帝姬说:"二太子经我委曲说谕,愿放阿爹与众人回归。左监军言道,须待九哥割让大河以北,方得放回。二人定议,先将阿爹与众人放回,唯留大哥为质,待取得两河之地,方将大哥放归。然而劝谕国相与右监军,煞是难事。"乔贵妃说:"国相与右监军凶狠,若他们不允……"

他们言犹未了,驼车已停在憨忠寺前。茂德帝姬和乔贵妃必须下车,他们与郑太后一同走进寺内,迎接朱皇后琏与朱慎妃璇。朱后和朱慎妃单独另住,不能与丈夫宋钦宗团聚,更增添了一层愁闷和痛苦。自从当俘虏以来,朱后的容貌显得憔悴衰老,原先丰满的两颊凹陷了,二十九岁的女子,正值青春妙龄,脸上出现了不少皱纹,看上去竟像年近四十。郑太后、乔贵妃与她其实不过近二十天未见,竟有刮目相看之感。朱慎妃的心胸似乎较宽,夏季穿着薄罗,腹部的身孕尤其引人注目。

朱后和朱慎妃见长辈前来,忙行跪礼,乔贵妃抢步上前,扶着朱慎妃说:"朱娘子有孕,不须行礼!"茂德帝姬向两位嫂嫂说明原由,却只能隐瞒还须扣留宋钦宗当人质的情况。朱后露出了几个月来的第一次笑容,说:"既是如此,新妇当陪伴太上官家,一观射柳、击球之戏。只是恐十八妹损动胎气,还须在寺内摄养。"于是朱后草草梳妆打扮后,随三人走出憨忠寺,与众人相见,然后登上郑太后的驼车。茂德帝姬与乔贵妃在另一辆驼车内,又继续了刚才的谈话。

球场设在燕京城西南原辽朝行宫以南。元帅左监军完颜挞懒、元帅左都监完颜阇母以及四太子完颜兀术等众将,还有唐括氏为首的一批女真贵妇,已经在那里等候,连秦桧和他的妻子王癸癸也敬陪末座。一群宋俘中,宋徽宗和郑太后作为贵客首先入座,其他人也依次就座。

射柳原是辽朝拜天之礼的余兴节目,每年五月五日重午节、七月十五日中元节和九月九日重阳节,辽朝皇帝举行拜天礼后,都要射柳和击球为乐。今天并非节日,只是完颜斡离不一时高兴,临时为宋俘们作表演。球场两边已经插上柳枝四十条,各长三四尺。每条柳枝都有数寸削去树皮,露出白杆,白杆下系上五颜六色的手帕。以完颜兀术为首的四十一名女真骑士,都已全身重甲,头戴厚重的铁兜鍪,只露双目,骑着战马。一名骑士擎着一面三角形绣白日的黑旗为前导,其他四十人一手握弓,一手执无羽月牙横镞箭,绕场徐行三圈。

完颜阇母亲自擂鼓。完颜兀术第一个飞马绕场一圈,看准一条系紫帕的柳枝,弯弓射去,箭镞削断柳枝的白杆。他飞马前驰,用手接住落下的柳枝,然后将战马减速,到观众之前,摘下兜鍪,手舞柳枝致意,赢得了众人的喝彩声。

此后,其他三十九名骑士也逐一表演。按照射柳的规则,如完颜兀术那样,能射断柳枝白杆,又能接住者为上,射断而不能接住者为中,不能射中,射中而不能断枝,或射中、射断青枝者为下。四十名骑士虽然都是精选者,但最后只有十二名为上,十三名为中,十五名为下。射柳比赛结束,优胜者得敬酒一杯,其次得蜜水一杯,而失败者罚白水一杯。

完颜斡离不和完颜挞懒要宋徽宗为完颜兀术敬酒。宋徽宗双手敬献一杯燕京有名的金澜酒,说:"素闻四太子神勇,射艺煞是精湛!"完颜兀术右手接酒一饮而尽,左手摇着那条柳枝梢头,用生硬的汉话得意地说:"今秋我只消得率五千劲骑,便可踏平你底南京,取你九子底首级,一如射折此柳枝。"

宋徽宗大惊失色,不敢回话。完颜斡离不也用生硬的汉话喝道:"兀术,休得无礼!"他转过头对宋徽宗说:"泰山放心,我此回自凉陉回来之后,定须放你南归!"有了完颜斡离不的保证,宋徽宗一颗忐忑不安的心才略为安定。完颜斡离不接着又换上紧身红绣衣,下球场打球。宋俘们不得不强颜欢笑,看马球表演。

[壹贰]
北　　徙

完颜斡离不、完颜挞懒和完颜兀术率领家眷和合扎亲兵北上凉陉避暑,留完颜阇母守燕京。宋金时代,出燕京城往西北居庸关,有一条大道,可以通车运粮。但他们此次北行,却一律乘马,而用驴、骡和骆驼驮载物资,因为有的路段崎岖不平,无法通车。

茂德帝姬从汴京到燕京,都是在牛车中坐卧,现在却必须学会乘马。但在险峻的路段,完颜斡离不或唐括氏往往与她合骑一马。茂德帝姬既然下决心要帮助父兄南归,对完颜斡离不与唐括氏曲意讨好,也愈来愈得到他们的欢心。

女真贵族们的妻妾名分,不像汉人那样等级森严。他们掳掠来的女子很多,而且是包括了女真、渤海、契丹、奚、汉等各个民族。妻妾们以被娶的先后编号,译成汉语,就是第一娘子之类。排列到茂德帝姬,已是完颜斡离不的第四十娘子。由于茂德帝姬的姿色,在一百多号娘子中,不仅最受完颜斡离不的宠爱,也最受唐括氏的青睐。唐括氏对茂德帝姬比较真诚,她对其他女子一律称第几娘子,唯有对茂德帝姬称"妹妹"或"赵五娘子"。

完颜兀术也有八十多号娘子,第一娘子女真人裴满氏在家庭里并无尊严,最有权威的却是第四十娘子契丹人耶律观音。耶律观音原是一个契丹平民女子,嫁汉人庞姓,庞为常胜军小校,当金军破燕京时,投降金朝。五年前,完颜兀术在燕京街市偶尔发现耶律观音的美貌,就杀掉她的丈夫,强掠为妾。耶律观音长方脸,明眸秀发,体态丰盈,颇像佛寺中的观世音菩萨。她出身社会下层,也无多少文化,却颇有手腕。完颜兀术虽然凶暴,在家里却慢慢地被她收拾得相当服帖。耶律观音在旅途中有意亲近茂德帝姬和唐括氏,与他们以姐妹相称。论年龄,她只比茂德帝姬大两月,所以分别称他们为"唐括姐姐"和"赵五妹妹"。

对久居深宫大宅的茂德帝姬而言,沿途的围猎野居生活也别有一番情趣。塞外人迹稀少,众人夜间就在荒山野地露宿,烧烤猎物,在篝火旁唱着曲调简单的女真情歌。突然,耶律观音站立起来,说:"你们底小曲犹如昏鸦聒噪,如何可听,且待我与赵五妹妹为你们唱一曲。"她走到完颜斡离不面前,将他身边的茂德帝姬一把拉起,又找来两个竹片,作打节拍之用。茂德帝姬多少有点羞怯,但为了不使大家扫兴,还是与耶律观音同唱一曲欧阳修的艳词《南歌子》:

凤髻泥金带,龙纹玉掌梳。走来窗下笑相扶。爱道画眉深浅,入时无。

弄笔偎人久,描花试手初。等闲妨了绣工夫。笑问双鸳鸯字,怎生书?

围观的金军将士都听不懂歌词,但只觉得曲调悦耳。当时的宋词可算是通俗文化,而且多有流传到辽朝,耶律观音唱完,又用女真话作了简单翻译,完颜兀术说:"南人底词,直是噜唣。我娶四十娘子时,挟持上马,拥抱入房,便成好事。第四十娘子岂有如许赘言!"说得众人都哈哈大笑。

人们终于来到目的地。凉陉位于今内蒙古太仆寺旗以东,滦水流经此地,金朝名为曷里浒东川。茂德帝姬初来此处,不得不被塞外奇特和旖旎的风光所陶醉。北面是清澈的河流,南面是一片遍开金莲花的草原。六月正是金莲花盛开的时节,那种一茎数朵,每朵七瓣的花,覆盖了整片土地,在青天丽日之下,人们犹如置身在灿烂的黄金世界,而整个原野又含蓄着浓郁的清香。

除初来的汉族女子外,其他各族的女子都快乐到了疯狂的程度,他们立即采摘金莲花,遍插鬓发。茂德帝姬也被唐括氏和耶律观音插了满头,并且拉她到河岸的一泓静水边照影。茂德帝姬惊奇地发现,满头的花朵竟给自己带来了前所未见的靓丽。

但是，被茂德帝姬视为煞风景的事，又很快发生。大群将士牵着马、驴、骡和骆驼也来到河岸，人声和牲口声嘈杂。牲口不过是到河边饮水，而将士们却一个一个脱光衣服，下水洗澡。茂德帝姬羞得转过身去，一时简直不知如何是好。耶律观音笑着说："赵五妹妹不知大金底礼俗，与中原有异。君臣男女同在河中沐浴，并无嫌忌。"

完颜斡离不来到他们身边，对茂德帝姬说："此间是个中原未有底好去处，夏日炎炎，我当与你们同去河中沐浴，洗去一路风尘。"茂德帝姬只能下跪哀告说："贱妾此身已属二太子，然而与男女混杂，又如何沐浴？乞二太子恕罪。"唐括氏也说："赵五娘子是南人，还须依南人底习俗，不可勉强。"完颜斡离不虽然扫兴，还是爱怜地将茂德帝姬扶起，说："既是如此，你自不须下河。"

茂德帝姬连着风餐露宿，而凉陉的昼夜温差又大，第二天就得感冒，发高烧。她两颊鲜红，反而显得更加艳丽，却只能露天躺在一张豹皮上，不吃食物。女真人一般尚没有医药概念，他们遇到病情，或是教巫师杀猪狗禳灾，或是用车将病人载入深山大谷避邪。但完颜斡离不的队伍中却未带巫师，况且茂德帝姬的情况，在女真人的眼里也不算病。还是耶律观音的文明层次稍高，给茂德帝姬安排在一顶营帐里，让她静养。

茂德帝姬单独在帐内，听到帐外的喧哗声，不免暗自垂泪。她回想幼年在开封大内的日子，每次稍有头疼脑热，就成了宫中的大事，不仅御医们穿梭般地诊治，连父亲也要一日探望数回，如今却是连饮一杯热水，喝一碗薄粥也很难。但被俘后的痛苦生活，也增强了她营救父兄的决心。只要完颜斡离不、唐括氏等进帐，她总是挣扎起身，笑脸相迎。

左副元帅完颜粘罕、元帅右监军完颜谷神和元帅右都监耶律余睹也在第三天到凉陉，应约赴会。这是灭宋后的第一次高级军事会议。完颜粘罕接过宋徽宗的书信，只是教高庆裔做了简单的翻译，就掷在地上，说："斡离不、挞懒，你们休得听亡宋老主底花言巧语。既是康王废了楚国，自家们当杀过河去。"完颜斡离不与他争辩许久，还是相持不下。

完颜挞懒说："自家们曾议定，亡宋底少主亦须来燕京，与妻、女团聚。"完颜谷神说："此事已依原议，命萧庆将少主押来。"

完颜挞懒又说："既是双方各执一词，莫须教郎主定议。"完颜粘罕说:"不须,自家便可定议。当初起兵时,我底阿爹将天下让与你底二哥。十多年征战,夺得辽宋江山,亦有自家一半军功。灭宋底事,我自可主张,不须郎主定议。"原来在金朝初年,君臣的等级名分不像汉族皇朝那么严格,而完颜粘罕又以完颜族另一派系的首领自居,他特别重提父亲将首领的地位让与金太祖的往事。完颜斡离不和完颜挞懒听到对方藐视郎主,虽然生气,却又说不出汉人那套君尊臣卑的道理。

会议不欢而散,完颜斡离不与完颜挞懒商议,决定由完颜挞懒北上御寨,向金太宗告发完颜粘罕不尊郎主的事。两人相约,只等萧庆押宋钦宗到燕京后,就立即放宋徽宗等人南归。前一卷已经交待,金太宗幼年曾过继给完颜挞懒的父亲,故与完颜挞懒的关系特别密切。两人认为,只要完颜挞懒回御寨,金太宗肯定可以依从他们的建议。

两人都不愿继续留在凉陉草原,与完颜粘罕等人一同避暑,于是各自率领合扎亲兵,一南一北,分道而行。完颜兀术倒是赞成完颜粘罕的主张,但依他在军中的地位,还须服从完颜斡离不,况且他又特别厌恶和害怕完颜谷神,所以也随完颜斡离不南下。完颜斡离不与完颜兀术商议,决定暂时不回燕京,先去延芳淀避暑。茂德帝姬的感冒已稍稍痊愈,完颜斡离不特别对她介绍情况,要她只管放心。茂德帝姬自然也格外向完颜斡离不献媚。

完颜斡离不的队伍不走回头路,他们穿行得胜口小道,在六月中旬到达延芳淀。当时,在今通州以南的延芳淀是个方圆数百宋里的大湖,西北距离燕京城约九十宋里,湖中夏季多产菱芡,苇塘中聚居大量水禽,风景秀丽,自辽朝以来,就一直是皇帝游猎的所在。

完颜斡离不和完颜兀术兄弟俩各有所好。完颜兀术成天在淀边射水禽取乐,而完颜斡离不却在淀边的空地上临时修筑球场。一天午后,完颜斡离不饱餐了兄弟猎获的野鸭肉,就率亲兵驰击球场。他球赛完毕,只觉得奇热,就脱光衣服,叫亲兵取凉水往自己身上,从头到脚灌浇,又喝了大量凉水。当天夜里,完颜斡离不就开始发高烧,两天以后,竟气绝身亡,时为六月二十一日。

完颜斡离不的猝死,对唐括氏是个突如其来的打击,她按照女真人的风俗,率领全体侍妾,用刀劙额,血泪交下,称为"送血泪"。天长日久,茂德帝姬对完颜斡离不也不能说全无感情,特别是他的死会影响到父兄的南归,所以也伤心落泪。但是,按她的本意,实在不愿劈额毁容,而到此地步,却又不容她不入乡随俗。茂德帝姬害怕别人的手重,自己只是用刀在额头上轻划几下。

完颜斡离不咽气的时候,完颜兀术正在淀边射猎。他闻讯赶来,在兄长的尸体边举行"送血泪"的仪式。然后下令,将完颜斡离不的尸体用白矾和盐腌渍,再用麻布和丝帛缠裹,准备送往东北御寨埋殡。女真人原来习惯于火葬,后来受了汉人的影响,或改为土葬,却不用棺椁。但作为火葬的遗风,则是生焚牲畜和奴婢。在完颜斡离不的尸体旁,用大量柴草升起一堆大火,首先是他生前喜爱的两匹黄色与黑色骏马,被大群女真兵紧缚四蹄,扔入火堆,发出了惨烈的嘶声。接着,又有死者生前亲近的两名男奴,也被投入火中,继男奴之后,则是两名侍妾。最后,又将在尸体旁摆设的大量生熟食物,全部抛入火中,称为"烧饭"。

茂德帝姬实在不忍心观看这种惨不忍睹的场面,她只能躲在一边,而马与人的惨叫仍然使她有一种撕裂心肺般的感受。

葬礼完毕,完颜兀术立即嬉笑如平时,这也是女真人固有的习俗,凡葬礼过后,就一切照旧,没有汉人的那套繁琐的守丧规矩。他对茂德帝姬的美色垂涎已久,现在最高兴的事就是可以名正言顺地占有茂德帝姬。原来在女真社会,宗族男子,特别是兄弟,续娶寡妇,享有强制性的优先权,完全无须顾及寡妇是否自愿。完颜兀术当即对唐括氏和全体侍妾宣布:"如今二嫂便是自家底第八十五娘子,赵氏便是第八十六娘子。"近水楼台先得月,完颜兀术的娘子数顿时扩充到一百八十多名。他宣布完毕,就迫不及待地将茂德帝姬抱入帐中,恣意取乐。完颜兀术又在淀边设置野宴,与大群新妾饮酒,吃烤野鸭和野鹅肉,寻欢作乐。唐括氏并不喜欢她的四叔,但现在却只能以第八十五娘子的身份,勉强顺从。

七月九日,宋钦宗一行来到燕京。何㮚、孙傅、陈过庭、司马朴等人被押入崇国寺,他们都守节不屈,除司马朴外,其他三人不久都抑郁而终。除祁王入延寿寺,与宋徽宗团聚外,宋钦宗等人被押入憨忠寺。朱后、朱慎妃与郑才人庆云、狄才人玉辉、太子赵谌虽然不过分别三月,相见时都抱头痛哭。柔嘉公主扑到父亲怀里痛哭,宋钦宗只是呆呆地抚摸女儿,不说一句话,也不落一滴泪。

朱后敏感到丈夫受了太深的刺激,就宽慰说:"九哥已在南京称帝,大宋宗社幸得存亡继绝。二太子已允诺,只待他避暑回来,便放回太上与官家。"宋钦宗说:"朕才到燕京,便闻知二太子中寒疾而死。此事恐有变卦。"宋钦宗的新闻,对朱后等人犹如晴天霹雳。但朱后很快意识到,目前最重要的事,是抚慰丈夫,她强装笑脸,指着朱慎妃说:"夫妻子女团聚便是福,十八妹底胎气未有丝毫损动,尤为大幸。"

午饭后,朱后为了略解愁闷,特意带着宋钦宗和郑、狄两才人及太子观赏悯忠寺的风光。悯忠寺是燕京的第一大刹,始建于唐太宗贞观时,已有四百八十三年的历史。寺内有东、西双塔,另有一个高阁,当地民谚说:"悯忠高阁,去天一握。"宋钦宗一行周览寺容,他们来到一块石刻前,只见上有几行隶书:"大唐太宗征辽东、高丽凯旋,念忠臣孝子殁于王事者,所以建此寺,而荐福也。"宋钦宗悲痛地说:"唐太宗文治武功,山河增辉,朕竟囚辱于此寺!"说完,就一头向石刻撞去。幸亏郑才人眼明手快,她勉力搂住了宋钦宗的脖子,狄才人也抢步上前,两人用力将宋钦宗拉开。朱后只能跪在宋钦宗面前,说:"官家有太子与公主,十八妹又有孕在身,岂可轻生!"宋钦宗长吁一声,连忙把朱后扶起,接着又自己跪在石刻边,用手抚摸着碑文,软弱地大哭一场。

宋徽宗和宋钦宗父子囚居两寺,不得相见。因他们再三要求,完颜阇母特别另外在昊天寺设斋会,邀请宋徽宗、宋钦宗父子与皇子、后妃等人到那里聚会一天。

再说完颜挞懒到达御寨,报告情况,金太宗为了压一下完颜粘罕的气焰,最初同意他和完颜斡离不的意见。但完颜斡离不的死耗传来,谙版孛堇、都元帅完颜斜也又会同众女真贵族,否决了他们的原议,决定进行灭宋战争。金廷新命三太子完颜讹里朵任右副元帅。完颜讹里朵是完颜兀术的同母兄,汉名宗辅。八月,完颜讹里朵和完颜挞懒来到燕京。他们听说宋朝重整军备,兵势复盛,完颜讹里朵就下令将宋徽宗和宋钦宗父子北迁中京大定府。

九月六日,朱慎妃产下一子,取名赵谨。茂德帝姬向完颜兀术哀求再三,才被允许到愍忠寺见长兄一面。她特别为在苦难中诞生的侄儿带来一个大金锭。朱后发现她比三月前消瘦不少,风韵骤减,推知她处境一定不好,却不敢多问。但茂德帝姬却好不容易有了一个发泄痛苦的机会,她抽泣说:"初到金营时,日夜思念五驸马。如今归属四太子,方知当初随二太子,直是有福。"

原来完颜兀术对待侍妾相当粗暴。耶律观音当初是有意巴结唐括氏和茂德帝姬,自从两人成为第八十五、八十六娘子后,就换了一副面孔。她认为唐括氏没有争宠的资格,还比较宽容,却害怕茂德帝姬取代自己目前的地位,就千方百计地欺负和凌虐她。完颜兀术明知耶律观音的用心,却不敢袒护茂德帝姬。一天,唐括氏看不惯耶律观音的所作所为,为茂德帝姬说了几句公道话。耶律观音大怒,说:"你们如今已非二太子底第一娘子与宠姬,岂容不伏管束!"她大发雌威,当即罚茂德帝姬下跪,强迫唐括氏用柳条抽打茂德帝姬。

茂德帝姬说到伤心处,就搂住朱后大哭,说:"大哥尚能夫妻厮守,相濡以沫,岂不是大幸?奴不消得多时,便成异乡底孤魂野鬼,又有谁怜?"宋钦宗只是用呆滞的、哀怜的目光望着他的五妹,实在说不出半句宽慰的言语。还是朱后、朱慎妃和郑、狄两才人,劝慰了半天。

分别时,茂德帝姬叮咛说:"奴底苦楚,你们不须与阿爹说。闻得中京距燕京九百五十里,地荒人稀,远不如燕京繁盛,路途难行,又有沙碛。慎妃娘子与幼侄尤须小心。你们异日若得知奴底死讯,可焚烧数陌纸钱,为孤魂营求冥福。"宋钦宗听到此语,再也忍不住悲痛,抱住茂德帝姬恸哭,说:"由朕之失策,致使五姐受此苦难,万诛何赎!"

十三日,宋徽宗和宋钦宗一行由完颜阿鲁补率四猛安金军押送,出燕京城东北的安东门。燕京城里的汉人,不论是原来的辽朝居民,还是南来的宋朝战俘,纷纷闻讯赶来,大家流泪将二帝送出门外,店铺为之罢市三天。宋徽宗在临行前,将金人赠与的一万匹绢中,分出一千匹给仙露寺的宗室,因为那里已有许多衣不蔽体者。他特别在延寿寺壁留下了一首小诗:

> 九叶鸿基一旦休,
> 猖狂不听直臣谋。

> 甘心万里为降虏,
> 　　故国悲凉玉殿秋。

　　宋俘们上自二帝,下至宫女和宦官,在历尽磨难之余,竟还剩一千二百多人。他们在金军的严密监押下,行程一月,道途艰辛,难以备述,终于在十月十八日抵达中京大定府。

[壹叁]
知　　遇

　　岳飞离开御营,随身只带一条十八宋斤的铁锏和老师周同所赠的硬弓等兵器,还有简单的行装,出应天府城西北的回銮门,沿着官道,向开封快步行进。他离回銮门不远,只见道旁有一小片树林和草丛,突然飞出一只苍鹰,其爪下挟着一只野灰兔,直冲蓝天。岳飞下意识地抽弓搭箭,一箭远射,苍鹰应声坠落。正好后面有五人骑马赶来,为首的武官策马飞驰,用手接住了坠落的鹰兔。原来岳飞一箭竟贯穿了两个动物。

　　那个武官连称"好箭法",下马与岳飞互相唱喏,通姓报名。那个武官不是别人,正是在河北抗金的宗室赵不尤。他自从来到南京,交出军队以后,苦于饱食终日,无所事事,就不断向宋高宗上奏,请求去前沿杀敌。宋高宗与汪伯彦商议,决定授予北京大名府兵马副钤辖的差遣。他们认为,副钤辖之上有钤辖刘浩,兵权不大,特别是须受权北京留守张益谦的管辖。按照以文制武的体制,留守虽是文官,却兼本路安抚使、马步军都总管,是军区司令,而一个副钤辖更不至于对朝廷构成威胁。今天赵不尤带领四名亲兵赴任,而与岳飞在路上巧遇。

　　赵不尤听岳飞介绍自己的情况后,深为感叹,他仍用岳飞罢官前的官衔称呼说:"宗留守国之柱石,人所敬仰,然而他只是守护东京。岳武翼不如与我同去河北,张招抚亦是国之英才,自家们可随他过河杀敌,收复失地,方不负岳武翼报国之志。"岳飞也听说过赵不尤的抗金事迹,他在落魄之际,难得与这位英雄相遇,彼此又话得投机,就说:"既是如此,我愿追随八六武翼同去北京。自家正是大名府钤辖刘刺史底旧部,亦久欲拜见。"前面说过,宋时宗室不呼姓,赵不尤官为武翼郎,就以排行八十六与官衔连称。因为岳飞无马,赵不尤就命亲兵让出一匹马,请岳飞骑乘。他们来到前面的递铺,赵不尤用随身携带的"头子"凭证,索取一匹递马。于是,六人六骑,得以加快行程。

七月末,他们来到大名府,就直奔兵马钤辖司。岳飞拜见刘浩,彼此都有一种悲喜交集之感。刘浩对赵不尤说:"八六武翼到此,只为杀敌报国,然而诚恐有志难伸。"赵不尤问道:"刘钤辖何以出此语?"刘浩说:"此城有二司,一为张正方底招抚司,二为张益谦底留守司,却是势同水火,全不能共济国难。"他对张所用字,却对张益谦直呼其名,显示了明显的褒贬。

赵不尤又问:"此是为何?"刘浩说:"张益谦乃汪、张二枢相所荐,而张招抚乃李丞相所荐。北京为天下重镇,钱粮与器甲贮积甚丰,张益谦是个龌龊小人,他兼河北东路转运副使,便占得粮仓、钱帛库与甲仗库,不准张招抚动用。又上奏朝廷,毁谤张招抚,处处与张招抚为难,全不以国事为重。"

赵不尤感叹说:"早知须受制于一个龌龊小人,我又何须来此!"刘浩说:"我身为下属,亦曾苦劝张益谦,反遭他底白眼。唯是河北东路提点刑狱郭永是个正人,与张招抚话得投机,尚能多方相助。张招抚煞是奇才,民心归仰,来此不多日,已募得数千壮士,以王彦为都统制,日夜操演。我何尝不愿与张招抚同共杀敌,唯是受制于张益谦,便有志难伸。"

岳飞一言不发,只是静听刘浩的介绍。刘浩完全了解这个旧部属的秉性,他说:"八六武翼既来北京钤辖司,尚须参拜张益谦,朝命难违。鹏举已是白身,无朝命拘管。自家们相知已久,我岂不愿留你,然而在钤辖司,便须受制于张益谦,不得为国效力,不如前去招抚司,方不负你底苦心。"岳飞说:"我愿投奔张招抚。"刘浩说:"鹏举且在此留宿一夜,明日我引领你去参见张招抚。张招抚目即正值用人之际,王敏求亦已发付去招抚司,唯有霍坚与李廷珪尚在本司。"赵不尤说:"久闻张招抚忠义,明日我亦同去。"霍坚和李廷珪两人在钤辖司任指挥使,白天操练人马,夜晚回衙,与岳飞相聚。

第二天上午,刘浩对岳飞说:"你已无坐骑,今特赠良马一匹,乃是府州子河汉所产。"赵不尤说:"久闻府州子河汉产马不多,却是良马之最、稀世之珍,不期今日有此眼福。"世界上的优良马种,其血统大致来源于中亚和西亚。不论是南方的宋,还是北方的辽金,马种其实都并不优良。河东府州治今陕西府谷,当地黄河的一个河洲名子河汉,所产骏马,在辽宋金代就算是天下无双。

　　刘浩带岳飞和赵不尤到马槽,由军士牵出一匹黄骠大马,只见从头到尾,无一根杂毛,在阳光下尤其显得毛色光泽如金,雄骏可爱。岳飞惊喜地说:"如此宝驹,委是前所未见。依我目测,足有五尺之高。"刘浩说:"此马高五尺一寸,取名逐电骠。"赵不尤说:"高四尺四寸,已是大马,逐电骠竟是恁地高大!"宋尺与今市尺不同,宋时四尺四寸约合1·36米,而五尺一寸约合1·58米。可知宋时的马种小于现代的良种马。

　　岳飞当即谢过刘浩,刘浩说:"壮士须有骏马,方能冲锋陷阵。我赠此宝马,唯愿鹏举为国效力。"岳飞试着翻身上马,不料逐电骠对新主人表示不服,它长嘶一声,前后蹄反复蹦跳,企图将岳飞颠下马来。岳飞凭藉自己的骑术,勒紧缰绳,牢坐鞍桥,最后还是降服了逐电骠。赵不尤笑着说:"马须桀骜不驯,方是烈马;人须头角峥嵘,方是猛士。"

　　刘浩与赵不尤、岳飞骑马来到招抚司。张所今天一早外出,由干办公事赵九龄坐衙。刘浩与赵九龄也已相当熟识,向他介绍了岳飞和赵不尤。赵九龄说:"张招抚只为军士秋冬服,去郭提刑处筹措。然后又须往教场亲自阅兵,须至傍晚回衙。"刘浩和赵不尤见不到张所,与赵九龄谈了一会儿,就告退了。唯有岳飞留在招抚司,与赵九龄详谈。

　　天色断黑,张所方与王彦、寇成、王经、于鹏等将回衙,他们都披挂甲胄,操练人马,十分辛苦。赵九龄带岳飞出外迎接,顺便向他们作了介绍。王彦是怀州河内县(今河南沁阳)人,字子才,三十八岁,身材高而瘦,脸色黝黑,颔下有一撮浓密的黑髯。他自幼喜习弓马,学兵书韬略,后又进入御前弓马子弟所受训,曾随种师道与西夏作战。靖康时,又组织怀州军民抗金。张所成立招抚司后,率先投奔。张所考察之后,认为王彦不仅深通军事,而且又熟悉滹、卫、怀三州地理,就选拔他出任都统制。岳飞在众将中又会到了担任正将的王敏求。

张所卸甲,换了便装,与赵九龄等共进晚食。赵九龄得便向张所介绍说:"正方,我今日方为你寻觅得一个天下奇才。"张所明白赵九龄所说的是岳飞,就问道:"岳飞比王都统与王、寇二统制如何?"赵九龄说:"寇、王二将是统制之才,王彦老成持重,是都统制之才,而岳飞虽是年少,却是统帅之才。"

张所还是第一次听到赵九龄对一个武人如此盛赞,就连夜召岳飞详谈。张所说:"闻得你曾随宗留守征战,勇冠三军,你自料能敌多少虏人?"岳飞说:"勇不足恃,用兵在先定谋。兵法曰:'上兵伐谋,其次伐交,其次伐兵。'若未战无一定之画,已战便无可成之功。"

张所听岳飞谈话之初,就引用《孙子兵法》,惊喜地说:"鹏举,我与次张本是布衣之交,他与鹏举长谈终日,便特意举荐,言道你决非行伍中底一个勇夫。"他特别用表字称呼岳飞,以示亲近,彼此无上司和下级之分。岳飞心想:"王敏求言道:'宗留守可敬,张招抚可亲。'此言煞是非虚。"他说:"自家因上书得罪,本欲去东京投奔宗留守。今随八六武翼到北京,唯愿随张招抚灭贼虏,迎二圣,复旧疆。"

张所说:"主上命我招抚河北。我身膺重寄,夙夜惕息,唯恐不称其职。不知鹏举有何计议?"岳飞说:"闻得张招抚素知两河利害,上奏诋责黄、汪二相公划河为界之说。唐朝杜牧言道:'河北视天下犹珠玑,天下视河北犹四肢。'人底一身,可无珠玑,而不可无四肢。国朝以汴京为都,非如秦据关中,有函谷关之险,唯是平川旷野,长河千里。河北不归,河南如何可守?然而若不取燕云,河北亦难固守;取燕云而不据金坡等关,燕云终非我有。自五代失陷燕云十六州,国朝未能收复。太上官家命宦官童贯为宣抚使,不能用兵取胜,只是以贿求地,有得地底虚名,而受兵燹底实祸。金虏据有燕山松亭关与榆关,便以铁骑横冲于平原,直下河南,如入无人之境。痛定思痛,张招抚目即须以河北失地为重,而他日不可不以金坡等五关为重。"

张所心想:"我只是上奏两河利害,他却是陈述燕山诸关利害。此人底见识,直是高人一筹。"就说:"燕山天限南北,鹏举煞是深谋远虑。然而时值秋冬,正是金人弓劲马肥底时节,招抚司仅有数千义勇之士,又如何可取浚、卫、怀三州之地?"

岳飞说:"我自从军以来,只是服役于马军。赵干办言道,招抚司军无马,全是步卒。以步卒在平原与虏骑相抗,甚是难事。昔日宗元帅率军救援京师,全仗车阵,车阵亦是利弊参半。今日尤须训习强弓硬弩,若虏骑逼近,弓弩不得施,则唯有敢勇军士以刀斧下斫马胫。"

张所决心重用岳飞,说:"如今招抚司分为五军,王经为前军统制,张翼为右军统制,寇成为中军统制,郭青为左军统制,白安民为后军统制。鹏举只为上书得罪,自武翼郎贬为白身。我借补你为修武郎、阁门祗候,差充中军统领。日后另行重用。"岳飞当即谢恩。

赵九龄进屋,张所只见他满脸喜色,问道:"有何好事?"赵九龄说:"有急递传来李丞相所下省札,命张留守开放仓库,供招抚司取用。"张所听后,也高兴得以手加额,他对岳飞说:"自来北京,虽是募得五千余义勇壮士,而器甲、钱粮与军服一一窘乏。我直如乞丐,不时去留守司行乞,虽是唇焦舌敝,却未得一钱一物施舍。郭提刑是个忠义慷慨之人,然而提刑司所辖钱物不多,只是通融挪移了五千贯。如今有李丞相下省札,岂非是如天之赐!"

赵九龄说:"事不宜迟,可连夜搬取,以免夜长梦多。"张所立即吩咐岳飞说:"你可去钤辖司,恭请刘钤辖与副钤辖相助,同去甲仗库,拣选兵器。我随即命寇统制率中军前往搬取。"张所又安排赵九龄和于鹏去钱库,王彦去布帛库,自己亲去粮仓。

岳飞跨上逐电骠,飞快赶到钤辖司。刘浩和赵不尤得知此讯,也非常振奋,他们立即与岳飞同去甲仗库。岳飞进入甲仗库,不由赞叹说:"偌大底库,实是天下少有。"刘浩介绍说:"我曾见相州底甲仗库,乃是韩魏公①所建,有五十六间,已自赞叹不已。此处却有一百五十间之大。我到此点阅,去冬元帅府取用之后,所余兵械,亦可供十二万大军之用。"

赵不尤却愤怒地说:"器甲虽多,却掌于小人之手,适足以为祸国败事之用!"他没有指名,但另外两人都知道他所说的小人,就是指不让招抚司动用仓库的北京留守张益谦。岳飞发表感想说:"秦时商鞅变法,凡是私斗者,各以轻重受刑,于是秦民皆勇于公战,怯于私斗。"赵不尤仍然

---

① 指北宋中期名臣韩琦。

愤愤不平地说："只恨大宋无此刑律,凡臣僚勇于私斗,怯于公战者,必斩无赦!"

三人开始挑选兵器,岳飞首先寻找弓弩,他说："以步制骑,神臂弓当为第一,可惜所藏不多。"刘浩说："此处神臂弓仅余四百,委是不足用,而马黄弩尚有六千。神臂弓可射二百四十步,而马黄弩亦可射二百二十步。我已命工匠整修一新,可悉数取去。"岳飞说："北京城守,岂能无弩,马黄弩可取三分之二,留下二千,以备缓急。"三人接着又挑选了床子弩和刀、剑、枪之类。寇成率领中军官兵到达,就组织众人搬运。

刘浩又领大家来到贮藏铠甲的库房,他指着一堆皮笠说："此处所贮皮笠,远自太宗官家时所存,近自神宗官家时所制,不堪用底,俱已拣退。"岳飞问道："可有铁盔?"刘浩说："铁兜鍪竟无一件。皮、铁、纸甲亦只有前后掩心,而无披膊。"岳飞感叹说："如此甲胄,太宗皇帝当年可用于抗辽,今日却不能用于抗金。可知金虏底重甲马兵,煞是胜于当年底辽军。"赵不尤对寇成说："有甲终是胜于无甲,你们今夜亦不可不取。"大家一夜辛苦,终于将急需的器甲都搬运到招抚司。

由于河北各州县主动参军者依然纷至沓来。张所与王彦、赵九龄等人商议,在五军之外,另设背嵬军,而委任岳飞为统制。张所又特意将岳飞的虚衔连升三官,为武经郎,其官位还高于原来在御营司的武翼郎。"背嵬"一词是西夏语的音译,用以指大将近卫骁勇军士。宋人也常以背嵬作为军名。由于岳飞初任背嵬军统制,后来他担任大将,就沿用背嵬军的军名作为亲军的军号。背嵬军下设立三将,第一将正将就是王敏求,第二将正将舒继明,第三将正将沈德。沈德是开封人,舒继明是信阳军罗山县人,身长七宋尺,箭无虚发,人称舒金刚。舒继明和沈德都是岳飞从军士中选拔的。岳飞被提拔为统制以后,深感任重道远,对本军更是严格要求,精心训练。

[壹肆]
出 征 前 后

八月下旬,撤销河东经制司和李纲罢相的消息接连传到大名府。张所只能召开军事会议,与王彦、赵九龄、于鹏和六军统制紧急商量对策。赵九龄说:"依目今事势,诚恐招抚司朝不保夕,不如在结局之前,做得一番轰轰烈烈底事。据探事者所报,金国二太子已死,虏人决计南犯。然而目即濬、卫、怀三州,金虏尚未增兵,若不及时用兵,便痛失良机。"

王彦说:"招抚司底军马不及万人,且仓促成军,训练未精,况且秋冬本是虏骑得利时节,若能延至明年夏季出师,方是万全之策。"

岳飞说:"黄、汪二相公急于与仇寇媾和,全不以军事为重。李丞相未到行朝,他们掌政一月,有多少四方勤王忠义之师,不辞千里之远,才到行在,便被遣散,以至衣食无着,行乞街市。我当时在御营,目睹此事,唯有痛心扼腕而已。招抚司聚集河北义士,切恐是难聚而易散,若不出师,必被遣散无疑。张招抚、王都统底多少心血,亦须付之东流,又岂不委屈了自家们拳拳报国之志。"岳飞的话打动了众人的心,大家纷纷表示同意。

岳飞又说:"王都统唯恐招抚司军势孤力单,亦是一说。依小将之议,莫如关白东京留守司,请宗留守出兵,并力夹攻三州之敌。"于鹏说:"岳统制之议甚好!"

张所在众人讨论时,一直不说话,却不时对岳飞投以赞许的目光,现在他的眼光又转向王彦,王彦说:"既是事势相逼,已不容不出兵。"张所立即下令说:"于干办可星夜去东京,关白宗留守。王都统可否于九月八日率军渡河?"王彦说:"便可定于此日。"张所又与众人商定,招抚司继续招募义兵,王彦率训练稍精的七千人马,仍分六军,作为前锋,而张所亲率其余人马和辎重也在五天后出动,作为继援。会议刚结束,于鹏就匆忙离开北京,前往东京。

出兵日期紧迫,招抚司上下忙碌,为出征做各种准备。一天夜里,张所单独召见岳飞,用沉重的语调说:"鹏举,今有一事,委实不敢相告,却又不容不告。"岳飞猜不透张所的用意,就说:"便是天大底事,亦望招抚告知。"张所说:"自鹏举到此,我便命人渡河,前去相州汤阴县永和乡孝悌里,只望取宝眷到北京,母子夫妻团聚。令堂贤德,深明大义,毅然命你从军杀敌,我亦甚欲一见。然而今日所遣人回,言道再三寻访,而不知宝眷底去向。"这是岳飞自去冬从军以来,第一次得到家眷的消息。他是大孝之人,听到母亲下落不明,只是不断抽泣,却又长久不语。

张所说:"中原惨遭兵燹,骨肉离散,岂止鹏举一家。若是上苍哀怜忠良,宝眷迁避他处,日后定有团聚之时。"他劝慰多时,岳飞最后起身说:"如今上自二帝,下至黎庶,全遭虏人荼毒,不报此仇,小将又有何颜苟活人世!岳飞自上书得罪黄、汪二相公,孤子一身,狼狈离别御营,幸得八六武翼与张招抚关照。士为知己者死,张招抚知遇底厚恩,小将铭感不忘,自今以往,唯有奋身杀敌,以为报答。"张所的厚待,特别是不声不响地派人寻找自己的家属,使他产生一种极深的感恩图报之情,他向张所长揖,准备告退。

不料张所上前,执着岳飞的手说:"自家们志同道合,鹏举何出此言。自次张举荐,与你一夜长谈,便知你是个国士,而非武士之比。我历观招抚司诸将,虽都是忠义许国之人,而鹏举底才武非他人可及。我已命王彦为都统制,不可临阵易将。鹏举虽为一军统制,却须尽心辅佐王都统,以成收复三州之功。"岳飞虽是个铁铮铮的硬汉,听了这番话,两行热泪忍不住夺眶而出。他只郑重地回答了两个字:"会得!"就再次长揖而退。

转眼间就到了九月八日,依古代习俗,是个吉日。招抚司的七千军队集结在大名府的教场,准备出发。七千人分前、右、中、左、后、背嵬六军,其中五军一千一百人,唯有背嵬军一千二百人,另有三百人为王彦的亲兵,在教场上整齐列队。晚秋时节,官兵们都按当时标准的军服制式,身穿绯红色丝绸夹衣。

前来参加誓师仪式的还有河北东路提点刑狱郭永、大名府兵马钤辖刘浩、副钤辖赵不尤等官员,唯有权北京留守张益谦缺席。张所全身戎装,手擎铁柱,骑一匹白马,在都统制王彦的陪同下,检阅各军。官兵们队列严整,精神振作,兵器明亮,特别是"杀敌报国"的高亢呼声,更给张所带来几分宽慰。张所随即宣读军誓,其中特别申严军纪,强调不得奸淫掳掠。

接着就是向出征官兵敬酒,每人饮当地所产香桂名酒一碗。张所特意请郭永为都统制王彦敬第一碗酒,郭永双手捧着酒碗,说:"请王都统满饮得胜酒一碗,恭祝招抚司军收复三州,立大宋中兴第一功。"王彦用双手捧过酒碗,一饮而尽。张所也用双手捧着一碗蜜水,对岳飞说:"鹏举,我知你谨遵母命,滴酒不入口,今敬献蜜水一碗,愿你杀敌成功,合家团圆。"岳飞没有料想到,自己不饮酒的原委,张所也了如指掌,他用双手接过蜜水,激动地说:"感荷张招抚底厚爱,无微不至,小将委是没齿难忘。"其他暂时留在大名府的官兵,也向出征官兵逐一敬酒。

出发前的短暂时刻,赵九龄、刘浩和赵不尤特别对岳飞殷勤致意。赵不尤和刘浩紧握岳飞的双手,互相深情地凝视,赵不尤说:"鹏举,自家们相处虽短,而相知甚深,只恨不能与你同去厮杀。"刘浩补充说:"唯愿鹏举立得大功,我亦可引以自慰。"赵九龄却笑着说:"五日之后,我便与正方渡河接应。若你不能立功,又有何面目见我?"岳飞对他们也都深致谢意。

招抚司七千人马以岳飞所统的背嵬军为前锋,出正西宝成门,准备渡过黄河,向西南方向的浚州挺进。大名城内百姓箪食壶浆,夹道欢送,张所带领官员们一直送出城外。

九月十三日,张所、赵九龄和招抚司所剩的三千军队又在教场集中。这支队伍还准备了四百辆驴车和骡车,满载着钱粮、冬服、器甲之类,为王彦的部队作后勤支援。郭永、刘浩、赵不尤等官员还是照例送行。

张所阅兵完毕,正准备出发,权北京留守张益谦却不期而至。他手持一份公文，面带得意的微笑，说："今有急递传到朝廷省札，请张招抚遵旨施行。"张所接过省札，只见上面写道："三省、枢密院同奉圣旨，河北西路招抚使司结局，其兵马钱粮改隶权北京留守、大名府路安抚使张益谦，左通直郎张所落直龙图阁，依旧责授凤州团练副使，容州安置。"省札最后依次是张悫、汪伯彦和黄潜善三名宰执画押。

张所对自己的罢官和招抚司的撤销，已有足够的精神准备，但却未料想到自己一片忠心，竟落得流放岭南炎荒之地的可悲下场，悲愤的心情难以言喻，气得双手颤抖。但他还是用最大的努力，使自己镇静下来，他说："张留守，王都统虽已出军，而钱粮、冬服、器甲尚须供应，我唯愿以待罪之身，亲送辎重至军前，然后南下容州。"

张益谦讥讽说："你如今已责授团练副使，岂得再去军前。你只为成一己之功，置七千义士底性命于不顾，我已命人追回王都统一军。"张所到此已忍无可忍，他愤怒地说："张留守，你难道必欲将河北底山川与千百万生灵，拱手送与仇敌，而后甘心快意！"

郭永看不下去，就说："既是张招抚不便，我身为一路提刑，亦有守土之责，我愿代张招抚前去军前。"张益谦说："郭提刑底分地是河北东路，河北西路底事，你不须管得。"郭永说："收复失地，人人有责！"张益谦说："朝廷将招抚司底兵马拨属于我，你无权统兵。"

在张所、郭永与张益谦争执时，赵九龄拉着刘浩和赵不尤，低声耳语，紧急商议，很快取得一致意见。赵不尤手持铁笔刀，来到张益谦面前，说："我身为副铃辖，愿代张招抚一行。"张益谦说："八六武翼，你须遵从朝命，伏我节制，不可乱做。"赵不尤说："危难之时，江山社稷为重，朝命为轻。河北诸州皆是不从渊圣底诏命，为国坚守。如今又并无不得收复失地底朝命。"他将铁笔刀一举，说："我这杆刀，在河北不知剁了多少番人。我直是愿效法当年项羽斩宋义底事，取祸国奸邪底首级，以谢大宋列祖列宗！"张益谦吓得面如土色，狼狈逃走。

张所上前拜谢赵不尤，他激动地说："有八六副铃辖代行，我便死而无憾！"赵不尤再也抑制不住自己的感情，痛哭失声，说："苍天无目，奸佞当朝，损陷忠良。可叹张招抚忠荩，孜孜国事，竟成远黜岭南之罪，天理何在？"他的话使在场的官兵都哭泣起来。

唯有张所本人并不落泪,他对赵九龄说:"次张意欲如何?"平时最爱说笑的赵九龄,此时却是满脸沉痛的表情,他说:"我平日自诩最能测知奸人诡谋,不料黄、汪二人蛇蝎之心,竟出我意料之外!我本欲弃官,随正方南去。然而如今事势,唯有辅佐八六太尉,方足以告慰正方!"他特别对赵不尤改称太尉,以示敬意,张所感动地握着赵九龄的手,说:"次张煞是我底知己!人生得一知己足矣,何况尚有许多知己!"赵九龄说:"刘铃辖本意亦欲代正方前去,只为大名府守城,不可无人,而八六太尉又是宗室。"张所又特别谢过刘浩。

赵不尤当即对三千官兵宣布:"张招抚被贬底事,你们尽知,我愿代张招抚出征。你们既已改隶留守司,愿去者同行,不愿去者留此。"官兵们异口同声说:"自家们愿追随太尉杀敌!"三千人马押着车辆出发,竟无一人留下。张所、郭永、刘浩等人送他们出城,在城外挥泪而别。

第二天,张益谦派一名小武官,将张所押往南方。大名府的百姓聚集长街,张所所到之处,人们纷纷下跪,焚香祷告,流泪送别。有一个老人代表众人上前说话:"天可怜见,奸臣平步青云,而忠良遭此冤屈,唯愿张招抚一路平安,他日重返北京,率儿郎们杀番人。"张所感动得流泪说:"深感父老厚意,张所委是没齿难忘。然而此去容州,道途四千五百里,恐是葬身炎荒,难归北京。唯愿本城军民固守得城池,为大宋留一片净土,自家亦当感慰于泉下。"

郭永、刘浩等人也一路相送,直到南城安流门外,张所对郭永等人说:"如今朝内已无柱石之臣,外朝亦唯有宗留守,以重兵硕望,支撑危局。我罢黜之后,蒙黄、汪二相公安排,只得取道南京,不能途经东京,见宗留守一面,此最是憾事。唯有尺素一封,望你们转呈宗留守。"郭永接过书信,说:"张招抚且放宽心。"

张所又说:"目即除南京外,东、西、北三京全成前沿战区,须是与东京辅车相依,桴鼓相应,方得保全北京。此便是我作书之意。此回有一万将士出征,他们底家眷留在北京城中甚多,亦望诸公看觑。"刘浩大哭起来,他抱住张所说:"落难时节,张招抚尚以国难为念,以国事为重,我恨不能代你前去容州!"他的话又激起一阵哭声。张所以最大的努力克制悲伤,他推开刘浩,说:"切望诸公为国事努力!无以我为念。"他忍痛向众人长揖,然后与妻子徐缨络、儿子张宗本等上路。

再说于鹏抵达开封,就径往留守司拜见宗泽。宗泽听于鹏说明来意后,感慨地说:"你可曾记得,在南京时,李丞相将留守司、经制司与招抚司喻为三足鼎立。如今三足已折其一,李丞相又被朝廷贬罢,张招抚处境艰难,更甚于我。天下之大,竟只有招抚司与留守司尚可唇齿相依。我本当亲率军马,与张招抚会师三州。只为金帅粘罕已命娄室与银术可二员骁将增兵河阳,虎视东、西两京。我须镇守东京,不便亲出,然而亦当抽摘雄兵猛将,助张招抚一臂之力。"

于鹏向宗泽详细介绍招抚司的计划和兵力部署,宗泽听到有"背嵬军统制岳飞",就问道:"岳飞可是前御营司正将?"于鹏说:"他上书得罪,投奔张招抚。"宗泽说:"我便是寻访此人。"他下令召来王贵、张宪和徐庆,与于鹏见面。三人得知岳飞在招抚司受到重用,也喜出望外。张宪向宗泽提出请求说:"自家们愿渡河杀敌,与招抚司军会师。"宗泽说:"此事须与闾太尉等详议。"

宗泽召闾勍等部将与幕僚共同商讨,于鹏也参加会议。最后决定由中军统制马皋担任提举一行事务,统率选锋军统制张用和摧锋军统制王善,以三个军的兵力在九月九日出发,先渡河收复卫州,再与招抚司军会合,攻取怀州。王贵、张宪和徐庆分别担任中军第一、第二、第三正将,正好随马皋夫妻出征,而张应、李璋和孙显分别担任他们的副将。

于鹏见联络东京留守司的事务已处理完毕,就准备辞别宗泽,返回大名府,却被宗泽挽留。宗泽说:"于干办不如暂留东京,与马统制诸军一同渡河,以便缓急之际,两军互有协同照应。我当另发公文,备述曲折,以急递照会张招抚。"于鹏认为此说有理,就暂留东京留守司。

九日当天,马皋等三军在开封北城外集结,宗泽正准备亲临阅兵,却接到了河北西路招抚司被撤销的急报。宗泽眉头紧皱,在堂中来回踱步,最后,他以斩钉截铁般的口吻说:"今日已是九日,料得张招抚必已出师,我岂可违约。闾太尉,于干办,自家们可依原议,前往北郊誓师。"这个身材瘦小的老人,带头以急步走出留守司,矫捷地跨上战马,直奔北郊。

[壹伍] 会师新乡

金军俘徽、钦二帝北撤后,东路金军留下万夫长完颜蒙适(音 kuo)驻守濬、卫、怀三州,兵力有十猛安,其实只有八千人。每猛安有四百骑兵,另外四百阿里喜大多是被掳的宋朝河北汉人。完颜蒙适各派三猛安分别屯驻卫州和濬州,两猛安屯驻怀州,两猛安屯驻相州汤阴县西原斜卯阿里所设的营寨。金军占领一个地区,立脚未稳,感到与汉人杂居不安全,就往往另在城旁设寨,单独居住,故四处金军全是在州县城旁另外设寨。赵叔向被害后,杨再兴等将率三千多人渡河,接连击破卫州和汤阴两寨,但自己的兵力也损失了约一半。他们最后进入相州城,投奔知州赵不试。完颜蒙适收集两处的残部,编为两猛安,重新在卫州立寨,而只能放弃汤阴县寨。

王彦率七千宋军渡河,进入濬州界,就号召民众,争取支援。宋军首先向濬州州治黎阳县城挺进。此城位居平原,城西滨临御河,完颜蒙适将营寨修建在城东的小土山上。

岳飞的背嵬军充当前锋,他依据民众和探事人提供的情报,向王彦建议说:"虏军有一半为汉兵阿里喜,能战之士虽只有一千二百骑,却是占据地利,利于平原驰突。依小将之见,王师虽是步兵,而人多势众,若夜袭虏寨,攻其不备,定可取胜。"众将都表示赞同。王彦就与大家商量了具体的作战方案。

九月十三日傍晚,各军饱餐一顿,就开始了八十宋里的隐蔽急行军。岳飞的背嵬军走在最前列。为了激励士卒,他与王敏求、舒继明、沈德等将都牵着马,与军士一同步行。他们按规定绕道金寨的南面。离目的地不远,岳飞下令,全军边走边吃乾粮。大家吃完乾粮时,距离金寨就只剩下两宋里路了。背嵬军休息片刻,乘着半夜明亮的月色,向金寨奔袭。

一名金军五十夫长率领一蒲辇金兵在寨外巡绰,二十五名正兵骑马,二十五名阿里喜却牵马步行。岳飞跨上逐电骠,率先从一片树林中杀出,他连发两箭,射死两名金军正兵。舒继明骑马紧随,也射死两名金军正兵。他们又与敌军短兵相接,一个抢铜,一个挥刀,接连杀死四人。第二将的步兵们也一拥而上,将猝不及防的金军包围和歼灭。二十五名汉人阿里喜全部投降。

在第二将攻击金军巡逻队的同时,王敏求所率的第一将和沈德所率的第三将突入金寨,将睡梦中或仓猝应战的金兵乱砍乱杀,同时大喊:"汉兵归降!"岳飞与舒继明率第二将也投入战斗。金军根本无法组织有效抵抗,大批汉兵投降,有的还反戈一击,女真兵、渤海兵、契丹兵、奚兵等或人不及鞍,或仓促上马,四散逃窜。王经率前军,郭青率左军,白安民率后军,从东、西、北三个方向包围金寨,远则用弓弩,近则用短兵,消灭逃跑的敌人。寇成指挥中军一举占领了州城。

天明时,战斗获得全胜,战场遗留的金军尸体达一千多具,投降的金军汉兵也将近一千人,此外还缴获约一千四百匹战马和大量器甲。依据降兵的报告和检验尸体的腰牌,金军的三名千夫长和大部分百夫长、五十夫长等被杀死,只有完颜蒙适率少量敌兵逃跑。

一天以后,张翼的右军又收复卫县,金朝任命的知县事和同知县事逃跑。濬州的全境至此重新归宋。招抚司军初战告捷,士气大振,除战死者外,连同应募和投降的汉兵,王彦军扩充到八千人。王彦以河北西路招抚司的名义传檄各地,号召河北百姓起兵响应。

岳飞向王彦提议说:"我在宗留守麾下,曾为马军将。如今既有战马一千四百匹,又得虏军底重甲,乞王都统将背嵬军改为马兵。"王彦说:"各军都须战马,不可独归背嵬一军。我可分你三百匹,其余五军各分二百匹。"按王彦的打算,余下的约一百匹马则归自己的亲兵。岳飞不以为然,说:"与其分为五指,不如收五指合成一拳,以便与虏骑周旋。若王都统以为小将不宜统马军,亦可将前军或中军改为马兵。"王彦说:"此事由我主张,你只须精练本军底三百骑士,以备厮杀。"岳飞脸上露出几分不快,但也只能遵命退下。

岳飞的背嵬军已扩充到一千五百人。他认为舒继明的骑射精于王敏求和沈德,就将选拔的三百骑兵,交舒继明指挥,改称马兵第一将,而王敏求和沈德各统六百人,编组为步兵第二将和第三将。

宋军在黎阳城休整期间,最初由张益谦派人传达招抚司撤销,军队退回北京的命令。赵不尤和赵九龄率三千人马也继踵而至。于鹏也来到黎阳,他又带来了金朝大军南下的坏消息。

原来完颜讹里朵出任右副元帅后,一改完颜斡离不的政策,他约完颜粘罕等人在十月到燕京,共商南侵计划。完颜兀术尤为积极,他对完颜讹里朵说:"你可与挞懒、阇母在此会议,我先统大兵南下,破得康王二三州之地,扬我军威,亦可教粘罕不得小看东朝廷。"自从金军攻宋以来,左、右副元帅远离御寨,金人习惯于称东方的右副元帅府为东朝廷,西方的左副元帅府为西朝廷。完颜讹里朵问道:"你待先破哪一州?"完颜兀术说:"闻得相州赵不试是亡宋宗族,负固不降,又兼本路安抚使,屡次杀败大金底军马,我须先破相州。"完颜讹里朵说:"此意甚好,破得相州,其余各州必是震慑,服大金底兵威。"

在王彦军出战的同时,完颜兀术率领六个万夫长,合计五万大军的兵力,也适时南下。金军得知宋军出动的消息,就临时改变计划,完颜兀术亲率大军攻打相州,又分兵直下卫州。

马皋统率三军北上,取道开封府延津县,准备渡过黄河,先取新乡县,再攻作为州治的汲县。选锋军统制张用原是相州汤阴县的弓手,弓手类似现代的武装警察。摧锋军统制王善则是京东路濮州人。两人都是乘着乱世作乱,被宗泽招降,命他们统领旧部,编为两军,各有五千人,而马皋的中军有四千人,但军事素质胜于张用和王善两军。

马皋的军队来到黄河边,由张用的选锋军首先渡河,二十艘渡船每次只能载五百人。当张用率第二批五百人刚到对岸,数千金军铁骑突然杀到。一千宋军步兵无力抵挡,一部分被歼,一部分乘船逃命。张用本人左臂中一箭,长长的箭镞幸好只是穿透皮肉,伤势不重。二十艘渡船也全部逃回南岸。

宋金两军隔河对峙。一丈青眼见选锋军战败,怒火中烧,她对丈夫说:"待奴选五百死士,强渡破敌。"马皋制止说:"虏人兵马厚重,不可鲁莽行事。"中军第一正将王贵说:"据探事人所报,新乡本无敌马。如今虏情有变,我愿率一二十勇士,夜渡黄河,打探虚实,然后再议用兵。"副将张应说:"杀鸡焉用牛刀,我愿代王忠训一行。"王贵的武阶为忠训郎,故张应以"忠训"相称。马皋说:"王正将统率本将官兵,不可轻出,可依张副将之议。"王贵说:"便是张忠翊亲行,我亦须率本将官兵接应。"马皋同意了他们的意见。

王贵和张应当即率第一将官兵向上游河段隐蔽行进,他们找到另一处渡口,准备了十五条渡船。王贵挑选了一百五十人,在每条渡船上安置强弓硬弩,张应另外挑选十四人,准备十五匹战马,改扮成金军骑兵。十五条船在半夜渡河后,张应等十五骑充当硬探,向下游地段行进,而王贵率一百五十人在船上等候。

月明星稀,微风吹拂,王贵却无心情欣赏月笼寒水烟笼沙的美景,他焦躁不安地等待着,一会儿在船,一会儿登岸。天色微熹,王贵开始丧失信心,但事已至此,不得不继续等待。天光大明,一名耳朵贴地的兵士报告说:"闻得远处有马蹄之声。"王贵立即命令兵士全部登船戒备,只待他一声令下,就发射弓弩。十多名骑士由远而近,为首的手举浑铁枪,大喊道:"王忠训,自家们不辱军令,并无追骑在后。"王贵至此方面露喜色,上岸迎接。原来张应一行活捉到一名汉兵五十夫长,他被俘后,就马上表示归降。

依据那名汉人五十夫长提供的情报,南下新乡县的金军由万夫长大挞不野统率,此人就是前一卷叙事中攻开封朝阳门的渤海人。他的军队其实只有七千五百人,而渤海兵约占十分之四,其余还有契丹兵、奚兵、汉兵等,只有一猛安女真兵,计八百人,最有战斗力。马皋夫妻与众将商议,决计强渡黄河,与敌人会战。他一面以快骑急报开封东京留守司,又请于鹏联络招抚司军。

王彦听了于鹏的报告后,说:"张招抚得罪,招抚司结局,自家们便成了断线底风筝,切恐难以立事。然而事已至此,宗留守又已出师,本军亦须前往,以成犄角之势。"

众人围绕如何用兵,议论纷纭。后军统制白安民曾与刘浩共同驻守柏林镇,在前一卷中已有交待,他说:"虏人万户蒙适孛堇率残军驻守卫州州治汲县,不如避实击虚,先攻汲县,然后至新乡,与东京留守司军并力,共破大挞不野。"

岳飞说:"兵法当攻其不备,王师不如绕道,先至新乡,与留守司军腹背夹击,然后回师取汲县。"赵九龄与赵不尤异口同声说:"此计甚好,可收出奇制胜之效。"

王彦却赞同白安民的计划,他最后说:"两计相较,白统制底直是稳当。八六钤辖与赵干办远道押辎重而来,路途辛苦,且率三千军马留守濬州,我自统六军前往卫州。"赵不尤所以不惜冒犯张益谦,而来到濬州,只是为了杀敌。王彦的安排,使他有几分不快,他正待开口,却被赵九龄使眼色制止。

赵九龄事后对赵不尤说:"王都统之意,唯愿军中由他一人主张,不愿自家们干扰他底行事。国难时节,自须与他和衷共济。鹏举建请以所得战马,改一军步兵为马兵,本是良谋,王都统却是不允。鹏举不服,心上不快活,我亦劝他,须以国难为重。王都统是忠心底人,非是张益谦之流小人。"赵不尤说:"此说有理,但愿王都统成功。"

王彦的军马因招募而不断扩充,他率领了六军人马,合计九千人,向卫州汲县进发。离县城三十多里,又得到探报,说是完颜蒙适军已撤离汲县,前去新乡县。于是王彦留下张翼的右军驻守汲县,自己率五军人马,直奔新乡县。

新乡县位于黄河北岸的平原地带,在县城东面约八宋里,有一个土丘,当地人称为石门山,其实土丘无石,只是在土丘边位于官道两侧,各有一块大石,南北对峙,而得此名。王彦依据探报,说是完颜蒙适得到北方的大批援兵,驻军县城以东,就决定在石门山一带暂时屯兵。宋金两军相持,接连两天,互不挑战。

第三天已是九月二十一日,岳飞再也不能忍耐,就到营帐中找王彦陈述己见。他说:"小将探明,虏将蒙适郎君底残兵尚不足二千,新得相州五猛安生兵,亦不足四千。他所以迟疑不战,只是待四太子大军前来。幸得四太子大军顿兵于相州城下,此正是王师破敌底良机,王都统切不可错过。"

王彦说:"岳统制立功心切,然而我另有兵机,你且蓄锐数日。"岳飞说:"观王都统底意思,只是待留守司军破得大挞不野孛堇,与我军会合。此次出师,我军为主,留守司军为客,诚恐不可反主为客。"

岳飞的话说中了王彦的心病。自从得到张所被黜的消息,王彦一直有很重的思想负担,他甚至有过退回大名府的想法,但激于赵不尤和赵九龄的义举,已不容他退兵。王彦不仅担心与优势的敌人交战,也忧心夺取三州之地,而难以防守。在百般无奈之余,王彦只能寄希望于让东京留守司军当此战的主角,自己当配角,多扩充一些兵马,少损耗一些实力。他的想法确实难以向部属交待,当岳飞说破以后,王彦只能保持沉默。

王彦不说话,使岳飞更加焦急,他用激昂的语调说:"二帝蒙尘,敌虏占据两河,自家们身为臣子,须开道以迎乘舆。兵贵神速,兵机难得,王都统迟疑观望,不早作决断,岂非真欲归附虏人!"

王彦的脸上微露愠色,有一个落第举士刘椿,投奔王彦当幕僚,他大喝一声,说:"岳统制以下犯上,岂不知太祖官家立有阶级法?一阶一级全归伏事之仪,敢有违犯,便当行使军法。"他走到王彦身边,伸出左手,用右手划一个"斩"字。王彦沉吟不语,他的内心十分矛盾,岳飞固然触犯了他的尊严,但他不愿在用人之际,斩一员最得力的、声望很高的部将,深恐引起众多将士不服,招致军心离散。

突然,有军士前来报告:"今有虏军约千人,在军前挑战。"岳飞说:"小将乞王都统下令,愿统本军出战,若不能胜,甘当军法!"他的话实际上把王彦逼到更尴尬的境地,王彦犹豫片刻,下令说:"可安排强弓硬弩,若虏骑进犯,便将他们射退,不须迎战。"

岳飞忍无可忍,他不再说话,只是怒气冲冲走出帐外,召集本部背嵬军,下令说:"不愿出战底且留下,愿出战底随我上阵!"全军官兵竟没有一人愿留,纷纷高喊:"自家们愿追随岳统制出战!"于是背嵬全军一千五百人迅即投入战斗。

前来挑战的一猛安金军,由千夫长完颜阿里孛率领。他是完颜蒙适的弟弟,两人都是皇族,所以又称为郎君。岳飞与舒继明、王敏求、沈德率先驰出寨前,只见金军列阵严整,正中竖一面三角形的绣白日大黑旗,缀着一条长飘带。岳飞吩咐部下三员正将说:"我军与虏人兵力相当,而虏人全是马军。若是列阵,虏人便可测知我军多寡虚实,以铁骑蹂践。今我与第一将攻其中坚,第二与第三将步军两翼继进,远则用弓箭,近则用短兵斫敌马胫,定可取胜。"

岳飞说完,就与舒继明率三百重甲骑兵急驰敌阵。他们的重甲全是黎阳夜袭的战利品。岳飞的逐电骠果然非同凡马,一马当先。他目测与敌军的距离,大喊:"放箭!"首先一箭射死一名敌军,舒继明与众骑兵也相继放箭,射倒了一批敌军。岳飞抢先突入敌阵,挥铁铜接连击死三名敌人,两军很快进入短兵相接的状态。岳飞冲到金军大旗边,抡铜猛击,将旗杆打折。金军战旗倒地,激发了宋军将士的斗志。王敏求和沈德率第二、第三将步兵大声喊杀,投入战斗。金军陷入混乱,完颜阿里孛企图挥兵退出战斗,以便重整旗鼓。岳飞却不容敌人有喘息之机,穷追不舍,金军一时溃不成军。

再说除王彦以外,众统制都在石门山上观战。见到背嵬军冲锋陷阵,寇成对王经、白安民和郭青说:"岳统制煞是忠勇,自家们岂可坐观。"白安民说:"若是参战,唯恐王都统怪罪。"王经说:"如今须以胜负为重。"郭青的态度更加激昂,他说:"便是尔们不出战,我亦须率左军助战。岳统制虽是得手,然而蒙适郎君亦须以大兵应援。"

事有凑巧,当完颜蒙适率大队金军增援时,寇成、王经和郭青也分别率中军、前军和左军参战。宋军以骑兵为先导,步兵随后,一往无前。金军企图以左、右翼骑兵包抄宋军,进行反扑,几次反冲锋,都被宋军步兵以强弓劲弩密集攒射,而告失败。一场恶战持续了约两个时辰,金军终于全军溃败。宋军乘胜夺取了新乡县城。从石门山到县城之间,金军遗弃了一千五百多具尸体,另有一千多人投降或俘虏,而宋军也战死了约一千人。

古代战争中的协同配合,当然不可能像现代战争那样,有很精确的时间观念。九月二十一日,在新乡县的东部和西南同时发生战斗,纯粹是一种巧合。马皋与众将商议之后,留张用率选锋军的一部驻守黄河南岸,虚张声势,迷惑敌人。自己率中军、擂锋军和二千选锋军向上游隐蔽行进,在卫州和怀州交界处的游家渡夜渡黄河,然后向下游挺进。

九月二十一日,宋金两军东西相向,在金军驻营不远的黄河沿岸举行会战。马皋命令王善率擂锋军为前锋,还是按宗泽过去的战术,步兵们推着战车,向敌阵突进。金军几次冲锋,均不得利,节节败退。

徐庆对马皋说:"依小将之见,切恐虏军佯败,待官兵追击,阵形散乱,便以铁骑横冲,将官兵掩拥入河。"马皋问道:"当如何处置?"张宪说:"可命擂锋军整阵缓进,本军第一、第二、第三将步军屏蔽擂锋军侧翼,马统制与郡夫人率选锋军、本军第四将马军待机出击。"马皋说:"便依你底计议。"

原来中军四千人分为四将,副统制一丈青兼统第四将骑兵,而赵宏和岳亨为副将。当第一、第二和第三将的步兵正在展开队形时,大挞不野就以最精锐的一猛安女真骑兵自北而南,向宋军发起冲击。首当其冲的是王贵和张应指挥的第一将。王贵下令说:"王师背倚黄河,须是犯死求生,若不能死战,便当被虏骑拥入河中。敢后退者斩!"金军两次冲锋,都被宋军用强弓硬弩射退,死伤约二百人。

大挞不野眼看无法取胜,不免焦躁,又增加了三猛安渤海骑兵,向张宪和李璋的第二将发动攻击。金军不顾死伤,连续冲击,居然突入宋阵。张宪和李璋指挥步兵与敌人短兵混战。徐庆和孙显见形势紧急,当即率领第三将步兵向金军发起左翼侧击,王贵和张应也接着以第一将步兵进行右翼侧击。宋军远则用弓弩,近则用短兵,三面夹攻,猛烈反击。金军一部分被歼灭,一部分败退,特别是最精锐的八百女真骑兵,所剩不足三百。

大挞不野为扭转战局,亲率剩余的机动兵力全部投入战斗,还是自北而南,向中军的第一到第三将全线冲击。他最初使用的女真兵和渤海兵是强兵,而最后动用的契丹兵、奚兵、汉兵等却是弱兵,他们眼见多少回合交锋的失败,士气更差,只是勉强上阵。后队见前队冲锋失利,就拨马逃回。王贵、张宪和徐庆都感到敌军的攻势明显减弱,纷纷派人报告马皋,建议反攻。

当金军骑兵第四回合的冲锋失败后，马皋立即指挥全军转入反攻，一丈青率第四将骑兵从阵后绕出，向金军右翼突击。这支骑兵蓄锐已久，不胜技痒，喊声震天，形成一股急驰的铁流。一丈青手持两把四宋尺五寸的长刀，跨下血斑骢，赵宏和岳亨持浑铁枪，紧随其后，他们身先士卒，突入敌阵，枪刺刀劈，锐不可当。金军在宋军的马、步兵夹攻下，溃不成军，有一千八百多人被杀，二百多人被俘，二千五百多汉兵、渤海兵、契丹兵和奚兵投降。

大挞不野率败军向东北新乡县城方向逃遁，正好遇到完颜蒙适的败兵。两军合成一支，却不敢回相州，只是退到了北面的共城县城附近扎寨，并且向完颜兀术请求援兵。

河北西路招抚司和东京留守司两支宋军的钳形攻势取得胜利，会师于卫州新乡县。

[壹陆]
突　　围

　　王彦怀着几分尴尬和羞赧的心情,率领亲兵和白安民的后军进入黎阳县城,岳飞、寇成、王经和郭青四统制在城门外迎接,他们在马上向王彦行军礼,岳飞首先说:"小将违命,乞王太尉以海涵之量宽饶。"其他三人也表示谢罪。他们当然希望以此缓和与主将的关系,但王彦却面露难堪的表情,于鹏企图从中调解,就主动向四统制行军礼,表示慰劳说:"四统制苦战得胜,王都统甚喜。"王彦却一言不发。

　　他们进入县衙,王彦待众人坐定,就发话问道:"今日之战,当如何议定功罪?"岳飞说:"今日之战,众官兵立功,乞王太尉颁降功赏。唯独小将有罪,请王太尉论处。"王经连忙说:"小将与岳统制共负罪愆。"郭青和寇成也抢着说:"自家们有罪,其余众官兵有功。"王彦望着四人,一时竟难以说话。按照宋朝军法:"军中非大将令,副将下辄出号令者,斩。"但依目前面对强敌的情势,即使对岳飞一人责打军棍,也会严重影响军心和士气,而招致可怕的后果。然而如果不予处分,就没有主将的尊严可言,日后又如何指挥全军作战,做到令行禁止。

　　王彦正在犹豫不决,有军士报告说:"东京留守司统制马太尉率兵已到西门。"王彦正好借机收场,说:"此事日后另议,自家们且去迎接东京马统制。"

　　两支宋军会师以后,王贵、张宪、徐庆等人都急于会见岳飞。彼此虽然只分别两月,却有久别重逢的欣喜。岳飞见到张宪,内心另有一种难以言喻的隐痛,他犹豫再三,还是决定暂时隐瞒高芸香下落不明的消息。

于鹏私下向马皋夫妻介绍了王彦与岳飞等人发生龃龉的详情,求他们出面调解。一丈青说:"此便是王都统底不是,岳五哥又有何过失?"马皋说:"此事王都统于理有亏负,然而岳统制煞是违犯军法。"于鹏说:"观王都统底意思,亦难于处置岳统制等人,只是心上不快活。然而军中不和,终非是用兵之福。马太尉亦不便当众说破,唯当私自劝解。"马皋说:"我已理会得。王都统言道,他只愿伏侍宗留守,不愿伏侍北京张留守。虽是胆气不足,尚是忠义之人。"

宋军处置投降者和战俘,共清理出耳戴金银环的女真俘虏五十八人,其中包括千夫长完颜阿里孛。他是在战斗中负伤而被俘,这是宋金开战以来,宋军所俘的第一个女真千夫长。王彦和马皋共同坐衙,军士们将完颜阿里孛押上。完颜阿里孛的左腿中一箭,左肩和左臂中两刀,半身血污,步履蹒跚,神情十分颓丧,对两将艰难而恭敬地行女真跪礼,由一名投降的汉人百夫长担任通事。那名汉人翻译说:"阿里孛郎君言道,唯愿两位太尉放他回归,便不忘大恩大德,当劝说郎主,与大宋通和。"

王彦笑着说:"便是活捉了粘罕国相,大金郎主亦无议和之理。"马皋说:"你且问他,自入中原以来,斩馘了多少无辜南人,奸污了多少女子?"通事翻译以后,完颜阿里孛只是用生硬的汉话请求饶命。

马皋说:"宗留守有令,女真一族,本是大辽底臣民。今虽借大辽各族,兴兵犯境,然而汉儿、契丹诸族自非女真族类,愿留者留于军中效力,不愿留者给公据放回,须以恩德感动其心。唯是女真族类,不可轻恕。依我之见,可将阿里孛郎君押赴东京,其余五十七人候出军日,斩首衅鼓。"王彦说:"甚好!"

不料岳飞却从裨将的班列中走出来,说:"依小将之议,官兵既是仁义之师,须广好生之德。凡是女真降附之兵,亦不当斩馘,军中杀降不祥。小将察访得五十七人之中,有六人为降附者。"王彦虽然经过马皋等人的私下劝说,但对岳飞的隔阂仍不易消除,脸上不免又流露出不悦之色。马皋却对王彦说:"岳统制底意思甚好,此事便令岳统制施行,如何?"王彦碍于马皋的情面,就下令说:"岳统制,你可去处置降人。"

岳飞来到县衙边的一片空地,召集除女真人以外的降兵和战俘三四千人,他说:"尔们本是大辽或大宋底子民,不幸被虏人驱迫,离别老小,到中原作过。今奉东京宗留守底号令,愿留在大宋军中,自当与官兵一视同仁,不愿留底,可放尔们逐便,与父母妻子团圆。他日王师北伐,亦望尔们起义响应。"甄别的结果,有一千四百多汉兵自愿留下,他们大多是河北人,也有少数是原辽朝治下的燕地和辽东汉人。其余的汉人、契丹人、奚人、渤海人等都欢呼谢恩而去。

岳飞最后由通事翻译,专门对六名女真降兵宣布说:"尔们到中原作恶,便是杀了尔们,亦是罪有应得。唯是大宋为仁义之邦,不杀降附底人,今放尔们逐便。只望从此洗心革面,若再与王师为敌,断不轻恕。"六名降兵向岳飞行女真跪礼,其中一人用生硬的汉话说:"自家正是在阵上降了太尉,敢问太尉尊姓大名?"岳飞通报了姓名,此人说:"岳爷爷,你便是再生父母。自家姓女奚烈,名奴申,断不能忘却岳爷爷底大恩大德。唯愿大金与大宋从此奴申。"原来女真语中"奴申"的词义就是和睦。岳飞经过通事的翻译,也笑了起来,说:"若是大金归还二帝与两河、燕云土地,自可化干戈为玉帛。"

只有完颜阿里孛被押解到开封。宗泽考虑,如果送到朝廷,又会当作屈膝媾和的筹码,所以特别下令在宣德门前处斩,并且将被关押的金使牛庆昌等人也押赴刑场,无数开封市民闻讯而来,聚集在宣德门前,围个水泄不通。干办公事孙革负责监斩,他按宗泽的命令,将完颜阿里孛的首级封匣以后,用急递传送行朝。

两支宋军在新乡县短暂休整以后,准备继续发动攻势。他们按宗泽的指令,马皋一军西进,接应间勃的援军渡河,先取怀州,再直取怀州以西的孟州。西路金军的两员骁将完颜娄室和完颜银术可驻兵孟州州治河阳县,作为渡河的基地,威逼东、西两京,所以宗泽决意要拔除这个眼中钉。王彦一军负责收复卫州的共城县,并且在侧翼掩护间勃和马皋军,阻截完颜兀术大军南下。

马皋的军队来到卫州和怀州交界处,按约定在游家渡接应间勃的一万五千援军。九月下旬已值秋冬之交,天气变得阴寒,并且开始降小雨。马皋的队伍都身穿夹衣,在寒雨中瑟缩着,迎接第一批渡船。一个身材瘦小的老人,头戴雨笠,身披蓑衣,首先登岸,原来此人正是宗泽。马皋等人事先并未得知宗泽亲自前来的消息，大家喜出望外，纷纷上前唱喏，一丈青也躬身喊"万福"。

宗泽下船后，第一件事就是给官兵们发放雨具和绵衣。他们来到附近一个村庄，在战乱之后，村里竟空无一人。宗泽选择一个较大的房屋，召集军事会议。宗泽首先说："众将士为国宣力，我若不亲来慰劳，终是食不甘味，卧不安席。"他又转而以沉重的语调说："实不相瞒，我得知李丞相与张招抚罢黜，终夜未尝合眼。国难深重，岂有自戕人才，自坏长城之理！"话到此处，宗泽的语气因悲愤而转为哽咽，他环视四周，见众人都低头不语，又改用激昂的语调说："事已至此，我委是无泪可挥，无肠可断，唯有奋身许国，鞠躬尽瘁。我虽老迈，在世之日苦短，然而众将士忠勇，大宋江山岂有沉沦之理！"

军事会议转入具体作战方案的讨论，马皋说："怀州虏军只有二猛安，能战之兵尚不足八百，王师此去，势如滚汤泼雪。唯是孟州驻有万户娄室与银术可孛堇，兵势厚重。"宗泽说："怀州虽是小敌，却不可轻敌；孟州虽是大敌，尤不可畏敌。此回命闾太尉统兵，正是决意与劲敌周旋。你们破得渤海万户大挞不野孛堇，不足为功；唯有破得娄室与银术可孛堇，方是大功。"

闾勍说："今日有雨，待明日晴霁，先进兵怀州。"张宪说："依小将之见，此去怀州河阳县约二百余里，不如冒雨潜行，攻敌不备。"宗泽说："此正是兵机，雨地泥潦，虏骑难于驰突，弓不得张。今日出军，便是天洗兵。"闾勍望着马皋，马皋会意地说："各军午时饱餐，午后发兵。"

午后云层低暗，雨势转大，各军跋涉泥泞，西向挺进。宗泽亲自在雨中送行。他特意留下张用的选锋军作为护卫。此军原是盗匪，而在新乡之战中立功，张用本人在负伤后还是克尽己责，宗泽以此表示对他信用不疑。宗泽本来准备下一天亲去新乡县城，看望王彦所部。不料在雨中辛苦奔忙了一整天，半夜开始感冒，发高烧。他在宗颖、张用等人的苦劝下，又渡过黄河，返回开封。在临行前，宗泽仍然支撑着病体，给王彦写了一封亲笔信，交孙革带往新乡县城。

在怀州和孟州一带接连四天下雨，溪涧满溢，两地的金军寨内也积水成灾。闾勍和马皋指挥宋军，乘着恶劣天气的帮助，冒雨奋进和突击，接连收复两州,完颜娄室和完颜银术可的金军也战败北逃。

再说马皋率军离开新乡县城后,王彦就下令修整金军留下的城东营寨。岳飞又忍不住提出异议,他说:"观王都统底意思,莫不是欲固守城东营寨?"王彦说:"新乡县城壁卑薄颓圮,一时难以缮治,相州底四太子大兵离此不过二百里,唯有速修此寨,以备缓急。"

岳飞说:"新乡非虏人南下要冲,王都统若欲固守,须以濬州黎阳县为重,此县当相州至东京底要道,为兵家所必争。"王彦说:"黎阳有三千军马,八六钤辖勇武,赵干办多谋,足以守御。"

岳飞说:"兵法曰:'小敌之坚,大敌之擒也。'处处分兵把截,恐非抵挡虏人底良策。小将以为,王都统不如乘得胜之威,先破共城县底残敌,然后聚兵于黎阳,迎战四太子。"王彦说:"如今天气已寒,八六钤辖送冬服前来,待他到此,从容计议。"

岳飞说:"兵贵神速,进军共城,恐是宜速不宜迟。"王彦说:"万户蒙适孛堇与大挞不野孛堇底残兵亦有四五千之众。虽是新败之余,亦不当小觑。"

寇成说:"王都统若是欲攻,可急破共城残敌;如是欲守,则八六钤辖亦不须送冬服来,可依岳统制之议,聚兵黎阳。"王经也说:"我军分驻濬州黎阳,卫州汲县与新乡,成长蛇之势,诚恐难以抵挡大敌。若是八六钤辖运送冬服,亦须派兵接应,以免闪失。"

王彦说:"北自真定府,南至共城,太行山中聚集忠义民兵共有数十万,立无数山寨,誓不顺番,我已命人传檄,若能勾唤得五万人,亦足以御敌。"岳飞说:"忠义民兵据山险抗虏,是其所长,而至平原与虏骑相抗,是用其所短。各处山寨虽有丁壮,亦多老小。王都统命令丁壮置家眷于不顾,而来此处,恐非易事。"

王彦不听几名统制的劝告,只是继续修缮营寨。两天以后,由汲县的右军统制张翼传来急报,说是完颜兀术大军放弃攻打相州而南下,赵不尤运送冬服等的辎重车队离县城不远,遭到金军前锋的袭击,车队溃散,赵不尤不知存亡。接着,又有败兵逃来,报告金军攻破卫州州治汲县城,张翼战死,以及濬州州治黎阳县城也被围攻的消息。

战局的急剧逆转,使王彦招致许多将士的非议和责难。但他仍然不得不硬着头皮,召集紧急会议,商量对策,前来送信的东京留守司干办公事孙革也参加会商。岳飞说:"四太子大军必来相攻,苦守孤垒,诚恐难以持久。与其率军渡河归东京留守司,不如连夜西上太行,据山险抗敌,联络各处忠义民兵,与东京宗留守、相州不试知州互成犄角之势。"

王彦说:"放弃新乡,便成前功尽弃。敢请孙干办速回东京,乞宗留守速遣援军,与我军并力破敌。"话音刚落,有探事人进来报告说:"有蒙适郎君与大挞不野字董率军约四千前来,离此十余里。"

岳飞对王彦说:"二人屡败之余,只图在四太子大兵之前,将功补过。王师正可迎头痛击,再议后事。"王经、寇成、郭青等人纷纷表示赞同,王彦却说:"纵然胜得一阵,王师亦须损兵折将。如今只宜坚守营寨,蓄锐以待四太子大兵。"

郭青说:"王都统屡失兵机,此回却不可再失。唯有先破番兵,移屯西山,方是上策。"王彦受到公开指责,不免恼火,他生气地说:"若要出战,你们自去出战!"

岳飞等人气愤地站立起来,准备出走,于鹏规劝说:"军中无主将号令,岳统制等不宜擅自出兵。"岳飞等人年少气盛,说:"主将已有号令,岂可谓擅自出兵!"他们头也不回,径自整军出寨。

营寨中只剩下王彦的亲兵和白安民的后军,王彦气得脸色苍白。孙革说:"目即留守司重兵聚于怀、卫二州,恐一时难以勾抽。依下官之见,岳统制等擅自出战,煞是违犯军令。然而不破得虏人偏师,王都统亦岂得移军。待他们回寨后,不如先移军西山。日后会合闾太尉军,再议同共破四太子军。"王彦用斩钉截铁般的语调说:"请孙干办速回东京,我只在此固守,翘首以待宗留守底援兵。"

孙革本想等待岳飞等人的战报,现在只能无可奈何地告退。于鹏送孙革出寨,孙革说:"今日之事,王都统与岳统制等各有不是,尚须于干办劝谕他们和衷共济。"于鹏说:"此是岳统制等第二次违犯主将,既是乱世,尤不可视军法如儿戏。张招抚与赵干办称赞岳统制底才武,更在王都统之上,军中亦多服岳统制智勇双全。依下官之见,不如乞宗留守日后将前招抚司军分为二军。"孙革说:"既是王都统决意固守待援,于干办尤须劝谕岳统制等服从主将。"孙革与于鹏互相作揖后,就上马直奔开封。

再说岳飞等四人率军出寨,王经对寇成和郭青说:"军中不可一时无主,此回出战,当推岳统制为主。"寇成和郭青也说:"自家们愿服岳统制底将令!"岳飞也并不客气推辞,新乡城北有一条清水,宋军来到城北的清水之滨,近来因为西部下雨,水势增大。岳飞亲自骑逐电骠,试着涉水过河,然后隔岸对另外三统制喊道:"可全军过河,背水列阵。"

于是四军人马全部涉水过河,来到清水北岸。岳飞说:"虏人虽是败军之将,亦不可轻敌。官兵知清水深浅,背水为阵,并非置于死地,而虏人便不能绕出官兵阵后。今以步兵在前,安排神臂弓、马黄弩、床子弩之类,四军底马兵合计一千四百余骑,且留阵内,以备缓急。"

宋军背靠清水,排列成半月形的队阵。列阵方毕,有五名金军骑士身披重甲,前来掠阵侦察。岳飞目测敌人的距离,下令说:"床子弩突出阵前放箭!"床子弩作为射程最远的兵器,一般是埋伏阵内或贴近阵边发射的,岳飞命令突出阵前,也可算是别出心裁。当即有五辆弩车推出阵前,急速放箭,三名金骑中箭落马,两名敌人逃窜。在三名倒地的金军中,有一人只是乘骑毙命,他挣扎爬起,狂奔逃跑。舒继明不待岳飞发令,就飞骑出阵,大喝一声:"鼠辈休想逃命!"他用刀背将敌人击倒,然后弯腰提起敌人的右脚,将他拖回阵内。他的身躯虽然异常高大,而动作却十分敏捷,赢得众将士的喝彩。

战俘是一名懂汉话的奚人,岳飞正在审问,有一千金骑自北而南,开始突击宋军的右翼。王经指挥前军抢先发射弓箭和弩箭,打退了金军第一次冲锋。接着,金军又集结一千五百骑,再次向宋军右翼发动第二次冲锋,又被王经挥军击退。

岳飞对舒继明说:"据俘虏所供,虏军分为前、后两阵,蒙适郎君为前阵,大挞不野字董为后阵。虏人两次冲锋,全是用后阵兵马。虏阵高处立一大旗,蒙适郎君便在其下督战,只待大挞不野陷阵时,他便以虏骑为正兵,将官兵蹂践,拥入清水。你可选四十勇士,飞骑前往,擒贼先擒王,若能将蒙适郎君射死,便是大功。我当派兵继援。"岳飞接着又命令王敏求率三百骑,作为后援,命令郭青率领其余约一千骑兵,向敌人的右翼突击,寇成率领一部分步兵向来犯之敌的侧翼进攻。

当大挞不野率领后阵的全部金军,投入第三次冲锋时,宋军立即发动反冲锋。舒继明率亲选的四十骑,首先居中直驰敌阵。舒继明见到在敌阵的白日黑旗下,果然有一骑士,身穿紫袍,显得与众不同,就下令说:"射紫袍底!"在宋军的攒射下,那员紫袍将连人带马倒地毙命,引起金军的混乱。舒继明抡动一把斩马刀,大呼陷阵,四十勇士随后突入。王敏求率第二梯队也随即直贯敌阵。郭青和寇成也按岳飞命令分别率骑兵和步兵投入战斗。岳飞本人指挥其余步兵也继王敏求之后,向敌阵正面冲锋。金军溃不成军,向北逃窜。

岳飞检验敌尸,在那员紫袍将腰间搜到一块金牌。原来按金朝的制度,万夫长,即忒母孛堇授予金牌,千夫长,即猛安孛堇授予银牌,而百夫长和五十夫长,即谋克孛堇和蒲辇孛堇授予木牌。金牌表明了死者的身份确是完颜蒙适,这是自开战以来,宋军第一次斩杀了金军的万夫长。

王经见到岳飞说:"莫须乘胜追击,破共城县底敌寨?"岳飞说:"甚是!"他命令四名骑士,带着完颜蒙适耳带金环的首级和那块金牌,回营为舒继明报功,并且报告王彦,只等攻破共城县的敌寨,就收兵回营。

岳飞等四统制率领背嵬军、前军、中军和左军人马向共城县挺进。大挞不野指挥败兵坚守县城南的营寨。宋军没有炮具,只能以步兵持盾牌冲锋,攻打了一整天,死伤数百,仍毫无进展。由于所带乾粮有限,岳飞等人不免焦急,但延捱到傍晚时分,也只能下令停止进攻。

漆黑的夜空既无月光,也无星光,身穿夹衣的宋军将士在寒风中瑟缩着身体,吃着麦粉和糜饼,喝着凉水。有的军人捡拾了一些干草、落叶、枯枝、木柴之类,生篝火御寒。岳飞等四统制更是忧心忡忡,因为最晚到明天正午,军中就要断粮。他们坐在泥地,默默地吃着干粮,彼此都有一筹莫展之感。

天空刮起了猛烈的西北风,将一团着火的枯枝败叶吹到他们的面前。岳飞顿有所悟,说:"破敌之方,便是乘风火攻。"郭青拍手说:"此计大妙!"四人立即起身,下令全军饱餐之后,准备新的进攻。岳飞部署王经、寇成和郭青各率本军在金寨东、南、北三面埋伏,自己率背嵬军向金寨的西部发动火攻。岳飞估计到金军向南方和西方逃窜的可能性不大,另外部署沈德和舒继明各率五百骑,在金寨的东、北两面的外围,负责歼灭逃遁的敌骑。

西北风愈刮愈猛,背嵬军顺着风势向金寨进攻,远则发射火箭,近则抛掷火把,风助火威,火仗风势。乘着金军混乱之际,岳飞和王敏求身先士卒,一个持镔铁四楞锏,一个持手刀,突入敌寨,军士们也随之蜂拥而入。金军抵挡不住,多数向东方和北方逃遁,也有少数向南方逃遁,却遭到岳飞预先埋伏的五支步兵和骑兵的截击。不过到半夜时分,就结束了战斗。岳飞占领敌寨后的第一要务,就是迅速灭火。幸好金军贮备的粮草大部分得以保存,这对宋军而言,无疑是最重要的战利品。

就在岳飞一军白天休整之时,攻破黎阳城的完颜兀术金军又移师新乡,包围了王彦的营寨。完颜兀术见到寨门上用一条长竿,高悬着完颜蒙适的人头和金牌,气愤填胸,大声喊道:"我当将此小寨踏成平地,将南军变为齑粉!"金军开始准备攻具,树立炮架。

大挞不野率领败兵,闻讯逃来。他熟知完颜兀术的脾气,只是行女真跪礼,长跪不起,而一语不发。完颜兀术取过一杆柳枝,在大挞不野的背上抽打了上百次,按女真人的习俗,为了不妨碍骑马,柳条只抽打背部,不抽打臀部。完颜兀术说:"大挞不野,尔可知罪?"大挞不野说:"男女知罪,愿身为前驱,攻破敌寨,将功折罪。"完颜兀术说:"尔若攻不破敌寨,便当将尔与部兵们一并洼勃辣骇!"

完颜兀术所统的五万金军,由于战斗的损折,如今尚有三万七八千人马,而宋方王彦的亲兵和白安民的后军虽然屡经扩充,也只有一千八百人。王彦此时只能依仗壁垒,死守待援。战斗从九月二十八日下午开始,金军矢石交攻,大挞不野率领着败兵,为免于被敲杀,身披双重铁甲,冲锋在前,仍屡次被王彦挥兵击退。

战斗持续到申时,白安民正在挺剑指挥,被一块飞来的炮石,击中头颅,当即殒命。接着,金军首先从东北角突入寨内。王彦眼见大势已去,只能下令全军四散突围。他手持一杆掩月刀,率领骑兵打开营寨西门,大呼出击。王彦挥动掩月刀,连劈三名敌军,所向披靡,与部兵奋死杀开了一条血路。大批金军骑士在后紧追不舍。王彦不得不亲自断后,他略为减低马速,转身背射,接连射死四名追骑。时值夜幕降临,金军停止了追击。

王彦统计部兵,只剩下了七十二骑。王彦长吁一声,说:"不料成败在转瞬之间,我若渡河,前往东京,委实无颜参拜宗留守。不如且去太行山,团结两河豪杰,同共杀番人。"他招集败兵,最后共计七百余人,退守共城县西山。

这支败兵处于缺衣少食的窘境,为了躲避金军的追剿,王彦不得不每夜换一个住宿地点,以防变生不测。一天夜间,一名部兵偷骑一匹马逃跑,而不知去向。这更增加了王彦的顾虑,他召集全体军士说:"如今是危难时节,若不愿随我,自可另投他处,我决不强留。然而大丈夫生于世间,又岂可投拜强虏,背弃大宋。"众人纷纷表态说:"自家们追随王都统抗金,天不能动,地不能摇,危难时节方见忠义之心。"竟没有一人自愿离开队伍。

王彦对众人的表态感到宽慰,他说:"既是如此,我愿与你们明誓天地,面刺'赤心报国,誓杀金贼'八字,以示宁死不屈之志。若愿刺字底留于军中,不愿底自可放你们离去。"众人又异口同声说:"愿随王都统明誓天地,决不相负!"于是大家互相在双颊上刺了八个大字。久而久之,人们就习惯于称这支队伍为八字军。

由于此前已有联络,王彦先后得到了各处忠义民兵的响应。从十月到十一月,在不足两个月的时间内,聚集在太行山的两河忠义民兵,达十多万人,都自愿接受王彦的领导。金军屡次进攻山区,都被王彦挥兵打败。八字军一时声威大震,从建炎元年冬到二年,前后与金军战斗几百次,杀敌无数,其中斩杀金军女真千夫长五人。王彦特别派人渡河,将五个耳戴金环的首级,连同五块银牌,向东京留守司报功。

[壹柒]
鏖 战 太 行

　　岳飞等四统制正准备离开共城,返回新乡,却有于鹏率十五骑突围前来,给他们带来了败报,并说王彦存亡未卜。四名统制心境沉重,沉默良久。寇成第一个开口,说:"自家们未能及时回师,罪在不赦!"于鹏说:"如今非是追究罪责之时。虏人矢石交攻,竟在半日之内,破新乡壁垒,足见死守不是良策。不如依岳统制原议,移军西山,依山险与敌人周旋。"大家正在商议时,有探事人报告,说南面的金军离开营寨只有二十宋里。

　　王经说:"王师以步兵为主,此时若要退兵,虏骑追及,便有丧师之虞。须先杀他们一阵,另谋退兵之计。"于鹏说:"番人军马厚重,若包围营寨,便是重蹈王都统底覆辙。"

　　岳飞说:"县城西北五十里有一天门山,又二十里地名侯兆川,都是山险之地。侯兆川北通相州林虑县,西接河东路泽州陵川县。依如今事势,官兵唯有退保两地,方得与虏众相抗。于干办可与王正将统背嵬步兵,寇、王、郭三统制各统本军步兵,整师而退,我自与舒、沈二正将率马兵断后。"

　　郭青说:"岳统制为军中之主,当居中统率全军,我愿率马兵断后。"王经和寇成也争着要断后,岳飞说:"你们既推我为主,便当服我调遣,从速撤兵,可在天门山据险守御,策应自家归师。"他不再与他们争论,径自与舒继明、沈德两将整饬马兵,南向迎战。王经、寇成、郭青和于鹏也只能组织四军步兵,携带粮食和辎重,向西北方向迅速撤退。

共城县城西有一条百门陂,是清水的支流,水流自北而南,陂西一带有茂密的森林。岳飞命令舒继明说:"百门陂水不深,你可率三百骑涉水至对岸,多立疑帜,以游兵在树林前往返穿梭,时进时退,迷惑虏人。若是我率军涉水到西岸,你便收兵,与我同行。"他自己与沈德率领八百骑在百门陂东岸占据了一个高阜,列阵待敌。

完颜兀术在攻占新乡的宋方营寨后,立即命令未曾参战的万夫长完颜聂耳所部,杀奔共城县。完颜聂耳的部队虽然在新乡一战中养精蓄锐,保存实力,但自从此次南下以来,已在相州等战斗中不断损耗,却未能得到补充,现在只剩下六千五百余人,一半是精锐的女真正兵,另一半是由女真老弱、汉兵等组成的阿里喜,却依然保留了十猛安的编制。完颜聂耳三十多岁时随金太祖起兵反辽,是一员征战十三年的宿将,由于完颜蒙适的战死,加之大挞不野为掩饰败绩,而夸张敌情,使完颜聂耳更不敢轻敌。他的盘算只是希望缠住宋军,以待完颜兀术大军前来聚歼。

完颜聂耳率所部到达岳飞布置的战场,就不免被宋军的阵势所迷惑。他一会儿望着高阜上的宋阵,一会儿望着陂水西岸的森林和旗帜,犹豫不决,他既不敢鲁莽进军,也不愿轻易退兵。一名亲随百夫长姓斡勒,名阿里合懑,他对完颜聂耳说:"我愿到南军阵前挑战,以观虚实。"完颜聂耳说:"你可前去,而切须小心。此回南军煞是骁勇敢战,蒙适郎君犹自被他们斩馘。若是南军不应战,便可掠阵而归,万万不可单骑陷阵。"于是斡勒阿里合懑骑一匹枣红马,手持一口剑,驰至高阜前不远,用生硬的汉语说:"谁敢与我决战?"

看到金军挑战,沈德也不胜技痒,对岳飞说:"小将愿下阜迎战!"岳飞吩咐说:"若是与他难分胜负,不可恋战,便拨马归来。如是杀了他,可掠阵放箭而归。"沈德说:"会得!"就手执双刀,骑一匹黑马直下高阜。

沈德与斡勒阿里合懑双刀对单剑,在两军阵前周旋拼杀。战不多时,沈德一刀砍折了敌人的右臂,斡勒阿里合懑惨叫一声,右臂和剑同时落地,他还是用左手执缰绳,拨马向南狂逃。沈德驰马紧追。斡勒阿里合懑右臂的鲜血流了一路,逃到金军阵前,就因失血过多,落马晕倒在地。他的鲜血继续汩汩地流淌,很快就气绝身亡。沈德目测与敌阵的距离,盘马弯弓,侧射一箭,接着又在回奔时转身背射一箭,两名金军骑士应弦声而跌下马来。

岳飞见沈德面带胜利的喜悦，驰马上了土阜，就说："沈正将单骑杀敌，扬我军威。目即仍不见房军动静，你可率后队涉水到百门陂西，我自率前队断后。"于是宋军整队涉水西行。

接连有三名将士被杀，使金军的几个千夫长感到气愤，他们纷纷要求完颜聂耳下令，攻击宋军。完颜聂耳却一概不听，只是在阵前细心观察。眼看宋军列队涉水，前往百门陂西岸，几名千夫长又纷纷请战，说："聂耳孛堇，此时若不出战，更待何时？"完颜聂耳却下令说："可先退军十里，再议后事。"于是，当岳飞率后队涉水过陂时，金军也整队而退。

宋军平安抵达西岸后，舒继明和沈德都向岳飞发问："岳统制何以知房人必不追赶官兵？"岳飞说："我虽以陂西底疑兵惑乱番人，若他们并力向前，我亦只得厮杀一阵，然后引他们西向，以掩护步兵退往天门山。如今见房人颇有迟疑底意思，就不如乘沈正将得胜，以及早退兵为上策。房军慑于上回蒙适郎君被斩之威，果然不敢轻易搏杀。"舒继明和沈德都表示叹服，说："岳统制煞是神算！"他们引领骑兵也急速退往天门山，与步兵会合。

天门山并不太高，确是山势险峻，遍山怪石嶙峋，树木不多。一条小路自东南往西北，通过山巅。山顶却是一片平地，有三泓潭水，清澈见底，而东南和西北两个入口处都是石壁如门，因此以天门山命名。山顶的平地面积不大，寇成、王经、郭青和于鹏率四千步兵到达，就不免拥挤。于是寇成等人带一部分军队重新下山，接应岳飞。

岳飞问明情况，就问道："山上约可屯驻多少人马？"王经说："以一千五百步军为宜。"岳飞说："既是如此，自家率一千五百步军屯驻此山，你们率其余人马且去侯兆川屯驻。"郭青说："岳统制断后不易，已自整军而归，当主张全军，此回定须由我守御天门山。"于鹏、王经和寇成也坚决要求岳飞统率全军进驻侯兆川。众人经过商议，决定由郭青和王敏求率左军和背嵬军步兵一千五百人留守，岳飞等率其余马步兵前往侯兆川。

岳飞登山，察看地势，只见奇松怪石，在湛碧的潭水中留下倒影，三个潭中各有大群游鱼，纵鳍戏水。但在此时此刻，任何人也无闲情逸致，去欣赏旖丽的景色。岳飞对郭青和王敏求说："此山直是险要,易守难攻,且不虞无水。然而两石门虽可固守,亦须防房人自四面攀登,不可有一处疏于防拓。"他嘱咐完毕,就随众人下山。

完颜聂耳终于明白是中了宋军的缓兵之计,但他也不敢完全据实禀报完颜兀术。完颜兀术对完颜蒙适的被杀仍然感到愤怒,他责骂了完颜聂耳一顿,就亲自带大军前往共城县西山,企图剿灭这支宋军,为完颜蒙适报仇。

金军来到天门山下,完颜兀术在山下督战,命令完颜聂耳说："你上回纵敌,误了兵机,此回须将功折罪,可率儿郎们攻破山寨。"十三年的征战,使金军积累了相当丰富的军事经验,不仅善于野战,也善于攻城,但对山地战却一时还找不到恰当的战术。完颜聂耳面有难色,却又不敢不应承。

完颜聂耳毕竟老于行阵,他望着险峻的山势,决定暂不动用正兵,先命令本部的三千二百多阿里喜徒步仰攻。他们三次冲锋,都被宋军用矢石击退,死伤了六百多人。完颜兀术大怒,他责问完颜聂耳说："阿里喜俱是老弱、汉儿,又如何取胜?你可自率精兵攻山。"

完颜聂耳虽然没有信心,也只能头戴铁兜鍪,身披两重铁甲,率领本部三千二百多女真精兵攻山。女真兵在马上固然悍勇善战,但天门山决非是铁骑纵横驰突的所在。两次冲锋,都被宋军轻易地打退,完颜聂耳的坐骑中箭,连人带马从山坡上跌落下来。

完颜兀术发怒,他对完颜聂耳说："骑马又如何攻山?你须与儿郎们徒步上山,若是攻不下此山,你又有何面目见我?"完颜聂耳身上已带轻伤,却更不敢怠慢,他率领女真正兵身披重甲,手持盾牌和刀剑,艰难而缓慢地向山上爬行。山上的宋军还是居高临下,以逸待劳,等金军接近山巅,就投掷大石块。冲在前列的金兵或死或伤,滚落山坡。有少量金兵居然冲到山顶,郭青挺双剑,王敏求舞戟刀,率军士歼灭了登山之敌。

金军的又一次强攻失败了,完颜聂耳带着右大腿上的一枝箭,一瘸一拐地来到完颜兀术的面前,行女真跪礼。完颜兀术气得一脚将他踢倒,说："你追随阿爹征战多年,不料竟如此无能!"他又喊另一个女真万夫长完颜余列说："余列,尔可统本部正兵攻天门山,须有进无退!"

完颜余列指挥本军向山上发动持续不断的冲锋,金军死伤无数,却根本无法接近山巅。焦躁的完颜兀术骑马在山下来回躞蹀,最后,他气愤地摘去头盔,掷在地上,说:"我不须旁牌,不须重甲,亦要捷足先登!"他下马选取了一把斩马刀,下令本人的合扎猛安军一律不戴头盔,不披重甲,随自己轻装登山。

这是金军最猛烈的一次进攻,完颜兀术率合扎猛安冲锋在前,而完颜余列所部随后蜂拥而上。完颜兀术以敏捷的脚步,躲过了两块飞石,将到山顶时,又飞来一块大石,打中了他的右肩和右臂,滚下山坡,一把斩马刀脱手飞去,正好斫中一名亲兵的头颅,由于没有头盔的防护,立即毙命。完颜兀术连滚带爬,逃退下山,金军的最后一次攻势随之告终。

完颜兀术伤势还不算太重,然而从右肩到右上臂,大面积红肿疼痛,难以动作。部属们都知道他的脾性,在战事失利时,往往责罚部属,而发泄气恼。大家都尽可能远远地躲着他。晚饭时,完颜兀术只能用左手拿一块战死的烤马肉啃咬,满脸怒色,却又一语不发。汉军万夫长韩庆和与他的儿子、千夫长韩常走到他的面前。韩庆和是最早投降金太祖的辽朝汉将,也是目前金军中唯一的汉人万夫长。父子俩都会女真话,在行女真跪礼后,不待完颜兀术开口,就抢先发言说:"告报四太子,自家们有破敌之策。"

完颜兀术嘴里正含着一块马肉,他声音含糊地说:"你们且道来。"韩常说:"大金军马利在平野,不惯夜战。然而若今夜乘南军不备,偷袭山寨,定可成功。我愿带本部精兵请战。"完颜兀术听后,有几分回嗔作喜,又有几分将信将疑,说:"你若能破敌立功,我当重赏。然而若不能成功,我亦当重罚。"韩庆和听到重罚,也不免有几分不快,但到此地步,为了自己的前程,也只能拼死一搏。

韩庆和的军队大半是原辽朝治下的辽东汉儿,也有少数契丹人、奚人、燕京汉人等。父亲自然偏向儿子,韩常所率的一猛安七百人,则是全军的精锐。韩常本人也确是武艺高强,膂力惊人,能开三石硬弓。他与本部七百辽东汉儿在前半夜加餐一顿马肉,都一律穿着金军的黑衣,摸黑登山。

郭青、王敏求与一千五百军士经过一天奋战,只有三十多人受伤,还未战死一人。然而今天夜晚却是十分难煞的一夜。十月初冬,星光暗淡,山顶更是寒风凛冽,他们全是夹衣,而无冬季绵服,只能三五成群,互相拥挤成一团,藉以抗寒。到了后半夜,这既是他们最困乏的时刻,而又是最寒冷的时刻。很多人都处在半睡半醒的状态。

韩常手持破阵刀,第一个跃上山顶,接着他的部兵也一拥而上。一队巡逻兵发现有敌情,首先上前迎战,勇猛的韩常接连劈死了三人。他乘宋军仓促应战之际,率部兵占领了天门山的东南路口,举火为号。完颜兀术看到信号,遂命令金军大队迅速发起冲锋。

郭青和王敏求指挥部兵反攻,企图夺回东南路口。两个政权之下的汉人,一方是蓄髮汉服,另一方却是辫髮左衽,为着宋金两朝的利益,进行殊死战。由于宋军没有援兵,而金军大队却源源不绝地拥上,到天明时分,郭青和王敏求只能率四百多残兵,从西北路口退下天门。

天门山上尸骸遍地,三个澄潭都被血水染红。金军虽然占据了山头,却支付了伤亡三千多人的代价。尤其是韩常的七百部兵,最后只剩下一百多人。部兵的鲜血换来了完颜兀术的恩宠,韩常从此就成为金军中出名的骁将。完颜兀术出征,必带韩常。

侯兆川是群山环抱中的一块方圆数十里的平地,是连接共城、林虑和陵川三县的交通要冲。宋朝原先在此地设立一个巡检司寨,附近有八个村庄,约各有一百多户居民。岳飞等人来到侯兆川,就马上发现,侯兆川本身无险,要守侯兆川,就必须扼守作为东南入口处的十八盘和石磴岭。岳飞当即挑选了七百步兵,亲自镇守险要,而命令王经、寇成、于鹏等率其余军马屯守巡检司。

岳飞在当夜得到战报,说是郭青和王敏求已经杀退金军,目前不需要增援,不料次日天色微熹,又得到金军夜袭的消息。他正准备率兵增援,而郭青和王敏求已率残部退到了十八盘。岳飞虽然颇感震惊,但处于目前的形势,显然不应责怪,而只能安慰。岳飞说:"胜负是兵家常事,郭统制与王正将抗击一日,重创虏人,已是远胜于新乡之役。你们可速至侯兆川歇泊,请王、寇二统制与于干办前来议事。"

完颜兀术乘胜进兵,在于鹏、王经和寇成来到石磴岭时,岳飞的军队已在十八盘路口,与完颜余列的金军交锋。十八盘是登石碾岭的五里山路,蜿蜒曲折,其实共有四十八弯。宋军在只能容纳两骑并行的路口,三次杀退金军。

利用战斗的间歇,岳飞和于鹏等人商议,王经问道:"莫须自家们增兵?"岳飞说:"此处四百军兵,足以扼守,兵多亦难以摆布。我另命沈德率三百人驻守石碾岭,以为援兵。若是虏人设法另寻小道,绕出我军之后,深为可忧。"寇成说:"自家们访问村民,言道附近委是别无他道。"

岳飞说:"须防万一,若虏人或是绕道相州林虑县,或是自南山出官兵之后,侯兆川平旷之地,正可以马军驰突。"王经说:"此处可由我统兵杀敌,你既是一军之主,可去侯兆川坐衙,随机应变,以防不测。"于鹏和寇成也深表赞同,经三人劝告,岳飞就将前沿军事交王经指挥,自己和寇成、于鹏回到侯兆川。

金军猛攻了一天,在狭窄的山路上,既展不开优势兵力,又无法施展骑兵的威力,虽然伤亡不大,完颜兀术还是为战事毫无进展发愁。他找来了韩庆和父子,说:"南虏守御甚力,你们可仿效天门山之役,于今夜偷袭南虏。"韩庆和说:"凡事可一而不可再,南虏有天门山之败,夜来必是用心守备,切恐难以成功。"

完颜兀术发怒说:"难道尔们便无计可施?"韩庆和说:"须是绕道,或可自南山,或可自相州林虑县,攻南虏底后背。"完颜兀术说:"南山在共城本县,南虏当有守备,不如取道林虑县。"他当即下令,留完颜余列驻兵天门山,自己带兵北上林虑县。

金军攻势减弱,立即引起岳飞的怀疑,他命令侯兆川的八村居民迅速疏散上山,坚壁清野,自己亲自到十八盘,命令王敏求带十名军士在夜间捕捉生口,侦察敌情。这又是一个寒冷的初冬之夜,岳飞与全体军中要员都身穿单薄的夹衣,在十八盘路口静候,他们只能轻声地搓手跺脚,驱赶寒气。到了后半夜,王敏求等人终于押来了一名金军中的汉人阿里喜。

当得知金军主力转移的确切情报后,岳飞对众将说:"王师若再拘守此地,岂不是坐以待毙。如今唯有先破余列孛堇人马,方可杀出一条活路。寇统制与于干办、舒正将可率马军驻于巡检司,以防虏人。如今步军所剩不足三千,然而我身为前驱旗头,当与你们即时进攻。"郭青说:"你是一军底主将,天门山失于我手,我当为前驱。"岳飞说:"军情紧急,不须争议,尔与我同为前驱,王统制可在后指挥全军。"他下令全军连夜饱餐。

天色拂晓,岳飞左手持一面红旗,右手执铁锏,郭青手挺双剑,率壮士们向金军进击。完颜余列的军队分驻在天门山的东南和西北,本人住在山顶,本拟在天色大明,饱餐一顿之后,再向宋军发起佯攻。宋军的反攻,正打了金军一个措手不及。岳飞的红旗始终冲杀在最前,郭青在旁紧紧护卫,所向披靡,军士们在红旗的指引下,大声喊杀,鼓勇直前。许多金兵人不及鞍,仓促迎战,在步战中被杀。即使是上马的金兵,在崎岖的山间,也根本展不开驰突的阵形,以骑战步,反而居于劣势。很多金兵正是在纵骑迎战或逃跑时,连人带马跌落山中。

岳飞率宋军一鼓足气,很快冲上天门山顶,又将金军逐下山去。完颜余列最后只能率军逃遁,但他害怕完颜兀术责罚,只是退兵到新乡县。此战俘杀金军近千人,宋军伤亡也有五百多人,而最可贵的战利品则是掳获了一千多匹战马,还有大批羊裘、干粮之类。岳飞下令,将死伤的马匹一律宰杀作食,羊裘则优先分配给身体较弱的战士。宋军虽然第一次得到了部分冬服,以解御寒之急,而岳飞等将领却还只能身穿夹衣。

岳飞在战胜之后,马不停蹄,又与众将前往林虑县的来路,察看地形。侯兆川正北地名狼石口,是一个群山对峙的山谷,谷中的一条道路直通平地。寇成说:"如今官兵已不足四千,能战之士不过三千六百许人。若纵虏人大军入平川之地,委是难以枝捂。可在此筑垒,阻击敌军。"岳飞说:"我军夺取虏人底战马与重甲,改步为骑,今已有马军约二千三百人。不如设计,歼其一部,藉以惩创虏人,使其不敢再犯。"由于岳飞的指挥才能已使众将信服,大家并无异议。岳飞当即按地形分别部署了马军和步军。

由于战斗中的损折,另外又减少了完颜余列所部,完颜兀术的军队如今只剩下二万八千人马。此次自林虑县绕道,仍由万夫长完颜聂耳所部为前锋。当军队进入狼石口的十多里山谷时,完颜聂耳心存疑虑,派人禀报完颜兀术,打算暂停行进。然而完颜兀术求胜心切,命令完颜聂耳急速前进,不得停留。完颜聂耳只得催动人马,向侯兆川进发。

在队伍最前列的是千夫长颜盏桓端所部的猛安,他发现宋军在狼石口的谷口以南,已经严阵待敌,就急忙派人向完颜聂耳报告。完颜聂耳下令颜盏桓端继续行进和列阵,暂时不向宋军挑战,又命令另一个千夫长奥屯谋良虎率所部迅速继进。

当奥屯谋良虎的军队几乎全部进入狼石口以南时,突然在狼石口左边最高的山顶上竖起一面红旗,以红旗为信号,宋军开始发动全面攻击。王经在前,郭青在左,寇成在右,率三支骑兵对狼石口以南的金军实行合围。此外,在狼石口以北的山谷中,左有王敏求,右有沈德,分率步兵从两边山上向金军投石和放箭。岳飞和舒继明率领三百骑兵则从郭青和寇成两军的合围处,对山谷中的金军北向进击。

完颜聂耳对宋军的突击并非没有思想准备。他急于救援被合围的两猛安部兵,然而在狭窄的山谷里,所部的骑兵根本展不开驰突的阵势,却受到宋军步兵和骑兵的三面夹攻。岳飞抡动铁锏,舒继明挥舞斩马刀,身先士卒,接连杀死几名女真骑士,锐不可当。完颜聂耳企图组织反击,然而所部的金军却是前面的败兵与后面的援兵互相拥挤,甚至自相践踏。最后,完颜聂耳身中四箭,只能策马在人和马的肉缝中夺路先遁。岳飞还是以骑兵正面冲锋,步兵自两边山上夹击,金军既挤成一团,又乱成一团,正好成了宋军密集攒射的箭靶。在十多宋里的山谷中,宋军踏着敌军人和马的尸体冲锋和追击,将金军逐出山谷。

在狼石口以南的平地,进行着前所未有的宋金骑兵会战。擅长以骑兵包抄和围掩敌人的金军,如今却面对着两倍敌骑的围攻。金军以重甲而自豪,然而这次遭逢的敌手,却是以夺来的重甲装备的宋军骑兵,而他们的弓矢又比金军劲利。在宋军强弓利箭的攒射下,千夫长颜盏桓端首先阵亡。奥屯谋良虎指挥金军东冲西突,却始终突不破宋军的包围。相反,包围圈在不断紧缩,金军的死伤数也在急遽增加。

金军都头戴铁兜鍪,止露双目,不料一枝流矢飞来,不偏不倚,正中奥屯谋良虎的右眼。奥屯谋良虎也是个勇士,他大吼一声,忍痛拔出箭镞,将箭扔在地上,右眼的鲜血顺着兜鍪滴落胸前。奥屯谋良虎置伤痛于不顾,他跃马舞剑,亲率部兵向西南方向突围。迎面飞来一阵乱箭,首先将奥屯谋良虎射死。金军接连死了两员统兵官,更是急于四散突围,根本不能进行有组织的抵抗,很快被宋军全歼。

再说完颜兀术一方,他得到完颜聂耳的败报后,十分震怒。他此次南征,带有六个忒母的兵力,但如今在六个忒母孛堇,即万夫长中,大挞不野的残兵其实不足一猛安,完颜余列所部远在天门山,韩庆和所部以汉儿为主,在完颜聂耳的部队受到重创之余,他主要只能仰仗另外两名女真万夫长斜卯阿里和乌延蒲卢浑的军队。完颜兀术派人召来两人,问道:"此回南虏煞是敢战,聂耳犹自败了。你们若能破得南虏军,便是大功。"

斜卯阿里虽然曾在相州等地与岳飞交战,却还不知岳飞的姓名。但他曾经打过败仗,特别当完颜蒙适、完颜聂耳等屡败之后,内心有几分怯意。乌延蒲卢浑自开战以来,还未遇到重大的挫败,他说:"今日天色已晚,须防南虏夜来攻袭,不如暂且退兵。我明日当统兵前去会战。"完颜兀术同意他的建议,退兵二十宋里。

岳飞在安排打扫战场的同时,又命令王敏求和沈德各率一百骑夜袭金军,他嘱咐说:"你们不须攻袭虏人,只须虚张声势,使他们不得休息。"

当夜金军正纷纷入梦,王敏求率一百轻骑前来,却只是用喊杀声和鼓声骚扰一阵,不等金军出战,旋即退兵。完颜兀术经过此番惊扰,下令金军全体擐甲,一半在马鞍上假寐,另一半倚在战马旁边休息,到后半夜再互相轮换。合扎亲兵更有一半骑马执火把,环卫完颜兀术,完颜兀术本人也是甲不离身,马不卸鞍。

时近午夜,沈德又率一百骑前来袭扰。这回金军有了准备,一猛安全装金军立即执火把迎战,沈德当机立断,命令本军迅速拨马撤退,自己亲自断后。他借着追骑的火光,翻身连发两箭,前两名敌骑兵中箭落马。金军害怕宋军另有埋伏,不敢再追。一夜数惊,使连日奔波的金军度过了一个不眠之夜。

天明之后,乌延蒲卢浑明知军兵疲劳,也只能命令本部军士饱餐一顿,旋即进兵。金军来到狼石口的山谷,在宋军清扫战场之后,死马全部当做肉食,完整的兵器已被收拾,宋军的尸体也被掩埋,一二十宋里之间,地上只剩下横七竖八的金军辫发尸体,但他们身上的重甲和羊皮也被剥去,与尸体作伴的只有残缺的兵刃。乌延蒲卢浑虽然是个宿将,眼见此种情景,也不免发出长吁。他下令全部阿里喜登上两边的山峦,搜索有无埋伏的宋军,正兵在山谷间缓慢行进,一部分军人下马收拾战尸。

乌延蒲卢浑吸取完颜聂耳仓促进兵的教训,准备稳扎稳打,而山谷中除了黄土、岩石、衰草和枯树外,却不见宋军的踪影。等金军抵达狼石口时,岳飞已指挥养精蓄锐、以逸待劳的宋军在谷口列阵。乌延蒲卢浑见到敌军封锁谷口,占据了有利地形,而自己的军队却挤在狭窄的山谷中,无法展开兵力,只能下令军中,以密集的骑兵队向宋军发起冲锋。他企图以先头部队打开一个缺口,使后续部队得以源源不断拥入平原。

宋军以箭雨打退金军的首次冲锋后,立即转入反攻,岳飞和郭青指挥骑兵向山谷里的敌骑进击,而寇成和王经指挥步兵向占据两边山峦的阿里喜进击。舒继明在骑兵的最前列,一马当先,所向披靡。金军抵挡不住宋军的猛攻,阿里喜们纷纷溃逃下山,在山谷中与正兵混杂,自相践踏。双方交战不到一个时辰,金军伤亡八百多人,被逐出山谷。

完颜兀术得到败报后,率合扎亲兵前来谷口,不料岳飞又乘胜收兵,退回狼石口。完颜兀术望着空荡荡的谷口,两边山上还插了若干宋军旗帜,地上却是清一色的辫髪尸骸,气得咬牙切齿,他拔出一支箭,将它折断,怒吼道:"今日若不能夺取狼石口,便如此箭!"在他身边的韩常说:"男女斗胆进言,此回南虏狡狯,故大金人马屡遭挫衄。四太子若冒险进兵,恐有不测,请息怒收兵,另作计议。"完颜兀术想了一想,说:"便听你底言语。"

金军依然退兵二十宋里,傍晚时,又传来完颜余列的败报,更增加了完颜兀术的愁闷。当夜又是沈德和王敏求的二百骑轮流袭扰,使金军一夜不得休息。第二天清晨,舒继明率一百骑,继续袭扰金军。完颜兀术命令两猛安精骑,包抄宋军,企图将这支小部队围歼。舒继明率军机警地退走,两猛安金军也不敢穷追。完颜兀术下令全军在白天休息,时近正午,又有沈德和王敏求各率一百骑袭扰。

完颜兀术召集万夫长们说:"观南虏底意思,直是欲疲困大金军马,并无战意。蒲卢浑可驻军在南,阿里驻军在西,聂耳驻军在东,韩庆和驻军在北,各命一猛安精兵警备,我与挞不野居中,各自休息,然后另作计议。"于是,除了四猛安金军担任戒备外,上自完颜兀术,下至阿里喜们,因连日疲于奔命,很快进入酣梦。

当天彤云密布，天色阴沉，傍晚时已完全断黑。担任警戒的四猛安金军更是人困马乏，很多人伏在马背上睡觉。突然，岳飞、寇成、王经和郭青各自率五百骑兵，自南、北、东、西四个方向向金军突击。担任戒备的四猛安金军根本不能作有效的抵抗，溃不成军。酣梦中的金军惊醒后，也往往人不及鞍。由于宋军都披挂缴获来的金军重甲，金军在黑暗中更是难分敌我，甚至自相拼杀。在一片混乱的情势下，完颜兀术只能由合扎亲兵和大挞不野所部护卫，夺路逃生。金军的粮草、辎重之类被焚烧殆尽。

宋军在得胜后，迅即撤兵。完颜兀术在天明以后，重整军伍，清理战场，在一夜战斗中，金军死伤各有一千多人。完颜聂耳联合了其他四名万夫长，共同向完颜兀术谏劝说："如今天寒，又无粮草，难以相持，不如且回黎阳。"完颜兀术满面怒色，一语不发，经五名万夫长来回劝解，最后说："便依你们底计议。"金军当即向黎阳撤退。

岳飞得知金军撤退的消息，也率全军退回侯兆川巡检司歇息。于鹏在狼石口的战斗中一直留守侯兆川，负责后勤。他在半夜推醒岳飞，说："远处火把成群，火光明灭，恐是虏骑来袭。"岳飞说："此必是百姓闻得虏人退兵，连夜回村。可令全军安卧，必定无事。"于鹏将信将疑，仍然带领一些军士戒备，直到天明，果然是一夜平安。

这是岳飞和众将士连续鏖战以来的第一回酣睡，直到时近中午，方才纷纷醒来。于鹏已经安排了午饭。岳飞与众将会食时，于鹏说："岳统制煞是神机妙算，以数千孤军败敌数万，军兵们无不敬服，此亦是军兴以来第一回。"岳飞说："此是众将合谋，军兵效命，岂是我一人之力。然而目即迭经苦战，将士死伤之余，全军已不足三千人马。往后战事必是艰难，尤须从长计议。"

王经说："靖康元年初，姚平仲太尉劫虏寨失利。种枢相言道：'虏人以为王师必不敢再战，若是再行劫寨，必可得利。'可惜渊圣皇帝不能用他底计策。"寇成说："今日自家们用了种枢相连续劫寨之计，果然得利。"岳飞说："我亦曾闻知种枢相之计，然而用步兵劫寨，须防虏骑整军追击。如今以马兵劫寨，倏来忽往，进退周旋，尤为稳当。"

郭青说："岳统制用兵如神，我唯有叹服而已。若是张招抚命岳统制为都统,必不至有王都统新乡之败。"他的话提醒了于鹏,于鹏说:"常言道,名不正,则言不顺,自家们既已共推岳统制为一军之主,不如请鹏举摄本军都统制,命人前去东京留守司报捷。"众将都说:"此言有理!"大家不由岳飞推辞,纷纷向他罗拜,说:"自今以往,自家们唯遵岳都统之命。"当即由于鹏起草了捷报和共推岳飞为都统制的申状,派人送往开封。

[壹捌]
幽 谷 情 缘

杀退金军以后，岳飞所部却逐渐陷入缺衣少食的困境。尽管剥取了许多敌人尸身的羊裘，近三千军人中，尚有七八百人没有冬服。侯兆川一带的百姓相当穷困，无法接济军队衣食。岳飞与众将商议，只要有一个军兵没有绵衣，全体将领就一律穿着夹衣。粮食断绝，最初是吃死伤的马肉，接着只能宰杀活马。汉人作为农耕民族，习惯于吃五谷，北方人以粟麦作主食。全军连续吃马肉，而又无盐淡食，不论是水煮或火烤，天长日久，许多人的胃口都难以适应，个别人甚至无法进食。

为着筹措衣服和粮食，岳飞和众将不得不四处奔走，向附近的忠义民兵山寨求援。但各山寨无不接受王彦的领导，他们往往回答说："自家们唯知有河北西路招抚司王都统，而不知有岳都统。"经过耐心解释，个别山寨也只是捐助了一二十石粮食，这对三千人的军食，无疑是杯水车薪。

延捱到十月下旬，岳飞找众将会商说："既是得知王都统底下落，我岂可另摄都统制，不如依旧任统制，重归王都统底麾下。新乡之役，自家们不能及时回兵，亦当向王都统谢罪。"寇成说："王都统在败亡之余，重整旗鼓，创八字军，煞是心存忠义。自家们当初言语冒犯，不遵将令，亦是有过。"王经却说："唯恐王都统念自家们底愆咎，不能相容。"

于鹏自告奋勇，说："我当初亦在新乡突围，愿前往委曲说谕，王都统必能相容。"岳飞说："甚好！若是王都统念我底不是，我愿只身离军，另投他处。此处三千忠义，皆是身经百战底勇士，唯愿王都统收容。"郭青立即表示反对说："使不得！使不得！鹏举摄都统制，乃是众人底意思。

如今你与全军将士相依为命,全军服你底智勇,岂可独自离军!"

于鹏说:"王都统若不能容鹏举,亦足见他心胸不广,我亦愿追随鹏举,而不随王都统。"岳飞说:"不可,目即军食为第一紧切底大事,须晓谕全军,若愿归依王都统底,便先随于干办前去就食。"他不管众将反对,直接向军中发令,不料竟无一人愿意脱离岳飞而投奔王彦。军士们公推了八名因胃口不好,而显得相当憔悴的人,充当代表。他们进入屋内,对岳飞和众将说:"自家们只愿追随岳都统杀敌,誓与你们同生死,共患难,决不相负!"岳飞和众将听了,都十分感动。

于鹏说:"全军将士人同此心,鹏举亦须当仁不让!"岳飞激动得流着泪说:"我与你们朝夕相随,亦何忍独自离去。然而军食断绝,委是无计可施。官兵自来少马,以步抗骑,往往失利。将士奋身血战,方夺得众多敌马与重甲,却又不能保全,每日须宰杀十余匹,岂是长久之计!"王经说:"待于干办先去计议,若王都统不允,再另谋他计。"

岳飞想了一想,对于鹏说:"如今虏人大军虽已退去,山谷中尚有虏骑出没。于干办切不可单骑独往,可选精骑六十护卫。若王都统不能收容,亦请于干办借粮三百石,以救燃眉之急。"于鹏立即全装披挂,携带常用的开山大斧,率六十名骑士出发。

第三天,于鹏返回侯兆川,大家见到他一脸不悦之色,就已知道事情不妙。于鹏生气地将大斧往地上一摔,说:"不料王都统心胸竟如此狭隘,既不肯收容,又不愿借粮。"众将听后,都说了些气话,唯有岳飞说:"我料王都统尚有忠义之心,岂忍见旧部饥寒交迫。待我单骑前往说谕。"郭青说:"不须!岳都统前去,亦是徒劳无功。"众将纷纷附议。

岳飞却力排众议,说:"我唯有单骑前往,方见诚心,你们不须劝阻。此是全军底一线生机,不可不力争。"他立即收拾了铁锏和弓箭,跨上逐电骠,辞别众人,乘着夜色,向西南方向驰去。

岳飞认为,在夜间单骑独行,不至于遭遇金军。逐电骠时快时慢,穿行山间,朔风狂吼,身穿夹衣的岳飞很快就感到透心彻骨的寒意,尤其是双脚,冷得发麻,不得不经常下马,搓手跺脚,同时又尽可能地为逐电骠寻找一点马食。一夜艰苦的行程,到天色微明时,岳飞下马,啃了一块干马肉,在一个小麻袋里倒出一把黑豆,喂了逐电骠,又找到一小片枯草地,让马尽量饱食,然后再走最后的一段行程。

虽然离新乡战败不过一月时间,王彦的山寨已经颇具规模。寨门前插着两面红罗旗,分别绣有"赤心报国"和"誓杀金贼"八个大字,中间有一红罗幡,上绣一个"宋"字,迎风飘扬。岳飞距离寨门颇远,就下马步行,高喊说:"背嵬军统制岳飞前来见王都统谢罪!"一个守门将是河北西路招抚司军的旧部,认识岳飞,就出门迎接,向岳飞唱喏,说:"不期今日重见岳统制,请岳统制在此稍候,待男女禀告王都统。"岳飞见他态度亲切,心中略有几分宽慰,说:"敢烦申述小将谢罪之意。"守门将反而安慰说:"岳统制亦是忠心报国,不须如此。"

不一会儿,守门将出来,说:"王都统请岳统制叙话。"岳飞请守门将带过逐电骠,说:"此马食量颇大,又一夜辛苦,敢烦好生喂养。"守门将说:"战将全凭马力,男女理会得。"

岳飞进入堂内,只见王彦居中坐衙,连忙下跪叩头,说:"背嵬军统制岳飞特来见王都统谢罪。"王彦说:"鹏举不须如此,你与寇统制等杀退四太子大军,立下大功,且请坐下计议。"岳飞听到王彦呼自己表字,作为上司,分明含有客套和推拒之意,已经预感到情势不妙。他也不愿继续下跪哀求,应声而起。

等岳飞坐下后,王彦说:"于干办已是细述尔们愿归附之意。然而鹏举既是另立一军,又深得军心,众人亦已举你为都统,便是归附,日后亦难以听我号令。此间食粮鲜薄,委实不足以另供三千人底吃食,况且又有许多战马。鹏举不如另谋生机。"岳飞说:"三千精兵,全是王都统底旧部,如今却是忍饥受冻,王都统略施怜悯,众人岂能不感恩戴德?"

王彦说:"你违抗主将,本当以军法论斩。然而你离我已久,乃能单骑前来谢罪,胆气可嘉。方今国步艰危,人才难得,我岂能以私人恩怨为重,而置江山大计于不顾?"他吩咐说:"取酒食来!"有部兵捧出一个木盘,上面有一杯酒,一碗小米粥和四个炊饼。王彦说:"我知鹏举已多日不知粟味,又一夜饥冻,念昔日情谊,请饱食之后,回归军中。谅你与众将足智多谋,苍天亦无绝人之路。"

岳飞当即起立,向王彦深深作揖,说:"小将感荷王都统不斩之恩,然而三千壮士多时不知粟味,小将又何忍独自饱食!"他说完,就转身大步走出堂外。王彦目送岳飞离去,心想:"煞是个倔强底好汉!"岳飞来到寨门,等守门将把逐电骠喂饱,然后跨马离寨。

岳飞走了一段路程,感到腹中饥饿,就取出一块干马肉,边走边吃。由于是白天行路,他不时警觉地望着四周动静。走到正午时分,他只见路旁有一道细细的山泉,就下马来到泉边,人马共同饮水,又喂了逐电骠一把黑豆,自己也啃了一块马肉。人畜吃喝完毕,岳飞翻身上马,准备启程,不料附近树林中突然飞出四支箭,其中一箭正中岳飞的左后肩,接着又有一谋克的金军从林中飞马杀出。

岳飞骑马飞跑,后面的金军紧追不舍。逐电骠的速度当然非身后的追骑可比,但岳飞有意稍减马速,首先拔出左后肩上的箭,转身背射,一名驰马最前的敌人立即应声落马。岳飞又连发十箭,箭无虚发。金军接连被射死了十一人,却一箭不发,只是在后穷追,因为按照金军的条令,敌人相距在五十步以外,不得放箭。岳飞眼看自己的余箭不多,决定改变战术。他驰马过一个拐角处,见山路狭窄,就抽出铁锏,回马迎战。狭路相逢勇者胜,岳飞跃马向展不开队形的敌骑猛攻,接连挥锏打死了以刀剑迎战的八个敌军,剩余的五十多个敌军都拨马逃遁。

岳飞并不追击,他知道金军也许会重整旗鼓,取道包抄自己,就拨马回驰,以求迅速脱离战斗。但走不多远,岳飞又很快发现,自己已在重山叠嶂中迷路,于是又不得不减低马速,来回寻路。然而阴晦的天色,使他难于依据日光辨别东西南北。岳飞来到一个幽雅而恬静的山谷,只见三山环抱,而在两山之间有一道淙淙溪流,溪流的右岸山麓上有一个小小的道观,一个道士提着瓦罐,在溪流中汲水。他连忙策马上前问讯。岳飞下马,见道士首先作揖。四目相视,岳飞只觉得道士面熟,那个道士却用女子的声音说话:"鹏举,不期在此与你相会,只恐你已识不得奴家。"接着还礼道"万福"。岳飞至此方才明白,原来那个道士竟是平定军守将、路分都监季霆的妻子李娃,表字孝娥。

原来岳飞在平定军当兵时,曾颇受季霆夫妇的器重和厚待。他们夫妻生有两女,另有一妾生下一子。李娃特别喜欢岳雲,经常教岳雲识字,而岳雲也与李娃十分亲昵。在一年前壮烈的平定军保卫战中,季霆与一妾、一子、二女殉难,唯有李娃成了很少数的幸存者之一。她辗转逃到故乡河东泽州陵川县高义乡厚德里,投靠表弟韩清。韩清在当地组织忠义民兵,率领男女老少三千多人,退守与卫州共城县交界的雁翅口一带设寨。李娃看中了距离山寨八宋里的这处清幽的道观,道观中已无道士,她就假扮道士,充当义兵的耳目。

岳飞和李娃边走边谈,互相介绍两年间的经历,他将逐电骠拴在一棵柏树下,随李娃进入观内。只见神龛之类,陈设得清洁整齐。李娃哀怜地望着岳飞背上的大片血迹,说:"鹏举天寒衣单,伤势不轻。"岳飞说:"虽是疼痛,尚可展弓射箭,可知伤势不重。"李娃说:"道观中备有金疮药,待奴与你敷药。"李娃领岳飞来到自己的厢房,取出金疮药。岳飞当着李娃的面,却不好意思脱衣,说:"敢请李孺人出外,待小将自敷。"他对李娃还是以外命妇的封号相称。

李娃说:"此是甚底时节,鹏举何必拘礼。"她取来一盆热水、一件单衣和一件丝绵袍,帮岳飞脱去上衣,用一块丝巾擦洗干净,见到岳飞背上"尽忠报国"四个大字,不免惊叹说:"鹏举尽忠报国,直是铭心刻骨,可敬!可敬!"岳飞向她说了背上刺字的原委,李娃又感慨地说:"令堂如此贤德,深明大义,世间少有!"

敷药完毕,李娃帮岳飞穿上衣袍,岳飞在整月忍冻之后,整个身心感受到一种前所未有的暖意,他说:"感荷李孺人!"李娃说:"鹏举奋勇杀敌,何感荷之有?"她取过血衣,说:"待将此血衣洗濯,然后为鹏举炊食。"岳飞慌忙说:"使不得!"他伸手抢血衣,不料匆忙之中,竟抓住了李娃的手,又羞怯地缩了回去。李娃说:"洗衣本是妇人底事,鹏举且在此歇息片刻。"岳飞不好意思再抢,只得向李娃躬身长揖,表示感谢。

突然,屋外传来了逐电骠的嘶叫,岳飞连忙向李娃借了一把刀和一捆麦秸,出外割秸喂马。李娃在溪流中漂洗了岳飞衣上的血迹,就回来晾衣和炊食。岳飞不好意思闲坐,前去帮厨。他说:"战祸遍地,此间切恐不是世外桃源,李孺人孤身在此,尚得安居否?"李娃说:"奴家恨不能将虏人食肉寝皮,只身在此,非是为寻觅幽胜。只恨奴家是个弱女子,不能执干戈,卫社稷,在此聊充表弟底耳目。"岳飞说:"若是虏人到此,唯恐李孺人受辱。"李娃说:"你可知虏人最是崇重佛道。然而此处是深山,至今尚无虏骑出没。"

李娃做好晚饭,岳飞问道:"敢问李孺人,观中不知可有季团练底灵位?小将进食之前,须先请季团练底英灵蒸尝。"李娃说:"故夫丧期未满,岂能忘怀。奴家白日道服,夜晚须为故夫与妹妹、儿女守丧。"她换了一身素色粗麻布孝服,头上挽起首绖,腰间系上腰绖,然后在桌上供放了丈夫与侍妾、儿女的牌位,又点了一炷香,供放了晚食。

岳飞只见正中牌位上是李娃端秀的字迹,"故大宋殉难忠臣武德大夫祁州团练使季公之位",另外四个牌位分设两旁,上面分别写着妾与儿女的名字。他当即下跪叩头,说:"季团练当国家危难之际,力捍孤城,重创强虏,与夫人、儿女同殉国难,忠烈之气,光照史册。小将仰承遗风余烈,异日若得克复故土,迎还二圣,当于平定军城为季团练立庙,旌劝万世。唯求季团练底英灵,佑小将了此宏誓大愿。"岳飞铿锵有力的誓言,使李娃十分感动。

岳飞帮李娃撤去五个牌位,两人开始吃晚饭。晚食相当简单,一盆粟米粥,一盆汤饼,一盆炊饼,另加一小碟咸菜。在一盏昏暗的油灯下,李娃见岳飞吃得津津有味,笑着说:"此比你们底淡马肉如何?"岳飞说:"胜似山珍海味,李孺人底晚食真是如天之赐。可惜军兵们多日不曾吃得粟麦,只是小将独自享受。"

岳飞说话时,望着灯下的李娃,她的言行举止,一颦一笑,还是显示了官宦人家有教养女子的风度和气质,还是往时的浓发、广额、修眉、长方脸和樱桃小口,只是昔日白嫩的面皮显得粗黑,而眼神中蕴藏着深沉的苦痛,眼角上已出现了皱纹。他又很快联想到自己的妻子刘巧娘,昔日的平定军军营中,刘巧娘自然是出名的美人,人人都说季团练的孺人逊色三分。但是,刘巧娘毕竟是个目不识丁的下层妇女,李娃身上还是有一种刘巧娘不可能具备的风韵。

岳飞感叹说:"李孺人在太平时节,自有女使伏侍,如今只身在深山幽谷,百般操劳,委是艰辛。"李娃眼圈一红,她努力克制了酸楚的泪水,说:"奴家虽是出身世代宦族,然而家教甚严,女工底事,不得懈怠,经史子集,亦须习学不辍。自十五岁嫁与季团练,煞是诸事顺心,夫妻恩爱。不料十二年底快活,转瞬便是过眼烟云!"岳飞听后,方才知道李娃比自己年长两岁,却后悔自己不该提及往事。

李娃瞧着岳飞的神色,已明白了他的心思,就说:"丈夫汉生于危难底乱世,当手提三尺剑,历尽艰险,立不世之功。奴家在离乱之后,痛定思痛,方理会得此番道理。奴虽是女流,唯愿伏侍一个'尽忠报国'底英雄,助他立不世之功,雪复仇耻。"她有意说出岳飞背上"尽忠报国"四字,开始向对方表示爱情。李娃深知是难得的机缘,所以不顾守丧期间的礼法,而鼓足了勇气。

岳飞的爱情生活过于简单,他的婚事全由父母操办,不料得到一个美艳的妻子,更是心满意足。他从未对其他女子产生过爱欲,也从未想到过其他女子会对自己产生爱欲。他听了李娃的话,只是感到对方的期望过高,却又不便议论,就改换一个话题说:"李孺人已知小将底困境,既是王都统不能相容,唯有北上投奔相州不试知州,或是南下投奔宗留守,不知以何处为上?"

李娃看出岳飞全然没有领会自己的表白,反而增加了爱慕之情,心想:"煞是个难得底正人君子!"她说:"鹏举如是投奔不试知州,便于归故里,寻访老小,然而相州亦是缺粮,恐难以持久。宗留守名满天下,兵精粮足,鹏举不如南下开封为上。"岳飞心里不由不赞叹说:"李孺人虽是女流,却颇有见识!"他说:"李孺人直是一言决疑。足见世上不论是男是女,须是知书,方得识理。"

李娃乘机笑着说:"鹏举莫须迎奴家至军中,做你们底谋主?"岳飞连忙回绝说:"李孺人金枝玉叶,军中俱是粗豪男子,如何伏侍孺人?"李娃说:"如今奴亦何须女使伏侍。"岳飞说:"军中委是艰辛,李孺人在军中,多是不便。"

岳飞爽直的回绝,固然使李娃有些失望,却又增强了对岳飞的爱慕和好感。吃完晚饭,李娃看出岳飞急于乘夜返回侯兆川,说:"鹏举骑底是龙驹宝马,去侯兆川不须一夜。奴在此道观,十分孤寂,今夜难得有一个故人,唯愿鹏举稍为滞留,奴当为鹏举操琴,以叙心曲。"岳飞经她一说,也不好意思立即告退。李娃收拾了食具,取出了一张七弦琴,放在案上,

然后对着铜镜,稍作梳理,就坐在油灯旁弹唱起自己所作的歌词:

> 妾生妾生兮何不辰,
> 干戈起兮铁马扬尘。
> 夫君娇儿兮殉国难,
> 孤灯长琴兮独对黄昏。
> 千家万户兮罹奇祸,
> 原野血染兮处处悲辛。
> 安得猛士兮传箭燕北,
> 一扫狼烟兮荡涤洪钧。

岳飞凝望着李娃凄婉而庄重的神态,她的曲调如泣如诉,然而最后的两句却又由低沉哀痛转为高亢激昂。李娃弹唱完毕,就缓缓起立,用泪眼深情地望着岳飞。岳飞忙起身向她长揖,庄重地说:"李孺人当家破人亡之余,一己之哀虽已十分痛切,而推己及人,尤以普救天下苍生,湔洗国耻为念。孺人底襟怀,煞是超凡脱俗。一曲悲歌,诉尽衷肠,小将当铭记不忘!"

李娃说:"鹏举且坐下说话。深山幽谷,劫后余生,不料尚有鹏举一个知音!忆昔奴在深闺学杜诗,其中有'十口隔风雪','幼子饥已卒','所愧为人父,无食致夭折'底诗句,读后令人酸鼻。然而奴一时却理会不得,杜工部何以转而有'默思失业徒,因念远戍卒'底情怀。直待奴家历尽离乱之苦,方始悟得,杜工部煞是古今诗人第一。"坐下的岳飞经她一说,立即联想到自己在汤阴短暂停留期间,与张宪随高芸香学诗的情景。他随口向李娃作了介绍,说:"高四姐亦曾解释杜工部此诗,足见巾帼所见略同。"李娃赞叹说:"不料庄农之家,竟有如此才女!但愿循礼与高四姐得以早日团聚,奴亦恨不能与高四姐相识。"

岳飞说:"小将亦是日日思念老小与高四姐。上回留守司军前来,又不敢与张四哥直言高四姐底下落不明。然而此回去东京,尚可与王大哥、张四哥、徐二哥相聚。"李娃说:"鹏举可记得季团练在世之日,奴曾与他言道:'眼见得天下转入乱世,乱世用武,鹏举、伯富、循礼与祝康底功名,必出夫君之上。'"她的话使岳飞回忆起平定军的往事,岳飞说:"小将蒙孺人如此器重,敢不策驽砺钝,勉赴功名!"说着,就起身准备告辞。

李娃此时已顾不得羞耻,她急忙说:"鹏举,奴说了多时,你难道尚不明奴家底深意。奴愿为一个'尽忠报国'底英雄侍奉巾栉,此人便是鹏举!"岳飞顿时额上冒出了颗颗汗珠,他结结巴巴地说:"小将不过是一介粗陋武夫,如何高攀孺人?况且小将已有浑家。"

　　李娃说:"大丈夫三妻四妾,又有何妨。季团练在世之日,奴与妹妹亦相得甚欢。如今奴自愿伏低做小,伏侍鹏举底浑家。"岳飞连忙摇头,一口回绝说:"小将世代耕农,唯知有妻,而不知有妾。李孺人出身名门,岂有伏低做小之理,使不得!万万使不得!"他说完后,又急忙向李娃长揖,准备离去。

　　在平定军相处过一段日子,李娃还是相当了解岳飞的脾性,他的说话既然如此决绝,就决无挽回的余地。她说:"鹏举且稍候,婚嫁大事,岂能相强,待奴与你收拾了衣服,再走不迟。"岳飞只得坐下,脸上却不免露出尴尬的神色。李娃取来了岳飞两件尚未干透的麻衣,开始在灯下用针线细心缝补,两件上衣除了中箭处外,还另有几处破绽。李娃一边缝补,一边不时抬头望着岳飞,只见他十分规矩地低头而坐,不敢望李娃一眼。这又增加了李娃的爱慕之意。

　　李娃缝补完毕,就转身去床边,将两件麻衣折叠后,另外取麻布做成一个小包裹。她转过身来,对岳飞说:"鹏举可将此包紧缚身上,以免路途遗失。"岳飞看到包裹上已经捆了一条麻布带,就将它系在腰间,又取过兵器,默默地离开道观。

　　李娃送他出门,岳飞在上马以前,又向李娃深深作揖,说:"小将深受李孺人厚恩,日后定须补报。切望李孺人保重。"李娃说:"若是异日奴家亦投奔东京,不知鹏举可能收容否?"岳飞说:"小将虽是武弁,亦粗知礼义,须与浑家尊奉孺人,不敢稍懈。"李娃嘱咐说:"唯愿鹏举成功,路上包裹切须小心!"岳飞再也不敢看李娃一眼,就跨马直驰。他听得后面传来一阵李娃的悲啼,感到心境沉重,突然又拨转马头,向李娃直驰。

　　在只有星光的暗夜里,岳飞很快看清了李娃喜出望外的泪容,他并不下马,只是在马上说:"小将另有一言,切望李孺人听取。李孺人只身在道观,小将终是不得安心。须请孺人回山寨,置身安全之地。"李娃原先不听韩清的劝告,坚持独身住道观,然而在数月之后,也愈来愈感到不是滋味,她马上应允说:"奴当听从鹏举底忠言,即日便回雁翅口。"岳飞一面回马,一面说:"既是恁地,小将亦自放心。"说完,就催动征骑,扬尘而去。

尽管很快就不见岳飞的身影,李娃还是怀着无限的依恋和惆怅,长久地伫立着。最后,她手掩脸上的啼痕,转身回道观,在床衾中辗转反侧,度过了一个难熬的不眠之夜。

赶夜路的岳飞也怀着十分复杂的感情。李娃在守丧期间的求爱,可以说是近似轻佻。但岳飞却对她充满了同情和哀怜,而且对她和季霆生前的多方关照,怀着深挚的感恩之意,因为无力帮助李娃,又产生一种负咎感。结婚以后,岳飞从未对任何女子动心,然而如今在骑马寻路的同时,李娃在平定军和在道观的形象和往事,总是一幕又一幕地在脑海中复映着,特别是她弹琴时凄婉而庄重的神态,如泣如诉的曲调,以及自己回马时喜出望外的泪容,更是无数次地反复出现。岳飞感觉迷惘,他简直不明白自己何以产生如此复杂的感情。猛然间,岳飞想起李娃两次叮嘱路上包裹小心,感到其中颇有些蹊跷,就停下马来,小心翼翼地解开包袱,在自己的两件上衣之间,果然见到一个明莹的玉环,上面用红丝绳绾了一个同心结。岳飞不由长吁一声,自言自语说:"此环亦只得日后私自奉还李孺人。"

[壹玖]
故 土 恋

岳飞回到侯兆川,也不顾夜路辛苦,当即向众将提出南下开封的建议。众将都表示赞同,于鹏翻开历日,说:"事不宜迟,明日十一月初一,便是吉日。"于是岳飞传令全军,明日启程南下。

第二天早晨,军队全装集结,正准备启程,有军兵报告说:"今有一个道士,另带一个随从,策马前来,言道雁翅口忠义民兵遭虏人围攻,特来急切求援。"岳飞料到那个道士必定是李娃,不免脸上流露出几分窘色,却只能与众将出外迎接。

李娃还是身穿男子道服,只是腰间悬挂一口剑,那个随从执一口手刀。几十里快马,两人喘息未定,额头流淌着汗珠。她见到岳飞和众将作揖,仍然依女子的方式,拱手退身道"万福"。岳飞说:"请李孺人进屋叙话。"李娃却说:"不须,虏人以四个千户围攻山寨,山寨中唯有壮年男子五百余人,军情紧急,唯求鹏举速发援兵。"岳飞询问敌情和雁翅口一带地形,王经说:"我曾去乞粮,蒙韩寨主捐助得十五石粟麦,故知得雁翅口底地形。"岳飞当即命令王敏求留守侯兆川,又吩咐于鹏说:"于干办且护卫李孺人,随后行进。"他本人和王经等众将由那个随从作向导,率领骑兵急速行军。

雁翅口是河北路卫州共城县往河东路泽州陵川县的交通要冲,路边有两块雁翅形的大石,因而得名。韩清的山寨设在雁翅口的东南,另外又在雁翅口修筑了一道石墙,只留下一个狭窄的进出口。这次攻击雁翅口的金军不是来自河北,而是来自河东,是左副元帅完颜粘罕的部属。时过正午,当岳飞率军赶到时,金军不仅占领了雁翅口,而且已突破了山寨的一角,韩清指挥男女老幼拼死抵抗,形势相当危急。

金军的大部分女真正兵舍马登山,与忠义民兵进行步战,而汉兵等组成的阿里喜们则散处在山寨周围的开阔地观战。岳飞率领骑兵到达战场,首先就轻而易举地击溃了金军的阿里喜。宋军的增援,战争形势的剧变,使山上的忠义民兵斗志倍增,韩清大喊说:"官兵前来救援,你们当努力杀敌!"他指挥众人奋力作战,将金军逐出了山寨。逃下山的女真正兵们却是身披笨重的盔甲,而往往人不及鞍,只能进行步战。岳飞与众将指挥骑兵们纵横驰骋,来回砍杀,只有半个时辰,就将金军杀个落花流水。

但败退的敌军仍据守雁翅口,准备依托石墙抗击宋军。石墙前约二百步有一骁将,骑一匹青灰色骏马,手持双刀,此人有意不戴头盔,头顶秃髮,顶下有环状短髮,两耳各戴双环,一望便知是西夏党项人。他对着追击的宋军,用汉语大喊:"我是大夏国承宣使、统军拓跋耶乌,今奉皇帝诏命,助大金征战。何人敢来受死?"寇成正要出马,不料岳飞的逐电骠先已飞驰直前。

拓跋耶乌挥舞双刀,向岳飞劈头砍来,岳飞以双手持铁锏架开双刀,将拓跋耶乌打下马来。他高举铁锏,大声喝道:"你是西夏国底好汉,我今恕你不死!"拓跋耶乌本已紧闭双目等死,听到岳飞的呼喝,急忙从地上爬起,向岳飞行党项人的叉手展拜礼,说:"男女畏伏太尉神勇,感荷太尉不杀之恩!"

岳飞说:"西夏自来臣服大宋,如今大宋受金虏侵凌,西夏不可趁火打劫,助纣为虐。官兵乃仁义之师,不得已而用兵,唯知保家卫国,胜残去杀。你回西夏,当以此晓谕国主。"拓跋耶乌说:"男女理会得,我当率部兵献出雁翅口,然后收兵回夏国。"原来拓跋耶乌所部有八百人,金军使用他们夺取雁翅口,又使用他们抵挡宋军追击。岳飞说:"既是如此,我亦当感荷拓跋太尉。切望你们收兵归国途中,善待大宋子民,不可奸淫掳掠。"拓跋耶乌说:"会得。"于是西夏军当即撤退,而宋军兵不血刃,重新收复了雁翅口。

韩清下山寨,迎请岳飞等将上山。身穿道服的李娃也在寨门迎候。

当时河东的忠义民兵一般都是头裹红帕,作为标志,人称红巾军,而河北的忠义民兵一般在山寨树立一面白绢旗,由全寨男女老幼刺血写成一个"怨"字。韩清所部的民兵是由河东迁到河北,所以除头裹红帕外,也另外立一面血写的"怨"字旗。岳飞等进寨后,只见那面"怨"字旗已有几处箭穿的窟窿,却仍迎风招展,而旗杆上还插着金军射来的五支箭,旗边有一兵器架,上面插着一杆丈八钢枪。

韩清指着这面旗对岳飞等人说:"此回虏人攻寨,寨中男女老幼面对此旗设誓,须战至最后一人,决不降敌!然而幸得岳太尉等相救,自家们委是感恩不浅。"岳飞等人听了,都十分感动,郭青用手抚摸旗杆,感叹说:"壮哉此言!壮哉此旗!"

来客的目光又注视到旗旁的钢枪,只见铮亮的枪尖直刺青天,枪头下有一个小孔,其中穿了一条皮绳,皮绳上套着一颗丝线红缨,红缨下又有两条一尺长的红绸飘带。韩清说:"此枪相传是五代时虎将王彦章所用,竟有三十六斤重,山寨中无人使得,却用作镇山之宝。此回与番人交战,先以酒醑枪。"寇成得到韩清允许后,试着举了一下,说:"此枪煞是打造精致,却是沉重。"

李娃说:"鹏举,闻得你曾随陈广学枪法,汤阴一县无敌。今日可一试此枪。"岳飞用眼神向韩清询问,韩清亲自从架子上拔出钢枪,交付岳飞。岳飞用手掂了一下分量,说:"此枪甚长,委是马战底利器。"他摆开一个架势,就开始舞枪,虽然钢枪重而过长,而岳飞舞枪,却仍是得心应手,舞到妙处,人们只看见阳光照射下的片片寒光,只听得嗖嗖的响声,却看不到枪形。岳飞舞罢收枪,人群中爆发出一阵喝彩声。李娃向韩清使了个眼色,韩清说:"岳太尉武艺高强,正宜用宝枪杀敌,我愿以此枪相赠。"岳飞说了声"感荷",就向韩清作了个长揖。

韩清领来客在一间草顶泥墙的简陋厅堂中坐定,众人只见李娃已改换装束,全身缟素,戴着首绖和腰绖走进堂内。她首先与岳飞四目相视,双方仅是短暂的一瞥,而李娃已经通过岳飞的眼神,明白了对方要说而未说的话。李娃毕恭毕敬地向众人行礼道"万福",然后说:"蒙鹏举与众太尉救助,全寨老小委是感激不尽。山寨虽是贫乏,亦当聊表感恩之意。奴须与全寨妇女为众将士执爨,犒劳众将士。"她说完,又彬彬有礼地道了

"万福"，以不快不慢的步伐退出厅堂，显示了她特有的上层有教养女子的庄重风度。岳飞只能呆呆地望着李娃的身影，李娃的眼神和举止已经给了他明确的回答，坚决拒绝退回玉环。岳飞原先还盘算着找一个与李娃私下谈话的机会，现在他终于明白，李娃是决不会给他以可乘之机，而在大庭广众之下，岳飞自然羞于向李娃提出单独谈话的要求。

韩清陪着来客说话时，有兵丁进入通报说："今有王都统率援军前来，已至山下。"韩清又与岳飞等将出寨迎接。王彦接到韩清的急报较迟，他又是率步兵进援，所以在下午申时方才赶到，已近傍晚。岳飞与众将都向王彦唱喏，称"小将参见王都统"，王彦对岳飞等人也是客气的寒暄，至少当着韩清的面，谁都不愿显露彼此间的龃龉。

王彦进入厅堂，占据首座，韩清以部属的身份，向他报告了战斗的经过。王彦由于赴援来迟，心中不免自恶，但在表面上，却尤其注意保持矜重的神态。岳飞说："此回番人舍马攻山，官兵夺得敌马甚多。除小将所部自用外，尚余六百余匹，悉听王都统处分。"王彦感到，这分明是岳飞借此揶揄自己赴援不及时，但军中缺马，白送的马匹，也不能不要，就吩咐韩清说："可将敌马分为三分，一分归韩寨主，二分由我带回。"

晚饭时，李娃与几名妇女为众将端来饭菜，岳飞见到李娃，不免起身，叉手站立，以表示礼貌和敬意，李娃笑着说："鹏举是杀敌底英雄，不须如此拘礼！"岳飞听出她一语双关的弦外之音，脸上微露尴尬神色。岳飞的全军将士吃了多少天的淡马肉，这顿以粟麦为主的晚食，就成了十分珍贵的佳食。

晚饭过后，岳飞与寇成等将就向王彦、韩清等人辞行，王彦问道："鹏举等哪里去？"于鹏回答说："本军乏粮，在此难以持久，决计前往开封，投奔宗留守。"王彦说："甚好！你们此去宗留守处，如龙归大海，日后定当成就大功。"王经说："但愿日后杀过大河，与王都统会师，克复失地，共成大业。"韩清对岳飞说："表姐李十孺人言道，她不能送行，切望岳太尉前途小心。待宗留守举兵北伐，再得相会。"岳飞听后，更是别有一番滋味在心头。经过与李娃的短暂接触，这个豪壮的男子，初次学会了如何体验上层女子细腻的心理和感情。李娃在前天夜间送别时的泪容，又立即在岳飞的脑海里复映着，岳飞完全领悟到，李娃所以不肯出面送行，是不愿在众人面前暴露爱慕、留恋和惜别之情，更不愿为玉环的事发生纠缠。

岳飞率本军夜行，抵达侯兆川，会合王敏求的少量留守部队后，稍事休整，即启程南下。由于战斗的损耗，这支队伍已不足二千五百人，却因缴获敌人的战马，组成了清一色的骑兵，从敌人尸身上剥取的羊裘，也解决了全军的冬服。岳飞与众将商议，军队已不可能再按原来的编制，就临时编组为五将，岳飞与王敏求率第一将，寇成率第二将，郭青率第三将，舒继明率第四将，王经和沈德率第五将，每将各约五百人。军队沿山路行进，依次是第一将前行，第五将断后。

岳飞身上穿着李娃送他的丝绵袍，披戴铁盔和铁甲，除了随身的弓箭和铁锏外，又手持韩清赠送的丈八钢枪，与王敏求、于鹏并马而行。于鹏见岳飞陷入沉思，就问道："岳太尉所思甚事？"岳飞用沉重的语调说："自去冬奉老母之命，刺字去相州从军，已有两年，如今却不知老母与妻儿底音问。数月之间，张招抚得罪，贬责广南，八六太尉与赵干办又是生死不明。但愿上苍有目，庇佑忠良，他日得扶助大宋中兴。"于鹏和王敏求听岳飞提及张所、赵不尤和赵九龄，激起了心中的共鸣，于鹏也感叹说："自去冬虏人围开封城以来，我便追随张招抚，如此忠心赤胆、足智多谋底国士，不料反遭黄、汪二相底陷害！……"言犹未毕，有探骑飞马急报，说是有金军万人，自东向西，进入山区，距离第一将不过十余里。

岳飞说："番人此回进军，必是攻王都统底山寨，我军正可攻其不备。"他教于鹏通知后面四将人马，迅速分路穿插。自己和王敏求率第一将骑兵向前急驰。

这里需要先交待一下金朝方面的动静。十月下旬，左副元帅完颜粘罕、元帅右监军完颜谷神和元帅右都监耶律余睹来到燕京，与新任右副元帅、三太子完颜讹里朵，元帅左监军完颜挞懒会商攻宋事宜。当时元帅左都监完颜阇母卧病。

会商的地点是在原辽朝行宫的嘉宁殿，按原来的惯例，完颜粘罕等三人坐西边，而完颜讹里朵和完颜挞懒坐东边。前面说过，完颜讹里朵与完颜兀术同母，身材高大魁梧，外貌威严，他首先说："此回兀术用兵不利，损折了多少儿郎。河北各州坚守难攻，太行山中，又有王彦所率民兵数十万人,据守各处山寨。近日又有一个岳飞,煞是敢战,竟斩馘了蒙适孛堇。"完颜粘罕笑着说:"此是兀术不善用兵,若是我统兵,必不至如此。"

完颜挞懒抢白说:"闻知你避暑后,曾下河东,遭红巾军夜袭,骑得一匹无鞍马,方逃了性命。"原来完颜粘罕过于踌躇满志,他在露营之时,还同几个掳来的女子寻欢作乐,不料竟乐极生悲,险些成了红巾军的俘房。完颜粘罕被人揭短,一时也有几分尴尬,而无言以对。完颜谷神出面,为他解脱说:"此是粘罕一时疏虞,险遭不测,非是不善用兵。"

完颜粘罕说:"去冬斡离不不愿南下,唯是我执意南下,方掳得赵皇父子。此回出兵,亦须先取开封,破得宗泽,然后直下淮南,擒捉康王,以成大功。"完颜讹里朵说:"用兵须是避实击虚,开封难攻,又有河北诸州坚守,急切不易占取,我与挞懒当先渡河取京东。"

完颜粘罕说:"不可,我须与你会师开封,方是上策。"完颜讹里朵不同意,说:"去冬攻开封,只因赵氏少主孱弱,将相无能,方得成功。如今有宗泽镇守,便是两军合力,亦难攻取。"完颜粘罕发怒说:"讹里朵,你休得灭自家底威风!"他又模仿去年平定军会议的动作,将貂皮帽往地上一扔,又站立起来,随手拣起,说:"我取宗泽底首级,便如取此帽!"完颜讹里朵也不退让,说:"粘罕,你可取得貂皮帽,却断难取得宗泽首级。"他的话更加激怒对方,完颜粘罕大吼道:"便是你不出兵,我自率一军,亦可破得东京!"

完颜谷神也站起身来,伸出有力的巨手,将完颜粘罕按倒在椅子上,然后说:"讹里朵与挞懒愿先破京东,未为不是。自家们亦可渡河,先破京西各州。然后东、西两军相机会攻开封,纵然未能攻取,摧破东京四围底藩篱,亦是大功。"完颜粘罕的地位虽然高于完颜谷神,而对于完颜谷神的主意,向来是言听计从的,完颜讹里朵和完颜挞懒也同意完颜谷神的折衷方案。

军事会议结束后,完颜讹里朵命令一个族侄,名叫完颜牙吾塔,号称黑风大王,率领一猛安九百精骑,南下黎阳县传令,调遣完颜兀术军北上,以便部署进攻京东。牙吾塔的女真语义是疮疮。女真人取名不像汉人,并不讲究语义的好坏和褒贬。

完颜牙吾塔年方十八,血气方刚,仗着武艺高强,却目空一切。到黎阳之初,就把叔父辈的完颜兀术连同众将,一并奚落一通,说:"久闻兀术骁勇,原来却是饭囊酒瓮!"女真社会的习俗是贵壮贱老,不讲究长幼尊卑,完颜兀术发怒说:"你又未经战阵,何能为?"完颜牙吾塔取过一条粗铁棍,当场卖弄,抡动如飞,最后,又将铁棍扔在地上,说;"此棍重四十斤,战场之上,何人敢敌?"完颜兀术到此也有几分敬服,无话可说。

完颜兀术召集了完颜余列、完颜聂耳、大挞不野、斜卯阿里、乌延蒲卢浑和韩庆和六名万夫长,还有韩常与完颜牙吾塔,共同会商。他说:"若是便回燕京,自家们煞是无颜得见讹里朵与挞懒。不如在回兵之前,先破王彦一寨。余列、聂耳,我勾抽一万人马,命你们前去立功。"不料完颜聂耳立即稍退一步,跪左膝,蹲右膝,拱手摇肘,连着用袖自肩拂膝三次,最后用双手按右膝,边哭边说:"王都统寨坚如铁石,如何可攻?我宁愿在此请死,不敢出兵!"完颜余列也跟着行女真跪礼,说:"我亦不敢出兵!"气得完颜兀术举脚将两人跌倒在地。

完颜牙吾塔年少气盛,说:"兀术,如聂耳、余列如此怯战,如何做得忒母孛堇。我不须统一万人马,只须统本猛安军马,便可踏平王彦底山寨。"完颜兀术说:"牙吾塔,你亦不可轻敌。此回命阿里与蒲卢浑统兵一万,你率本猛安为前锋。你虽是勇猛,亦须服阿里与蒲卢浑底号令。你若能立功,我去燕京,当荐举你为忒母孛堇。"

这次出兵,斜卯阿里率五千人马在前,乌延蒲卢浑率五千人马居后,而完颜牙吾塔所带的一猛安生力军作为先锋,归属斜卯阿里。他头戴只露双目的铁兜鍪,身披重甲,手持乌黑发亮的铁棍,骑一匹乌骓大马,走在队伍的最前列。

再说岳飞在急行军中,对王敏求说:"虏人行师,必经鸭子口。鸭子口山路甚是险峻,仅能容得一人一马。若是官兵占得鸭子口,便是先得地利。我在前急驰,你可在后挥兵策应。"他说完,用手一拍胯下的逐电骠,就抢在了队伍的最前列。由于逐电骠的马速,他又同本军逐渐拉开了一段距离。

鸭子口的山路两边是峭壁,岳飞驰马冲上制高点,正好与金军狭路相逢。他当即大喊一声,借着坡度,飞骑直下。另一方面,完颜牙吾塔见到敌人,也催马登坡直上。岳飞看清敌人手中的粗铁棍,知道必定是一员悍将,他凭藉自己枪长之利,先发制人,迎面就是一枪。完颜牙吾塔急舞铁棍架格,不料岳飞竟是虚晃一枪,他趁着完颜牙吾塔的铁棍架空,就向敌人当胸猛刺。丈八钢枪借着飞马下坡的惯性,贯穿完颜牙吾塔的重甲,枪尖直透后背。岳飞大喝一声,持枪用力一挑,便将完颜牙吾塔的尸身扔出几宋丈远。

完颜牙吾塔的部兵都是新征的女真壮丁,他们万没料想到,悍勇无敌的黑风大王竟在一霎时丧命。他们在惊呆之余,再也不顾金朝严厉的军法,纷纷回马逃命。岳飞单骑追奔,连连发箭,先后射死五名敌人。

斜卯阿里听到完颜牙吾塔顷刻间阵亡的消息,也大吃一惊。此时王敏求与寇成等将也先后赶到战场。各支宋军的喊杀声,山鸣谷应。斜卯阿里再也不敢恋战,下令撤退。他与乌延蒲卢浑率军逃出山区,进入平原,方才得以稍定惊魂。他们回到黎阳县,发怒的完颜兀术将他们用柳条一顿抽打后,也只能收兵回燕京。

宋军在此次战斗中俘杀敌人百余人,从俘虏的口供中,得知了岳飞所杀敌将的姓名。直到多年之后,岳飞单骑刺杀黑风大王,退金人万骑的战绩,仍然一直在军队和民间广泛流传,成为英雄的传奇故事。

在一个彤云密布、大雪纷飞的下午,岳飞所率的近二千五百名铁骑,终于来到黄河岸边的游家渡。河面结冰,已无须渡船。但岳飞还是担心冰面不结实,他亲自牵着逐电骠,于鹏和二十名兵士也各自牵马,先分散过河。他们到达对岸后,大批军士才各自牵马,三五成群,组成疏散的队伍,分批过河。岳飞对于鹏说:"于干办,你可率五十骑先去东京,告报宗留守,备述曲折本末。"于鹏奉命,当即率五十骑士先行。岳飞站立黄河南岸,仰望蔽天塞空的大雪,下瞰冰封雪埋的河面,心有所思。他突然又独自牵着逐电骠,重返北岸。王敏求和寇成感到奇怪,也牵马随行。

岳飞返回北岸,郭青、王经、沈德、舒继明等将正在指挥军队踏冰过河,见岳飞等人回来,也是迷惑不解,舒继明问道:"岳太尉意欲何为?"岳飞并不答话,他选择一处稍高的地面,蹲下身来,用手扒开积雪,取出一小片冻土,用手帕小心翼翼地包裹好,然后对众将说:"自家们全是河北人,此是自家们底故土,尺寸不可让人!"王经愤愤地说:"然而黄、汪二相公意欲与仇敌媾和,划河为界,置河北山川百姓于不顾。"岳飞慷慨激昂地说:"待他日直取燕京,我当以此河北故土,封于燕山之上!"舒继明激愤地拔剑插地,说:"我若不能重归此地,誓不为人!"经岳飞的启发,王经等将也各自包了一块河北岸的泥土。将领的行动又启发了军士,不仅尚在北岸的军士纷纷包了一块河北的泥土,然后过河,连已经踏冰过河的军士也闻讯陆续返回。最后,除了于鹏等五十一名先行者外,每一个官兵都保留了一份对故土最珍贵的纪念品。每一包泥土,都代表了他们对故土最深挚的怀恋,和对克复故土最庄严的誓愿。

[贰零]
南归心 一统志

中京大定府还是沿袭辽朝的旧名,作为塞外的城市,位于今内蒙古昭乌达盟宁城西的大明城,北靠七金山,南临土河。这是一座模仿中原京城建制的城市,有外城、内城和大内三重。与燕京相比,城市面积虽然稍大,而人口、物产和物资供应都相差悬殊,城里房屋不多,却有许多浅耕地和荒地,在中原人的眼里,其实颇像荒凉的穷乡僻壤,即使是原辽朝的大内行宫,也不能与燕京相比。宋徽宗和宋钦宗的眷属等一千二百多人抵达中京后,当然不能住原辽朝的行宫,只能住在内城的所谓相国院。这是原辽朝宰相的一所宅院,共计五个院落,宋徽宗和郑太后、乔贵妃等人居住东面两院,宋钦宗和朱后等人居住西面两院,另由金朝一名千夫长完颜阿替计居住中间的一个院落,负责看守。由于相国院的居住面积有限,大部分宋俘又只能散居院外,而宋俘们的衣食供应,还须远道取自燕京。

宋徽宗、宋钦宗等到大定府的当天,即十月十八日,灰暗的天空飘着小雪,使宋俘们更加感受到塞外的严寒,却无法得到柴草之类,在室内取暖。第二天,宋徽宗就开始发烧和咳嗽,虽然郑太后、乔贵妃、景王等用心看护,却是无医无药。病中的宋徽宗愈是感到辛酸和凄楚,就愈有借助笔墨发泄情感的需要,他强扶病体,起床写下了一首七绝:

杳杳神京路八千,宗祧隔越几经年。衰残病渴那能久,茹苦穷荒敢怨天。

他写完后,又朗读一遍,滴滴泪珠落在诗笺下,泅湿了瘦金体的字迹。景王将父亲强扶上床,劝解说:"阿爹何苦自寻烦恼。"宋徽宗不说话,只是流泪不止。相国院前来了一队金军,其中簇拥着一辆驼车。一个贵族,头戴狐皮帽,帽后露出两条粗长的辫子,身穿紧身狐裘,他下马后,掀开车帘,一个年轻女子走下车,她辫髪盘头,身穿宽身貂裘,此人就是宋徽宗第二十女柔福帝姬赵嬛嬛,为她掀车帘的是盖天大王完颜赛里。上卷已经交待,柔福帝姬被完颜赛里从金朝国都会宁府的洗衣院救出以后,颇受完颜赛里的宠爱。柔福帝姬思念父亲,听说父兄等北徙大定府,更是成天向完颜赛里央求。完颜赛里作为完颜粘罕部属的万夫长,利用完颜粘罕等去燕京会议的间歇,从云中来到此地。与他们同行的还有通事徐还。

看守宋俘的千夫长完颜阿替计出来迎接完颜赛里,双方相见礼毕,完颜阿替计用女真话报告情况,说:"亡宋底太上得寒疾,卧病在床。"柔福帝姬如今已大致能听懂女真话,她急忙随着完颜赛里,进屋探望。完颜赛里为博得柔福帝姬的欢心,对宋徽宗行女真跪礼,用生硬的汉语口称"小婿拜见泰山",柔福帝姬跪在宋徽宗的膝下,道了声"阿爹万福",就珠泪直涌,不断用小手抚摸着父亲的双膝。宋徽宗对完颜赛里客套一番,以"娇客"相称,而对爱女反而无话,只是不断地用手抚摸爱女头上的辫髪。其实双方分别只有半年时间,宋徽宗发现,现在已再也见不到女儿稚气十足的神态了。过多的磨难,使这个年仅十七岁的少女,简直可说是经历了脱胎换骨式的改造,与前判若两人。还是徐还通情达理,他用女真话向完颜赛里低声耳语,随后与完颜赛里一同出屋,让父女长谈。不一会儿,一批金兵又搬柴草进屋,为宋徽宗生火取暖。

宋钦宗、朱后等也来到东院,与柔福帝姬相见。柔福帝姬深情地望着朱慎妃怀抱的侄子赵谨,这个在苦难中诞生的婴儿还不满两月,悲咽地说:"不期今日得见小皇子,切望他早日超脱,重享荣华富贵!"她说完,就摘下手上一只金镯,递给了朱慎妃,说:"此亦是姑姑初见幼侄底些小心意。"

柔福帝姬开始边哭边说,叙述自己的遭遇。她什么都说,唯独隐瞒了自己私赠徐还龙凤玉钏等事,而聪明的乔贵妃却已从她的言谈中觉察到,柔福帝姬对徐还显然有一种特殊的深情。柔福帝姬介绍与自己同命运的女子,包括路途中死亡的康王大宗姬佛佑和她的母亲田春罗,都充满了哀怜之情,唯一的例外则是韦贤妃,她说:"韦娘子煞是怎地无耻!"宋徽宗听后,望了乔贵妃一眼,感叹说:"二十姐不须责难韦娘子,此亦是老拙待她不厚,韦娘子与九哥底新妇在洗衣院受难,亦是可怜可哀!"

乔贵妃设法拉柔福帝姬到自己房中单独谈话,她婉转地叮咛说:"徐官人于二十姐有救命之恩,他日自须另图厚报。然而赛里郎君既是待二十姐不薄,切不可因报恩心切,却坏了徐官人底前程。"柔福帝姬完全明白乔贵妃的好意,她不便对众人明言的,是自己与徐还不仅已有私情,并且正在策划如何投奔南宋。乔贵妃在宋宫中最善与人处,柔福帝姬自从生母小王贵妃死后,向来与乔贵妃最亲。她听了乔贵妃的话,显出欲语还休的神态,乔贵妃说:"二十姐有何疑难事,奴或可与你分忧。"

柔福帝姬到此再也不能克制自己,她扑在乔贵妃的怀里,哭喊一声"乔妈妈",然后将自己与徐还的私情原原本本向乔贵妃坦白。乔贵妃哀怜地抚摸柔福帝姬的盘顶的辫髪,说:"二十姐若得与徐官人南归,去此辫髪左衽,复还中原礼俗,岂不强似随赛里郎君百倍,然而此事切须小心,不可有丝毫疏失。"柔福帝姬悲愤地说:"在此忍辱偷生,直是度日似年,若不得与徐郎南归,不如一死为快!"乔贵妃到此方明白柔福帝姬的决心,不能不忧心忡忡,叮嘱再三。

柔福帝姬又问道:"五姐如何?"乔贵妃懂得,在众姐妹之中,柔福帝姬与茂德帝姬最要好,不由眉头一皱,她犹豫了一会儿,最后还是将茂德帝姬自从当了完颜兀术第八十六娘子后的处境和盘托出,感叹说:"五姐命苦,二太子底女真唐括娘子尚是待她不薄,不料如今竟受一个契丹耶律娘子底欺凌。"柔福帝姬说:"昔日是尊荣无比底帝姬,如今却是房人底女奴,众姐妹全是命薄如纸!此回去燕京,当可探望五姐。"乔贵妃说:"闻得耶律娘子甚是悍妒,四太子虽是粗勇,竟亦是怕她三分。二十姐此去,万万不可撩拨这厮母夜叉。"柔福帝姬说:"奴家理会得。"

午饭时间,完颜赛里有意不参加,却让柔福帝姬与宋俘们会食。柔福帝姬亲手为父亲盛了一碗小米稀粥,来到病榻前,说:"奴家昔日在大内,备受阿爹恩宠,却不知孝敬。今日难得一会,愿伏侍阿爹,聊表孝心。"她亲手执勺,给父亲喂食,宋徽宗的眼泪忍不住滴落在碗里。景王在旁劝慰说:"二十姐如此识事理,尽孝道,阿爹尤须快活。"宋徽宗噙着泪,一勺一勺吃完了女儿喂食的稀粥。

七天之后,宋徽宗感冒痊愈。金朝中京都统完颜撒离喝特别为他和宋钦宗举行一次宴会,宴会的地点是在原辽朝行宫内的武功殿。完颜撒离喝汉名杲,与金太宗是平辈,与完颜赛里是远房叔侄,两人关系很好。这次宴会其实是完颜赛里的主意,又是完颜赛里带柔福帝姬南下前的饯别宴。

郑太后、乔贵妃和宋徽宗的众皇子,还有宋钦宗的一双儿女都参加了宴会,唯有朱后和郑、狄两才人留在相国院照看朱慎妃母子。千夫长完颜阿替计率金骑押着这群宋俘,宋俘们男的骑马,女的坐驼车,进入原辽朝行宫大内的闾阖门。闾阖门楼其实是模仿开封大内的宣德门楼,但只有三个城门,在宋俘们的眼里,显然比宣德门楼卑陋得多。按照宋制,臣僚居住宴饮行宫,是僭越的行为,然而新兴的金朝反而不讲究此类尊卑礼制,完颜撒离喝心安理得地住在行宫。

宋俘进入了作为正殿的武功殿,此殿的规模和陈设也无法与开封大内中的任何一个大殿相比。金朝参加宴会的还有完颜撒离喝的二十五个娘子和柔福帝姬,徐还作为通事,也在完颜赛里的酒案边设一个座位。完颜撒离喝没有参与攻宋,他的二十五个娘子中,有三个女真女子,十七个灭亡辽朝时的各族女俘,另有五个则是分来的宋俘,其中还包括一名宋朝宗姬和一名宗妇。

完颜撒离喝和完颜赛里见到徽、钦二帝,行女真跪礼,二帝还揖礼,接着是二十五名娘子依次行礼,最后的五名宋俘还是行汉礼,称"太上与官家万福",宗姬和宗妇自报姓名和身份后,更引起二帝内心的感怆,宋徽宗说:"不期今日得与你们相会,然而老拙与大哥如今已不是你们底太上与官家。"

宋徽宗等人入座后,走出了十二名契丹和奚族女子组成的乐队,分别手持箫、笛、筝、笙、琵琶、箜篌、鼓等乐器,在武功殿东角演奏。通晓音律的宋徽宗立即听出,说:"此是唐音。"徐还解释说:"此是亡辽之乐,原为后晋所传。"宋徽宗虽然竭力忍住了泪水,却感到眼前一片模糊,他低声叹息说:"此亦是天道循环,朝代陵替,报应不爽。"

宋徽宗等人本来以为宴会肯定是难吃的女真食,不料竟是用亡辽的契丹食。四名契丹侍女先捧上两大银盆的骆驼乳糜,用大勺盛在一个个玉碗里,分送到各个食案。徐还解释说:"北人待客,先汤后茶,今日以驼乳代汤。"接着又有八名契丹男童,用银罍和玉盏进酒,又捧出了一个个漆木盘,分装了熊、貊、雉、兔、鹿、雁等各色野味,有的是腊肉,有的是带汁的鲜肉,称为濡肉,一律用小刀切成正方形,然后用玉碟分送到各个食案。宋俘们内心不能不承认,塞外的酒味虽然不醇,而各色野味却是他们从未品尝过的美食。

完颜撒离喝通过徐还介绍说:"此是亡辽底佳食,所用食器,俱是中京行宫遗物,煞是精致,如今皆归大金所有。"宋俘们听后,更有一种兔死狐悲、物伤其类之感。突然,景王从座位上站立起来,说:"盛宴之上,我愿歌一曲,以助酒兴。"乔贵妃预感到来势不妙,急忙向儿子使眼色,景王却不顾母亲的劝告,开始唱一曲民歌:

> 古田千年频易主,
>
> 前人田土后人收。
>
> 后人不用心欢喜,
>
> 更有收人在后头。

宋俘们和徐还当然听出景王歌唱的弦外之音,完颜赛里只觉得曲调凄切,就用女真话问徐还,徐还面有难色,景王却说:"请徐通事直译,言道宋、辽两国收得残唐、五代地土,立国百年,自夸富盛,不意一旦有亡国之痛。殷鉴不远,切望大金国祚绵长,甲兵长盛不衰。"完颜撒离喝听后大笑,说:"我大金自起兵以来,十三年间,便灭辽破宋,直入中原。这厮康王,犹如一只孤鹿,旦夕便入大金军底围场之中,当来此与你们相会。"

宴会结束后,柔福帝姬特别与宋俘们辞行,她说:"阿爹、娘娘、乔妈妈,众位哥哥,奴家明日便随赛里郎君南下燕京,今生今世,不知何日再见,切望善自保重!"乔贵妃已经听出此话的弦外之音,她用慈母般的语调叮咛说:"自家们在此,尚可聊度时光,唯是二十姐尤须善自保重,遇事须万无一失。"

完颜赛里一行来到燕京城。此时完颜粘罕和完颜讹里朵的军事会议已经结束,完颜粘罕离开燕京前下了军令,命令完颜赛里率部自云中移驻河东路岚州和宪州,准备攻宋。但柔福帝姬却向完颜赛里苦求,坚持一定要见五姐茂德帝姬一面。完颜赛里派家奴去位于宫城里的四太子府联系。耶律观音虽然仍是名为第四十娘子,却已牢牢地主掌着四太子府的家政,她本人不出见,只是命人传话说:"须待四太子回府,方得见面。"完颜赛里打听到完颜兀术可以在几天之内回燕京,就只能耐心等候。

完颜兀术这次出师,损兵折将,劳而无功,满腹气恼。不料他回燕京的当天,耶律观音就要他在明天举行宴会,招待一对特殊的客人——秦桧夫妇。秦桧自从归属完颜挞懒以后,愈来愈博得女真贵族们的好感,而妻子王癸癸更颇有神通,她支使仆人们放高利贷,做买卖,居然发了大财。她利用财宝作为敲门砖,逐一打开了女真贵族们的府第,巴结了一批贵妇,其中包括耶律观音。当时一批女真高级贵族都住在城西南的原辽朝行宫,依秦桧的身份,尚不能自由出入,而王癸癸居然能通行无阻。

进献财宝和阿谀奉承,双管齐下,王癸癸博得了耶律观音的欢心。在完颜兀术率军南侵期间,耶律观音与王癸癸打得火热,所以不管完颜兀术的心境如何,宴会已是非举行不可。耶律观音的理由很简单,她说:"讹里朵到此不久,便为秦参谋设宴。他是三太子,你是四太子,如何可不宴请一回。"但完颜兀术感到没有脸面宴请作为上司的完颜讹里朵和完颜挞懒,他与耶律观音商量,这次宴会的规模不宜太大,邀请的对象是完颜赛里和随自己出征的六名万夫长,另加韩常。

第二天的晚宴在天膳堂内举行,完颜兀术和耶律观音坐在居中,左边是完颜赛里和柔福帝姬,右边是秦桧和王癸癸,完颜聂耳等六名万夫长、韩常和他们的女眷依次下座。秦桧夫妇完全按女真人的装束,一个剃头辫髮,一个辫髮盘头,身穿白色左衽羊裘,丈夫的衣装窄小,而妻子的衣装肥大。柔福帝姬经介绍,方知所谓"秦参谋"原来是宋朝的"秦中丞"。她忍不住低声下气地对耶律观音说:"今日切望耶律娘子高抬贵手,容得奴与赵氏五姐一会。"耶律观音笑着说:"赵二十娘不须心急,后段便知分晓。"

这是典型的女真宴,酒是当地著名的金澜酒,第一道菜是盛着大盘肥猪肉,上插数茎青葱的肉盘子。完颜兀术嗜好肉盘子,对肥猪肉嚼得津津有味。柔福帝姬见到了肉盘子就恶心,她只是礼貌性地用筷夹了一块肥肉,放在碟里。秦桧夫妇却特意多夹几块肥肉,并且佯装嗜吃的模样。

完颜兀术问道:"秦参谋,肉盘子其味如何?"秦桧满脸堆笑,还来不及回答,王癸癸早已抢先说:"此是中原未有底佳食,自家夫妻委是感激四太子与第四十娘子底盛情。"柔福帝姬望着秦桧夫妇谄媚的笑容,下意识地投以鄙夷不屑的一瞥。

接着是一批又一批的蜜渍油炸茶食,虽然四太子府的女婢众多,但耶律观音还是特意指派了四十个侍妾娘子混杂于女婢,一同进献,目的是为显示自己在四太子府中至高无上的权威。这些女子中,大部分竟是原来赵宋的宗姬、族姬、宗妇、族妇和宫女。

生活是可以改变人的。过去的宋宫生活教会柔福帝姬对父亲撒娇撒痴,对宫女、宦官等颐指气使,半年多的俘虏生活又教会柔福帝姬平等待人,对共命运的人有同情心。一名女子给完颜赛里和柔福帝姬端上一盆茶食,用汉语说:"奴家与赛里郎君、柔福帝姬进献西施舌。"柔福帝姬当即起立叉手,说:"有劳小娘子,敢问小娘子亦是宋宫底人?"那个女子回答:"奴家亦是故宋宗姬,乃是太祖官家底七世孙女,如今是四太子第五八娘子。"柔福帝姬问道:"敢问奴底五姐今在何处?"那名宗姬发出极轻微的叹息,低声说:"便在后段。"柔福帝姬到此才恍然大悟,原来耶律观音特意安排两姐妹在这种场合会面。

身为完颜兀术第八十五娘子的唐括氏和第八十六娘子的茂德帝姬,果然也被安排在献茶食的行列。按耶律观音的命令,唐括氏向完颜兀术和自己食桌进献,而茂德帝姬进献的目标则是完颜赛里和秦桧两个食桌。这是耶律观音在今天晚宴上,为自己立威最重要的一步棋。两人一进入天膳堂,就马上被柔福帝姬发现。柔福帝姬恨不能立即扑上去,抱住显得相当消瘦的五姐,但她还是用最大的努力克制自己,因为今晚稍一不慎,触怒了耶律观音,无非是给自己的五姐带来新的折磨。

茂德帝姬先到完颜赛里的案前,柔福帝姬连忙起立叉手,深情地说:"有劳五姐!"完颜赛里也跟着起立,用汉语说:"有劳赵氏五姐!"茂德帝姬虽然勉力克制自己的感情,还是忍不住用呜咽的语调说:"唯愿二十妹与赛里郎君夫妻恩爱! 此是金刚镯,献与妹夫与妹妹!"她放下一碟茶食,随即离开。耶律观音原先以为两姐妹肯定会抱头大哭,结果却是出乎意料的平静。

茂德帝姬到秦桧案前放下一碟茶食,就头也不回,走出天膳堂。秦桧不免产生怜香惜玉之意,望着她的背影低声叹息:"久闻茂德帝姬是大内底第一美女,今日得见,却已是减色三五分。"话音刚落,马上感到被妻子踩了一脚,王癸癸低声骂道:"你这厮年近四十,却依旧是色中饿鬼!堂中有多少女使,你见一个便爱一个,目光灼灼,颇有垂涎之意!"秦桧连忙低声说:"十三姐息怒,下官不敢!"

柔福帝姬只等宴会结束,就对完颜赛里低声说了几句,然后来到完颜兀术案前,向他和耶律观音恭敬地行女真跪礼,手按右膝,长跪不起,哀求说:"奴家随赛里郎君到此,唯求四太子与耶律娘子开天地之恩,容五姐与奴今宵一聚,明日须得随赛里郎君启程。"完颜赛里也说:"兀术,此回须是耶律娘子看自家底薄面。"完颜兀术望着耶律观音,显然,他虽有四太子的尊贵身份,又秉性粗暴,而家务事却已无权自作主张。耶律观音望了望跪在地上的柔福帝姬,又望了望站立一旁的完颜赛里,脸上露出志满意得的微笑,说:"赵氏二十娘免礼!奴家须成全你底苦心,叫第八六娘子与你相聚一夜。"

完颜赛里骑马在前,他的合扎亲兵们簇拥着一辆驼车在后,出原辽朝行宫,前往临时寓居的延寿寺。他们本来可以寓居官舍,而柔福帝姬却选中这个曾经拘禁父亲的佛寺。在驼车里,柔福帝姬紧紧拥抱着茂德帝姬瘦弱的身躯,不断低声而深情地呼唤"五姐"和"姐姐",茂德帝姬只是将头紧紧依偎着妹妹的肩头,一言不发。时间久了,柔福帝姬不免感到奇怪,说:"五姐,你是甚底意思?"茂德帝姬此时才抬头开口说:"你五姐已是眼枯泪尽,无泪可挥,无肠可断,唯求速死!不期今日得见二十姐,便死亦甘心!"柔福帝姬再也不能控制感情,悲声大放,而茂德帝姬却眼神呆滞,并不落泪。

完颜赛里特意另住,单留两姐妹同住一屋。夜深人静,一盏油灯火光微微摇晃,一对曾经是宋宫中最娇宠的公主,利用这难能可贵的一夜,低声细语,互诉衷肠。听完柔福帝姬的叙述,茂德帝姬说:"赛里郎君待你,一如二太子待你姐姐,然而二太子拆散一对鸳鸯,强行占夺,赛里郎君却是去洗衣院,救取二十姐于危难之时。"柔福帝姬却用决绝的语气说:"虽是恁地,徐郎底恩情岂不胜似赛里郎君十倍。胡马依北风,越鸟巢南枝,奴身为大宋公主,难道须终身辫发盘头,为异乡怨魂?妹妹已与徐郎立下盟誓,纵然不能成功,亦是死而无悔!"

茂德帝姬对妹妹的决心感到吃惊,她担忧地望着柔福帝姬,说:"不料半年之间,二十姐稚气全消,与前判若两人。你与徐官人虽是归志如铁,亦切不可轻举妄动,须是计出万全。"柔福帝姬摇一摇头,苦笑着说:"世上岂有万全之计,若不能当机立断,毅然决然,奴家便须终身辫发盘头!"

突然,传来了轻轻地叩窗声,柔福帝姬机警地起身,问道:"叩窗底是甚人?"窗外的人说:"贫僧名智和,今为大宋信王传书与茂德帝姬。"柔福帝姬只怕有诈,她来到窗前,只开了一条缝,说:"请长老先将书信送与奴家。"智和就将一纸尺素从窗缝里塞进来。柔福帝姬取过信纸,又将窗关上。茂德帝姬急忙把同母弟信王的书信取来,在灯光下辨认笔迹,确认之后,又当即用灯火焚烧,然后由柔福帝姬轻轻开门,招呼智和进屋。

上卷已经交待,宋徽宗第十八子信王赵榛在真定府附近,乘金军受赵不尤所部攻击之机,在混乱中逃脱。信王与柔福帝姬同岁,而出生晚三月。他最初只是慌不择路,策马狂逃,后来发现没有追骑,才决定往西南方向,昼伏夜行,因为南方是宋的地界,而西面是山区,容易躲避金人。他沿路乞食,但是在兵荒马乱的岁月,却只能经常挨饿,最后又忍痛将乘马与人交换食物。他五月上旬进入庆源府界,在一次夜行时,竟晕倒在地。

当信王苏醒时,发现自己躺在一个简陋的农舍里,而身边只有一个村姑。村姑的圆脸带着几分稚气,浓眉大眼,端正的鼻子微翘,樱桃小口像是涂了最浓的胭脂,颇有几分姿色。信王挣扎着起床,说:"感荷小娘子底救命大恩,容小子他日图报。"那个村姑说:"看你底行藏,须是个落难底衙内。"信王就信口胡编,改用他母亲的姓氏,说:"小子姓刘名榛,户贯汴京,阿爹官至中奉大夫,全家被金贼所掳,我在途中只身逃脱。敢问小娘子尊姓高名?"村姑说:"奴家姓周,名叫绣儿,阿爹亦被金贼所掳,唯有奴在家苦度光阴。"信王叹息说:"我与小娘子萍水相逢,不料同是天涯沦落人。"周绣儿说:"刘衙内且在此安心宽养数日。"

周绣儿自从父亲被掳后,既要操劳农务,还要料理家务,她天生勤快,手脚不闲,忙碌终日,夜间还要在一盏昏暗的油灯下织绢。信王过惯了养尊处优的生活,偶尔想帮周绣儿做点事,也显得笨手笨脚,周绣儿干脆不让信王帮忙,说:"刘衙内是满腹底诗书,如何做得?农田与家内底生活,尚须不识字底小女子自做。"

  信王在周家休养了三天,身体已经完全恢复,却对这个村姑产生了恋情,而不忍离去。周家的小屋,左右两间厢房原来分别是父女的卧室,中间一个小厅,放着一张织机。如今信王就睡在她父亲的卧室。第三天夜晚,周绣儿照旧在小厅的油灯下织绢。信王坐在小厅看她织绢,欣赏她动作的娴熟,手指的灵巧,愈看愈美,愈看愈爱,最后他忍不住说:"蒙小娘子厚恩,小子不忍隐瞒,愿以实情相告。我并非姓刘,乃是太上官家底十八子信王赵榛。"

  周绣儿大吃一惊,她在惊定之余,就起身跪在信王面前,说:"小女子有眼不识泰山,乞大王恕罪!"信王忙将她扶起,说:"小娘子免礼!"两人坐下,重新叙话,信王说:"敢问小娘子青春几何?"周绣儿带着几分羞怯回答:"奴家虚度十六。"信王说:"我长小娘子一岁。我原有一个聘定底媳妇罗氏,尚未成婚,遭金贼掳掠,自尽于开封城南底青城故寨。如今与小娘子实是姻缘天定。"

  周绣儿羞红了脸,显露了喜出望外的神色,面对一个仪容俊秀的藩王,她怎么能不动心。但过了一会儿,她却改换了庄重的神色,说:"小女子虽是个无知无识底低贱村女,婚姻亦是终身大事。大王脱此大难,暂留此处,必有后福。他时许多名门底小娘子争先结亲,小女子又如何高攀?小女子敬劝大王,此事不可胡做。"信王心中不由更加爱慕,心里想:"一个山野村姑,却是恁地有见识。"他说:"自古贫贱富贵,岂有定势。我底妈妈贵妃大刘娘子,便是出身单微,身后阿爹封赠为皇后。我此回直是真心诚意,愿对天明誓,他日决不相负。"

  周绣儿说:"小女子家中唯有灶神,大王若是有意,自可对灶神设誓。"信王此时才留意周家火灶上的一个灶神画像,由于成天火烤烟熏,已经模糊不清,就说:"灶神只是微末底小神,我当撮土为香,对天盟誓。"

  他拉着周绣儿走到屋外,朝正南方向下跪,立誓说:"昊天上帝在上,家邦不幸,万方罹难,而神明庇佑,小子赵榛幸脱罗网。今愿与民女周绣儿永结秦晋之好,白头偕老,誓不相负。若负此言,愿上帝降罚,死于乱箭之下!"原来在宋人的天神世界里,昊天上帝是万神之尊,而玉皇大帝只是道教的天帝。周绣儿被信王的至诚所感,就跪在他的身边,说:"小女子亦对昊天上帝起誓,愿追随十八大王,誓做患难夫妻,遇水水里去,逢火火里钻。"

两人结拜夫妻后,开始商量下一步的行动。周绣儿说:"此处是庆源府高邑县界,闻得西边赞皇县东有一高山,山上有五个石马,而名为五马山,近日有一支忠义民兵立寨。为首底二人,一个名叫马扩,另一个名叫赵邦杰,原来都是朝廷命官,人称马防御与武翼赵大夫。大王不如先投奔此寨。"信王听后,拍手叫好,说:"我在京城时,曾邂逅识得武功大夫、和州防御使马扩,此人武举出身,文武全才,曾奉使金虏,归奏朝廷,言道金虏异日必是败盟南侵,可惜阿爹与大哥不能重用。自家们正须投奔五马山寨。"

第二天,周绣儿帮信王更换了农家装束,收拾了细软行装,准备了干粮。两人装作一对农家小夫妻,向五马山进发。

马扩有着一段曲折的经历,当金军去年冬攻破真定府时,他却因曾经出使金朝,被诬私通敌人,关在狱中。他利用金军破城之机,方才逃出牢狱,去西山和尚洞寨组织义兵。在一次与金军的交战中被俘。金朝右副元帅完颜斡离不曾与马扩相识,对他十分器重,就亲自劝降,马扩拒绝在金朝做官,但表示愿在真定府城中开一个酒店维生。完颜斡离不同意了他的请求。马扩利用酒店结识北方豪杰之士,后来打听到赵邦杰在五马山设寨,就设法化装逃出真定府城,来到山寨。

五马山一带地形险要,水源丰富,涧水甘美。马扩和赵邦杰苦心经营,设立朝天、铁壁等四个连珠寨,招徕义士,积储粮草,建成强固的防御体系。一天,两人正在商讨军事,有义兵报告说:"有一男一女,自称是马防御在汴京底故人,欲投奔本寨。"当义兵将两人带到厅堂时,马扩立即认出来者正是信王,不由大喜,连忙拉着赵邦杰跪拜,说:"自家们亦闻得大王脱险,不料竟亲幸敝寨。"信王忙将两人扶起,长揖还礼,又向他们介绍了周绣儿,周绣儿也向两人行礼道"万福"。

大家坐定后，马扩说："金虏欲剃南民顶髮，两河百姓怨入骨髓，聚集山寨，誓死抗敌。民心不忘宋德，大王到此，正可号召四方，待兵多将广，一举收复失地，迎还二圣。"信王说："我幸脱囚虏，矢志复仇，救取阿爹、大哥与眷属。然而我自幼居住深宫，一不从政，二不知兵。抗敌底事，尚须马防御与武翼赵大夫主张。"赵邦傑说："如今山寨已聚集得四千余人，而胜兵仅有千余。十八大王到此，山寨有主，自是大幸，亦须防引惹虏人底重兵。依下官之见，此事暂不张扬。待日后兵精粮足，然后以十八大王之名，发讨贼檄文，号召两河义士，大举进击。"马扩马上表示赞同，说："此说甚是，且请大王先在此安泊，以待时机。"

信王和周绣儿在五马山寨安顿下来。虽然按赵邦傑的建议，暂时保密，这条消息还是不胫而走。不但河北与河东的抗金义军纷纷闻讯联络，表示愿接受信王的领导，连燕京一带，原先在辽朝治下的抗金义军也派人前来五马山寨。他们派来的代表，就是蓟州玉田县禅师智和。

智和本姓顾，辽朝末年，曾起兵归宋，官封无品的进义校尉。金朝占领蓟州后，他耻于辫髮，干脆就剃髮为僧，另取法名。他在八月来到五马山，带来了金朝汉官杨浩、张龚和易州义军首领刘里忙等人的秘密口信，表示愿意接受信王的领导。马扩和赵邦傑先接待智和，然后请信王亲自接见。

燕京与河北由辽、宋等分治近二百年，两地汉人从民情风俗到地方口音有相当的差别。智和说的是燕地乡音，又有僧侣的身份，反而便于往来两地，因为女真人是敬奉僧道的。他身穿通常的黑色麻布僧衣，与众僧唯一的差异，是拔出木禅杖的一端，就是一柄利剑。智和见到信王，也不行僧礼，而是跪拜在地，说："贫僧拜见大王！"信王连忙将他扶起，长揖还礼。

双方分宾主坐定后，智和说："燕地百姓苦于虏人底虐政，思归大宋，如久旱之望云霓，各路豪杰愿拥戴大王，驱除虏人，共享太平。"信王说："只因后晋石敬瑭卖国求荣，燕雲百姓与中原阻隔垂二百年。然而大宋列祖列宗之心，何尝一日不思念燕雲遗民。阿翁神宗官家曾慷慨立志，一意收复旧疆。阿爹太上官家虽一时收得燕地，却又任用非人，言之痛心。

我无才无德,岂能当此重任。如今全仗燕云与中原义士不分彼此,同心协力,驱除虏人,共雪奇耻大辱,令燕云与中原重归一统。"智和与信王初次见面,对这个少年藩王恳切谦和的语言和态度,特别是强调燕云与中原本是一体,极有好感,他说:"大王如此深识事理,大宋中兴有望。"信王说:"我无才无德,大宋中兴,全仗各路英豪与不愿顺番底赤子。"

双方的话题很快转到了燕京城里的宋俘,智和说:"自家们知得天眷寓居延寿、愍忠等寺,曾商议救取,然而天眷数千人,又难以措手。"信王说:"莫须先救取太上、官家与六哥景王三人。六哥最是贤德,大宋中兴,不可无六哥。长老若得便去延寿等寺,可先通音问。此处马防御与武翼赵大夫亦当号令河北义士策应。"智和说:"此意甚好!便请大王修书,以为凭证。"信王就当场写信,交付智和。

智和到燕京不久,尚未与宋俘们接触,金人却将大批宋俘北徙中京大定府,营救计划因此落空。智和回五马山报告,信王思念同母五姐茂德帝姬,又另外修书一封。智和利用自己的和尚身份,经常出入燕京各个寺院,今夜算是得便送到了这封信。

智和进屋拜见两位帝姬,特别是给绝望中的茂德帝姬,带来了兴奋、希望和生机。茂德帝姬向智和简单介绍了自己的处境,说:"奴家终日唯是以泪洗面,十八哥救不得阿爹与大哥,亦须救取奴家!"她用亲笔写了"十八哥救我"五字,交付智和。柔福帝姬也叙述了她与徐还南逃的决心。智和不敢久留,当即告退。两姐妹相聚一夜,也只能在第二天分手。完颜赛里用驼车将茂德帝姬送回四太子府,然后与柔福帝姬、徐还等启程前往云中和河东。

[贰壹]
从荥阳到汜水

十一月上旬,岳飞率领军队来到开封城西北的祥符县郭桥镇,前来回报的于鹏已在镇上等候。于鹏奉东京留守宗泽之命,教岳飞全军驻扎开远门外著名的金明池北,然后与众将进城参拜。

这支军队近乎是清一色的河北人,而且大多数又是初次来到京城,不免对京城有一种好奇心。大雪初霁,城内外是一片银白世界,唯有高大的城垣披雪矗立,裸露着黄湿的泥土,环城的护龙河与汴河、金水河等都由军民凿冰开冻,保持水流,这是冬季防城的重要措施。岳飞在城外驻兵的当天,马皋、一丈青夫妇和王贵、张宪、徐庆都来到驻地,与岳飞等众将相会,并且带领将士们一同参观著名的金明池和琼林苑。两处皇家园林不开放,大家只能隔墙眺望园内的雪景。

上卷已经介绍,去年开封外城被金军攻破之时,都统制刘延庆企图出开远门逃命,结果这一带成了十多万军民遇害的屠场。虽然事过境迁,而屠场的遗迹还是随处可见,特别是大批无人认领的尸骨,被人们在普安禅院附近建造了一个万人冢。宗泽特别下令,今后每年十一月二十六日,普安禅院须设道场,超度亡魂。现在距离做第一次道场,已经为期不远。岳飞等众将士踏雪寻访,凭吊万人冢,在这个庞大的坟墓前伫立默哀,痛愤不已。其中许多人都不由落下了英雄泪。

当马皋招呼众人离开时,徐庆只见岳飞还是在冢前沉思徘徊,不忍离去,就问道:"岳五哥所思甚事?"岳飞愤慨地说:"大将乃是生民之司命,国家安危之主。危难之际,岂可只图保全自家性命,而置君父与万民底安危生死于不顾。刘都统纵然亦未逃得一己底性命,然而在万人冢前,却是千古罪人,足以为万世至戒!"王贵说:"闻得朝廷因御营刘三太尉为其父上奏,将刘都统赐谥武愍,直是变乱黑白。"刘光世为父亲请谥,而朝廷颁谥,这对岳飞说来,还是一件新闻,岳飞心想:"既是黄潜善与汪伯彦主政,朝廷颁谥,亦不足怪。"张宪叹息说:"百姓言道,平时养尊处优,战时拥兵保命,便是当今上将底第一奇谋。"

马皋说:"如此将领,若是在留守司,宗留守岂得轻恕。日前有相州汤阴县李旺与李道兄弟,聚众前来东京。只因李旺在河北怯阵,放弃怀州,渡河南归,宗留守便行军法处斩。"岳飞听说自己故乡有人,就问道:"李道今在何处?"他的问话当然是希望通过李道,打听家属的消息。一丈青说:"他如今在留守司继任正将,统率旧部,自称宗留守虽处死兄长,他亦是心服口服,愿效死力。"张宪说:"我亦曾与李正将探询故乡汤阴情实,他却全然不知。"岳飞完全明白张宪思念高芸香的急切心情,他真想把张所派人接自己家眷,而家眷下落不明的事和盘托出,但最后决定还是再隐瞒一段时日。

第二天,岳飞留于鹏守军营,自己与寇成、王经、郭青、沈德、舒继明、王敏求等将进城,到留守司参拜宗泽。延康殿学士、东京留守宗泽头戴幞头,身穿紫色绵袍坐衙,以主管侍卫步军司公事闾勋为首的部将和幕僚们分列两边,叉手正立,神情严肃。岳飞等将进入厅堂,向宗泽作揖,唱喏说:"河北西路招抚司统制岳飞等参见宗留守。"宗泽说:"免礼,且站立两边。"岳飞等也分列两边,叉手正立。

有干办公事孙革走出班列,对宗泽说:"启禀宗留守,今有岳飞、王经、寇成、郭青四统制官,临阵不遵王都统底号令,擅自出战,自立一军。当依军法论斩。"岳飞等四人事先毫无思想准备,一时惊得目瞪口呆,身上冒出了冷汗。张宪第一个站出来,说:"岳统制等虽然违犯军法,委是出于杀敌报国心切,他们已立得大功,切望宗留守原情论法,议功减刑。"接着,马皋、一丈青、王贵、徐庆等将也纷纷出面为岳飞说情。

宗泽威严地将手一挥,说:"你们无须多言!"接着喊了声"岳武经",马皋等人听宗泽没有直呼岳飞的名字,而是用了武经郎的官衔,就猜测到宗泽并无动刑的意思,稍稍松了口气。岳飞走出班列,跪在地下,宗泽问道:"岳武经,你有甚说?"岳飞此时已恢复了沉静,他擦去额上的冷汗,神情慷慨地说:"好生恶死,固是人之常情,小将违犯军法,亦是事无可辩。然而小将自结髮从军以来,已是置安危生死于不顾,若是为国殉难,死无余憾,不料今日竟不得死于两军阵前!宗留守执法如山,人所仰慕,而论罪须分主从。今日底罪,小将是主,王、寇、郭三统制是从。小将所统底二千五百人,都是身经百战,所向披靡底锐士,不可无人统兵。小将甘心伏法,唯愿宗留守恕三位统制死罪,容他们日后杀敌立功。"

不等岳飞说完,王经、寇成与郭青都走出班列,跪在地上,口称:"岳武经智勇无双,自家们甘愿伏法,唯求宗留守赦岳武经一死,容他将功折罪!"

宗泽又转问孙革:"孙干办,若论四人底军功,当升几阶?"孙革说:"下官已自检会得,岳飞当升官十八阶,寇成与王经当升官十三阶,郭青当升官十一阶。"宗泽说:"今日底事,尚可法外用情,死罪可免,然而官位不降,亦不足以为儆戒!岳武经可降官秉义郎,寇、王二将降官保义郎,郭统制降官承信郎。他们底部伍不可无人统兵,中军王正将、张正将与徐正将听令!"

王贵、张宪和徐庆三人应声走出班列,宗泽说:"今将前河北西路招抚司军改为本司右军,其下分三将,王正将改任右军同统制兼第一正将,张正将改任右军副统制兼第二正将,徐正将改任右军同副统制兼第三正将。岳秉义等留于右军,听候使唤。"众人都体会到,宗泽有意空缺了右军统制的位置,其实是准备日后留给岳飞的。

众人退出后,一丈青责怪间勋说:"间太尉,众人为岳五哥说情,你却是若无其事,一言不发!"间勋笑着说:"郡夫人,今日底事,乃是宗留守召孙干办与我议定。岳秉义是盖世虎将,宗留守岂忍用刑!"一丈青佯嗔说:"只为来了一员虎将,我中军便失去三员虎将!"间勋打趣说:"王、张、徐三统制原是岳秉义底人,郡夫人亦不便将他们久留中军。"一丈青说:"依奴家底意思,直欲将岳五哥全军并入我中军。"间勋诙谐地说:"郡夫人岂不是贪心?"马皋插话说:"如此锐士,多多益善!"三人都哈哈大笑起来。

十二月初,金朝左副元帅完颜粘罕和右副元帅完颜讹里朵分东西两路,大举南侵。完颜粘罕军最初攻孟州的黄河北城不下,就命万夫长完颜银术可自九鼎渡渡河,偷袭南城。孟州陷落后,完颜粘罕率金军南下,宋将姚庆军在偃师县拒敌,战败殉难。完颜粘罕军乘胜直入西京洛阳,接着又领兵东进,在八日占据了汜水关。完颜讹里朵也与完颜挞懒、完颜兀术分兵渡河,攻占了京东的一些州县。金军此次攻势依然十分凌厉,中原一时大震。

七日前半夜,岳飞正在睡梦中,却被新任东京留守司干办公事的于鹏叫醒,说:"宗留守有紧切军情,请岳秉义入城议事。"岳飞当即披上绵袍,飞马离开金明池北的军营,随于鹏从开远门入城。留守司的一个房间里点着六盏油灯,宗泽和闾勍、马皋、宗颖、孙革五人在座,桌上铺着一纸地图。岳飞进屋,向宗泽等人唱喏。宗泽的眼睛布满红丝,却依然精神矍铄,他说:"岳秉义免礼,且请坐下议事。"他用手一指,示意岳飞坐在桌边。

岳飞坐定,宗泽就手指地图说:"留守司军收复怀、孟等州,只为拱护东、西两京,不料李旺弃了怀州,孟州又被虏军攻破。如今粘罕国相占据西京,又率军东进,包藏不浅。依你之计,当如何破敌?"岳飞明白,宗泽其实已与众人有了成算,但仍然想征求他的意见,就指着地图说:"东、西两京之间,险要莫如汜水关,此即是古时底虎牢关,傍河带山,绝岸峻崖。小将不才,蒙宗留守释罪录用,愿率军急速驰援,占得此关。"

宗泽问:"若是赴援不及,虏人先占得此关,又当如何?"岳飞说:"小将愿率死士血战,夺回汜水关。"宗泽摇摇头,说:"使不得!为将之道,岂可孤注一掷?你须见机行事,唯求挫败番人兵锋,便得胜回师,切不可贪胜恋战。"

闾勍解释说:"宗留守底意思,留守司虽有兵五万,然而唯有中军与右军最是精兵,右军又都是马兵。须保全精锐,以备缓急。"孙革说:"来日方长,此回只是初战,他日自有岳秉义立功之机。"宗泽说:"你可选五百勇士,与王、寇、郭三将连夜启程。我当命右军王统制等为你们继援。于干办亦随军前去。"岳飞见众人说完,只说了"小将会得"四字,就匆匆告辞。

岳飞与王经、寇成、郭青三将挑选五百壮士,饱餐一顿,连夜急行军。八日正午,这支骑兵抵达郑州西荥阳县须水镇,就得知金军不仅已经占领了汜水关,并且踏冰渡汜水,占据了汜水县城,正杀奔荥阳县城。岳飞当即下令向荥阳进发。他们赶到县城时,县城已成了一座空城。

天色傍晚,金军的先头部队却仍向荥阳县疾进。他们是万夫长完颜赛里麾下的一猛安,共有八百骑兵,千夫长姓阿里侃,名石哥里。石哥里的女真语义是尿病。阿里侃石哥里所部抵达荥阳县城下,岳飞和王经立即从县城里率百骑出击,北面是寇成的二百骑,南面又是郭青的二百骑。宋军先发制人,首先一阵箭雨,射倒一批敌人。接着岳飞舞动丈八钢枪,寇成和王经各自手持宝剑,郭青抡动双剑,身先士卒,大呼陷阵,所向披靡。金军抵挡不住这支宋军的猛击,开始溃退。

阿里侃石哥里也是一员骁将,他眼见第一回合作战不利,企图指挥本猛安兵马迅速退出战斗,进行第二回合的反击。岳飞熟悉金军的战术,也知道敌人不善夜战,他根本不容金军有重整旗鼓之机,趁着暮色昏暗,率部穷追猛打。最后,阿里侃石哥里只能率领约一半残兵,在黑夜中逃跑。岳飞也乘胜收兵,指挥军队迅速收拾战利品,退回县城。

九日凌晨,王贵、张宪、徐庆等率右军的二千援军也赶到了荥阳县城。他们刚在县衙坐定,就有探骑报告,说有敌军杀来,王贵自告奋勇,说:"你们且稍歇泊,我先去厮杀一阵。"他马上率领第一将六百骑出城迎敌。

王贵与金军相遇,只见有两骑在前飞跑,另有几百骑紧随其后。前面两骑见到宋军,突然发出女性的狂喊:"奴是官家底亲妹柔福帝姬,速来救奴!"她言犹未了,后面的头一名追骑发射一箭,另外一人应声落马。王贵最初是大吃一惊,随即飞马直驰,大喊道:"我是王贵,前来救取帝姬!"他弯弓一发,射中了第一名追骑,此人正是金军万夫长完颜赛里,他中箭倒地,又被金军救起。王贵抡动十六宋斤的铁鞭,率领部兵杀退金兵,营救了柔福帝姬。

那个中箭落马者正是通事徐还,宋军将他扶上马,护送回城。柔福帝姬在绝处逢生之后的第一件事,就是拆散了头上的辫髪,她面色苍白,喘息未定,却用感怆而激动的语调对王贵说:"感荷太尉救命之恩,今日方得重见天日,还奴家底汉衣冠!"说着,两行玉箸般的泪水直泻胸前。

徐还虽然被拔出身上的箭镞,敷上伤药,放倒在一张床上,却因流血过多,气息奄奄。柔福帝姬临时换穿了一件汉族女子的麻布绵襦,用一块紫绢绾了一个简单的包髻,坐在床沿,不断地用小手轻轻地抚摸徐还的前胸。徐还勉力挣扎着说:"帝姬今已更换得大宋衣冠,我亦须去此辫髪左衽!"柔福帝姬亲手给他解开两条辫子,绾成一个髪髻,插上一支玉笄,又帮他脱去身上的左衽羊裘,换上一件绵袍。徐还用微弱而激动的声音说:"今日换得汉衣,我便死亦甘心!切望帝姬保重!"说完,竟断气身亡。

柔福帝姬抚尸大哭,哭得死去活来。她的哭声使在场的岳飞等男子汉们都有一种撕裂心肺之感,他们个个张口结舌,谁都找不到哪怕是一言半语,进行劝慰。柔福帝姬突然用尖利的声音高喊:"奴与徐郎誓同生死,徐郎既死,奴只得与徐郎同赴黄泉!"说完,竟一头向墙上撞去。幸好徐庆正在墙边,他敏捷地用手挡住了柔福帝姬,高喊:"帝姬使不得!万万使不得!"众将也顾不上古代的男女礼节,将她强行按在徐还的床边。柔福帝姬搥胸顿足,说:"尔们全是好意,然而奴家终须随徐郎一死!"众将你一言,我一语,纷纷规劝,而柔福帝姬只是一面哭泣,一面不断重复这句话。

沉默多时的岳飞突然以响亮的声音说:"帝姬固然不惜一死,以报徐官人,然而官家莫须怪罪小将等见死不救?帝姬与官家久别,历尽千难万险,方得南归,难道不思与官家一见,以慰兄妹离别之情?"柔福帝姬顿时醒悟,说:"尔们救取奴家,奴岂能教官家怪罪尔们。"

众将稍作商议,然后由王贵出面说:"此处是战地,岂是帝姬安泊之所。自家们计议,今有于干办护送帝姬前往东京,见得宗留守。"于鹏作自我介绍说:"下官于鹏,愿率百骑护送帝姬。徐官人底尸身,自家们亦当用马驮往东京,然后盛殓。"柔福帝姬说:"奴家在北地,亦久闻宗留守是个忠荩大臣。"虽然在仓促之际,众人还是为柔福帝姬找来了一块盖头,让她遮蔽了面部。于鹏带领一百骑士,护卫柔福帝姬,另外用马驮着徐还的尸身,出荥阳东门而去。

于鹏等走了不足一个时辰,盖天大王完颜赛里又率领军马,杀奔荥阳县的西门。完颜赛里对柔福帝姬的宠爱,其实还大大胜过完颜斡离不对茂德帝姬的宠爱,他对柔福帝姬近乎是百依百顺。此次南征,他本拟将柔福帝姬留在云中,但经不住柔福帝姬的花言巧语,他不带其他妻妾,只带了柔福帝姬南下,不料竟发生了徐还与柔福帝姬逃跑的事。完颜赛里简直恼恨到了疯狂的地步。他受伤的左肩还裹着麻布和白绢,左臂难于动作,就指挥全军,向荥阳县城反扑。由于暂时不设统制,同统制王贵算是右军之长,他问岳飞说:"当如何迎敌?"岳飞背诵《孙子兵法》说:"朝气锐,昼气惰,暮气归,避其锐气,击其惰归。守如处女,出如脱兔。"众人不约而同地说:"便依此计!"

完颜赛里全军的七千多人马在荥阳县西城外列队布阵,鼓声震天,而荥阳城上却是偃旗息鼓,城门紧闭。金军仓促前来,并未带什么攻具,焦躁的完颜赛里看到城垣颇高,就命令阿里侃石哥里率一百精骑到城下挑战。阿里侃石哥里驰向城边,却飞来一支强劲的床子弩箭,贯穿胸脯,当即落马毙命。金军几次挑战,都被宋军射退。完颜赛里眼见宋军不出城交战,就下令军中的全体阿里喜,临时赶造云梯之类攻城器械,又分出一千名正兵,建造营寨。

岳飞等众将始终在城上观察敌情,他对王贵等众将说:"王师虽少,却是养精蓄锐,虏人锐气已堕。可令官兵饱餐,然后出战。"于是右军的二千四百精士匆匆吃完干粮,喂好马料,就头戴只露双目的铁兜鍪,全身披挂重甲,兵分三路出城。岳飞率二百骑士出西门为前锋,王贵率第一将的骑士为后援,张宪率第二将的骑士出南门,徐庆率第三将的骑士出北门。

完颜赛里见宋军出城,命令全军停止建造,迅速整军迎战。按金军的传统战术,自然是一半正兵居前,一半阿里喜居后策应。然而金军尚未完成整队列阵,岳飞与寇成、王经、郭青所率的前锋就以严整的队形,用一阵密集的箭雨为先导,在喊杀声中突破敌阵。岳飞跨下逐电骠,右手执丈八钢枪,左手持铁锏,对敌军远者枪刺,近者锏打,寇成、王经和郭青三骑紧随其后,挥剑砍杀,所向披靡。

完颜赛里企图以左右两翼骑兵包抄宋军,王贵又亲率骑兵向包抄者猛击。两军混战之际,张宪和徐庆两支骑兵又分别向敌人后部的阿里喜们发起侧击。"攻坚,则瑕者亦坚;攻瑕,则坚者亦瑕"。这一条用兵原则在此次战斗起了作用。金军的阿里喜们首先溃败,接着正兵们也溃不成军。

宋军从下午申时开始,马不停蹄地追击了一夜。完颜赛里的败军放弃了汜水县城,一直逃到了冰封的汜水西岸,直奔汜水关。宋军抵达汜水东岸时,已是次日凌晨。灿烂的阳光照耀着河面,河面冰层又反射着阳光,天气凝寒而无风,这是冬日特有的良辰美景。宋军将领当然没有闲情逸致,去欣赏绮丽的风光。王贵望着对岸说:"番人在西岸并无守备,莫须乘胜过河,占夺汜水关。"岳飞说:"宗留守已有指挥,不可贪胜恋战。官兵孤军深入,远离东京,食粮不多。闻得金虏谷神右监军尚驻军孟州温县,须防他提兵踏冰过黄河,绕出官兵之后,断我归路。"徐庆说:"岳五哥所言极是,一日一夜鏖战,官兵亦是阵亡了五百人,须依宗留守底指挥,乘胜收兵。"众将都表示同意,于是不足二千的宋军骑兵收拾了一部分战利品,凯旋返回东京。

[贰贰]
扬州行朝的悲欢

于鹏护送柔福帝姬，安全到达开封城。柔福帝姬沿路只向于鹏提出一个要求，她说："奴家与徐郎虽未成婚，他为救护奴家而死，奴家须为徐郎衰绖举哀。"所以于鹏一行到开封城里，马上置办棺材，设法为柔福帝姬更换丧服。柔福帝姬换穿素色麻布绵襦、绵裙和连袜膝裤，系上首绖和腰绖，脚穿白罗鞋，亲自看着众人将徐还的尸体装入棺材，又抚棺恸哭一场。于鹏只能再劝解一番，然后命吏卒将徐还的棺材临时送往大相国寺，举办道场。

宗泽听了于鹏的报告，却采取谨慎的态度。不久前，正好发生了有人伪冒信王赵榛的事件，结果假信王被斩，而有关官员也受到处分。宗泽深知自己与朝廷的关系事实上已十分紧张，认为决不能冒失行事，而授人以攻讦的把柄。现在开封大内、宗庙等处已没有宫女，却还剩下近一百名宦官。宗泽下令，叫凡是认识柔福帝姬的宦官前来辨认。有摄太庙令黄彦节等五人应召前来，他们与柔福帝姬会面，并参加了徐还的丧礼后，向宗泽报告说："柔福帝姬端的是真帝姬，小底们甘愿结罪保明。"

宗泽教他们写了保明状，然后安排与柔福帝姬会见。他和柔福帝姬隔着一个屏风叙话，说："下官是外臣，依礼不得与帝姬相见，愿与帝姬隔屏风叙话。"不料柔福帝姬表示反对，她说："奴家久闻宗留守底大名，岂能不见一面，以慰渴想？宗留守若是拘守礼法，容得奴家披戴盖头，与宗留守备述本末曲折。"

宗泽到此已不得不见，只能将柔福帝姬请出屏风，向她唱喏，柔福帝姬也还礼道"万福"。柔福帝姬全身缟素,头披白色的丝纱盖头,彼此都能清晰看见对方的脸部。柔福帝姬在北方听说宗泽的威名,她经过于鹏沿路的介绍,才对宗泽的立身行事有了相当的了解,现在看到宗泽银白的、清癯的面容,不由肃然起敬。她深情地说:"留守相公年近七旬,当大宋患难之际,毅然挺身而出,力撑危局。可惜大宋养士二百年,艰险时节,又有几个如留守相公底忠臣?然而留守相公忧心国事,鞠躬尽瘁,尤须善自调摄,切不可菲衣薄食,操劳过度。"她特别在"留守"的称呼下加上"相公"两字,以表示自己特殊的敬意。

宗泽听后,感动得落下了几滴清泪。他仕宦三十七年,虽然按照儒家的说教,尽忠于赵氏皇室,而赵氏皇室还报他的,除了贬黜和斥责外,至多是几句言不由衷的、礼貌性的褒奖之词。难得还有一位公主,却能对自己说上几句真挚的人话,使他倍感亲切和温暖。在宗泽原先的意想中,昔日一位娇宠无比的少年公主,虽然经历磨难,回来之后,不免故态复萌,所以只打算对她作一种礼节性的待遇。柔福帝姬的寥寥数语,一下子使两人的感情贴得很近。宗泽激动地说:"宗泽身为大宋臣子,却不能救取二圣,万诛何赎,实是愧对帝姬!"

宗泽的话也使柔福帝姬十分感动,她说:"阿爹在位时,宠幸者无非是祸国底佞臣,如今身陷异域,方知思念留守相公似底忠臣。留守相公为大宋江山社稷,克尽己责,岂有愧对之理?"她的话感动得宗泽老泪纵横,宗泽说:"帝姬底言语,直是使宗泽愧汗交流,无地自容!今日底事,唯有尽心竭力,以赴国难而已!"

柔福帝姬开始叙述自己的遭遇,泪水很快湿透了盖头,她只能将盖头撩起,一面用手帕拭泪,一面介绍。苦难确是磨练人的,柔福帝姬小小年纪,已经懂得说话的分寸,她什么都说,唯独不说韦贤妃与完颜赛里的风流事以及与自己的口角,现在到了南方,必须为当今的官家及其生母遮丑和避讳。宗泽留神地倾听柔福帝姬的陈述,不作任何插话。他从柔福帝姬处得到的最重要的情报,就是知道了信王赵榛的确切下落。一个时期以来,虽然不断有信王的传闻,宗泽也在派人打听,今天才算得到了落实。

宗泽说:"今有王都统名彦,驻兵河北太行山中,我当命他与信王联络。"柔福帝姬关心地问道:"此回虏人大举进攻,不知留守相公何以御敌?"宗泽用斩钉截铁般的口吻说:"留守司军足以御敌,有宗泽在,东京断不至再陷敌手!当今之计,唯有恭请主上回銮东京,以御营司军与留守司军并力破敌,然后乘胜北伐,迎还二圣。"

柔福帝姬以手加额,说:"若能如此,煞是大宋社稷之福!"宗泽按照古代的臣规,尽管对皇帝的品性了如指掌,却从来不能说他的坏话,但在部属面前,还是经常痛斥黄潜善和汪伯彦的奸佞。然而今天面对一个十分年轻的公主,也不愿多评议朝政,只是说:"下官已是十一次上表疏,恭请主上回銮,未蒙俞允。今有留守司干办公事姓孙名革,我命他护送帝姬至行在扬州,并再上奏疏,备述己见,唯愿主上速赐睿断。"

柔福帝姬已经听出,宗泽在皇帝回东京的问题上,显然与朝廷存在分歧,她也懂得,在这件大事上,自己没有资格乱发议论,就问道:"不知何日启程?"宗泽说:"帝姬在东京且歇息一日,两日后动身,不知如何?"柔福帝姬说:"便依留守相公底措置。"宗泽说:"汴河封冻,不可行船,牛车太缓,下官当备骡车一乘,另雇两名女使,送帝姬前去。徐官人底灵柩,亦当车载同行。"柔福帝姬说:"不须为奴家备车,奴可乘马前行。"

宗泽安排了柔福帝姬的生活和行程,就说:"请帝姬歇息,下官告退。"不料柔福突然抢步上前,用小手拉住宗泽的手,然后下跪叩头,说:"为大宋社稷,请受赵氏小女子一拜!"古代妇女一般都戴头饰,往往跪而不拜,今天柔福帝姬身穿丧服,没有头饰,特别叩头,以表示自己由衷的敬意。宗泽再一次感动得老泪纵横,但拘于古代男女礼节,又不能伸手扶柔福帝姬,他感怆地说:"帝姬下拜,岂非折杀下官!"说着,也准备下跪还礼,柔福帝姬急忙起身,扶住宗泽,说:"奴家只是一个弱女子,恨不能执干戈以卫社稷。如今大宋江山,仰仗留守相公支撑,留守相公不得还礼!"她用两只小手紧紧握住宗泽两只干枯的手,两人一时都感泣而不成声。

按宗泽的安排,孙革在第三天就带了几十名吏卒和两名女使,护送柔福帝姬启程。

位于运河入长江口的扬州是淮东路的首府,这座城市经历了隋唐时期最繁荣的阶段,人称"扬一益二",在晚唐兵燹之余,扬州在全国城市中的地位大为下降,其城市规模,且不说东京开封府,就是同南京应天府相比,也逊色不少。宋高宗的小朝廷搬迁到此地,只能临时将州城西北的州衙区改作行宫,正衙改名崇政殿,郡圃花园改为后宫,而政府百司往往占用或租赁民房。

经过宦官们的不断搜罗,宋高宗的后宫女子迅速膨胀到六百多人,他们住在原来郡圃花园的楼阁之中,也相当拥挤。宋高宗把自己的大部分精力和时间,都花在女人身上,除了早朝之外,臣僚们分批转对的制度其实已名存实亡。他只是偶尔召见黄潜善和汪伯彦,几乎不单独召见其他官员。黄潜善和汪伯彦也摸准了皇帝的脾胃,凡是他们认为不重要的政事,就一律在政事堂自行处置,不另外奏禀皇帝,以免引起宋高宗的讨厌。十一月中旬,传来了秀州(治今浙江嘉兴)发生兵变的消息,黄潜善和汪伯彦并不奏禀皇帝,只是在政事堂召见了御营司都统制王渊,由王渊派前军统制张俊前往弹压。

宋高宗的新宠虽多,而后宫中最受宠爱的还是潘贤妃瑛瑛和由贵人升迁才人的张莺哥,吴金奴以贵人的身份居于第三。前面说过,宋高宗的生辰节日命名,采纳了张莺哥所拟的天申节,而潘瑛瑛所拟的嘉庆节却被张莺哥否定。自此以后,潘贤妃和张才人的明争暗斗就日益表面化,潘贤妃仗着自己生皇子的特殊地位,对张才人盛气凌人,而张才人却处处退让,以柔迎刚,犯而不校。吴金奴自知恣色难以与潘、张两人匹敌,却以她特有的聪明伶俐,博得皇帝的欢心。她表面上不能不更多地逢迎潘贤妃,暗地里也向张才人讨好。

一天,潘贤妃蓄意寻衅,当着众宫人的面,给张才人一记耳光。张才人却跪在潘贤妃的面前求饶,说:"奴家伏侍贤妃娘子不周,多有冒犯,乞贤妃娘子以一床锦被遮盖。"宋高宗得知此事后,就将潘贤妃责备一通,当夜特地与张才人同床。聪明的张才人并没有利用这次机会,向皇帝诉说自己的委屈,更没有片言只语说潘贤妃坏话,宋高宗在枕边问道:"娘子难道心中并无怨恨?"张才人笑着说:"她是贤妃,臣妾只是才人,贵贱有别,'小杖则受,大杖则走'。"宋高宗赞叹说:"娘子煞是贤德!"对她更加爱怜。

皇帝的赞叹标志着张才人以柔克刚战术的成功,巩固和提高了自己在宫中的地位。实际上,张才人内心有着更深的计算,她眼看潘贤妃所生的小皇子因先天不足,体弱多病,诅咒他寿命不长,所以天天盼望着自己早生贵子,将来可以取而代之。但是,大约因为皇帝纵欲无度,后宫的女子竟没有一个怀孕。张才人忌讳潘贤妃,也不敢为生子而求医问药。

十二月初,宋高宗在一次朝会时,正式发布黄潜善为左相,汪伯彦为右相,他对群臣得意洋洋地说:"今日黄潜善做左相,汪伯彦做右相,朕何患国事不济!"经过李纲罢相后的不断清洗,朝臣大多成了黄潜善和汪伯彦的走狗,他们异口同声地说:"陛下圣明!"黄潜善和汪伯彦装模作样地走出班列,准备谦辞一番。不料宦官康履来到皇帝案边,轻声说:"小底奏禀官家,小皇子得病,已勾唤御医诊治。"宋高宗听后,不耐烦地将手一挥,说:"二卿朕所简拔,不须辞避。"然后匆匆地走下帝座。

宋高宗来到潘贤妃阁,干办御药院邵成章已经带了四名御医前来会诊,并且开了药方。四名御医跪奏说:"皇子只是微恙,药到便得病除,不烦官家圣虑。"宋高宗吩咐邵成章说:"若是儿子痊愈,每名郎中赐钱二十贯。"御医们谢恩退下。宋高宗望着艳丽的潘贤妃,又起了性欲,他对在旁叉手侍立的邵成章说:"邵九,既是儿子无事,你亦可退下歇息。"

不料邵成章竟从袖中取出一份奏疏,说:"小底今有奏疏一章,弹击黄、汪二相公蒙蔽圣聪,祸国殃民,恭请官家详察。"他说完,就上前跪在皇帝面前,双手呈上奏疏。宋高宗接过奏疏,粗略看了一遍,然后绷紧着脸说:"邵九,你可知祖宗家法?身为内侍,岂可不守本职,轻议朝政,弹奏大臣。"邵成章涕泪满面,恳切地说:"小底自幼入大内,伏侍太上、渊圣与官家数十年,岂不知祖宗家法。然而二圣在远,国家底兴废存亡,已在呼吸之间。小底受圣恩至重。如今满朝廷臣,唯知逢迎黄、汪二相公,小底不上奏,又有哪个臣僚上奏?切望圣聪烛照黄、汪二相公奸邪,召李相公回朝,大宋中兴,方是有望。"他说完,就接连不断地叩头。

宋高宗发怒说:"你还不退下!"邵成章说:"小底今日犯死进谏,官家不纳,为大宋社稷,小底不敢退下!"说完,依然叩头不止。潘贤妃见到这种僵持局面,就命宫女叫来康履和几名小宦官,将邵成章强行拖出贤妃阁,邵成章还是大哭大喊不止。

宋高宗余怒未息,康履乘机进言:"官家,邵九既是违犯祖宗家法,岂可不予处分?"宋高宗问道:"依你底意思,当如何处分?"康履想了一下,说:"既是违犯祖宗家法,其罪不轻,依小底意思,可除名,勒停,送南雄州编管。"宋高宗说:"邵九亦是先朝有功底人,编管岭南,处罚太峻,可将他编管江西吉州,即日押送前去,不得滞留。"康履说:"恭依官家圣旨!"邵成章平时就被康履等一群宦官视为眼中钉,肉中刺,今天落井下石,自然个个拍手称快。

邵成章虽然被押走,宋高宗却仍然满脸不悦,潘贤妃依偎在皇帝身边,说:"官家何必为区区小事气恼。人生在世,尚须及时行乐。"宋高宗至此才回嗔作喜,他伸手摸了一下潘贤妃的下巴,然后抱着她那娇小玲珑的身躯上床。

一波未平,一波又起,两天之后,又有殿中侍御史马伸上奏,弹击黄潜善和汪伯彦。第二天的下午,宋高宗正在后宫与潘贤妃、张才人、吴贵人等宴饮作乐。有张去为进入,口奏说:"黄、汪二相公只为马殿院劾奏,在阙下待罪辞免。"宋高宗其实还不知道有马伸上弹奏的事,他命令张去为说:"取过马伸底劾奏,读与朕听。"前面说过,宋高宗为了不愿意损失声色娱乐的时间,对臣僚的奏疏,一般只教宦官或宫女念提要。自从李纲罢相以后,宋高宗更有了一种无拘无束、随心所欲的自由感,甚至懒于教宦官或宫女念提要。宗泽费尽心思,亲笔书写了一份又一份恳请皇帝回銮的表和奏,有的到了宫中,就被塞进了废纸堆里,因为宋高宗尤其厌烦宗泽的唠叨。

张去为用清楚的口齿,给皇帝朗读一遍马伸的劾奏。按古时的惯例,马伸的劾奏列举了黄潜善和汪伯彦的十大罪状。其中包括陷害张所,将他贬斥岭南,杀陈东和欧阳澈,却扬言自己事先不知,诱过君主,私置亲兵,军俸优于御营各军,御营司军养尊处优,前方军情紧急,却不发一兵一卒支援,秀州发生兵变,不奏报皇帝,妨功害能,沮抑宗泽,忌讳直言,壅塞言路等。宋高宗听后,皱了皱眉,他内心承认马伸的上奏并非全无道理,当即吩咐张去为说:"可令黄、汪二人且回政事堂,等候宣召。"

张去为退出后,宋高宗问众宦官:"你们可知行在有何动静?"众宦官都面面相觑,不发一言,唯独冯益出面下跪,说:"依小底所知,阙下日前道路传言,士人们弹冠相庆,言道马殿院此奏委是伸张舆论。"冯益与康履等人堪称是沆瀣一气,同恶相济,他对黄潜善和汪伯彦两人也勒索了不少贿赂。但他与其他宦官不同之处,是多少有点远见。他向来藐视黄潜善和汪伯彦,认为国事托付给这两人,自己的富贵也可能朝不保夕。依冯益的权势,其他宦官是无力排挤他的,他更不在乎得罪黄、汪两人,所以有胆量说这些话。宋高宗已经学会了如何保持皇帝的尊严,他对冯益的口奏不置可否。

宋高宗认为,处置马伸的上奏,并非有燃眉之急,所以利用晚饭后的闲空,才教宦官曾择宣召黄潜善和汪伯彦到循圣殿,此殿原名敬简堂,本是知州平时的办公室。黄潜善和汪伯彦听曾择通报情况后,两人心中不免如十五个吊桶,七上八下。宋高宗还是头戴那顶特制的道冠,端坐殿上。黄潜善和汪伯彦跪在皇帝面前,说:"臣等无德无才,招致台评,罪戾殊深,乞陛下速赐罢黜,另选贤能。"宋高宗说:"二卿是帅府旧弼,朕所倚信,如何可轻议去就?"皇帝的开场白,就使两人吃了定心丸,但到此地步,两人还须虚情假意地谦避一番,说:"国家艰难,臣等不才,委是无力燮理。"

宋高宗说:"辞职底事,无须再论,国家多事之秋,正须卿等掌政。然而秀州事变,卿等何以不奏?"黄潜善望着汪伯彦,示意由他解释,汪伯彦说:"臣等原以为区区小事,不足上轸宸襟。臣等命王渊发兵,张俊已率御营前军平定事变,以便宜斩取谋叛宗室叔近,不日当凯师回归行在。"黄潜善补充说:"此回张俊平叛,甚是得力。"宋高宗十分忌讳赵氏宗室谋反,他很快联想到不久前被刘光世所杀的宗室赵叔向,说:"叔向与叔近俱是魏悼王底四世孙,当年魏悼王不法,谋叛,太宗官家不忍置之于法,赦他死罪,此是平世底事。方今国步维艰,处置宗室谋反,尤须当机立断。待张俊归阙,可优加官赏。"

黄潜善和汪伯彦说:"臣等领旨!"宋高宗又换一个话题说:"张所原只为论奏黄卿,朕将他贬官江州。他任招抚使,尚无过犯,却是贬责广南容州,委是太峻,可将他量移湖南潭州,以示至公。"黄潜善忙说:"陛下圣明,臣敢不遵旨!"

宋高宗说:"马伸既是论奏不当,若不贬责,二卿又何以安心供职?卿等可拟一个近便底监当官差遣,奏与朕知。"黄潜善和汪伯彦说:"此事容臣等退殿后详议。"宋高宗认为事情已经处理完毕,也不让两个宰相唠叨,以免浪费自己嬉戏女色的时间,将手一挥,说:"二卿且退殿,余事候明日另议。"说完,就起身先离开循圣殿。黄潜善和汪伯彦立即下跪,说:"臣等叩谢圣恩!"宋高宗也懒得再理睬他们,径自扬长而去。

这两个报复心理极强的小人,当然不会放过陷害马伸的机会。他们拟定将马伸贬责监濮州酒务,濮州地处京东前沿,当金军大举进攻时,其实是有意借刀杀人。宋高宗同意他们所拟,下诏斥责马伸"言事不实,趋向不正",黄潜善和汪伯彦又以三省的名义,限令马伸第二天就去濮州赴任。五十二岁的马伸膝下并无子女,老妻也在三年前病故,他孤身带了一个仆人,离开扬州。朝官中即使有少数同情者,也畏惧黄潜善和汪伯彦的势力,不敢送行。马伸出扬州城北的镇淮门后,下马遥望北方徽、钦二帝的所在跪拜,恸哭一场,然后毅然就道。

就在马伸离开的当天,张俊却喜气洋洋地率人马返回行在,向他的乾"阿爹"王渊报功请赏。原来王渊曾与一名妓女周佛迷相好,后来周佛迷却被宗室、中大夫、直龙图阁赵叔近娶去,王渊为此对赵叔近恨之入骨。赵叔近任秀州知州,被人诬告贪污,罢官拘留本州。有秀州厢兵徐明发动兵变,关押新任知州朱芾,迎请赵叔近主持州务。赵叔近在无可奈何之中,只能暂署州务,安抚变乱者,并且立即奏报朝廷。

王渊在发兵时暗示张俊,说:"叔近在秀州,你须留意!"张俊对此已心领神会,他带兵抵达秀州时,赵叔近以暂摄知州的身份,亲往城北沈氏园迎接。张俊见到赵叔近,就喝令部兵:"速将这厮谋反叛贼捉拿归案!"一群兵士执刀上前,把赵叔近团团围住。赵叔近说:"自家抚定叛卒,申奏朝廷,岂有谋叛……"言犹未了,一个兵士举刀砍断了他的右臂,赵叔近惨叫一声,倒在地上挣扎,大喊说:"我是宗室,你们岂可犯禁,伤害无辜!"张俊冷笑说:"你此前是宗室,如今乃是反贼!"于是一名兵士又举刀砍下赵叔近的头颅。张俊挥兵轻而易举地攻破秀州,杀了徐明等人,并且闯入赵叔近家中,取来了周佛迷。

惊魂未定的周佛迷被押送到张俊面前，张俊见到她的美貌，也不能不动心，但他还是克制了自己，说："小娘子休得惊慌，自家奉阿爹王都统之命，前来诛除反贼叔近。王都统甚念旧情，小娘子日后自有富贵。"周佛迷也马上见风使舵，跪倒在地，说："感荷张太尉！"张俊特别雇了两名女使，照顾周佛迷，将她带回扬州。

王渊在御营司召见张俊，韩世忠也在座。在御营司诸统制中，韩世忠和张俊是他最亲信的左膀右臂。张俊向王渊唱喏后，又与韩世忠互相作揖，然后坐下，详细报告了平定兵变的经过。王渊事先已知赵叔近被杀，心中十分快意，他说："张七此回立得大功，黄、汪二相公已奏明圣上，升你为武宁军承宣使。"张俊急忙起立，再次向王渊叩头："此回平叛成功，亦皆是仰承阿爹底发纵指示。"王渊说："张七少礼！"

张俊坐下后，又说："今有前京师行首周小姐，孩儿已护送到御营。"王渊高兴地说："张七煞是孝顺！"张俊吩咐部兵后，周佛迷浓妆艳抹，走了进来，向王渊下跪说："小女子幸得张太尉相救，特来拜见王都统。"王渊忙说："少礼！"亲自将她扶起，赐坐。

韩世忠说："今日王都统喜事临门，小将须乞酒一杯。"不料王渊叹息一声，说："张七虽是孝顺，我却不便再纳周小姐，周小姐只得由张七自娶。"王渊感到，既然杀了赵叔近，自己也须避嫌。张俊并非不垂涎周佛迷的美色，但到此地步，也没有胆量迎娶，他说："既是阿爹不娶，儿子亦无此斗胆。"

王渊想了一下，对韩世忠说："韩五，你娶周小姐，自无嫌忌。"韩世忠也不推辞，起立向王渊跪拜，说："小将感戴王都统底恩赐！"王渊望着周佛迷，不免有几分留恋，但还是叹息一声，说："周小姐，你追随韩五，日后须有富贵。"他用眼神向韩世忠示意，韩世忠就高高兴兴地将周佛迷带走。王渊等两人离开后，又感叹说："虽是个神佛皆迷底女子，人竟不得迷！"张俊说："阿爹直是临事贵于决断。"王渊说："当断不断，反受其乱。亦是你与我无福生受，韩五却与她前世有缘。"

韩世忠原配白氏，是寒微时的贫贱夫妻，已在四年前病故。继室梁佛面，原是镇江府妓女。七年前，韩世忠随宦官童贯渡江平方腊，路过镇江，纳梁佛面为妾。此后又娶了杭州妓女吕小小，将她改姓茅，取名佛心。韩世忠带周佛迷出御营司,然后介绍了自己的妻妾,周佛迷咯咯地笑着说:"佛面、佛心、佛迷,足见韩太尉诚心礼佛,奴家与韩太尉前世有缘。"韩世忠说:"自家煞是信佛,可惜置身营伍,不得不杀生。"周佛迷说:"事佛只在诚心,韩太尉杀生,亦只为除暴安良,菩萨当保佑韩太尉。"韩世忠见周佛迷口齿伶俐,而容貌又在梁佛面与茅佛心之上,更加欢喜。这三个风尘女子后来都封国夫人。

再说孙革带着柔福帝姬南下,途经淮东路楚州宝应县界的福田驿,见到了在驿中卧病不起的马伸。原来马伸中进士后,曾任西京河南府法曹参军事,时值宋徽宗崇宁年间,程颐的理学受到压制和攻击。马伸却不顾当时很大的政治压力,诚心向居住当地的程颐求学。此后马伸也传了几名学生,孙革是其中之一。孙革到东京留守司任幕僚,也是由马伸向宗泽介绍。

孙革未曾料想到,师生竟在驿馆相遇。他征得柔福帝姬的同意,暂时停留,侍奉病重的老师。寒冬腊月,室内奇寒,油灯一盏,马伸身穿绵服,在床上咳嗽不止,孙革恭敬地坐在床边侍候。马伸用微弱的声音说:"偌大底朝廷,不料仅有我与内廷底邵大官弹劾奸佞,我虽贬死异乡,亦是不负恩师底教诲。唯是思念张招抚,此人文武兼备,却不能于国家多难之秋,一展才志,而罪废贬窜。切望嘱告宗留守,为国家兴亡大计,他日不可不用张招抚。"他说完最后的遗言,就停止了呼吸。孙革抚尸大哭,说:"恩师病革,并无片言只语嘱托家事,唯以国事为念,岂不教天下人冤痛!"因为公务在身,孙革在痛定之后,只能安排棺材,命令马伸的家仆,将灵柩送往马伸的家乡东平府安葬。

孙革通过老师被贬责致死的事件,深知迎请皇帝回銮东京的事,决无活动的余地,所以他护送柔福帝姬到扬州后,只是按例行公事上呈宗泽的奏疏,就马上返回东京。

柔福帝姬被引领到行宫边一间屋里,首先与她会面的是宦官冯益和赵氏宗妇吴心儿。原来宋高宗虽然得到了东京几名宦官的保明状,仍然担心有人假冒帝姬,他问众宦官说:"你们有甚人识认得柔福帝姬?"冯益说:"小底自幼服役于小王贵妃娘子阁,愿前去辨认。另有宗妇吴心儿,乃是柔福帝姬底表姐,亦与帝姬熟识。"于是冯益和吴心儿受命先来辨认。

柔福帝姬见到两人,就首先行礼,说:"吴三八姐与冯十五万福!"见面之初,就以对方的排行称呼,这本身就表明并非假冒。但冯益和吴心儿在还礼之后,还是将柔福帝姬从头到脚,仔细辨认,最后,吴心儿又上前拉着柔福帝姬的左手,撩起衣袖,见到她的上臂有三颗黑痣,排列成等边三角形,于是两个表姐妹抱头大哭。

宋高宗终于亲自召见了异母妹柔福帝姬。柔福帝姬还是全身缟素。人非草木,宋高宗听了妹妹的叙述,特别是说到自己的母妻在洗衣院受辱,邢秉懿的堕胎,田春罗和四个女儿的死亡,也忍不住泪滴衣襟,他沉痛地说:"不意天下之大,唯有朕与二十姐团聚。二十姐历尽艰难,朕已依张浚所奏,待来年奉隆祐伯娘幸杭州,二十姐亦当与伯娘同去,大江之北,终非贤妹安身之地。"

柔福帝姬说:"妹妹自徐郎死后,痛不欲生,只恨奴家是个女流,不能保卫家国。当年在东京大内时,诸兄弟中,唯有九哥勇武多力,喜习骑射,能文能武。如今正是乱世用武,切望九哥念念不忘国耻家仇,提携六军,与十八哥、东京宗留守并力,救取阿爹、大哥与天眷,再造大宋社稷,立盖世底大功,以慰祖宗震怒之灵!"

宋高宗说:"目即国家元气大亏,事力不济,只得依黄、汪二相之议,频遣使指,与狂虏求和。但愿上苍念朕底孝诚,感动虏人,放阿爹、大哥与天眷回归。春秋时,越王勾践用范蠡、文种,深谋二十余年,终于复仇灭吴。黄、汪二相便是朕底种、蠡之臣。"

宗泽、孙革等人虽然避免与柔福帝姬议论朝政,但柔福帝姬也多少听到一些传闻,特别是马伸的贬死,对柔福帝姬有很大的震动,她所以强调皇帝勇武,实际上已含有婉转批评的意思。她听到皇帝的对答,就忍不住说:"虏人将阿爹与大哥迁住中京,岂是有放还之意?九哥若是二十年后出兵,切恐阿爹一旦有不可讳言,等候不及。"

宋高宗一时竟难以回答,他想了一会儿,又说:"佳兵尚自不祥,何况虏强我弱,用兵之事,当慎之又慎,不可胡做。大哥误信何㮚之说,前鉴不远。"柔福帝姬说:"如今非是九哥用兵,而是虏人南侵不已,必欲取大宋底江山而后快。闻得御营之师达十万众,若是听任十八哥与宗留守在大河南北苦战,不发援兵,切恐取消于天下。"

宋高宗听后,心中不快,他特别对五马山的信王颇为疑忌,担心他拥兵与自己争夺皇位,但对这个死里逃生的妹妹还是有哀怜之情,他说:"朝政自有朕与黄、汪二相处分,朕亦当与十八哥联络。二十姐与伯娘同住,亦可稍开心颜。"柔福帝姬说:"乞九哥以驸马礼安葬徐郎,奴当为他衰绖三年。徐郎死后,奴心如寒灰,唯愿九哥早日救取阿爹、大哥与天眷,自家们尚得与他们团聚。"宋高宗应允用驸马的规格,礼葬徐还。

柔福帝姬由宫女引领,前去见隆祐太后。隆祐太后无儿无女,对这个饱受磨难的侄女自然倍加爱怜;柔福帝姬多少了解一些伯母的身世,对隆祐太后也相当孝敬。两人之间,很快就建立了亲密的感情。柔福帝姬南归之初,救国和复仇心切,不免对隆祐太后议论朝政。隆祐太后从赵叔向、陈东、欧阳澈等人被杀的事件中已得出结论,宋高宗有足够的狠心,敢于不顾天下公论,不管祖宗明誓,而对忠臣义士下毒手,她告诫柔福帝姬说:"如今底江山既是九哥底江山,自家们女流,唯当著衣啖饭,便是议论国政,亦于国政无益。"柔福帝姬经隆祐太后再三劝解,也慢慢地习惯于不谈国事。

再说宋高宗等柔福帝姬走后,开始回味刚才的谈话,他对不发御营军,而取消于天下一句话,愈想愈不是滋味,就提笔写了一份简单的手诏:"勾抽御营一军北上,与宗泽并力御敌。付黄潜善、汪伯彦。"宋高宗画了一个御押"ㄤ",当即交付曾择。

黄潜善和汪伯彦身为宰相兼御营使,却从来不愿降尊纡贵,与御营司的统制们商议军务,他们只是派一名吏胥,将皇帝的手诏转交都统制王渊。王渊接到手诏,马上召集众将会议,依众将的官位,将手诏先传给提举一行事务刘光世。刘光世因为巴结宦官,新近以平盗匪的军功,升迁奉国军节度使。宋朝的节度使是虚衔,用一个不恰当的比喻,类似于现代的元帅军衔,对武将而言,是十分荣耀的。王渊的虚衔还只是保大军承宣使,反而低刘光世一等。刘光世依仗自己的节度使头衔和宦官们的奥援,成了都统制王渊难以号令的特殊人物。

王渊等众统制传看完毕,就说:"遵依圣上手诏,御营司须发兵抵御虏人。刘三骁勇善战,而收编盗贼与溃兵甚多,以节使之重,正宜率部迎敌,以宽圣上宵衣旰食之忧。"刘光世完全明白王渊的用意,实际上是想借此将自己赶走,使御营军成为王渊的一统天下,他说:"国家危难,正是臣子效命之时,然而我新收盗贼与溃兵甚多,却是训练未精,委是难以迎战。张七承宣立功于杭州,前军兵马精锐,正是再立新功之机。"他笑容满面,望着张俊。

张俊忙说:"自家底前军剿杀杭州叛兵,亦自损折不少,军马疲惫,尚需休整数月,不可轻出。"韩世忠见两人互相推诿,就对王渊说:"圣上养兵千日,尤须用于一时。既是刘三与张七未能出兵,小将不才,愿统左军前往。"

王渊在御营诸将中,最亲信者莫过于张俊,而最倚重者又莫过于韩世忠,认为韩世忠悍勇,非张俊可比。他的内心实在不愿韩世忠出兵,所以向韩世忠投以迟疑的目光。刘光世却乘机顺水推舟,说:"韩五勇锐,此去必能成功!"王渊眼看已无可挽回,他只能轻微叹息一声,嘱咐说:"韩五虽勇,此去亦须见机进退。"

[贰叁]
辞旧迎新中的鏖兵

完颜赛里大败,返回西京洛阳,只能硬着头皮,前去参见完颜粘罕。完颜粘罕等金军将帅都住在西京的行宫,这其实是比开封大内更大的宫城。完颜粘罕坐在正殿太极殿的帝座上,接见众将。完颜赛里进殿后,向完颜粘罕行女真跪礼,长跪不起,他以为一定会受到这个当左副元帅的族兄的严厉责骂。不料完颜粘罕最初用温和的语调抚慰说:"赛里丧失赵氏底二十娘,委是痛心疾首。此回掳得二十余个美貌女子,你可挑选四人。然而再次出兵,你仍须为前锋,戴罪立功,如不能取胜,两罪并罚!"完颜粘罕说后一句话,又变得声色俱厉,完颜赛里不敢推诿,只能退立一旁。

完颜粘罕又用威严的目光逼视最骁勇的万夫长完颜娄室和完颜银术可,说:"此回赛里竟败于宗老汉之手,你们可前去厮杀一阵,只消灭得宗老汉底威风,便是大功。"有了不久前孟州战败的经验,完颜娄室首先行女真跪礼,说:"启禀国相,我敢与众宋将厮杀,唯独不敢与宗爷爷对阵。"完颜银术可也接着下跪,说:"我亦不敢与宗爷爷对阵。"经历多次交锋后,金军将士一般都畏服宗泽的威名,称他为"宗爷爷"。

完颜粘罕不由火冒三丈,说:"你们不敢厮杀,我自统兵前去厮杀!一个年近七十底老汉,岂能与我为敌!"他嘴上不肯灭自己的威风,但心头也不能不感到两员猛将说话的分量,完颜赛里的战败事实上也给了他当头棒喝。他想了一会儿,就发令说:"娄室,你可与活女、石家奴统三忒母军马,占夺陕西州县;银术可,你可与赛里、拔离速统三忒母军马,先破得郑州,然后直下京西州县。待我亲自统兵去郑州,与宗老汉对阵。你们如不能占夺州县,尤须焚荡杀掠,俘虏男女驱口。宗老汉无人投军,无粮可峙,纵然今年破不得汴京,他来年又如何与我为敌?"金朝的驱口是指战俘奴隶。完颜活女是完颜娄室的儿子,完颜拔离速是完颜银术可的弟弟,蒲察石家奴是金太祖的女婿,他们都是忒母孛堇,即万夫长。

完颜娄室和完颜银术可当即兵分两路,向宋朝腹地进击。完颜银术可仍然沿完颜赛里的旧路,率兵渡过氾水,直扑郑州。按宗泽的命令,宋朝郑州知州董庠应当固守待援,而董庠却闻风丧胆,率先弃城逃跑。他不敢逃往东京,而是逃往行在扬州,打算贿赂宰相和宦官,以求免除处分。完颜银术可兵不血刃,进入郑州城后,却不敢停留,立即挥师南下,按完颜粘罕的命令,接连蹂践了京西的大部分州县。与此同时,完颜娄室也率兵攻破了陕西关中的若干州县,占领了古都长安,即京兆府。金军铁蹄所到之处,造成了毁灭性的劫难和破坏。

完颜粘罕继完颜银术可之后,亲自率兵二万四千,前去郑州,而留完颜谷神和耶律余睹据守洛阳。他的战略意图已经改变,目前不准备径攻开封,只是打算牵制东京留守司军,以掩护完颜银术可袭扰京西腹地。

董庠弃城而逃的消息报到东京留守司,这确是宗泽始料所不及的事。他连夜召集众将和幕僚们紧急会商。在几盏油灯下,宗泽指着地图,神情严肃地说:"郑州乃是开封底门户,势所必争。"闾勍说:"下官愿统兵前往,夺回郑州。"宗泽说:"虏人有东、西两军,与国相交锋,亦须预防三太子底大军。闾太尉可坐镇东京,以备缓急。"他的目光投向了马皋夫妻。

一丈青说:"岳五哥莫须与自家们前去,并力杀败金虏国相底大军,收复郑州。"原来自从右军凯旋后,宗泽当即任命岳飞为右军统制,并且从其他各军中抽调精兵,补充右军的损失,使右军从二千人扩充到二千八百人。由于缴获金军的战马,右军还是保持了清一色的骑兵。岳飞正准备开口响应,宗泽却用决断的口吻否定了一丈青的提议,他说:"留守司十五军,五万余人,唯有右军全是马兵。上回荥阳至氾水一战,右军锐士亦自损折五百人,煞是可惜!自今以后,右军尤须待机而动。"

最后,宗泽与众将决定由马皋夫妻统率六军兵力,计二万人,前往郑州。六军包括他们亲率的中军、张用的选锋军、王善的摧锋军、李景良的威胜军、闫中立的武锐军和郭俊民的振武军,由张用一军担任前锋。

完颜粘罕的大军与宋军正好在郑州城中发生了遭遇战。郑州比开封小得多,城周只有约九宋里,开四个城门,城东寅宾门,城西西成门,城南阜民门,城北拱辰门。契丹人、都统耶律马五率领金军前锋部队由西成门入城,而张用的选锋军则由寅宾门入城,两军沿东西大街行进。

耶律马五是最早投降金朝的辽将,他悍勇善战,完颜粘罕特命他率三猛安契丹骑兵,担任前锋。他发现敌情,立即命令部兵们向各个小巷迅速穿插,企图对宋军实施迂回侧击。与此同时,张用命令部兵们以战车为先导,也向各个小巷分散推进。宗泽制造的决胜战车,每辆车按规定配备五十五人,除推车兵外,以盾牌和长枪居前,弓弩随后。当两军接触后,宋军的战车很快就显示了对骑兵的优胜,战车遏制了骑兵的奔冲,宋军对敌人近者用枪,远者用箭。契丹骑兵的战斗力本来就不如女真骑兵,在宋军的攻击下,纷纷溃退。宋军战不多时,就夺据了整个郑州城。

马皋率领大队人马进驻郑州城,而完颜粘罕初战失利后,仍在城西扎寨,并且向宋军挑战。马皋留李景良的威胜军和闫中立的武锐军守城,充机动兵力,他本人率其余四军出城,以三百辆决胜战车组成密集的车阵。完颜粘罕亲自指挥金军,接连发起三次冲锋,都被宋军击退。马皋指挥宋军反攻,完颜粘罕对此次战事已丧失信心,率军败退。

宋军以步兵为主,追击的速度当然比不上金军的骑兵。唯有一丈青与岳亨率骑士三百,深入穷追。金军发现宋军的少量追骑,又进行反扑。大批金骑包围了宋军,一丈青不甘示弱,率骑士死战,却是寡不敌众。她骑乘的血斑骢前胸连中四箭,长嘶倒地,一丈青跳在地上,挥双刀步斗,又接连砍杀敌人。岳亨抡动浑铁枪,赶来奋死相救,也被敌骑层层包围,陷入自顾不暇的境地。

一丈青的骑士们大部战死,剩下不足百骑。正在危急之际,马皋率大队宋军步兵赶来,与金军再次接战。张用在乱军中见到了仍然被金骑包围的一丈青,他舞动一杆凤嘴刀突入包围圈,劈死两名敌人,抢到一匹黑马,然后跳下自己的白马,高声喊道:"郡夫人岂可无马步战,小将愿以白马相赠!"他一面说,一面就跃上黑马。一丈青也不答话,她跃上张用的白马后,继续挥刀杀敌。

宋军的战车队再次发挥了威力,完颜粘罕率金军一直逃到了汜水以西,据守汜水关。马皋也遵照宗泽的指示,乘胜收兵。他留下李景良、闫中立和郭俊民三军守郑州,自已率领另外三军撤回开封。

转眼间已是建炎元年的岁末。马皋夫妻和张用、王善来到东京留守司,向宗泽唱喏,然后报告战绩,一丈青原先认为张用曾是个乘乱作乱的盗贼,素来有几分轻视,这次却用感激的语调说:"奴家身陷重围,若不是张统制救助,切恐难以幸存。"马皋也说:"张统制此回委是军功第一!"宗泽说:"张统制为朝廷宣力,自有重赏。郡夫人亦当以恃勇轻进为戒!"

于鹏说:"开封百姓闻得马统制获捷,人心始安。"宗泽说:"东京百姓接连两年,辞旧迎新,未得快活。可下令京城各门依旧按时启闭,听凭百姓出入,然而亦须用心搜索细作。除夕驱祟守岁,元旦庆贺,立春鞭牛,上元张灯,一如往昔。"

每年十二月二十四日交年到下一年的元宵,从来是开封最热闹的时节,家家户户贴灶马,送灶神,张挂门神、钟馗、桃板和桃符,举行傩仪,爆竹和纸炮驱祟,通宵围着火炉守岁,元旦饮屠苏酒,吃年馎饦,又称索饼,类似今人的面条,立春日鞭牛,大家分抢鞭死的牛肉,最后则是元宵的盛大灯会。然而在金军的侵逼下,无论是宣和七年末到靖康元年初,还是靖康与建炎之交,开封百姓都根本不能有欢快的节日,特别是后一次,景况更加悲惨。众人都明白宗泽的用意,是要通过节日的庆贺,使全城军民树立战胜强敌的信心。

除夕之夜,在留守司内,宗泽特别召没有家眷的部属一同宴饮。王贵和徐庆到开封以后,由马皋做媒,将两个表妹许配他们,于是都成立了新家。王经、寇成等人也将他们的家眷接到了开封。在宗泽举行的宴会上,除了他和儿子宗颖以外,另有岳飞、张宪、张用等十人。张用的妻儿也在战乱中死去,如今还是单身。

平日菲衣薄食的宗泽,特别为部属们设置了相当丰盛的酒菜。人逢佳节倍思亲,岳飞望着桌上的瑶泉名酒,虽然香气扑鼻,他还是牢记老母的嘱咐,不敢碰一下酒盏,见酒思亲,思亲之情更重。他扭头看着身旁的张宪,张宪平日酒量不小,但今夜只是浅斟薄酌,又不同岳飞说话,这无疑说明张宪也在思念着高芸香。宗泽一变平时严肃的神态,今夜完全成了一个最慈祥的长辈,他频频地向部属们举杯劝盏。

宗颖看出岳飞和张宪的心境,就说:"岳、张二统制,你们何不将老小迎至开封?"张宪说:"军务繁冗,自家们尚无暇顾及。"宗泽说:"你们底户贯在何乡何里,我当命人迎取。"到此地步,岳飞再也不能隐瞒,他只得说:"不瞒宗留守、宗机宜与张四哥,张招抚早已命人迎取自家底老小,却是去向不明。"宗泽说:"岳统制何不早说,我自可命人寻访。"岳飞说:"军情紧切,宗留守日理万机,小将不敢以私妨公,右军中亦委是无人可以托付。"宗泽说:"两位统制且放宽心,我当命人用心寻访,但愿明年此日,你们可与宝眷相聚。"岳飞和张宪当即谢过宗泽。

行将年及古稀的宗泽终究没有精力终夜守岁,他等酒阑之后,就向部属们告退,回房休息。众部属也纷纷散去。岳飞和张宪策马出城西,回金明池北的军营。沿途不断见到在大街小巷的人们,有的烧爆竹,有的放纸炮,有的身穿彩衣,头戴神灵的假面具,敲锣打鼓,举行傩仪。百姓们经历两年苦难的折磨,如今仍处在战乱之中,希望藉此类活动,驱除恶祟,在新的一年吉祥如意。

岳飞和张宪心境沉重,虽然并马而行,却一语不发。回营后,岳飞立即向张宪表示歉意,说:"张四哥,我唯是愿知得老小与高四姐底音问,然后告诉,以免张四哥忧心。"张宪将手一挥,说:"我岂不知岳五哥底苦心!"两人接着又是长时间的沉默,寂寞的团圆之夜显得格外漫长,两人怀念和思恋家人之情益切,心潮涌动。突然,张宪想起了高芸香教他的一首唐诗,就吟哦说:"一年将尽夜,万里未归人!"岳飞听后,也拍案而起,高喊道:"何日平胡虏,良人罢远征!"张宪说:"自家们在此无益,不如巡视营中,慰劳将士。"岳飞并不答话,只是上前执着张宪的手,两人一同出外。

在万民欢庆的节日期间,虽然已探得金军并无动静,东京留守司军仍处于某种戒备状态,单身的岳飞和张宪让众将与家属团聚,自己坐衙值班。建炎二年(1128年)正月初七傍晚,岳飞和张宪又得到金军再次攻破郑州,进犯开封府中牟县界的急报。

原来完颜粘罕战败,退回西京洛阳后,心中仍然不肯服输。他特派高庆裔前往东路金军,约完颜讹里朵向滑州方向进兵,自己向郑州方向进兵,企图从北面和西面两路钳击开封。完颜粘罕和完颜谷神、耶律余睹率领三万大军,进逼郑州。李景良、闫中立和郭俊民三统制不遵宗泽守城待援的指令,擅自出城迎战。结果闫中立战死,郭俊民降敌,而李景良化装逃遁民间。完颜讹里朵和完颜挞懒、完颜兀术的大军也集结卫州和濬州,与滑州的宋军隔着冰冻的黄河相持。军事形势又陡然紧张起来。

岳飞闻讯后,马上点集二千骑兵,他吩咐王贵说:"若是待宗留守下令,切恐贻误战机。自家即刻率军救援中牟。你可入城告报,乞宗留守处分。"二千骑兵立即集结完毕,马不停蹄,连夜直奔中牟县城。

王贵骑马飞驰,穿过开远门,进入留守司。留守司的屋内已经点起了油灯,众将环坐,大家也已得到急报。宗泽听完王贵的报告,只是简单地说:"岳统制当机立断,处置甚是得宜。你可率右军五百骑,出屯祥符县八角镇,所余三百骑士,另命一将统率,巡护都城西郊。"王贵得令,唱喏退出。他派王敏求守营,巡缉西郊,自己和沈德统兵前往八角镇。

马皋等王贵走后,起身说:"小将愿依旧统兵,收复郑州,如若不胜,甘伏军法!"宗泽说:"胜负乃兵家底常事,马统制忠勤体国,岂可轻言军法。此回李景良等三军败绩,委是损我军威。你可率留守司七军人马,与岳统制底右军并力破敌。官兵得胜之后,不须远追,到得汜水以东,便须凯旋。待日后破得虏人三太子底东军,再议收复西京。"

一丈青说:"留守司十五军,李景良等覆军之后,我夫率八军前往,留守司尚余四军。若是虏人东军杀来,不知宗留守何以御敌?"宗泽指着闾勋说:"官兵不可平分军力,与虏人相抗。前军统制刘衍戮力防拓滑州,必无疏虞。闾太尉率三军人马,足以备缓急。我唯是在此,等候你们早奏凯歌!你们收复郑州,便以二军守护州城,自率六军返回京城,听候使唤。"

宗泽的目光又转向张用和王善,他说:"只待破得金虏国相底贼马,王统制与张统制可率本军人马把截郑州,但得保守州城,不容透漏番人前来东京,便是大功。"张用和王善说:"小将遵命!"

宗泽部署军务完毕,最后下令说:"取瑶泉酒来!"于鹏率几名吏胥送上十瓶酒,宗泽亲自为出战的将领每人敬酒一盏,以壮行色。马皋夫妻点集七军人马,连夜启程。

再说岳飞率领二千精骑急行军,在半夜赶到了中牟县东城下。突然城头火把齐明,城上守军呐喊道:"来者是甚人?"岳飞单骑直驰城门前,说:"我是右军统制岳飞,特来驰援。"他一面说,一面就脱去头上的兜鍪,城上的众人中走出了中牟县令,他是武将忠翊郎、阁门宣赞舍人巩义方。岳飞去荥阳等地作战时,途经中牟,已与他相识。巩义方说:"岳统制,你既是驰援中牟,可有宗留守底将令?"岳飞说:"下官闻知军情,便急速驰援,并无宗留守底命令。"巩义方说:"下官亦是奉宗留守之命,当誓死守此县城,不敢有丝毫闪失。岳统制底右军不可入城,乞岳统制鉴谅。"

岳飞对巩义方似乎不近人情的做法表示理解,他说:"巩宣赞守御有方,下官岂得擅入。闻得番人已进逼中牟县界,不知屯兵何处?"巩义方说:"金虏已夺据白沙镇,距此二十八里。"岳飞又问:"如今是甚底时辰?"巩义方说:"方过三更。"岳飞说:"敢请巩宣赞在此,静候下官底捷报。"巩义方说:"切望岳统制旗开得胜,马到成功!"

岳飞回马到军中,对张宪、徐庆等众将说:"番人远来疲敝,官兵正可于四鼓时分,攻其不备。"众将都表示赞同,于是全军不顾夜行的疲劳,边走边吃干粮,向白沙镇挺进。

白沙镇位于郑州到中牟县的必经之路,岳飞等将对这一带的地形已相当了解。金军抵达白沙镇的先头部队有两猛安,一千六百人,他们大多数正在酣睡,只有两谋克骑兵点着火把,绕着镇南的营寨,担任警戒和巡逻。岳飞亲自率八百骑伪装金军,绕道敌后,遇到巡逻的一谋克敌骑,在最前列的舒继明就用女真话蒙骗敌人。岳飞然后发起突然袭击,杀入金寨,睡梦中的金军无法抵抗,往往人不及甲,马不及鞍,纷纷逃遁。在四围埋伏的张宪、徐庆、王经、寇成、郭青等指挥其余一千二百骑士,又将敌人包围剿杀。未到天明,宋军就结束战斗,两猛安的金军大部被歼,而伤亡的宋军只有六、七十人。

岳飞整军收拾战利品,返回中牟县城,马皋率领的大军也已赶到。巩义方打开东、西城门,将两路宋军同时放入城内。他当着马皋的面,向岳飞道歉,说:"昨夜下官不放岳统制右军入城,乞岳统制恕罪。"岳飞说:"巩宣赞备御有方,措置得宜,下官唯有敬服而已。"一丈青笑着说:"你们何须如此客套。巩宣赞不放入城,便是成就岳五哥初战之功。"

大家正在说话时,有探骑报告,说:"金虏国相与监军亲统大军,再次前来白沙镇。"马皋立即问岳飞说:"岳统制,依你底意思,当如何厮杀?"岳飞想了一会儿,就说出自己的计划,一丈青第一个表示赞同,说:"此议可行!"马皋接着下令,全军当天就在中牟县城里休息,依旧由巩义方率本县军民守城。

完颜粘罕、完颜谷神等率大军来到白沙镇。完颜粘罕见到大批金军死尸,不由气愤填胸。几百名败军,由一名千夫长和五名百夫长带头,都被押到马前,行女真跪礼,完颜粘罕怒吼道:"今日不将你们洼勃辣骇,何以正我军法,立我军威!"几百人纷纷哀求饶命,完颜谷神感到杀人太多,就说:"可将一名猛安孛堇与五名谋克孛堇洼勃辣骇,其余儿郎押入各军,戴罪效力。"完颜粘罕说:"便依你底处分。"

那名千夫长扑向完颜粘罕右侧,大喊道:"国相!何不开一线生路,容我戴罪立功?"完颜粘罕并不答话,他抽出宝剑,劈下千夫长的头颅。一名百夫长见此情景,就愤怒地高喊说:"粘罕,你亦是战败于郑州,何不将自家洼勃辣骇?"话音刚落,一名完颜粘罕的合扎亲兵就手抡大棒,对准他的后脑猛击,此人当场毙命,其余四名百夫长也被当众毙杀。

完颜粘罕处置了败将以后,又喊萧庆的契丹小名说:"查剌,你可与投拜底郭俊民前去东京,劝谕宗老汉,言道若不投拜,自家大军便洗荡全城,寸草不留。"萧庆有了牛庆昌出使,被宗泽关押的前鉴,决不敢自投罗网,他说:"宗老汉铁石心肠,岂是下官所能说谕。依我底意思,不如命燕雲汉儿与郭俊民同去,以示大金军威。"完颜谷神也说:"查剌不可去。"于是完颜粘罕另派汉儿千夫长史立、通事何仲祖与郭俊民找小路前往开封。

完颜粘罕和完颜谷神在当天下午,就率军进逼中牟县城。马皋也率领全体步兵,以四百辆决胜战车,严阵待敌。金军最初以两个猛安的骑兵发起冲锋,被宋军击败。金军接着就且战且退,马皋看出金军是在诱敌深入,就将计就计,指挥车阵,在平原旷野中向前推进。完颜粘罕和完颜谷神亲自率左、右两翼骑兵,向宋军包抄侧击。宋军的车阵方队很快就改成圆阵。金军骑兵将宋军步兵围困在核心,频频发起冲击,却始终无法突破车阵的防御圈,在阵前横尸无数。

天色断黑,完颜粘罕和完颜谷神还是恋战不休。他们下令全军举火把,并且给宋军让开一条后路,企图等宋军撤退之时,寻觅战机和缝隙,一举突破车阵。不料马皋全军却牢牢地钉住原地,不进不退。宋军也点起火把,在车阵内轮流休整和吃食。

面对僵持局面,完颜粘罕一筹莫展,他问完颜谷神说:"南军死战不退,你有何计议?"完颜谷神说:"南军在此,岂能持久?纵然破不得车阵,南军亦须饥渴而死。"于是完颜粘罕下令,重新将宋军包围。

金军的包围圈刚合拢,马皋就下令军中说:"如今官兵陷于绝地,若不奋力血战,何以求生?"宋军以决胜战车队为先导,开始向左翼金军发起攻击。左翼金军无法抵挡战车队的进攻,纷纷溃败。右翼金军向宋军侧后进攻,而宋军的车阵却有效地阻击了来犯之敌。当两军混战之际,岳飞、一丈青等率领的三千二百骑兵及时投入战斗。按照岳飞的建议,将八个军的骑兵集中使用。这支蓄锐已久的生力军向右翼金军的侧后发动猛攻,疲惫的金军本来就不习惯夜战,到此就再也无法支持,全军败退。这是东京留守司军与金军最大规模的会战。宋军在天明以前结束战斗,初春的阳光开始照耀大地,中牟县城以西的原野上,遍地是尸骸和器甲。

宋军只休整一天,就向郑州进兵。完颜粘罕和完颜谷神再无胆气迎战,他们会同守郑州的耶律余睹,仓促退出郑州,逃回汜水以西。马皋夺回郑州以后,按宗泽命令,部署张用和王善两军守城,自己率六军返回开封。

这支凯旋之师回到八角镇,有王贵出迎,他对众将说:"目即虏人东军已自渡河,猛攻滑州,闾太尉率二军人马,屯驻长垣县策应。京城中唯余张防御底左军把截。小将奉命与你们同回东京。"他所说的"张防御"是指右武大夫、果州防御使、左军统制张㧑,马皋听后,立即下令说:"全军疾速起发,兼程返回京师。"

马皋与一丈青、岳飞等将还是从开远门进入京城,只见白天的城门依然洞开,只是在城门口有将士严密把守。街上的人群熙熙攘攘,人们还是忙于张灯结彩,准备元宵灯会。大家在留守司衙门前下马,匆匆步入,只见大堂之上,宗泽正和于鹏对奕,而宗颖在一旁看棋。在军务繁忙之际,宗泽的举止,反而给人带来一种镇静和闲雅的气氛。

众将上前唱喏,宗泽说:"众太尉劳苦功高,且在此稍坐,容我了此残局。"马皋等众将遵命分坐两边。大家知道,宗泽在最近一个时期变得特别喜欢下棋,却不是忙里偷闲,他已习惯于从棋局中触类旁通,思考军事。于鹏棋艺颇高,面对上司,也一棋不让。宗泽很快就输了一局,他微笑着说:"你胜了一局,我又岂得甘心于一败而再败。"

宗泽望了望众将,说:"众太尉远道辛苦,岂可无茶与点心。"他吩咐宗颖说:"你且与众太尉安排茶食,另将败将李景良、降将郭俊民与虏使牛庆昌等押上堂来!"宗泽和于鹏依旧下棋,不一会儿,有三名吏胥给众将端来了茶水和素馅馒头。

原来李景良化装逃到尉氏县,被当地军民缉拿,押来京城。郭俊民一行抵达八角镇,也被王贵的守军截获,由沈德率二十名军士押到京城。他们俩和牛庆昌、史立、何仲祖等人一同押到大堂,宗泽只是和于鹏从容下棋,并不说话。

这次是宗泽胜了一局,他对于鹏说:"我虽取胜,却甚是艰难。"接着才转过身来,面对金使,指着众将说:"他们便是大破粘罕与谷神底众太尉,请众太尉自报尊姓大名!"于是从马皋开始,众将逐一自报官衔和姓名。

宗泽接着对李景良说:"你们不遵命令,擅自出战,然而一胜一负,亦是兵家之常。你若是败回京师,尚可戴罪立功。如今私自逃遁,军法又如何可容?可推出斩首示众!"于是一群军士当即将面无人色的李景良押出大堂。

郭俊民知道死到临头,急忙下跪,百般哀求,宗泽严厉地说:"你亦是一军底统兵官,朝廷委寄非轻。你若是失利就死,尚可做忠义雄鬼,不失后人底祭享。如今却是全躯苟活,反为虏人所用,有何面目见我?"军士们又将郭俊民拖出大堂。

宗泽又问金使们："你们又有甚说？"史立低头不语，他再也不敢仰视宗泽一眼，还是何仲祖口齿伶俐，说："久闻宗爷爷底威名，今日一见，尤为敬服神明！"宗泽说："我一介书生，奉命统兵京畿，别无他能，唯知与京城共存亡！燕雲汉儿与中原百姓，本是一家。大辽未亡之时，你们尚能披戴大汉衣冠，今日辫髪左衽，岂是甘心情愿？我当留你们在此欢度元宵，待正月十八日收灯，放你们回归。"

史立和何仲祖叩头谢恩，何仲祖又跪着说："启禀宗爷爷，小底们回去，又如何覆命？"宗泽说："我当另备书信，劝谕粘罕与谷神，休得逞强好胜，穷兵黩武，玩火久必自焚。待王师北伐，切望你们与燕雲汉儿响应，重整汉衣冠，共图中兴大业。"

站立一旁的牛庆昌迫不及待地下跪叩头说："小底已是畏服宗爷爷底神威，乞爷爷放得自家们回归。""宗爷爷"还是他刚学到的称呼，宗泽并不答话，只是向宗颖示意，宗颖说："你狐假虎威，为虎作伥，辫髪左衽，不以为耻，须待二圣回銮，然后放你们回乡。"于是牛庆昌等人垂头丧气，被重新押入牢狱。

开封的元宵灯会按时举行，其规模和热闹虽然比不上宣和全盛之时，却也使整个城市多少恢复了往昔的繁盛和生气。然而就在万众欢庆的时刻，东京留守司的官员和军人，自宗泽以下，仍保持了高度的紧张状态。此前正月十二日，宗泽又召集众将会议，他说："虏人国相败了两回，料得不敢窥伺郑州。然而滑州亦是京师门户，两军必争之地，刘衍前军已苦战多时。我岂能再劳众位太尉，当自去救援。"闾勍说："宗留守国之重臣，你欲亲往，置下官于何地？"左军统制张捴更是慷慨地说："小将自去冬以来，未立寸功，誓愿代宗留守效死力，与番人一决雌雄！"众将也纷纷请战，最后，大家还是说服宗泽坐镇东京，由闾勍带领六军人马，以张捴左军为前锋，前往滑州。刘衍和张捴曾追随宗泽，参加北宋末救援开封的战斗，深得宗泽信用，他们所统的前军和左军也是东京留守司军中的精锐部队。宗泽虽然派遣重兵出战，却将马皋的中军和岳飞的右军留驻京城，作为机动兵力。

[贰肆]
铁马北征　鸿雁南飞

东路金军的南侵并不顺利,进攻淄州(治今山东淄博南)、青州(治今山东益都)和潍州(治今山东潍坊)时,因当地军民抗拒,金军损兵折将,完颜兀术在千乘县竟被当地的乡兵、土军、弓手等非正规军杀败。完颜讹里朵最后与完颜挞懒等人商议,决定放弃三座州城,退回河北。正好有完颜粘罕的特使高庆裔前来,经过一番商议,完颜讹里朵等人又决定回兵,与西路军夹攻开封。

秦桧这次随完颜挞懒南下,他虽然有一个参谋军事的头衔,其实既不懂军事,也无权参与军事,不过是在军中做些文字工作,当个翻译而已。破青州州治益都县城后,完颜挞懒专派合扎亲兵,给秦桧送来两名掳掠的女子。秦桧见到两人有几分姿色,也颇为动心,但扭头看到在一旁侍立的砚童,就兴味索然。原来王癸癸在秦桧临行之际叮咛告诫:"你此去切不可因奴家不在左右,便起淫心,神明自有天鉴,你须为奴家设誓!"于是秦桧只能跪在地上,为妻子赌神罚咒。砚童是个不满二十岁的小厮,王癸癸特别将贴身女使兴儿许配给他。秦桧完全明白,砚童表面上对自己十分恭顺,实际上却是充当妻子的耳目,监视自己。秦桧望着两名民女,不由长叹一声,心想:"若是赐我若干金银珍宝,尚可受用……"他猛然间联想起一件事,就带两个民女同去见完颜挞懒。

秦桧见到完颜挞懒,忙行女真跪礼,说:"下官叩见监军。"完颜挞懒说:"免礼!"秦桧起身,叉手侍立,完颜挞懒又吩咐说:"秦参谋且坐下叙话。"秦桧至此方敢坐在一边,他说:"启禀监军,下官蒙监军恩赐,感激不尽,然而两个女子,下官却是不便受纳。"事久见人心,完颜挞懒对秦桧的了解已非初见之时,他笑着说:"你与兀术煞是同病相怜,然而耶律四十娘子管不得军中底事,不料王十三娘却将你恁地拘管。"

秦桧面对完颜挞懒的讥笑,只能用话掩饰说:"自古以来,以攻心为上,攻兵为下。大金意在吞灭赵氏江山,虽是甲兵强盛,天下无敌,亦须收揽人心。监军抚定中原,当使百姓安堵。若是将士杀掠过甚,未下底州县必是死守,抗拒大军。下官纳还两个女子,即是为大金立恩。"完颜挞懒说:"秦参谋所言甚是,然而若无子女金帛,儿郎们又如何鼓勇敢战,冲锋陷阵?"

秦桧又乘机转换话题说:"此处有赵明诚宅,家藏字画、书籍、古器之类,虽非金银珍宝,却是价值连城,下官切恐将士们随意毁弃,极是可惜。"原来李清照的母亲是王癸癸的长姑母,赵明诚也就是王癸癸的表姐夫。由于这种亲戚关系,秦桧在京东出任密州(治今山东诸城)教授时,曾与王癸癸访问赵明诚家,对他们夫妻收藏之富,惊叹不已。

完颜挞懒说:"儿郎们岂能知得此类物事,你可自去收拾。"秦桧说:"下官人微言轻,乞监军赐合扎亲军十名,与我同行。"完颜挞懒笑着说:"会得,会得。"立即让秦桧挑选了合扎亲兵十人。

秦桧来到赵明诚家,只见大门洞开,屋里已空无一人,而字画、书籍、古器之类狼藉满地,不免发出轻微的叹息:"直是斯文扫地!"他命令合扎亲兵看守门户,自己闲着无事,正好重新整理赵家的收藏。

几天之后,完颜讹里朵和完颜挞懒召见秦桧,完颜挞懒说:"宗泽不明事理,为赵氏死守东京。你与宗泽曾是同朝为官,可前往说谕。若是宗泽投拜,献得东京,便是你底大功。"秦桧听后,吓得额上汗珠直冒,他连忙行女真跪礼,用哀告的口吻说:"下官虽与宗泽有一面之交,却是素知他底为人,海可枯,石可烂,宗泽断无投拜之理。且莫说下官只有一口,便是浑身百口,亦是劝谕不得。三太子与监军命下官前往,只是枉送了下官底首级。"

自从秦桧被俘和投拜以来,完颜挞懒还是初次见到他如此惊慌和狼狈,他笑着望了望完颜讹里朵。完颜讹里朵和完颜挞懒本来对进攻开封就缺乏信心,经不住高庆裔反复劝说,才勉强同意。他们商量,命令秦桧出使,不过是抱着试一试的侥幸心态,现在连秦桧也居然回绝,他们就无意于再试。完颜讹里朵说:"阁母病重,须回归燕京,你稍通医理,可沿路伏侍,充当通事。"

元帅左都监完颜阁母这次是带病出征,随着病情的加重,已不能骑马,成为军中的累赘。秦桧内心其实已十分厌恶栉风沐雨的军旅生涯,听到不仅可以免于出使东京,还可回归燕京,一时喜出望外,说:"下官蒙三太子与监军底厚恩,自当用心伏侍都监,不敢有失。"完颜挞懒说:"你可于驱口中寻访郎中,为阁母诊治。"秦桧说:"下官遵命。不知赵明诚底字画之类,下官可否装载数车,运回燕京?"完颜挞懒说:"此类物事既是儿郎们底弃物,便任你取舍。"

秦桧谢恩退出,立即在大群俘虏中找到两名医生,另外又将赵明诚家的收藏满满装载了十辆驴车。启程之时,完颜阁母躺在一辆骡车里,由自己的合扎猛安护送。秦桧就随着这支队伍北上燕京。

东路金军转移到濬州黎阳县后,准备渡河攻击滑州。完颜挞懒向完颜讹里朵建议说:"你可径取滑州,我另率一军屯驻卫州汲县,伺机而动。你取滑州后,不须进兵,只待宗泽大军前来决战,我便乘虚南下胙城县,直取开封。"完颜兀术对完颜挞懒说:"此计甚好,你且与讹里朵同去滑州,我只须另率五千骑,便可直下开封。"完颜讹里朵却不准弟弟与完颜挞懒抢功,他说:"既是挞懒用计,须是他带兵自行。"于是完颜挞懒率领完颜聂耳和兀林答泰欲两名万夫长,共计一万以上兵力,又转移到汲县屯驻。

入春以后,黄河河面的冻冰开始消融,完颜讹里朵的大军通过滑州以北的一座浮桥,直下滑州。原来刘衍奉宗泽的命令,不拆毁浮桥,听凭金军出入。滑州城经过修整,又在其上泼水,冰冻之后,就更加牢固,刘衍指挥军民严密守卫。完颜讹里朵的大军猛攻两天,就锐气尽坠。完颜讹里朵下令金军停止攻城,围而不打,只是等待与增援的宋军进行野战。

张撝的左军抵达滑州南郊,就遭遇金军的攻击。当两军会战时,张撝中了一支流矢,当场牺牲。但左军是一支劲兵,主将的阵亡反而更加激励了士气,由统领刘经接替指挥,继续与敌人殊死战。间勋的大军也接踵而至,金军终于败退。宋军乘胜进击,金军却又据守营寨,进行抵抗。

刘衍与闾勍两军里应外合，与金军激战数日，一时还难分胜负。

当滑州会战最紧张、最艰苦的时刻，完颜挞懒指挥八千金军，偷渡黄河，杀奔胙城县。宋军的第一支截击部队，是巩义方统率的义胜军。自从战败西路金军以后，巩义方由于守中牟县城有方，受到宗泽的嘉奖。宗泽将闫中立等人的败兵，连同中牟县的守军，重新组建了二千五百人的义胜军，特命巩义方为同统制，驻守开封府界正北的封丘县。他得知另一支金军渡河的消息，就立即按宗泽原先规定的应急部署，率本军抢先增援胙城县。东京留守司所发的另一支援兵，就是便于机动的岳飞右军骑兵。

岳飞率本军北向急驰，当他们奔赴胙城县城时，时值傍晚，巩义方已在城北设寨，与金军相持。完颜挞懒本想乘虚直捣开封城，不料遭遇了严阵以待的宋军，使他迟疑不决，就暂时在胙城县城以北十宋里设寨。

巩义方见到岳飞等将，就说："岳统制此行，适中机会。今有一河北签军前来投归，言道有五百签军，不愿顺番，欲于今夜举火为号，与官兵里外夹攻，并力破敌。下官军力单寡，又恐其中有诈，以此犹豫不决。"岳飞说："且勾唤此人前来，容下官审察。"巩义方下令将降兵带来，众将只见这名降兵尚未成年，身穿金军的黑色军衣，顶髪被剃，肩上垂着两条辫子。岳飞尚未看清他的面目，此人却哀叫一声"五舅"，扑上前来，抱着岳飞大哭。原来此人正是岳飞的外甥高泽民。

原来自从岳飞离家从军以后，姚氏带领全家的九口人，苦度光阴。天长日久，刘巧娘耐不得孤寂，不免有些怨言，与妯娌芮红奴也有过几回小口角。多亏姚氏主持家政，与岳银铃、高芸香等人苦口婆心地劝解和开释，家里还是保持了和睦。

靖康二年，即建炎元年春的一天，刘巧娘去桑树林中采摘桑叶。一个青年男子骑一匹马，另有两个仆人赶着一辆驴车，途经桑树林边的小路。那名男子下马，上前作揖，说："敢问小娘子，小子口渴，何处可乞得一杯水？"刘巧娘回头一望，此人原来正是相州韩家的疏属韩宣胄，是名臣韩琦的族曾孙。岳飞当年去韩家当佃客时，韩宣胄在庄墅管理账目和收租，与岳飞夫妻相识。韩宣胄是个俊俏后生，刘巧娘不免有所动情，韩宣胄也经常找机会与刘巧娘接近,用眉目和言语传情。但彼此碍着岳飞的刚勇,并不敢发生私情。宣和二年春天,强盗张超率领几百人包围了韩家庄墅,岳飞仗着武艺,跃上墙垣,弯弓一发,射死了张超,几百名强盗因此一哄而散。岳飞解救了庄墅内的韩氏家属,但在韩家子弟的眼里,却依然没有一个青年佃客的位置。当年旱灾减产,而韩家却不肯减租,岳飞一气之下,就带着刘巧娘和两岁的岳云,返回汤阴。

刘巧娘见过客竟是韩宣胄,连忙放下盛桑叶的荆篮,向他拱手行礼,按排行称呼说:"韩四三官人万福!"韩宣胄感到惊喜,唱喏还礼说:"不意在此得见阿刘,不知岳五郎安否?"刘巧娘眼圈一红,说:"我夫自去年十一月离家从军,至今未有音问,奴孤子一身,与阿姑、六叔等同住。"

韩宣胄见刘巧娘虽然身穿寒酸的麻布衣裳,而美色不减当年,不免起了歹意,就说:"岳五郎存亡未卜。番人猖獗,四出驱掳妇人,阿刘俏丽非凡,唯恐难以幸免。不如随我同去江南锦绣世界,亦可快活一世。"刘巧娘早就对韩宣胄有意,听后自然动心,她说:"奴家有两个儿子,如何可撇下不管?"

两人只管谈话,不料芮红奴也进入桑树林,依傍着一棵桑树偷听,她此时忍不住走出来说话:"清平世界,何处来底官人,竟敢倚势诱骗良家娘子?姆姆,你又岂可不顾伯伯底情义?"话虽不多,却说得刘巧娘面色羞红,十分难堪。

韩宣胄却抓住机会,趁热打铁,他对刘巧娘说:"阿刘,自家们底私情既已撞破,你又有何面目归家?岳五郎性如烈火,他日又如何容你?"两人本来并无私情,韩宣胄故意说"私情"两字,旨在截断刘巧娘的退路。芮红奴本来已与刘巧娘有些嫌隙,听后就责备刘巧娘说:"不意你背叛伯伯,与那厮偷情,天理难容!"

刘巧娘受了妯娌一顿责骂,又羞又急,却已无法分辩,她最后跪在芮红奴面前,泪流满面,说:"奴家委是未与韩四三官人偷情,如今却是弄假成真,无颜归家。切望你与阿姑照拂两个儿子,奴家来生来世,当结草衔环,报答抚育之恩。"韩宣胄听后,喜出望外,他抢步上前,将刘巧娘挟持上马,刘巧娘也并不抗拒和挣扎。芮红奴眼看韩宣胄抱持着刘巧娘,两人合乘一马,扬长而去,气得目瞪口呆。

刘巧娘私奔之后,岳家的最大困难,当然是抚养年仅两岁的岳雷,他实际上还不满周岁,而尚未断乳。姚氏和另外三个女人都十分哀怜岳雷,岳雷虽然失去了母爱,却又得到了胜似母爱的爱。然而祸不单行,仅在两个月后,岳翻和高泽民去集市出售四个女人织就的丝绢,又被金军掳去,强行签军。岳翻和高泽民从此与家庭失去联系。他们不甘心忍受异族的统治,暗地里联络了五百名河北汉人签军,大家推举岳翻为首,决心起义。

岳飞听完高泽民的叙述,宽阔的眉宇紧锁,脸部露出悲愤而沉痛的表情,双手紧握着拳头,似乎要将自己的手心捏碎似的。王贵等人虽与岳飞相交颇久,却还是初次见到岳飞有这种表情。大家都想劝慰他,却一时找不到任何劝慰的言辞。稍过片刻,岳飞终于从极度的悲痛中清醒过来,他带着抽泣声说:"妈妈训谕我'尽忠报国',我岂得不遵母命!"

岳飞不再与高泽民谈论家事,他向高泽民询问完颜挞懒本人的驻营和护卫情况,然后命令张宪和舒继明说:"我弟虽在房中,恐不济事,你们可率一百人马,乔装改扮,随外甥混入房寨,便在今夜举事。六百人底两臂各自缠两条白绢,以为标识,掩其不备,径攻挞懒郎君大帐,若生擒得挞懒郎君,便是奇功。"他的想法是希望俘获完颜挞懒作人质,交换两个皇帝南归。张宪想了一下,说:"我以灯球为号,指示挞懒郎君底所在,岳五哥可率军接应。"岳飞说:"此计甚是!"张宪和舒继明立即挑选一百骑兵,改穿黑色军服,假扮金军,随高泽民前去。

当夜刮起了西北风,岳飞和巩义方分别率本军的骑兵和步兵,从西北和东南两个方向,向敌寨进击。张宪与岳翻会合以后,下令在半夜举火,直攻完颜挞懒的驻地,他们夺取金军的一面三角黑旗后,就在旗杆上挂了一盏灯笼,用作信号。岳飞的骑兵突入敌寨后,也顺风放火,他们以灯笼的方位作为主攻方向,迅速穿插,与张宪等人会师。一夜混战,金兵举军溃败,完颜挞懒的合扎亲兵也受到重创,但他本人还是在残兵的护卫下逃跑。完颜挞懒感到没有脸面见完颜讹里朵,就率败兵径奔河北汲县。宋军虽然大获全胜,而巩义方却在战斗中受了重伤。

天亮以后,宋军开始清扫战场,岳飞首先命令王贵暂时接替巩义方,指挥他的义胜军,并将巩义方和其他伤员迅速送往胙城县城。岳飞与岳翻在战地相会以后,来不及叙兄弟之情,他首先询问敌人在河北的驻营情况。他一面听弟弟介绍,一面就考虑了一个大胆的作战方案。他对众将说:"目即间太尉军与虏众在滑州相持,若以马兵径渡黄河,直捣汲县与黎阳底敌巢,夺取虏军粮储,此便是釜底抽薪之计。"王贵说:"此计甚好,然而莫须取禀宗留守?"岳飞说:"兵贵神速,若是取禀而后行,切恐贻误军机。"

正商议间,军士报告后军统制扈成率援军抵达,干办公事于鹏也一同前来。岳飞见到扈成和于鹏,首先就介绍自己的作战方案。扈成说:"岳统制此回已是立功,不如在此听候宗留守底将令,方是做得稳当。"于鹏却表示赞同,说:"不入虎穴,焉得虎子,料得番人必不虞官兵渡河,此正是兵机。"岳飞说:"敢请扈统制并统义胜军,把截胙城,听候宗留守指挥。于干办若能随军北上,说谕王都统出兵,必成大功。"于鹏听岳飞提到了驻守太行山寨的王彦,不由赞叹说:"岳统制全局在胸,置本军于局心,而调兵遣将,咸得其宜,直是虑无遗策!"他立即为岳飞起草了一份公文,派人驰报东京留守司。

按岳飞的部署,于鹏在当天下午,就与王敏求率五十骑,径去太行山寨。除去死伤者外,岳飞的右军因岳翻起义军的加入,扩充到三千骑兵,在当天夜间出发,渡过黄河,直奔汲县西的黑龙潭金寨。

黑龙潭是黄河决口后遗留的一潭潴水,水色湛黑,难测深浅。完颜挞懒选中此地设寨,认为潭水既便于人马饮用,又在营寨的西、南以及西北的方位成为天然屏障。不料岳翻等人曾私下测量了潭水的深浅。在一天夜里,岳飞的骑兵从西北的水浅处涉水泅渡,攻入金寨。猝不及防的金军根本无法作有效的抵抗。宋军突入完颜挞懒的住处,合扎亲兵千夫长蒲察迪古乃率部兵顽抗,掩护完颜挞懒逃遁。蒲察迪古乃骁勇非凡,他舞动一杆枣木单钩枪,居然连杀三名宋兵,岳翻纵马抡刀,上前搏战,被蒲察迪古乃用枪杆打下马来。蒲察迪古乃举枪向倒地的岳翻刺去,岳飞飞骑赶到,奋力持丈八钢枪架开敌人的枪,又举枪回刺。蒲察迪古乃已来不及架格,连忙闪避,岳飞的钢枪刺中他的右肩。蒲察迪古乃惨叫一声,落马倒地,当即被宋军擒获。

完颜挞懒全军溃败,宋军夺取了大寨内的全部金银财宝和粮草。天明以后,宋军清点战俘,有二百多名河北和燕京汉兵自愿改编为宋军。岳飞下令,将另外二百多名契丹兵、奚兵等无条件释放,最后只剩下六十一名女真人。其中有一人向岳飞行汉人跪礼,说:"乞岳爷爷再饶小底一回。"岳飞乍然一惊,再仔细一看,原来正是在黎阳被释放的女奚烈奴申,就说:"我上回放你逐便,你此回又与王师为敌,我如何轻饶?"女奚烈奴申泪流满面,说:"非是小底敢与大宋为敌,只为郎主强行签军,又将小底押赴军中,委是身不由己。"其他战俘也仿效女奚烈奴申,纷纷行汉人跪礼,哭喊哀求。

岳飞望着被他生擒的蒲察迪古乃,问道:"此是何人?"女奚烈奴申说:"此是挞懒郎君帐前猛安李宇堇。"原来在金朝灭辽前后,已将每个女真姓都确定一个相应的汉姓,可以互相通用,蒲察的汉姓是李。岳飞命令军士搜身,在蒲察迪古乃腰部搜出银牌一面,这是千夫长的标志,岳飞问蒲察迪古乃:"你尚有甚说?"蒲察迪古乃低头不语。

岳飞沉思了一会儿,对女真众战俘说:"官兵是仁义之师,屠戮斩馘,不是好事,尔们底父、母、妻、子亦当鬓额血泪。我今放尔们归去。尔们须念大宋底恩德,此后不与大宋为敌,尤不可伤害中原百姓。"众人个个叩头谢恩,岳飞又厉声对蒲察迪古乃说:"你伤害王师三名健儿,岂可轻恕,当押往东京,听候宗留守处分!"军士将蒲察迪古乃押下,而其他六十人千恩万谢"岳爷爷",欢呼而去。

王贵说:"岳五哥开释番兵,然而他们回归,岂不为虏酋所用?"岳飞说:"国家遭此大难,我每日每时,不忘复仇报怨。女真非我族类,亦是天地所生,父母所养。我自幼闻得诸葛孔明七擒孟获底故事。用兵当歼其顽凶,宽贷胁从,使虏人感我德义,又畏我威勇,天长日久,自当收攻心之效。"

当天下午,有探报说,金人约有一千骑兵,前来黑龙潭东北的御河畔列阵。徐庆对岳飞说:"虏人不占汲县城,却在此地布阵,当另有图谋。"岳飞说:"久闻挞懒郎君有谋而怯战,四太子乏谋而粗勇。必是他兵败之后,犹以为不测王师底虚实,故命轻骑前来窥伺。你可与王大哥、寇、王二太尉点集一千六百马军出战。唯求杀退番兵,不须追击。"

王贵、徐庆、寇成和王经四将立即率领骑士们出击。黑龙潭东北是宋时御河的流经地，人们在御河南岸修造了龙女庙，龙女庙以东，又有一座官桥。金军就在龙女庙和官桥之间布阵。王贵对徐庆等三人说："番将端的不知用兵，马军如何背水为阵？"他们四人各分四百骑，向金军发动冲击，金军见宋军赶来，也发起了冲锋。两支重甲骑兵开始互用弓箭，很快进入短兵相接。王贵等四将手持鞭和剑，身先士卒，突入敌阵。金军很快被杀个七零八落，许多人马被拥入御河，残兵败将往东北黎阳方向逃跑。

王贵等收兵回寨后，舒继明建议说："王师正可乘胜，杀奔黎阳，再破挞懒郎君。"岳飞却说："官兵夜捣黑龙潭房寨，正是攻其不备。挞懒郎君底败兵尚自厚重而有备，王师难以力胜，须待王都统大军前来，共议进讨。"于是岳飞就驻军黑龙潭，等候王彦增援。

在岳飞的右军取胜的同时，宗泽命令扈成的后军和薛广的武锋军增援闾勍。两支生力军的参战，立即扭转了滑州的战局。完颜讹里朵和完颜兀术战败以后，焚烧了黄河上的浮桥，逃往黎阳。他们又与完颜挞懒会合，退回燕京。王彦领兵来到黑龙潭时，宋军已丧失了进攻黎阳的战机。岳飞将金人的辎重等分给王彦，自己率右军人马渡河，撤回开封。

岳飞回到金明池北的军营，正准备与岳翻、高泽民商议家事，有吏胥进营禀报，说："巩宣赞伤重病危，求岳统制前往叙话。"岳飞马上同王贵、张宪、徐庆三将一起进城，来到一家巩义方临时租用的普通民舍里，只见巩义方躺在床上，面皮蜡黄，气息奄奄。床边有一个十岁的女儿，名叫巩岫娟，长得秀美可爱，两颊有一对笑靥，而现在却全无笑容，只是伏在父亲怀里啼哭。

巩义方见到岳飞等人，就勉力用微弱的声音说："大丈夫生于乱世，唯当马革裹尸。我为朝廷尽力，亦是死而无憾。我膝下仅有一个弱女，无依无靠，别无可委之人……"岳飞不等他说完，就截断对方的话说："我已自理会得巩宣赞底心意，自今以后，你底女儿便是我底义女，我当尽心竭力，将她抚育成人，誓不食言！"巩义方的两行眼泪从眼角直流双耳和枕上，他盼咐女儿说："还不唤阿爹！"巩岫娟跪在岳飞面前喊"阿爹"，岳飞马上将她抱起，向巩义方询问她的时辰八字，说来也凑巧，巩岫娟的时辰八字竟与岳云完全相同,岳飞由此及彼,更加哀怜这个孤女。巩岫娟也亲昵地用双手搂住岳飞的颈部,将小脸贴在岳飞的脸上。巩义方见此情景,脸上略带宽慰的微笑,与世长辞。

东京留守司为全体死难的将士,其中包括张捴和巩义方举行吊唁仪式,宗泽戴着首绖和腰绖,亲自到灵堂的牌位前,代表全体官员,用缓慢、沉痛而激昂的语调宣读祭文:

维大宋建炎二年正月二十八日,朝奉郎、端明殿学士、东京留守、兼开封尹宗泽恭率本司属官将校,有捐百身而起九原之心,有倾长河以注东海之泪,致奠于忠义将士之灵。山河破碎,社稷板荡,帝后北狩,黎元涂炭。公等振臂奋起于田野,矢志报国于沙场。利镞穿骨,犹裹疮以鏖战;白刃撷胸,虽视死而如归。天地惊其雄勇,鬼神泣其壮烈。泉壤阻隔,征程修远。惟念未竟之志,长车扫荡于两河;尚祈在天之魂,灵旗直指于黄龙。英名永存,流芳万世。呜呼哀哉,伏惟尚飨!

宗泽念完祭文,忍不住老泪纵横,悲声大放,属官和将校们也个个悲恸不已。宗泽缓步来到岳飞和巩岫娟的面前,巩岫娟当即下跪,叫了一声"宗爷爷"。宗泽将她扶起,一时竟哽噎不语,然后用激动的语调说:"岳统制抚育孤女,足以慰巩宣赞底忠魂,然而我又岂可不聊表寸心。"他转回头,对宗颖说:"可将我底俸禄内支拨五十贯,以为抚育之资。"

岳飞知道宗泽的秉性,不便推辞,就吩咐巩岫娟说:"你自可谢恩!"不料巩岫娟却说:"小女儿感荷宗爷爷底深恩,然而亡父尚余微资,另有岳阿爹照应,足供衣食。小女儿愿将此钱转赠阵亡军士底遗孤。"她的话更使宗泽十分感动,他紧紧地搂住这个孤女,连声说:"有其父必有其女,巩宣赞虽死犹生!虽死犹生!"

岳飞回营后,召岳翻和高泽民商议说:"妈妈与众人下落不明,自家们终是食不甘味,卧不安席。你们去河北寻访八舅,或可知妈妈底音问。若能将妈妈与众人搬挈到此,方得稍减不孝之罪。"依岳飞的估计,姚氏与众女子在无依无靠的情势下,有可能投奔舅父姚茂。岳翻说:"我与外甥方去得辫髪左衽,重归大汉衣冠。河北虏骑出没,若是穿戴衣冠,切恐不便,若是依旧辫髪左衽,直是不愿。"张宪说:"不如削髪,乔装僧行。"高泽民说:"四姑丈之议甚是!"岳翻和高泽民马上剃去头髪,改换僧服,各自带了防身兵器。临行之时,岳飞和张宪又叮咛再三,要他们一路小心,并且为他们设想了各种方案。

  当天夜里,岳飞久久不能入梦,他披衣起坐,在暗弱的灯光下,只见巩岫娟虽然在睡梦中,却还是眉头微皱,显示了她幼小心灵内的巨创深痛。岳飞和她在乱世中仓促相处不过几天,而义父女的情义,却已赛似亲父女相处几年。失去亲人,更懂得亲人的珍贵,巩岫娟白天有王贵和徐庆的妻子照顾,只要岳飞回营休息,她就立即对义父尽女儿的孝道,夜晚一定坚持和岳飞同床。她过早地懂事,使岳飞倍加爱怜和哀怜。

  岳飞望着义女,心里想:"若是六哥此去,寻访得妈妈与儿子南归,日后长大成人,义女便是自家底新妇。如此好女儿,天下无双。"他不免联想起不知下落的母亲和儿子,又下意识地回想起前妻刘巧娘。一夜夫妻百日恩,虽然恩断义绝,岳飞还是思念前妻的种种好处。刘巧娘不是伶牙俐齿,工于心计的厉害女人,岳飞和她前后九年夫妻,她对丈夫是体贴的,对公婆也是恭顺的。两人即使偶尔发生口角,刘巧娘也总是用柔情化解丈夫的怒气。岳飞仔细回忆在相州的佃客生活,他还是相信刘巧娘的最后表白,前妻和韩宣胄并无私情。然而这个美貌温顺的妻子最后毕竟是跟人私奔了,最使岳飞大惑不解的,是刘巧娘怎么忍心抛弃两个亲生骨肉,他轻声叹息说:"不料巧娘竟如此绝情!"说着,两行泪水滴落胸襟。

  岳飞又感到自己不免儿女情长,英雄气短,就用衣袖擦去泪水。他从胸前取出一个刺绣小绸袋,里面装的正是刘巧娘和他结婚时的合髻,这本是刘巧娘在夫妻临别之际,发誓要"永不相忘"的纪念品。他拿起合髻,再也不愿看一眼,就点着灯火,将合髻烧化。岳飞不知怎么,在脑海里又浮现出另一个女人的形象,浓发、广额、修眉、樱桃口,全身缟素,活像观世音再世,神情庄重而凄婉,如泣如诉。岳飞若有所悟,他下意识地起身,找出了李娃相赠的那个明莹的玉环,他在灯下久久地凝视着玉环,凝视着玉环上用红丝绳绾成的同心结,最后就将玉环佩在腰间。

  三天以后,军士通报岳飞,说是有故乡来人求见。岳飞急忙出迎,只见来者倒是一副雄赳赳的武士气概,此人向岳飞唱喏说:"男女户贯相州汤阴县延平乡和顺里,姓姚名政。"岳飞听说来客竟与舅父同乡同里,就作揖还礼,问道:"壮士可是与自家底八舅同宗?"姚政说:"我与岳统制底舅父相识,却是同姓而不同宗。"岳飞请姚政到营里坐下叙话。

姚政说:"令堂与儿郎等人,只因令弟被番人所掳,前往姚八叔家避祸,幸得合家无恙。"岳飞初次听到全家平安的消息,无比欣喜,说:"我离家屈指已是三年,此回方得老母与家人音耗,煞是感激万分,不知妈妈有甚言语?"姚政说:"令堂言道:'为我传语五郎,勉事天子,无须以老媪为念。'"岳飞听后,向姚政双膝下跪,噙着泪水说:"不孝儿子敢不仰遵母命!"姚政见到岳飞向自己下跪,一时手足无措,说:"岳统制如此施礼,男女如何受得?"

岳飞起身,又详细询问全家的情况,并且向姚政介绍岳翻和高泽民已北上寻亲,姚政说:"令弟与外甥既是前去寻访姚八叔,必当迎请令堂与众人南归。"岳飞感到心头的重负减轻了多半。他考察了姚政的武艺,发现姚政不但武技高强,还粗通文墨,就将姚政留在军中。

[贰伍]
运用之妙，存乎一心

宗泽稍事休整军马以后，就着手部署收复西京洛阳的战斗。参加这次军事行动的部队有三支。第一支是马皋率领的东京留守司七军。第二支是韩世忠指挥的御营左军，有一万人马，他们尾追完颜银术可的退兵，进逼西京。第三支是京西北路制置使翟进和兄长翟兴所部，他们曾在去年三月收复西京。金军此次攻占洛阳后，他们退兵伊阳县，收编溃兵，编练乡兵，一直坚持在西京各县抗敌。

建炎二年二月，当马皋出征前，宗泽等人与他作了详细的谋划，大家考虑的中心，一是如何突破汜水关的天险，二是如何分兵保护西京永安县的皇陵。但事实却出乎大家的预料，马皋的军队兵不血刃地渡过汜水，收复汜水关，而不见金军的踪影。马皋得到探事的报告，说金军目前全部集结在洛阳城北，就下令向巩县急速西进，准备先占据皇陵，然后再与另外两支宋军配合，共同收复洛阳城。

马皋挥师出汜水关，行进的军队不能不形成长蛇之势。担任前锋的扈成后军，在距离巩县城只剩下五宋里路程时，宋军开始遭受金军的大规模袭击。原来完颜粘罕和完颜谷神研讨两次失败的教训，决计改变战术，不打列阵之敌，而攻行进之敌。完颜粘罕亲率骑兵从北面杀来，耶律余睹指挥骑兵从南面杀来。宋军虽然带着决胜战车，在仓促之际，却无法列成严密的车阵迎战。金军发挥骑兵的优长，宋军步兵的长蛇之势被分割成无数段，一部分战斗力较弱的宋军首先溃败，另一部分战斗力较强的宋军虽然奋勇抵抗，也难以挽回败局。马皋在战斗中连中六箭，身受重伤，最后只能在一丈青的护卫下,退回氾水关。尽管宋军伤亡很大,金军却并不追击攻关,而是乘胜收兵。

在马皋一军战败的当天,翟进和韩世忠两军几乎同时突入洛阳城。金军已将城里的居民全部驱虏过河,并且纵火焚烧民舍。韩世忠军由城东偏南的建春门入城,翟进军自龙门进入城南偏西的厚载门。两支宋军互相见到对方都身穿绯红军衣,才免于自相攻击。韩世忠与翟进、翟兴会面后,首先是部署军士们灭火。然而熊熊大火已很难扑救,这座北方繁华盛丽的园林城市,已是面目全非,到处是残烬断瓦,颓垣败屋。

在著名的天津桥附近,有一座焚毁一半的牡丹园,韩世忠和翟进、翟兴就在园里商议军事。韩世忠说:"闻得虏人在西京城北十里设寨,不如今夜前去斫营,将虏人逐至黄河北。"翟进说:"军士远道奔袭,委是疲敝。料得番人留此空城,必已有备。依下官底意思,且在城中歇泊数日,待东京留守司军前来,共议破敌之计,方是万全。"韩世忠说:"久闻得翟制置勇锐敢战,不料竟是畏首畏尾。自家们只是得一空城,有何面目奏报官家?"

翟进兄弟经不住韩世忠的逼迫,终于同意出兵。劫营的时间一般是在深夜,他们特意将攻击时间延迟到后半夜近五更时分,认为金军经过一夜戒备,而无敌情,容易懈怠。然而当两支宋军接近金寨时,完颜谷神当即指挥骑兵出寨,分头迎击。两支宋军到此地步,也只能以步抗骑,拚死作战。双方战斗难分胜负之际,完颜粘罕和耶律余睹率领得胜之师返回。他们一鼓余勇,首先袭击东路韩世忠军的侧翼。

韩世忠军再也无法支持,被敌骑冲个七零八落。韩世忠本人力图挽回败局,他手持大青和小青双刀,连斩两名败逃的队将,却仍不能阻止兵败如山倒的势头。在混战之中,韩世忠的背部中了二十六箭,简直像只刺猬。最后有一名部将,手舞破阵刀,突入重围,杀开一条血路,救护韩世忠南逃。此人名叫呼延通,是北宋前期名将呼延赞的远孙,后来成为韩家军的名将。翟进和翟兴的队伍也接着败退。金军乘胜重占洛阳城。

韩世忠带箭败逃到永安县的后洞。他命令部属用铁钳拔出背部的二十六枝箭,敷上伤药,然后咬牙切齿地盼咐说:"留此二十六箭,我日后俘得粘罕,当亲自射他二十六箭,以报今日之仇!"

韩世忠点集残兵,总计只剩四千多人。他召来了最早逃跑的两队官兵,共计还剩八十二人,厉声斥责说:"尔们临阵先逃,致使全军溃败,若不以军法处分,日后如何与番人厮杀?"众人听说要动用军法,一齐下跪哀求。韩世忠满面怒色,听任他们苦苦求饶,却一言不发,隔了许久,才改用较为缓和的口气说:"本当将尔们论军法处斩,念尔们不做盗贼,尚能回归军中,死罪可赦,而活罪断不可恕。尔们可各自将左脚小趾斩去,以正军法!"一名队将继续哀求说:"切望韩太尉恕男女一回!"韩世忠不再回答,他吩咐部属强行脱去此人的靴袜,亲自用小青刀割掉他的左脚小趾,然后又为他敷上伤药。八十二名官兵无一幸免。

韩世忠只能率军南撤行在扬州。他本人的伤势也不轻,难以骑马,只好坐乘一辆骡车,夜晚还须趴着睡觉。几百名难以行走的伤员,包括八十二名斩去左小趾的官兵,也都乘车南行。

韩世忠虽然成了败将,但在部属面前,还是一直保持了主将的威严。一旦归家,却是换了另一种神态。他当着众妻妾的面,教周佛迷给自己脱去衣服,袒露后背,当一些女子见到他背上的累累伤痕,不由尖声惊叫起来。韩世忠对他们叙述战斗的经过,也忍不住伤心大哭。侍妾们纷纷劝慰,周佛迷说:"太尉大难不死,必有后福!"茅佛心说:"太尉虽败,也胜似刘三太尉、张七太尉畏避番人,在此优游取乐。"大家你一句,他一言,使韩世忠略感宽慰。周佛迷还赶紧再给韩世忠敷药。

唯有梁佛面神情严肃,一言不发。她从不限制韩世忠纳妾,对众妾也相当宽厚,但在家中有着无须争议的权威。众妾先后觉察到她的脸色,不免感到尴尬,有些没有开口的,也不敢再说。韩世忠敷药完毕,突然发现房内竟鸦雀无声,惊奇地环视四周。梁佛面见众妾不再劝慰,就开始用严厉的口吻说话:"世俗底女子嫁得鸡,随鸡飞,嫁得狗,逐狗走。然而奴家当年追随韩五郎,只为他是个血性刚气底丈夫汉。胜负乃是兵家常事,身为大将,何须效儿女辈啼哭!切望太尉他日迎取二帝,生擒得虏酋,以雪西京战败之耻,方见得英雄本色!"

梁佛面今年三十五岁,长得像尊慈眉善目的女菩萨,经常面带微笑,说话和气,心胸豁达,从不计较鸡毛蒜皮的小事。但她一旦发怒或认真,就是韩世忠也须让她三分。韩世忠面对她的训斥,一时神色尴尬,他呆愣片时,就赶紧穿好衣服,然后向她恭敬作揖,说:"感荷令人底直言,我敢不铭记在心!"聪明的茅佛心和周佛迷也见风使舵,说:"自家们不能仰承令人底意思,激劝太尉,乞令人恕罪。"梁佛面说:"你们亦是好意,然而太尉不可不以此为深戒。效学小儿女辈,情长气短,如何为大将?又如何为朝廷宣力,统兵雪耻?"令人是宋朝外命妇的一种称号,外命妇的称号各有等级,一般是依据丈夫的官位,而由朝廷封赠。

再说宗泽接到马皋的败报,马上召集众将会议。间勋首先说:"既是马太尉受伤,下官愿往汜水关措置军事,接替马太尉回京。"宗泽问道:"王师新败,你有何破敌之计?"间勋一时竟张口结舌,无法应答,他想了一会儿,说:"待下官到得汜水关,观察虏情,然后另作计议。"

宗泽对间勋的回答显然不能满意,他环视众将,说:"你们有何计策?"岳飞说:"官兵新败,不如示怯,佯作退兵之势,汜水关唯留一军把隘。另以大军潜行,出洛阳之南,会合翟制置军,在虏寨之前,布列堂堂车阵,另以奇兵袭扰虏人侧后,纵然不能全胜,亦可将虏人逐至黄河以北。小将不才,乞为先锋。"

宗泽又问众人,众人再无新议。宗泽说:"岳统制之议可行。然而永安县乃是列祖列宗陵寝所在,非寻常县分可比。你可率本军马兵前去汜水关,与后军扈统制同共把隘,以游骑进退,迷惑番人。若得乘机伺便,占守陵寝,便是大功。"岳飞听说要将本军用于次要的军事目标,心中并不完全乐意,但既然身为偏裨,当然必须服从命令。

间勋和岳飞同一天出兵,两人先到郑州,然后分道。岳飞的右军径由荥阳到汜水关,而间勋的军队须与马皋的退兵会合,然后再迂道南向。岳飞在荥阳县城会到了来自汜水关的退兵,身受重伤的马皋只能睡在一辆决胜战车里,因失血过多,面色苍白而憔悴。一丈青在旁侍候,她虽是个巾帼英雄,见到岳飞,不免眼圈发红,说:"此回若是岳五哥在行阵,你姐夫与姐姐必不致败衄!"她与岳飞并未结什么干亲,但一段时间以来,就一直以"姐姐"自居。岳飞反而找不到适当的言辞劝慰,徐庆如今已是马皋的表妹夫,他出面劝解说:"郡夫人且护持马太尉回开封调摄,大丈夫他日岂无报仇雪耻之机!"

按照宗泽的部署,岳飞急于西行,他准备与马皋夫妻话别,但马皋却喊了声"鹏举",要岳飞坐在车边,介绍东京留守司新的军事计划。他听完岳飞简单的叙述后说:"目即自汜水关至偃师,并无虏人一兵一卒,国相粘罕大军尽聚于西京城北底大寨。虏人秋冬用兵,炎夏避暑,如今已有归心,却并无退意,若在大河以南留此一寨,后患无穷。闻太尉与鹏举此行,适中机会。"岳飞说:"小将已理会得宗留守与马太尉底意思。西汉韩信用兵,明修栈道,暗度陈仓。我当尽明修栈道之责。"一丈青说:"粘罕最是狙诈,自家们此回便是中他奸计。岳五哥以孤军前去,切须小心!"

岳飞与马皋夫妻分手后,率右军急驰汜水关。后军统制扈成出关迎接岳飞,彼此在马上行礼,扈成说:"我奉命以本军残兵守关,唯恐难以枝捂得粘罕大军。今有岳统制生兵前来,便可高枕无忧。"岳飞进关以后,就向扈成传达宗泽的军事部署,扈成眉头微皱,说:"岳统制底右军都是马兵,自可机便,倏来忽往。自家底后军却是步兵,岂得进退自如!"岳飞说:"扈统制自可率本军把隘,我当率右军前去巩县、永安与偃师。然而兵家不虑胜,唯虑败,若我退至关前,扈统制亦不可不救。"扈成说:"会得!"

岳飞的右军在汜水关休息一天,就向巩县进发,路上果然未遇着一个敌人。在兵燹之余,巩县成了一座空城,居民或逃亡,或被杀害,或被驱掠。岳飞命令军士在全城寻找,竟找不到一人。第二天,岳飞的右军又冒雨前往永安县,并且巡视皇陵。

永安县位于今河南巩县南,宋时是专为皇陵而特设的县级行政区划。宋朝前后在此县修建了八座皇陵,包括宋太祖父亲的安陵、宋太祖的昌陵、宋太宗的熙陵、宋真宗的定陵、宋仁宗的昭陵、宋英宗的厚陵、宋神宗的裕陵和宋哲宗的泰陵。古人极其重视丧葬,更何况是皇陵。宋朝特别选择了这片北临洛水,东南有嵩山,西有少室山的宝地,认为饱蕴着山川佳气,足以保证赵宋万世不拔之基。八陵全是劳民伤财的宏伟建筑,平时还专门设置官吏兵卫和柏子户,柏子户负责布种松柏、修缮园林等。如今偌大的陵区却空无一人。金军初占西京时,特别专门派兵保护陵墓,用作开封城下之盟的诱饵。此次专以灭亡赵宋为目标,焚荡皇陵,破坏风水,自然成了古代政治斗争的特殊手段。

按宋朝的凶礼制度,皇帝的棺材称梓宫,须掘地深埋八十一宋尺或一百宋尺,其上建造正方形的三层陵台,台上种柏,四周砌神墙,开东、南、西、北四个神门,神墙四角还建造角阙。神门内外的道路两侧,分布石人、石羊、石马、石驼、石象、石虎、石狮等。另外还有会圣宫、下宫等附属建筑。在仓促的军事行动中,金军来不及挖掘陵墓,只是焚烧了地面的部分砖木建筑和墓木。

绵密的春雨,本是滋润原野的甘霖,助长生机的醍醐,然而今天却给整个陵区增添了惨淡的景色。岳飞率领将士们,在浓云密布、阴沉晦暗的天色中,遍访八陵,雨水浸透了他们的衣甲和战马的皮毛。眼看至神至圣的皇陵含垢蒙耻,大家怀着极其沉重和痛愤的心情。在雨天甚至无法焚香尽敬,岳飞最后只能与众将下马,北向跪倒在昌陵南神门前的泥水之中,叩头谢罪致哀,他说:"金虏之祸,流毒海内,上及山陵。岳飞等身为大宋臣子,不能护卫圣域,万死何赎!异日当取虏酋底首级,荐献于列祖列宗陵前,稍减臣子罪责。唯求祖宗神灵,佑我哀师!"

春雨还未止歇,岳飞就在昌陵的南神门前,同众将商讨护卫皇陵的问题,王贵说:"右军仅有三千人马,若分兵守护陵寝,切恐难临大敌。不如全军西进偃师,自可屏蔽永安。"其他将领也纷纷表示同意,岳飞却力排众议,说:"官兵既已到此,岂可不尽臣子护卫之责?岂可不遵宗留守底命令?"他吩咐王贵和王经率八百骑兵巡护陵区,并且驰报东京留守司,自己与众将率两千二百骑前往偃师县。

完颜粘罕和完颜谷神虽然一举击败了马皋、韩世忠和翟进三军,正如宋朝的对手所料,他们确是无意于乘胜扩张战果。他们盘算着退回河东,以便在夏季去塞北避暑,但又不愿放弃在河南的最后一个桥头堡,以便在秋高马肥之时,再次大举。两人商量之后,决定委派元帅右都监耶律余睹率一万人马,镇守洛阳城北的大寨。耶律余睹内心已十分厌倦无休止的征战,但处于辽朝降将的地位,又不敢提出异议。一天,有探事者报告,宋军已经进驻偃师县城,而来者全是骑兵。

耶律余睹感到事态严重,他最担心的,是在完颜粘罕和完颜谷神率大军北撤后,自己不能守住营寨。他对完颜粘罕和完颜谷神说:"宗老汉极善用兵,在败兵之余,又发兵西进,包藏不浅。莫须发兵一战,再破敌锋?"完颜粘罕说:"你可带儿郎们前去。"耶律余睹断然不敢自己统兵,承担失败的责任,他说:"我愿追随监军前去破敌。"完颜谷神说:"不须出兵,自家们不如在此养精蓄锐,坐观南人动静。"完颜粘罕表示同意。

金军果然被岳飞的右军偏师所吸引,密切注视这支宋军的动向。岳飞抵达偃师县城后,也不再进兵,只是不时派出一二百游骑,西向巡绰。几天以后的又一个雨夜,间勍和翟进的联军突然自南而北,兵临洛阳,以迅雷不及掩耳之势,一举逐走守城的少量金军,重新占领了西京城。岳飞闻讯后,也即刻率右军急驰洛阳,与间勍大军会师。

完颜粘罕和完颜谷神对宋军出其不意的袭击,都感到十分震惊。完颜粘罕召来了他的左膀右臂完颜娄室和完颜银术可,他们是在扫荡陕西和京西广大地域后退回的。完颜粘罕说:"你们可率本部儿郎,前去城下挑战,以测南人底虚实。"完颜娄室和完颜银术可面面相觑,互相示意对方先开口,完颜粘罕感到不耐烦,大声喝问:"你们是甚底意思?"完颜娄室至此只能率直回答:"依我底意思,此回南征,人马损折已近一半,不可与宗爷爷再战。"完颜粘罕的眼光转向了完颜银术可,完颜银术可说:"我亦是此意。三太子已自退兵,自家们如何再战?"耶律余睹乘机说:"国相与监军若率大军北撤,自家孤军留此,唯恐难以抵御宗老汉。"

完颜粘罕听了他们的话,不免深感泄气。他嘴上决不肯灭自己的威风,但内心却早已承认,宗泽确是金军自从灭辽破宋以来,所遭逢的第一个强劲的对手。他又将眼光转向了完颜谷神,完颜谷神说:"此回用兵,各有胜负,夏日将至,留余睹在此无益,不如收兵河东,来年秋冬,另行计议用兵。"完颜粘罕不能不用恼怒而无奈的口吻下令说:"既是恁地,全军挪回河东!"

金军立即放弃营寨,急速北撤。间勍闻讯后,立即出西京城,整军追击。他鉴于马皋失败的教训,唯恐敌人有诈,在追奔之际,力求保持队形的严整,也不准岳飞的右军骑兵脱离大军,单独深入。步兵的行进速度当然不如骑兵,等宋军赶到黄河南岸时,金军的大部分已经渡河,断后的是耶律马五的一千多人马。宋军向退敌发起最后的攻击,耶律马五的部队大部被歼,少数乘船逃到了黄河北岸。耶律马五带着背部和腿部所中的两箭,一瘸一拐,前去参拜完颜粘罕,给完颜粘罕增加了新的气恼。他不好斥责,却更不愿安慰,只是用很不耐烦的语调说:"你且退下治伤!"

在北撤途中,完颜谷神与完颜粘罕并马而行,开始低声私语。完颜谷神问道:"你自忖可与宗爷爷为敌几时?"完颜粘罕说:"我平生用兵无敌,宗爷爷煞是第一个敌手!"尽管"宗爷爷"的尊称,已叫遍金营,而两人当着部将的面,从来只叫"宗老汉",如今私下交谈,却初次使用了"宗爷爷"的尊称。完颜谷神说:"你须记取,若与宗爷爷为敌,岂但灭不得赵氏,切恐两河之地,亦须得而复失。自家们自白山黑水而来,亦须回白山黑水去。"完颜粘罕只是发出轻微的叹息,低头不语,至少在口头上,他决不肯认输。

一场艰难的鏖兵暂时告一段落,大河以南,再无一名金兵。岳飞随闾勍大军返回东京。两天以后,宗泽单独召见岳飞,对他说:"此回杀退番人,你委是立得大功。你底勇智材艺,便是古时良将,亦未必胜得一等。然而你喜用马军,野战奇袭,此非是古代战法。今日你为偏裨,尚可以此取胜,他日若升任大将,决非是万全之计。"他说完,就取出一卷阵图,说:"国朝布阵用兵之妙,尽在此图,你可研讨熟读。"这是岳飞初次见到这个七十古稀的长者,对自己投以如此亲切和赞许的目光。他当即接过阵图,唱喏而退。

三天以后,宗泽又再次召见,岳飞恭敬地将阵图奉还宗泽,宗泽问道:"你读此阵图,有何心得?"岳飞说:"小将熟观阵图,远者有唐朝李靖阵法,近者有国朝平戎万全阵,都是定局。古今异宜,战场有广狭、夷险之分,岂可拘泥于一定之阵图。古人有言,善师者不阵,善阵者不战。且如太宗官家熟究阵法,然而平戎万全之阵,亦未尝得志于辽。"

宗泽听后,有几分不悦,说:"依你此说,此等阵图,便是无用底弃物?"岳飞说:"小将今日以偏裨听命于宗留守麾下,掌兵不多,若依一定之阵,虏人便得以窥知官兵虚实,以铁骑四面合围,切恐我军难逃覆辙。如是在平原旷野,与虏人猝然相逢,又何暇整阵而战?"

宗泽说:"若是你日后为上将,统十万大军,又如何与虏人周旋?"岳飞说:"兵家之要,在于出奇,不可测识,始能取胜。阵而后战,兵法之常,运用之妙,存乎一心。"这几句话后世成了有名的军事格言。

宗泽听后,回嗔作喜,说:"鹏举此言,委是深得兵机!"这是他初次用表字相称,显示对岳飞的格外器重。宗泽略为停顿,又转换了话题说:"依你底意思,日后当如何用兵?"岳飞说:"王师与虏人激战三月,虽是胜负参半,然而闾太尉至西京,欲与虏人决战之际,粘罕竟仓惶宵遁,足见虏人锐气已坠,非初下东京时可比。王师正宜乘炎夏天时,大举北伐,必能一举收复两河与燕云,进据居庸等五关,然后徐议迎还二帝。"

宗泽说:"此说正合我意。北伐须自河北与河东分道进兵。我已奏举闾太尉为陵寝保护使,命他与翟进等协力,出师河东。马太尉重创之后,难以上阵,我本欲命你提举一行事务,统兵河北。然而闾太尉坚请与你同行,言道若无岳统制,便难以决胜,又称用兵河北,须得王彦出力,切恐岳统制难以与他共事。"宗泽的话显然带有商议和咨询的口气,他本人也为此而疑难不决。

岳飞想了一想,说:"小将既蒙闾太尉相知,自当执鞭随镫,在河东军中效力。河北一路,宗留守何不保奏陈君锐为都统制,亦可与王都统协力。"宗泽听岳飞提到曾随他出生入死,救援开封的陈淬,感到高兴,说:"如今他知恩州,拘守一方,正可委以重任。鹏举以国事为重,直是国士之风!"宗泽虽是知人善任,但在军务倥偬之际,对岳飞的了解毕竟有限。通过这次谈话,使他对岳飞的才德两方面都有了更深的了解,特别是岳飞不计较官位的高低,甘愿在闾勍属下充任偏裨,使宗泽深受感动。岳飞说:"小将从军,只是为遵母命,尽忠报国。但愿仰承宗留守底指挥,救取二帝南归。小将不求富贵,唯愿侍奉老母,归耕故里,了此一生。"宗泽不由赞叹说:"难得!难得!"

岳飞说:"张招抚孤忠许国,可惜才兼文武,竟未能展得分毫。若得前来东京,亦可助宗留守一臂之力。"宗泽听他提到张所,不由老泪纵横,说:"我未尝一日不思念李丞相与张招抚,他若来此,又岂止是助我一臂之力。"接连三个月的鏖战,宗泽虽然只是坐镇东京城,却已深感心力交瘁,特别是在紧张的精神略为松弛之后,反而更有一种精力耗尽,难以支撑之感。宗泽当着岳飞的面,立即用最恳切的言词起草奏疏,保举张所出任东京副留守。写完奏疏,他又仔细重读一遍,却仍然感到希望十分渺茫,不免长叹一声,说:"唯愿苍天垂怜,祖宗佑我大宋!"

[貳陆]
两 枚 画 饼

按信王赵榛的要求,马扩、赵邦杰与智和禅师进行筹划,准备乘金军大举南侵,燕京兵力空虚之机,破袭燕京西南的宫城,营救茂德帝姬,俘虏完颜讹里朵、完颜挞懒、完颜兀术等人的家眷,押往西山,再由山路转移到五马山,作为交换宋徽宗、宋钦宗等人的人质。智和与燕京的义军首领刘里忙等集结了一千名当地的壮士,各带兵刃,在建炎二年正月初,混入燕京城内。赵邦杰另率一千名五马山的义军,潜行燕京城西郊。大家约定在元宵之夜,共同发动奇袭。马扩不去燕京,他坐镇五马山,护卫信王。

燕京城里的元宵之夜,虽然远不如开封城内繁盛热闹,却也张灯结彩。按多年来的老例,外城东迎春门内一条大街,是主要的张灯区,直到宫城东的宣和门外,绞缚一个山棚,上面也有近千盏灯,更是灯区的中心。辽金的统治者,历来都是在宣和门楼上观赏灯会。按赵邦杰、智和与刘里忙的计划,义军分兵两处。智和与刘里忙率一千人,利用观灯之机,在宣和门前起兵,突入宫城,再从城西的显西门杀出。赵邦杰所率的一千义军,则从城外同时攻入显西门,接应从城里杀出的义军,一起进入西山。由于宫城的西部紧贴外城,显西门是宫城和外城共用一门,平时从不开启。

为实施此项计划,智和与刘里忙找到一个熟知宫城内情的人。此人是奚人,姓萧,奚名耶鲁碗,汉名兴旺,即是奚名的意译。他本是辽朝燕京行宫的内藏库提点,投降金朝。他的妻子汉人李氏也有几分姿色。就在耶律观音的庞姓前夫被杀,本人被完颜兀术强娶后不久,萧兴旺发现完颜兀术又垂涎于李氏,为了保住性命,忍痛将李氏献给了完颜兀术。他本人继续任内藏库提点,经常出入宫城,并且设法私下同李氏会面。李氏成了完颜兀术的第四十一娘子,她忍受不住耶律观音的霸道和凌虐,向萧兴旺哭诉。萧兴旺决心与智和等共同起义,营救妻子。他通过李氏,又与茂德帝姬取得秘密联系。准备元宵夜晚,护送李氏和茂德帝姬,迎接攻入宫城的义军。金军的留守兵力相当单薄,此项军事计划似乎是十拿九稳的事。

元宵之夜终于来临,新任燕京都统的完颜撒离喝和女真的贵妇们都登上宣和门城楼,观赏灯会。按女真人的习俗,男女们一面吃酒食,一面互相嬉闹,不以为嫌。完颜撒离喝带着几分醉意,上前搂住侄媳妇耶律观音,用《鹧鸪之曲》唱起了女真情歌。完颜撒离喝虽然是完颜兀术的叔父辈,年龄反而小两岁,耶律观音也并不推拒。妇女中有一位特殊人物,她就是秦桧的妻子王癸癸。依她的年龄和容貌,已不可能受到男子们的青睐。但王癸癸知趣地陪伴着年岁更大的完颜挞懒妻子说笑,藉以避免自己的冷落。

完颜撒离喝正在得意忘形之际,有部下的五十夫长禀报说:"阇母都监病重回归,已自丹凤门入南端门内。"人们往往由城东的迎春门出入燕京城,今夜由于灯会,完颜阇母改由城南偏西的丹凤门北向入城,又从南端门进入宫城。完颜阇母作为金太祖的异母弟,是完颜撒离喝的族兄和上司,但完颜撒离喝显然不愿放弃夜晚的欢娱,吩咐说:"且请阇母安歇,我明日当前去问病。"

那名军官刚刚退下,宣和门前,一支火箭嗖地飞上天空,这正是智和与刘里忙发动奇袭的信号。他们俩当即与乔装改扮的众义军纷纷亮出兵刃,在喊杀声中突入洞开的宣和门。智和指挥四百人冲进宫城,直奔嘉宁殿,此殿正是他们与萧兴旺约定的会合地点。刘里忙率领六百义军进攻城楼,企图一举俘获金朝的官员和贵妇们。

猝不及防的攻击,使完颜撒离喝从酒意中惊醒过来,他慌忙指挥部兵,死守城楼,与蜂拥而来的义军,在登城的慢道上展开白刃战。金军虽然节节后退,义军却一时还攻不上城楼。金朝的贵妇们,还有王癸癸,则在惊叫声中,纷纷躲进城楼。

再说完颜阇母躺在一辆骡车里,率领合扎亲兵,先来到宫城南的马球场。他准备将大部分人马安顿在球场,然后再带少量亲从回府休息。秦桧下马,走到车前,他准备辞别完颜阇母回家。突然有一骑士飞马直驰车前,大喊道:"今有汉儿们谋叛,已杀入大内!"完颜阇母吓得出了一身大汗,病反而好了一半,他从车中一跃而起,大喊道:"儿郎们可速去剿杀!"秦桧再也不敢辞别,他惶恐不安地侍立车旁,实际上是依仗完颜阇母的保护。

智和手持禅杖中抽出的利剑,一路领先,几乎没有遇到什么抵抗。不料到了嘉宁殿附近,却与完颜阇母发来的亲兵遭遇,发生激烈的混战。在皓月之下,嘉宁殿一带处处是刀光剑影,兵器的撞击声、人们的喊杀声和死伤时的惨叫声乱成一团。萧兴旺手执利剑,与李氏、茂德帝姬来到此地,目睹这种未曾预料的场面,一时惊得目瞪口呆。萧兴旺迟疑片刻,就对李氏说:"今日底事,便是战死,也胜似苟活!"说完,就挥剑投入与金军的搏战。

在智和等人周密的军事计划中,根本未曾预料的因素,就是完颜阇母合扎亲兵的参战。然而这支军队的参战,就在军事天平中投下了一个扭转胜负的砝码。智和率领的义军虽然拼死作战,面对源源而来的金军,很快陷入众寡不敌的困境。四百人绝大部分战死,智和悍勇异常,他连杀十多名金军,却身中四枪四剑,力屈被擒。萧兴旺砍死一名金军,又当即被乱刀砍死。

李氏亲眼见到丈夫的下场,就用短剑自刺身亡。茂德帝姬浑身战栗,她在瞬间也下定了自尽的决心,却又不愿使用短剑。她奔回房中,站在一只圆凳上,用一条白绫绕梁打结后,将头套入其中。不料有人闯入,将她抱持下地,此人正是唐括氏。茂德帝姬大哭说:"奴家如今生不如死!"唐括氏说:"赵氏妹妹底心腹事,我已尽知。世上底事,难以先知,两国若有和好之时,妹妹尚得南归,万万不可轻生。今日底事,姐姐当做一床锦被,为妹妹掩覆。"茂德帝姬只是伏在唐括氏的怀里恸哭,不再说话。

赵邦杰的人马已经攻入显西门,却仍被金军逐出城外。刘里忙的义军遭到完颜撒离喝和完颜阇母两军的夹攻,最后也只能败退,杀出城外。金军虽然取胜,而伤亡很大,也不敢出城追击。天色大明,完颜阇母和完颜撒离喝会面,他认为已经控制了城内局势,就回府休息。完颜撒离喝却在嘉宁殿内,由秦桧担任通事,亲自审讯智和等二十一名战俘。

智和失血过多,脸色十分苍白,却是傲然站立。秦桧奉命,上前劝降说:"你兴兵谋叛,大逆不道,罪在不赦。都统好生之德,念你亦是个好汉,你若是招供归降,可不问罪愆,免于一死,授一个字董底官名。"智和高喊道:"爷是汉人,甘死不降!此心此志,如石上钉橛,更不移改!"他嚼断舌头,连血带肉,喷了秦桧一脸。完颜撒离喝大怒,说:"待我亲与他洼勃辣骇!"他走下殿来,亲自举起大棒,向智和的脑部猛击,智和当即应声倒地。

秦桧又向其余二十人逐一逼供,大家都怒目圆睁,不肯招供,被金兵一个又一个敲杀。轮到最后一人,却向秦桧下跪,说:"切望大官人告报都统,恕男女死罪!"秦桧说:"你若是据实供通,自可免你一死。"那人说:"赵氏底信王自大金军中逃窜,至庆源府赞皇县五马山,团结人兵,图谋乘大金兵马渡河,燕京空虚之机,劫取三太子诸人底宝眷,以为人质,换取赵氏太上、少主等人。"这是金朝方面初次听到信王的下落。秦桧再三盘问,那人也不知道更多的情况。完颜撒离喝却已感到不耐烦,吩咐部兵说:"留他何用,与我洼勃辣骇!"于是一名金兵上前,又将那人敲杀。

金人在事后也发现了萧兴旺和李氏的尸体,由于那人的供词中并未涉及他们两人以及茂德帝姬,所以耶律观音也没有对茂德帝姬作任何追查。但是,茂德帝姬经历这一次事件,感到再也不可能有任何被解救的希望,她处于彻底的绝望状态,在精神上完全崩溃,从此卧病不起。唯有好心的唐括氏,出于哀怜和同情心,而对她尽心照顾。

刘里忙和赵邦杰率部众退回燕京西南的易州(治今河北易县)山寨,赵邦杰又率部众回到五马山,信王听到败报,欷歔落泪说:"不料阇母回师燕京,功败垂成,智和禅师壮烈殉国,此亦是天不佑我大宋!"众人虽然多方劝解,信王回屋后,当晚在床上辗转反侧,彻夜不眠,长吁短叹。周绣儿找不到适当的言词劝慰,就陪着他披衣起床。信王在屋里来回踱步,周绣儿只能呆呆地坐在床边,爱怜地望着丈夫,不时取出手帕拭泪。信王完全理解妻子的心意,他也不时望着妻子,互相用眼神和表情说话。最后,信王见到窗纸上微露曙光,就坐到了书案前。周绣儿已经明白丈夫的用意,就赶紧走上前去,为丈夫磨墨,信王提笔写了两份奏疏和书信。

第二天早饭后,信王找众人商议,说:"兵戈方炽,道路梗塞难通,此间屡次发信使南下,却似石沉大海,杳无回音。依我底意思,莫须请马防御亲去东京,连结宗留守,南下行在扬州,面奏主上,恳请大军北伐,救取天下苍生。"马扩说:"十八大王既已决策,下官愿往。"赵邦傑说:"干戈扰攘,你此去须多带人马。"马扩说:"山寨防拓,岂可无人,我带二十人南下,便已足用。"信王取出了两份书奏,吩咐说:"此两纸书奏,所系甚重,其一须面交宗留守,其二须面奏主上。"马扩说:"会得!"

临行之际,信王、赵邦傑等人都向马扩等二十一人敬酒,周绣儿也手捧酒卮,对马扩等人说:"奴家无知无识,未能有分毫裨补大事。然而天下底万民,如在深水里,如在烈火中,唯愿马防御此行成功,营救得百姓。"她自从陪信王上山以来,还是保持农家女的故态,根本没有信王夫人的架子,一有闲空,不是帮山寨做各种杂事,就是读书识字,颇得上上下下的称赞。在读书识字以后,她的文化知识也有相当的长进。周绣儿真挚的言语,也使马扩感动,他说:"但愿夫人他日亦得与令尊完聚!"周绣儿听对方提起自己被金人掳去的父亲,不免眼圈发红,她说:"唯愿天下底父、母、兄、弟、妻、子皆得完聚!"信王听了他们的对话,心有所感,就教周绣儿取来纸墨笔砚,他提笔为马扩写下了两首绝句:

> 全赵收燕致太平,
> 朔方寸土比千金。
> 羯胡一扫銮舆返,
> 若个将军肯用心?

> 遣公直往面天颜,
> 一奏临朝莫避难。
> 多少焦苗待霖雨,
> 望公只在月旬间。

信王解释说:"趋利避害,亦是人情之常。我若只求苟活偷生于世间,自可与你们潜行南下,求一个藩王底富贵,岂非易事?然而我脚下底寸土,皆是大宋山河。两河忠义、燕云豪杰,唯五马山是瞻,我唯有尺进,岂可寸退！此心此志,切望马防御明谕宗公,面奏天子,以天下苍生为重,以社稷深仇为耻,共破大敌,勉赴国难！"这一番肺腑之言,说得众人都感泣起来。马扩将奏疏、书信和诗笺小心收藏,信王、赵邦杰等人送马扩下山,彼此挥泪而别。

马扩沿途招揽各山寨的忠义民兵,到三月中旬,他会同王彦的一万人马,来到开封。原来宗泽为部署北伐,特别请王彦带领各山寨精兵过河,以便日后与东京留守司军更好地协同作战,马扩正好与他同行。王彦将部兵暂驻北郊,自己与马扩进城,直奔留守司。宗泽亲自接待这两位重要来客。

马扩详细叙述五马山的情况,并且取出信王的书信和诗笺。宗泽听说信王宁愿留在山上坚持抗金,而不愿南下苟且偷安,自然而然联想起当今皇帝奉命出使和当大元帅时的种种劣迹,彼此的所作所为,形成了鲜明而强烈的对照,使他感动得流下了热泪,不免发出深长的喟叹说:"贤哉信王！"他反复品味信王书信中的一段话:

> 今具河北事宜利害,敷奏圣上。窃恐奸臣贼子障蔽难达,素知公忠义敢为,竭节报国,遂再具奏,烦公多方缴奏,使之到得御前。唯愿王师速至,不胜万幸！

宗泽对马扩说:"不料信王驻兵远山,已深知朝廷事机。奸臣贼子黄潜善、汪伯彦之辈执掌国柄,蒙蔽主上,祸国败事。我先后上十八回奏表,披心沥血,祈请主上回銮东京,主持中兴大计,乘炎夏王师得利之时,躬整师旅,一扫狼烟,克复燕云,却未蒙主上俞允。我当命儿子宗颖与马防御同赴行在,面奏主上,力陈利害,乘虏人新败,大举北伐,机不可失,大宋安危兴亡,在此一举！"

马扩说:"信王朝夕忧思,翘首延颈,企盼佳音。下官心急如焚,岂敢有片刻延误。不知明日可否启程？"宗颖也说:"事不宜迟！"宗泽却说:"此事所系甚重,尚须从长计议。你们去行在颇易,然而主上允准,回銮发兵,却是甚难。"他和大家进行了详细的讨论,又经过精心推敲,连夜再亲自起草了一份奏疏。

马扩和宗颖在第二天动身,他们为了抓紧时间,不沿着汴河乘船,而是骑马兼程南下。三月下旬的扬州,繁花似锦,马扩和宗颖入城以后,还是打算照章办事,先去进奏院和通进司递交奏章。不料进城之后,竟在街上与宦官冯益觌面相遇。冯益不认识马扩,却主动与宗颖在马上行礼招呼,他笑着说:"宗宣教来此,当是为面奏官家,陈请大驾回旧京,主持中兴大计。"宣教是文官宣教郎的简称。宗颖向他介绍了马扩,简单说明来意。

冯益说:"大街之上,不是说话底所在,且请宗宣教与马防御去进奏院叙话。"宗颖讨厌冯益,说:"国朝著令,自家们是外官,与冯大官交接,恐有不便。"冯益笑着说:"我知得宗宣教嫌忌我是个小人。众内侍中,邵九已被官家贬窜,如今又有甚人是君子?我唯恐你们被黄十四、汪十五阻隔,便是等候至明年,也不得面奏官家。"他以小人自命,反而使宗颖有点不好意思。

马扩见冯益说话相当坦白,以为要向他们勒索钱财,就直率地说:"自家们委是并无余资,得以奉献冯大官。"冯益又笑着说:"我岂不知宗留守底清廉,如何有钱使唤?实不相瞒,自上回宗留守坏了自家选美女底勾当,我亦是恨他三分。然而转念他是个荩臣,又不免敬畏于他。今日底事,我端的是诚心相助。"宗颖同这样一个宦官接触,总是有几分别扭,马扩却乘机顺水推舟,说:"冯大官既是诚心,自家们委是感激不尽。"

他们来到临时租用民房的进奏院,进奏院的官员见到来者由皇帝宠信的冯益亲自陪伴,自然不敢怠慢,宗颖和马扩被安置到上等的馆舍,并且立即进献酒食。尽管冯益已作了自我表白,宗颖同他对饮,还是显得忸怩和拘谨,而马扩认为,与冯益这样的人周旋,格外需要亲热和随便。冯益指着桌上的酒盏说:"此是扬州底名酒琼花露,五马山上,必是无此佳酿。"马扩说:"自家们平日唯有粟麦,便是咸齑,亦时有时无,或不免淡食,唯有建炎元年除夕,山寨上下,人人分得一碗浊酒。男子须耕垦山田,女子须纺绩布绢,便是信王与王夫人,亦是躬亲服劳。只因信王与山寨上下同甘共苦,故人人敬服,有誓不与虏俱生之志,并无二心。"

冯益说:"我在宫中也曾见得信王,他底妈妈大刘贵妃娘子,颇得太上宠幸。信王自幼亦是金枝玉叶,娇生惯养,如今却受这般苦楚,难道他不思归行在,到此快活?"马扩当即取出信王的诗笺,给冯益看,并且说:"信王言道,他底足下,便是祖宗山河,唯有尺进,岂可寸退!"

冯益笑着说："若是官家在五马山，岂能忍得一日，必是与你们南下，共享富贵。不料信王宵衣旰食，颇有靖康官家之风，官家却酷似太上。世间万事难以逆料，自家们不如效学官家，得快活时且快活，今朝有酒今朝醉。"宗颖和马扩见他竟随便评论当今皇帝的长短，吓得不敢应声。

稍过片刻，马扩问道："不知自家们何时得面奏主上？"冯益带着一点醉意说："你们若能医得官家底病，我即刻便可引见。"宗颖感到奇怪，反问道："闻得主上颇善骑射，身强力壮，如何得病？"

冯益用讥笑的口吻说："宗宣教毕竟是外官，不知宫里底事。岂不闻古人有言，娥眉皓齿，即是伐性之斧。官家理朝政之时少，与女子缠绵之时多，便是铁铸底御体，焉得不神思昏倦，食欲不振？"宗颖和马扩见冯益毫无顾忌地讥笑皇帝的好色，就更加注意恪守臣规，不敢说笑。

马扩急于转移话题，说："信王远在五马山，朝朝暮暮，如饥似渴，只盼主上早决中兴大计，举兵渡河，救两河百姓于水火之中。下官受信王重托，唯愿速归山上，早传佳音。"冯益说："你们既是如此心急，待我直言。官家早在元帅府时，已与黄十四、汪十五定议，唯求退守江南，以和立国。目今正欲乘宗留守破房人底机遇，特命宇文虚中为大金祈请使，与房人媾和。若依宗留守底意思，便是自家们，亦岂愿追随官家，冒险回东京。"

宗颖说："先贤诸葛亮言道：'汉贼不两立，王业不偏安。'若不能扫平燕云，主上便是南迁，切恐亦不得高枕无忧。"冯益笑着说："自家们不须争议。切恐你们面奏官家，亦是枉费唇舌，数日之内，便见分晓。"他想了一想，又说："宗留守忠良，天下无人不知，无人不晓，然而若是在平世，官家岂不能将他贬窜岭南？如今逢着乱世，便是他抗旨拘囚金使，亦不得不用。官家用他，只是为抵挡得房人，又岂是为长驱燕北？"马扩和宗颖无以对答，他们的内心也不得不承认，冯益的话确是说得一针见血，入木三分。

冯益起身告辞后，马扩和宗颖长久地沉默不语，最后，宗颖说："自家们既已到此，岂可负信王与阿爹底厚望，而不尽臣子底职事于万一。"于是两人又开始反复商量和切磋奏对事宜。

三天以后，宋高宗破例在下午召见宗颖和马扩。由于行宫狭小，已很难另设便殿，召见的地点还是在崇政殿，皇帝身后有康履和冯益叉手侍立,而黄潜善和汪伯彦也毕恭毕敬地站立两旁。宗颖见到黄潜善和汪伯彦在殿,不免感到寒心,他和马扩跪拜在地,说:"臣宗颖、臣马扩恭祝圣躬万福!"接着,他们就分别将信王和宗泽的奏呈交康履。纵欲无度的皇帝虽然强打精神,还是面露虚乏怠倦之色,他先取过信王的奏疏,只见其中写道:

> 今西山一带诸寨乡兵十余万,力与虏抗,但昼夜暴露,农事失时,率皆困窘,兼缺军器。臣多方存恤,借补官资,使忠义之徒竭节不变。惟望朝廷早遣兵来援,不然,久之恐反为虏用,则河南难保。宜乘此时,速取所失州县,以副民望。臣愿陛下念祖宗创业之艰,二圣播迁之难,明诏委臣总大军与诸寨乡兵,约日齐举,决见成功。仍给空名诰敕二万道及以河北、河东兵马元帅印付臣佩之。臣粉身碎骨,所不敢惮。况于陛下,以礼言则君臣,以义言则兄弟,其忧国念亲之情,恭想无异,兴言及此,不觉流涕。

宋高宗看后,立即命冯益将此奏交付黄潜善和汪伯彦,两人略为浏览,就共同来到皇帝案前,低声说:"臣等唯恐有不法之徒伪冒信王,则为害甚大。"宋高宗高声说:"今有柔福帝姬告诉于前,马扩上奏于后,信王是太上皇帝儿子,朕之亲弟,岂不认得书迹,何疑之有?"他当场提笔写了一份手诏,盼咐冯益说:"可将手诏交付学士院,即日拜皇弟信王为河外兵马都元帅,总领两河军事,便宜行事。"他又对马扩说:"卿忠义有素,智勇足备,当辅佐皇弟信王,朕特迁卿拱卫大夫、利州观察使、枢密院副都承旨、河外元帅府马步军都总管。"

皇帝的慷慨授命,一时使马扩和宗颖喜出望外,十分感动,马扩说:"蒙陛下圣察,委信王与臣以重任,臣虽至愚,敢不尽智竭力,纵使肝脑涂地,又何以报圣恩于万一!"宋高宗接着说:"朕今有黄、汪二相协济,他们当与卿计议措置。卿可先去北京,受留守杜充节制,然后至河外宣布朝命。"

皇帝的话又转而使马扩感到惶惑,他最大感不解的,是为什么命令自己须受北京留守杜充的节制,他说:"臣途经东京而来行在,宗留守方议大举,与信王里应外合,收复失地。"宋高宗说:"宗老卿年迈,守卫东、西两京,已极费心力。河外底事,须另委杜充,方得辅佐皇弟,协济朝命。此事朕已与黄、汪二相定议,卿不须别论。"马扩到此地步,也不能再说。

宋高宗处理完信王的事,又浏鉴宗泽的上奏,只见其上写道:

> 不忠不义者但知持禄保宠,动为身谋,谓我祖宗二百年大一统基业不足惜,谓我京城、宗庙、朝廷、府藏不足恋,谓二圣、后妃、亲王、天眷不足救,谓诸帝、诸后山陵园寝不足护,谓周室中兴不足绍,谓晋室覆辙不足羞,谓巡狩之名为可效,谓偏安之霸为可述。欺罔天听,凌蔑下民,凡误国之事,无不为之。臣犬马之齿已七十,于礼与法,皆合致其仕,以归南亩。臣漏尽钟鸣,犹仆仆不敢乞身以退者,非贪冒也。实为二圣蒙尘北狩,陛下驻跸在外,夙夜泣血,唯恐因循后时,使天下自此失我祖宗大一统之绪。大举六月之师,机会间不容髪,愿陛下以时果断而行之,毋惑谗邪之言,毋沮忠鲠之论。倘陛下以臣言为是,愿大驾即日还都,使臣为陛下得尽愚计。若陛下以臣言为非,愿陛下即日放罢老臣,或重窜责,臣所不辞。惟明主可与忠言。臣若有毫髪误国大计,臣有一子五孙,甘被诛戮,以谢天下!

面对着发自肺腑,忠愤激烈的言词,宋高宗的额上也冒出了汗珠,但他自称帝以来,已慢慢学会克制自己的感情,待略为镇静之后,才用稍带感情的语调对宗颖说:"宗老卿忠义许国,人所共知。国家患难之际,犹劳老臣殚精竭虑,昼夜操劳,朕又是于心何忍?此回杀退虏人,宗卿与忠勇将士立得大功,朕亦是念念不忘。朕即位之初,便踟蹰于淮南,岂是得已?不日当下诏还东京,恭谒宗庙。六月北伐底事,待回都之后,再与宗老卿熟议。信王河外军事,朕专委杜充,不劳宗老卿顾问。"

宋高宗的处置,使宗颖和马扩原先精心准备的千言万语都成了无法陈述的废话,宗颖最后只能说:"臣父与东京军民延颈恭候,切望陛下早日回銮,以定中兴大计。"宋高宗说:"卿可即日返回东京,传朕旨意,宗老卿年事已高,尤须善自调养。马卿须于行在稍留数日,另有黄、汪二相面授机宜。"

宗颖说:"臣父年老力衰,已屡次奏陈,保举张所为东京副留守,陈淬为留守司都统制,切望陛下恩准。"宋高宗此时已显得有几分不耐烦,将手一挥,说:"张所是得罪底人,朕命他量移潭州,已是宽贷。陈淬底差遣待朕回都后另议。"一次重要的奏对,竟在不长的时间内结束,宋高宗甚至不愿意向马扩略为询问一下信王的景况,以免多占用自己与女子们取乐的时间。

宗颖和马扩退殿以后，有冯益迎面而来，问道："今日面奏，成全了何事？"宗颖说："主上恩准还东京，又授命信王都元帅，尚是不虚此行。"冯益冷笑一声，说："官家最忌信王南下东京，与宗留守合谋，故依黄十四与汪十五底计议，下了一道回归东京底诏书，乃是一纸虚文。信王只是得了都元帅底虚名，却是成全了官家底悌道。你们难道指望朝廷与杜充发得一兵一卒，前去五马山？官家送与信王、宗留守两枚画饼，岂得充饥？"宗颖和马扩到此才恍然大悟，只感到心寒齿冷，却不能再说什么。冯益又说："更说与你们，依黄、汪二人底意思，唯是将马观察入狱勘问，供称是诡冒信王。官家却是言道：'若是如此，教朕如何以悌道昭示天下？'"

宗颖返回馆舍，气愤地打点行装，准备马上返回东京。马扩呆呆地望着宗颖，片刻之后，突然发话："宗宣教，与你相处多日，情投意合，离别在即，难道竟无片言只语？"宗颖说："我在此只觉如坐针毡，唯求插翅飞回东京。不知此后底事，你又如何理会？"马扩斩钉截铁地说："纵然朝廷不发一兵一卒，我亦须返回五马山，与信王同生死，共患难！"宗颖说："壮哉此言！"马扩送宗颖出城，彼此挥泪而别，宗颖嘱咐说："两个奸诈小人，无所不为，马观察切须小心！"

马扩停留在扬州，天天去政事堂求见，而两名宰相却推托不见。马扩费了很大周折，才得到汪伯彦的接见。汪伯彦的交待十分简单："行在兵卫寡弱，难以勾抽重兵，只为信王是圣上皇弟，今付你一千人马，可即日前往北京。"马扩明知御营司养兵十万，却不想为增兵枉费唇舌，就说："信王底拜都元帅底制诰与二万道空名官告，乞汪相公给付。"在缺少钱粮的情况下，给立功者临时填写空名官告，授予官位，还不失为重赏的方式。汪伯彦说："官告院一时如何制作得二万道官告，信王底制诰事大体重，待日后另命人使送去。"马扩明白汪伯彦有意刁难，在万般无奈的情势下，只能抬出宦官冯益，说："内侍冯大官与我相知，切望汪相公高抬贵手！"马扩抬出"冯大官"，果然产生灵验，汪伯彦马上改变口气，说："我先将信王底制诰与一千道官告付与你。"

马扩点阅一千军人，竟全是老弱残兵，但他害怕在行在停留过久，夜长梦多，另外发生变卦，就急忙率领人马前往北京大名府。

北京留守杜充是相州安阳县人，今年五十四岁，长得高大肥胖，方脸大耳,浓眉大眼,虽然是科举出身的文官,却有几分武士气概。原来张益谦只是以河北东路转运副使的身份暂兼北京留守,杜充赴任后,张益谦还是恢复旧官。他见到马扩,就用粗声大气说话:"我已得朝廷指挥,命你引领人马,暂驻馆陶县。须另得指挥,方可过河,前去五马山寨。"马扩说:"信王在山寨,专候朝旨,如久旱之望甘霖,我岂能逗遛不进?"杜充怒吼道:"你受我节制,命你进则进,命你留则留,不遵命令,唯有吃剑!"说完,竟抽出佩剑,在马扩面前晃了一晃。马扩在官场也出入多年,今天却是第一次遇到如此粗暴、蛮不讲理的上司,只能忍气吞声而退下。

马扩暂住馆舍,吏胥通报,说有提点刑狱郭永和钤辖刘浩求见,马扩与他们素不相识,不料双方作揖,互通姓名之后,竟一见如故。两人听了马扩的详述,郭永感叹说:"杜充那厮,刚愎自用,好名而无实,自诩有志而无才,却是深得黄、汪二相底倚信,唯是虚报战绩而邀功受赏。黄、汪二相不命你受制于东京宗留守,而受制于杜充,别有深意。"

刘浩说:"将在外,君命尚是有所不受,你若是听命于杜充,切恐从此去不得五马山。"马扩说:"实不相瞒,我所统底一千军士,竟有七百人全然不能济事。"刘浩说:"事已至此,我当私助你七百精兵,替换得七分老弱,留于钤辖司。我另有一将霍坚,此人武艺精通,忠信可用,亦归你使唤。"郭永说:"你擅自出兵之罪,由我承当。"马扩感动地说:"艰难之中,蒙郭提刑与刘钤辖底援助,委是感恩戴德。"郭永说:"自家们皆是为报效朝廷,何分彼此。"

马扩移军馆陶县后,就另外写了一封长信,吩咐霍坚率领五马山的二十名壮士,带着信王的都元帅制诰和一千道官告,乔装改扮,另取小路上山。自己带领一千人马渡黄河西进,却很快遭到金军大队人马的攻击。马扩战败受伤,不得不退回馆陶。但霍坚等二十一人还是上了五马山。

[贰柒]
大呼过河身已僵

四月,在宗颖回到开封后的第一天,宗泽召集部将和幕僚们会议。大家只见他眼睛布满红丝,在疲惫中又显现亢奋,他用略带嘶哑而激昂的语音说:"昨日儿子回归,我一夜未得眠。黄、汪两个奸臣,把持朝政,只图与贼虏媾和,竟视我大宋河山、远方藩王如弃物!我若遵从他们底号令,岂非是仰愧皇天,俯惭后土?我左思右想,主上既已拜信王为河外都元帅,我便须与他联络,共图大事。"他略为停顿一下,问道:"我今已修书信一封,不知哪个官人愿为我去五马山?"有一人抢先应声起立,说:"下官愿往!"此人正是干办公事于鹏,也是宗泽心目中的最佳人选。宗泽激动地说:"于干办不惮险远,请受我一拜!"于鹏连忙还礼,说:"此是王事,下官赴汤蹈火,在所不辞!"

宗泽又说:"于干办此去,不可无兵。然而兵多则山寨粮食鲜薄,难以供养,兵少又唯恐不济事。我决计于中军与右军中各勾抽五百精兵,不知哪个太尉愿往?"又有几名将领应声起立,说:"小将愿往!"宗泽从中挑选了右军的徐庆为主将,右军的舒继明和中军的赵宏为副将,宗泽说:"你们可择日发兵,留驻五马山寨。待我六月举兵北伐之时,里应外合,共破番人。"

徐庆、于鹏等率五百骑兵和五百步兵很快出发,渡过黄河,由太行山区北上。不料他们走后不久,宗泽因操劳过度,忧愤国事而病倒。他背上长出一个大疽,开始时还不以为意,照常处置事务,并且继续向宋高宗不断上奏,吁请回銮东京,部署北伐,到了五月,就发展到痛楚难忍,夜不能寐的地步,终于卧病不起。东京的官员和将领们都忧心如焚,纷纷寻找医生,为宗泽外敷内治,却没有疗效可言。

六月盛暑,正是原定的北伐时节。宗泽在病痛呻吟之中,仍然召见部将,部署军事,命令王彦一军首先渡河,进据潞州和卫州,又命令薛广的武锋军、张用的选锋军和王善的摧锋军进兵相州,命令闾勍和岳飞前往西京洛阳。然而当闾勍的军队整装待发之际,宋廷特命的资政殿大学士、大金祈请使宇文虚中来到开封,他以摄东京留守事的身份,下令终止一切军事行动。

宗颖和东京留守司的其他官员都不敢将这个消息报告病榻上的宗泽。一天,伤势未愈的马皋由一丈青陪同,乘车前来问病,他们夫妻约了岳飞、王贵、张宪等同往。宗泽见到岳飞等人,问道:"你们既去西京,如何不数日即回,闾太尉安否?"问得岳飞等人额上冒汗,他们尴尬地望着宗颖,宗颖只能出面说明:"今有宇文大资受命出使,言道既是阿爹得病,须是闾太尉在此主张军务,以故岳统制等未得成行。"宗颖到此地步,仍然打算隐瞒宇文虚中制止北伐的真情。

大家只见宗泽脸上露出了十分痛苦和悲愤的表情,他说:"只因我得此沉疴,却误了国事!宇文大资既是奉使金房,途经东京,何以管得留守司底事?"宗颖吞吞吐吐地说:"朝廷命他暂摄留守事。"虽然只是短短一句话,宗泽却一切都明白了,他吩咐宗颖说:"请闾太尉来此叙话。"宗颖只能命令吏胥召请闾勍。

宗泽乘着闾勍未来的间歇,深情地问道:"鹏举,你与循礼底宝眷可曾迎取到东京?鹏举底义女可好?我甚是思念。"张宪噙着眼泪说:"小将底家人何劳宗留守挂虑,今日之事,唯有请宗留守为天下苍生,安心调摄。"宗泽说:"国家祸难,你们虽是强忍骨肉离散之痛,又教我怎生安心?鹏举底老母,你底娇妻,如此深明大义,我恨不能一见。"

岳飞说:"小将底六弟与外甥已是往返数回,尚未能寻访得老小。唯是义女甚好,今日带来留守司。"宗泽说:"女儿虽小,却是最识道理,何不请来一见?"岳飞出去,带巩岫娟来到宗泽的病榻前,巩岫娟用稚嫩清脆的声音说:"小女子日日祈祷昊天上帝,切望佑宗爷爷早日康复。"宗泽激动地伸出干枯的手,抚摸着她的秀发,却说不出一句话。

闾勋进屋后,宗泽勉力支撑病体,强行起坐,交待后事,他说:"山河破碎,万民罹难,二帝蒙尘,我为此忧愤成疾,今已病入膏肓,无可救药。唯求你们为我歼灭强敌,以成恢复之志,我虽死无憾!"众人流泪说:"自家们愿尽死力!"宗泽也流泪说:"杜少陵诗言道:'出师未捷身先死,长使英雄泪满襟。'我死之后,闾太尉仍须与岳统制等同去西京,祖宗陵寝,岂可再遭虏人蹂践!"闾勋和岳飞等人说:"下官遵命!"

　　到了午饭时间,吏胥端来了一碗粟米薄粥,一碟蔬菜,一丈青到病榻边坐下,说:"阿爹,曾记得在临濮县时,阿爹不进滴水粒食,由奴家为阿爹进献薄粥。今日还须由奴聊表孝心。"说着,就从吏胥的手里取过粥碗,一勺一勺给宗泽喂食。她提到去年春救开封时的往事,使宗泽的内心多了一重感伤,他不说话,只是用感谢和深情的目光,望着不是义女,而赛似亲女的一丈青。他忍受病痛,强进饮食,不一会儿,虚弱的身体就浑身冒汗。懂事的巩岫娟取来丝巾,为宗泽擦汗。

　　午饭后,宗泽倚在病榻上喘息,众人告退。宗泽吩咐宗颖说:"请宇文大资前来议事。"宗颖说:"阿爹且歇息片刻。"宗泽说:"宇文大资不到,我怎生安眠?"宗颖无可奈何,只得亲自去请。宇文虚中到东京已有两天。他离开扬州之前,宋高宗面授机宜两条,一是终止宗泽北伐,二是立即释放金使。他认为第二条不宜操之过急。宇文虚中其实正在留守司坐衙,却不敢看望宗泽。如今既有对方主动邀请,他又不得不来。

　　宇文虚中今年四十九岁,与宗泽还有过一些交往,两人寒暄过后,宗泽倚着床枕,以表字相称,主动询问说:"叔通此回出使,有甚底使名?"宇文虚中神色略显尴尬,说:"我原拟以大金通问使为名,黄、汪二相改拟为大金祈请使,已蒙主上亲命。"宗泽悲愤地说:"虏人驱逼二帝,焚烧陵寝,却以祈请为名,不知如何奏告大宋列祖列宗在天之灵?"宇文虚中抬出了皇帝,宗泽却用列祖列宗压倒了对方。宇文虚中面有愧色,又用委屈的口吻说:"我岂不知黄、汪二相是奸佞小人,只为君父之命,宁受与母、妻、儿、女生离死别之痛,前往虎狼巢穴,亦自问心无愧。不知满朝文武,愿出使底又有几人?"

　　宗泽说:"不知叔通出使,能迎请二帝回归否?"宇文虚中苦笑着说:"我只得尽人事,而听天命。可怜万里山河,唯是仰仗汝霖作擎天柱,汝霖若是康复,尚能有成功之望。"

宗泽说:"我底沉疴已无救药,然而另有一人,忠勇才智在宗泽之上,只是主上不能用。"宇文虚中说:"我已领会得汝霖底意思,可惜主上听信黄、汪,而不能用张正方。"宗泽说:"我为此数回上奏,如石沉大海。若是叔通上奏恳请,以回天听,岂但是社稷底大幸,亦是叔通底大幸。"在旁边静听的宗颖至此方才明白父亲的苦心,这是为挽回局势所作的最后一次努力。

宇文虚中表示同意,对宗颖说:"敢请宗宣教取来笔墨。"宗颖不派吏胥,而是亲自取来文房四宝,并且为宇文虚中磨墨。宇文虚中挥毫疾书,顷刻而就,他将自己的奏疏给宗泽过目,宗泽赞叹说:"此奏言辞恳切而得体,叔通煞是才思敏捷,世上少有。"

宇文虚中准备告退,问道:"汝霖更有何说?"宗泽说:"切望叔通在刀锯鼎镬之前,幽囚困苦之中,谨守气节。"宇文虚中回答了"领教"两字,退出房外。稍过片刻,宗泽微微叹了口气,对宗颖说:"他虽是文才有余,却是刚气不足,岂能望他尽大宋臣节!"

在生命的最后阶段,宗泽还是强进饮食,苦苦地支撑着病体。宗颖完全明白,父亲朝朝暮暮,只是在盼望朝廷发表张所出任东京留守的命令,然后咽气。六月下旬,热浪袭击开封,酷暑难当,宗泽还是每天强忍病痛,振作精神,分批接见部属,勉励他们杀敌报国。二十九日是夏季的最后一天,早上还是炎日当空,午间却天气骤变,乌云翻滚,寒风猛吹,将热气一扫,接着开始下雨。宗泽也在此时昏厥过去。一个时辰后,宗泽醒来,就口授宗颖撰写给宋高宗的遗表,他用缓慢而沉痛的语调,逐字逐句对那个根本不想争气的皇帝进忠言:

> 但知怀主,甘委命于鸿毛;无复偷生,期裹尸于马革。夙宵以继,寝食靡宁。岂谓余生,忽先朝露。神爽飞扬,长抱九泉之恨;功名卑劣,尚贻千古之羞。嘱臣之子,记臣之言,力请銮舆,急还京阙。上念社稷之重,下慰黎民之心。命将出师,大震雷霆之怒;救焚拯溺,出民水火之中。夙荷君恩,敢忘尸谏。

七月初一,天色晦暗,悲风怒号,暴雨哀泣,奄奄一息的宗泽突然从病榻上一跃而起,用火炬一般的目光环视叉手而立的部将和幕僚,接连高呼三声:"过河!过河!过河!"然后倒在床上。全体在场者嚎啕恸哭,宗颖上前,将父亲圆睁的双目轻轻揉合。在对死者进行沐浴、更衣等后,间勋、岳飞等众将从门外抬进棺材,又将宗泽的遗体轻手轻脚地放入,然后又将棺材抬到了正衙大厅。自宇文虚中以下,人人换穿丧服,开始吊祭举哀。

开封城内外的各个寺观,用此呼彼应、接连不断的钟声,向全城军民报告了这个最哀痛的消息。于是整个城市的每个角落,都发出哀哭声。最初是一千多名太学生、武学生和律学生,接着又是全城的男女老少,他们换穿丧服,成群结队,不顾风急雨骤,纷纷前来留守司吊祭,很快在衙前排成长队。在大厅里,痛彻心肺的哀哭声持续了三天三夜,人们还不断地念祭文和挽诗。

夜深了,而开封城里的风雨声、钟声和哀哭声却并未止歇,一个决定国家命运的伟人,却在危难之际逝世,这不仅激起人们的大悲大痛,更引起人们对时局的深切忧虑。成千上万的人,都度过了一个不眠之夜。岳飞、王贵和张宪今夜都没有回右军军营,在一间屋里,点着一盏黯淡的油灯,王贵和张宪反复讨论一个问题:"若是朝廷不命张招抚为留守,便如何收拾?"谈论多时,也并无头绪。岳飞只是紧锁宽阔的眉宇,来回踱步,静听他们俩的每一句话。他突然心有所悟,说:"黄、汪二贼恐不能容得张招抚,自家们何不请间太尉与众人联名上奏,乞朝廷命宗宣教为留守?"张宪说:"若是容不得张招抚,切恐亦容不得宗宣教。"王贵说:"虽是如此,自家们唯是须尽臣子底职事。"他们连夜找间勋商量,大家忙碌通宵。

宇文虚中也是怀着复杂的心情,一夜未睡,他反复回味一个太学生挽诗中的几句话,"咄咄食肉人,尚踵蔡(京)与王(黼),奸谀蔽人主,痛毒流万邦,人怨天且怒,意气犹洋洋"。"始知国病在膏肓"。"正色立朝不顾死,半生长在谪籍中。太平时节君不容,及至艰难君始用。古来有生皆有终,唯公存亡系休戚",不断发出轻微的叹息,他自言自语地说:"国病委是深入膏肓,然而我既是臣子,尚须依奸谀底意思行事。"

七月初二,风雨之势不减。宇文虚中特意临时来到祥符县衙,吩咐吏胥,将被囚禁的金使牛庆昌一行带来,又在堂上设置了平等的主客座位。牛庆昌等八人来到堂上,宇文虚中首先起立唱喏,与牛庆昌分宾主坐下,然后开始解释说:"我宋国皇帝底圣意,欲迎取二帝,与大金修万年之好。因东京留守宗泽屡次违抗朝旨,特命下官出使大金,亲下诏旨,放牛大监回归。皇帝陛下亲赠你们黄金千两、木绵布八十匹,以示至诚歉意。"他的话是经过精心推敲的,自称"宋国",而称对方"大金",不称"赐",而称"赠",都显示了卑屈求和的姿态。宋朝产金不多,一千两黄金相当于三万贯铜钱,加上当时视为稀世珍品的木绵布,即后世的棉布,确是一批厚礼。

牛庆昌已经听出宇文虚中话里的微言大义,他进一步试探说:"不知康王命宇文大资出使,是甚底使名?"他按金朝的命令,拒绝称宋高宗为皇帝。宇文虚中却按宋廷的旨意,不敢计较牛庆昌的无礼,他只能使用外交辞令,说:"皇帝陛下唯是伸孝悌之道,特命我为大金祈请使。"

牛庆昌发出舒心的欢笑声,自己终于熬过了两年铁窗生活,单凭刚才对方的谈话,就足以回去邀功请赏,但人苦于不知足,他还想进一步搜集情报,问道:"闻得宗留守已死,不知康王命何人继任?"宇文虚中说:"尚不知朝命。"

牛庆昌说:"自家们虽然被拘,亦煞是敬服宗留守,愿前往吊祭,以表哀意。"宇文虚中说:"牛大监去不得,宗留守虽死,其所部将士皆是粗豪武夫,切恐无礼于牛大监,节外生枝。我当亲自护送你们出城。"

宇文虚中命人为牛庆昌等准备了八匹乘马,四辆驮载礼品和物件的骡车,另派一百名从扬州带来的御营军,冒雨将牛庆昌等送出北城偏西的安肃门。到了城门外,宇文虚中在马上行礼,说:"牛大监一路平安。我日后出使,切望牛大监照应,自当感激不尽。"最后一句是性命攸关,宇文虚中盘算多时,已不能不说。牛庆昌说:"感荷宇文大资底厚意,我岂无回报之心。然而我只是国相与监军麾下底一个汉儿,康王尚且管不得宗留守,我又岂得自作主张?"宇文虚中听后,脸色顿时变得相当难堪。

情绪低沉的宇文虚中回到留守司,闾勋等将领和幕僚已经寻找和等候多时。大家向宇文虚中唱喏之后,闾勋代表众人面呈奏疏,说:"宇文大资尚须出使,不能久住,东京留守司不可无人主张。宗留守不幸赍志以殁,而宗宣教秉承宗留守底家教,忠智有余,足以统兵服众。自家们为国家大计,奏请朝廷命宗宣教为留守。自家们当追随宗宣教,誓效死力,了却宗留守未竟之志。"宇文虚中对朝廷迟迟未发表新留守的任命,也十分焦躁不安,他说:"我与宗留守奏举张招抚为留守,似颇多阻节。若朝廷命宗宣教子承父志,亦是一说,足以安慰宗留守底忠魂。我当以急递奏报朝廷。"众人以手加额,说:"若能如此,委是社稷江山底大幸!宇文大资迎取二圣,自当回銮有日。"

闾勍说:"依宗留守底遗命,我与岳统制等须即日起兵,前往西京。我去之后,唯愿朝廷早日命陈君锐前来,职掌军务。"宇文虚中说:"我亦是盼望陈君锐早日赴任。然而今日大雨滂沱,出师莫须另择吉日?"闾勍说:"此是天洗兵。自家们唯知秉承宗留守底遗志,赴汤蹈火,万死不辞!宇文大资既是摄留守事,敬请午后阅兵。"

当天下午,宇文虚中骑着马,由一名吏胥在后执大伞遮雨,出城西开远门,阅兵的地点正在金明池北的岳飞右军营地。暴雨如注,而全体受阅官兵仍然排列成严整的队形,手持兵刃,岂但是人,就是骑兵手牵的战马,虽然浑身浇透,也纹丝不动。唯有狂风,猛烈地吹着湿透的红旗,发出哗哗喇喇的响声。闾勍骑着黑马,手执铁树,迎上前来,说:"恭请宇文大资阅兵!"宇文虚中在前,闾勍随后,来到队列之前,将士们立即发出地动山摇般的喊声,大家高呼着宗泽最后的遗言:"过河!过河!过河!"宇文虚中此时也感动得流下眼泪,命令从吏撤去大伞,说:"今日方得一睹东京留守司军底锐气,宗留守底遗风余烈,一至于此!"

阅兵之后,右军首先出发,为保护马力,骑兵虽然有重甲、兵器等重负,却一律牵马步行。岳飞领头,背负铁锏,还有用油纸包裹的、老师周同所赠的两张硬弓,腰系干粮袋,右手持丈八钢枪,左手牵着逐电骠,踩着泥浆,走在队伍的最前列。这支军队的基干正是原河北西路招抚司军,全军迎着风雨,唱起了张所在靖康年间开封围城中所填的《南乡子》词:

　　杀气亘皇州,铁马嘶风撼角楼。天下阽危如累卵,堪羞!政府诸公无远谋。

　　何处觅吴钩?洗净烟尘解国忧。相顾滴滴离别泪,休流!须断头时便断头!

悲壮激越的歌声,表达了他们对时局的忧虞,对国难的献身,对远方贬谪者的同情、惋惜、怀念和尊敬,以及热切地期盼他重返前线,出任新的东京留守。

七月十二日,宋廷得知宗泽的死讯。十三日,就发表武康军承宣使、侍卫马军都指挥使郭仲荀出任东京副留守。郭仲荀的祖父是宋神宗朝的大将郭逵,算是出身将门。他的任命当然是意味着排除陈淬出任都统制的可能性。几天之后,宋廷又发表北京留守杜充改任东京留守,河北转运副使张益谦出任大名府尹、北京留守。在以宋高宗名义发表的杜充改官制中特别强调:"镇抚军民,尽瘁国事,以继前官之美;遵禀朝廷,深戒妄作,以正前官之失。"为了稍稍照顾开封官吏军民的强烈意愿,宋廷又命令宗颖免除守孝丁忧,特旨起复,升直秘阁,出任东京留守司判官。论其地位,只是留守司的第一号属官。

[贰捌]
香 消 玉 殒

东、西两路金军战败,退回燕京和大同府以后,完颜粘罕、完颜谷神、完颜讹里朵、完颜挞懒等应金太宗之召,来到国都会宁府,共同商议对宋政策。虽然是夏季,东北的室内还是相当凉快,金太宗与众人环坐在乾元殿的大土炕上,一面烧火烤野味,一面交谈。

完颜挞懒首先说:"目即宗泽兵势雄锐,不如与赵氏通和,以黄河为界,放回老、少二主。"金太宗望着主战最力的完颜粘罕,完颜粘罕居然沉默不语,不持异议。都元帅完颜斜也却说:"此事且缓缓底,若是宗泽发兵过河,儿郎们不敌,自可依挞懒底计议。"完颜讹里朵说:"赵氏信王聚兵于庆源府五马山,谋救取赵氏血属。若将赵氏二主与血属迎至御寨,日后放回,亦见大金底恩德。"大家都赞同他的提议。

完颜奔睹和知枢密院事刘彦宗奉命去中京大定府,将宋徽宗、宋钦宗等押往会宁府。在燕京仙露寺的赵氏宗室,死亡近半,剩下的九百多人,则由完颜阿鲁补押往东北韩州(治今吉林梨树县北)。

宋徽宗和宋钦宗被软禁在中京相国院,虽然生活困顿,却又慢慢习惯和安定下来。特别是受精神折磨过深的宋钦宗,在朱后和另外三个女子的抚爱、劝解和照料下,情绪有所好转。建炎二年正月,郑庆雲为宋钦宗生下了一个女儿,接着,另有三个女子为宋徽宗生下了一女二男。新生的婴儿们不可能再按宋宫的惯例,另雇乳母,只能由母乳喂养。郑庆雲正是受孕在苦难最深的时期,但说也奇怪,那个女婴却很少啼哭,见任何人也不怕陌生,经常发出清脆悦耳的笑声,姣好的面目几乎无时无刻都露出特别逗人喜爱的笑容。且不说宋钦宗和他的四个妻妾,就是郑太后和乔贵妃也十分疼爱,经常将她抱持逗笑,太子赵谌和柔嘉公主更是将照管两岁的幼弟赵谨,逗弄女婴,当作生活中最大的乐趣。宋徽宗的子女太多,对自己的三个婴儿倒也不过如此,唯独对这个孙女视为掌上明珠,并且亲自为她取了个乳名,叫解颐花。这也算是特殊境遇下的一种天伦之乐。

七月二十一日,宋徽宗、宋钦宗和众人在东院正厅逗弄四个婴儿。刘彦宗进入了相国院,由看守宋俘的千夫长完颜阿替计陪同,礼貌性地通名求见。宋徽宗和宋钦宗只能教众人回房或去西院,父子俩一同出迎。刘彦宗满脸堆笑,向宋徽宗和宋钦宗行女真跪礼,宋徽宗和宋钦宗忙还揖礼。双方到正厅坐下叙话,刘彦宗说:"下官奉大金郎主之命,迎请南朝太上与皇帝前去御寨。郎主欲与两位官家面议两国修好底大计。"金朝早已宣布灭亡宋朝,取消了两人的皇帝资格,如今却改口称南朝和皇帝,使赵氏父子不免感到惊奇,似乎有了一线光明和希望。

宋徽宗和宋钦宗都用疑惑不解的眼光望着刘彦宗。刘彦宗当然理解他们的疑惑,但也不便多作解释,只是进一步说:"请太上与皇帝明日便与宝眷启行。"宋钦宗说:"自家们在此,已是粗安。若是大金皇帝欲与自家们面议,我当与阿爹前往,老小自可暂住中京。"刘彦宗说:"郎主底旨意,须请宝眷同行。"刘彦宗说完,就客气地告退。宋俘们不得不收拾行装,并且不断地议论和猜测喜忧参半的信息,也不知是祸是福。他们在相国院住了大半年,虽然初到之时,有许多埋怨,如今反而有某种依恋惜别之情。

大群宋俘在完颜奔睹所率两猛安金兵的押送下,向东北进发。塞外的初秋,已经颇有寒意,大家在这片荒瘠的土地上行进,特别到夜晚露宿之际,更感到奇寒袭人。他们途经作为契丹族发源地的潢河之滨。刘彦宗以亡辽降臣的资格,向宋徽宗父子介绍说:"此处便是契丹底圣地,自昔相传,有一男子骑白马,浮土河而下,另有一女子乘灰牛所驾底小车,浮潢河而下,两人相会于木叶山,其子孙便是契丹人。亡辽底九庙俱在木叶山,如今已成灰烬。"宋徽宗听后,嗟叹说:"南北两朝相峙百余年,如今繁华消歇,皆成过眼烟云!"刘彦宗却劝慰说:"大宋尚有九大王在南方称帝,或是兴复有望。"

正说话间,阴沉的天空下起了雹子般的大雨,人们从头到脚,都被雨水浇透。大雨过后,又刮起了凛冽的狂风,吹得人们浑身战栗。大家在潢河边一夜露宿,接着就有许多人得了感冒。其中病情最重的是解颐花等四个婴儿。

解颐花的笑脸曾经是大群宋俘最有效的精神止痛剂,如今她的啼哭呻吟,又给人们带来了更深沉的痛苦。宋徽宗甚至跪在潢河边,祈祷昊天上帝,发誓愿意代孙女病死。然而在无医无药的环境下,祈祷当然是无济于事。解颐花等四个婴儿,竟在同一天死亡。宋俘们,特别是郑庆云等四个母亲,为此哭得死去活来。

在众人难以言喻的悲痛之中,宋钦宗和景王还算是较为清醒和理智的,他们立即找刘彦宗商量,请刘彦宗出面,找完颜奔睹,完颜奔睹命令千夫长完颜阿替计派兵帮助收尸。大家找到河边一棵大树,临时只能用刀斧挖土,将四个婴儿掩埋树下,建造了一个土堆,又在四围放置四块大石,作为标识。宋钦宗伫立在坟前,暗暗发誓说:"朕底娇女,由朕之不德,致使娇女夭亡异乡。若是异日得志于中原,当亲来此地,置柩南归,为娇女另建新墓,以雪今日之恨!"

艰难而伤痛的行程持续了近一个月。八月十九日,这支特殊的队伍已经离会宁府不远了。刘彦宗也在此时病倒。他感觉已病入膏肓,就设法与宋徽宗、宋钦宗单独谈话,他说:"人之将死,其言也善。我底远祖曾是唐臣,自五代入辽以后,六世为辽宰相,实为名门望族。不幸辽亡降金,又为二太子出谋画策。太上与皇帝沦落至此,我岂是无罪。如今大宋宗泽善于用兵,国相与三太子相继战败北撤。金廷君臣议论,若是不敌,便欲与大宋通和,放你们回归。如若日后我底儿子投宋,切望太上与皇帝不念旧恶,念我本是汉儿,宽大为怀,重归汉化,便是我家门底大幸!"宋徽宗和宋钦宗正准备用好话抚慰,刘彦宗却昏厥过去。

刘彦宗的情报,成了宋俘们天大的喜讯。两天以后,宋俘们终于被押送到会宁府,住在事先准备的一大批营帐中。由于刘彦宗病重,金廷改派汉官左泌出任通事。第二天,在洗衣院服役的宋高宗生母韦贤妃、妻邢秉懿和姜醉媚,还有宦官白锷,也被押送到营帐,而宋高宗的二女儿康二宗姬已经夭亡。三个饱经蹂躏的女子,见到亲人,不免恸哭一场。众人明知韦贤妃与完颜赛里的风流往事,但都采取了谅解和同情的态度,特别是乔贵妃,更是好言抚慰和劝解。左泌对宋俘们也是和颜悦色,对宋徽宗和宋钦宗更是恭敬有礼。他临走时说:"明日郎主当在御寨,设宴与太上、皇帝洗尘。"

众人一夜欢喜,有的人甚至喜不能寐,宋徽宗和宋钦宗第二天早早起身,不料一直等候到中午,也不见左泌的踪影。宋俘们为此望眼欲穿,又等到下一天,即八月二十四日清晨,左泌终于来到营帐,却是换了一副面孔,高喊道:"恭依大金郎主圣旨,亡宋底老主、少主与众人今日更衣之后,前去太庙,行献俘之礼!"这对众宋俘而言,犹如晴天霹雳。在完颜奔睹所率金军的威逼下,宋徽宗、宋钦宗、郑太后与朱后用粗麻布帕裹头,身穿麻衣,外披羊裘,而其余一千三百名男女老少都强令脱去上衣,下半身系羊裘,逐人被毡条捆住双手,出营帐列队。八月中秋过后,会宁府的天气本已相当寒冷,更何况天色阴晦,金风萧瑟。宋俘们裸露着上身,冻得浑身发抖,妇女们更是难以忍受羞辱,泣不成声。

原来正是在金人放韦贤妃到宋俘营帐的当天下午,金廷接到了宗泽逝世,宋朝释放牛庆昌,表示求和等报告,于是政治空气骤变。在重病中的刘彦宗听说要举行这种辱人过甚的献俘仪式,急忙上奏,以有损于大金国体为由,委婉地进行规谏。但身为皇储谙班孛堇、都元帅的完颜斜也却说:"康王唯是依仗宗泽,今宗泽已死,我又有何惧怕?"在众多女真贵族中,唯有曾去开封慰劳的秀才完颜乌野表示反对,金太宗终于批准了他弟弟完颜斜也的提议。

如今以完颜斜也为首的众贵族都到了现场,宋俘们按白旗上的黑字,被分成五个队列。五面白旗上分别写着"俘宋二帝","俘宋二后","俘叛奴赵构母妻","俘宋诸王、驸马"和"俘宋两宫眷属"。

献俘的队伍开始出发,完颜斜也一马当先,女真贵族们骑马随行。在他们之后,是相当庞大的契丹军乐队。辽朝的音乐来源于五代后晋,实际上是继承唐乐。按照辽制,正规的军乐,即鼓吹乐,有前部三百八十六人,后部二百六十六人,共计六百五十二人组成,其乐器包括鼓、金钲、铙、管、箫、笳等。如今却只能凑成五百人的乐队,也不分前、后部。在乐队之后,就是五批以白旗为先导的宋俘,两边有女真骑兵执兵刃押送。在宋俘队列之后,有一百六十名金兵抬着八十席珍玉。

但是,这个地旷人稀的御寨其实还算不上城市,也没有多少平民百姓围观。御寨里曾有几千被掳的汉人驱口,在两个月前,发生了一次武装暴动,起义者企图劫持金太宗等人作为人质,南下燕京和河北。不料事机不密,惨遭屠戮,所以御寨里的汉人驱口也为数不多,主要是剩余不少女子和老弱。

这支乐器伴奏着哭声的队伍,乱哄哄地来到金朝新建的太庙前。众宋俘都站立殿门外,唯有宋徽宗和宋钦宗各人手牵一头黑羊和白羊,低头弯腰,进入殿内。金朝太庙是仿辽宋制度而建,但建筑和陈设相当简陋,远非宋朝的太庙可比。自金太祖以上的历代始祖的木雕神主面南而设,两边席地放置各种从宋朝抢来的珍宝,另有乐工二十四人用玉磬、筑、箜篌、琵琶、五弦、笙、笛、箫、铜钹、觱篥、筝等演奏辽乐。金太宗与皇后唐括氏率领妃嫔和贵臣们,朝神主北向行女真跪礼两次。接着由宋徽宗和宋钦宗向神主行女真跪礼。金太宗亲自举剑,将黑、白两羊刺死,侍从们拿来一批木盘,金太宗又用剑将两只羊分割成十多块,由侍从们逐一放置在神主前,太庙献俘的仪式就告结束。

此后,金太宗又升坐乾元殿。殿上只有环形的土炕,并没有中原王朝常用的丹墀,金太宗坐在土炕正中的金龙交椅上,两边炕上分坐后妃和完颜斜也等贵臣,另有五十名女真兵手持长柄小骨朵侍立。宋徽宗、宋钦宗与诸王进殿,对胜利者行女真跪礼,口称"罪臣赵佶、赵桓等恭谢大金国皇帝不杀之恩,恭祝圣躬万福!"左泌宣读金太宗的赦诏后,这群宋俘又再三谢恩,然后退到殿外,在临时搭盖的营帐中稍息。

他们只听得幄外有左泌高声喊道:"大金国皇帝宣罪臣妻妾入宫,恩赐沐浴!"接着又传来了女子们的哭喊和惨叫声。景王在地上一跃而起,高喊一声:"义不受辱!"就冲出小幄,济王、安康郡王和瀛国公也随着同母兄的喊声,突出营帐。景王很快在女人群中,见到了被驱赶前去的乔贵妃,他手持羊裘扑向母亲,将乔贵妃上身遮盖,死死抱住,三个弟弟也紧随其后,四面围住母亲。景王大声说:"自家们今日可杀而不可辱,唯求一死!"

驱赶女子们的金兵一时惊呆了,左泌见到这种情景,只能进乾元殿奏禀,完颜乌野说:"久闻景王母子贤德,待我放了他们。"他不等金太宗同意,就起身出乾元殿,吩咐金兵放走乔贵妃等人。女真人虽然开始建立君臣名分,却远不如汉人严格,金太宗对族弟的行为也无话可说,他和众贵臣起身,离开乾元殿,前往浴池。

乔贵妃虽免于赐浴之辱,到帐幄之内,还是伏在儿子的肩上,抽泣不止。幄内幄外的哭声,使宋钦宗等人都浑身战栗不止。突然,又传来了由远而近的哭喊声,有朱慎妃和郑、狄两才人扶着朱后进入帐幄,只见朱后头破额裂,流血不止。宋钦宗急忙起身,抢上前去,撕下身上的麻布,为朱后包扎。

最令宋俘们羞辱和痛苦的仪式终于过去,夜幕降临,宋俘们的营帐里还是一片哭声。神志略为清醒的朱后奔出帐外,在一棵树上上吊。宋钦宗和朱慎妃等人急忙营救,将她抱持下地,朱后此时并不流泪,她只是用斩钉截铁般的口吻说:"东京城破之时,臣妾不能身殉社稷,已是大错。今日虽尚未受虏酋点污,又有何面目苟活于人世?臣妾死后,可将手帕蒙面,掘土埋葬,不可立墓。臣妾便是在九泉之下,亦是羞见大宋底列祖列宗,羞见自家祖宗!"赵谌和柔嘉公主在旁边哭喊说:"妈妈死不得!妈妈死不得!"任凭宋钦宗和众人百般劝解,朱后却不再说一句话。天色未明时,朱后又奔向营帐边的一个小池,纵身跃入水中。宋钦宗等人追到池边,而为时已晚,只能跪在池边哀哭。

天光大明之后,左泌又前来宋俘营地,面对下跪的宋徽宗、宋钦宗等人,宣读金太宗诏说:

> 宋俘赵佶可封为昏德公,赵桓可封重昏侯,妻郑氏、朱氏并封夫人。其供给安置,并如典礼,宜省前非,祗服朕命,可保诸身。叛奴赵构母韦氏、妻邢氏、妾姜氏没为宫婢,余悉遣还。盛德所被,宜令悉知。

宋钦宗谢恩后起立说:"臣妻未能沐大金皇帝优恩,已投水自尽。"左泌听后,发出深长的喟叹:"可惜了!可惜了!"他立即吩咐军兵打捞尸体,并且送来生绢三匹。宋钦宗用绢将朱后浑身包裹,又按她的遗嘱,用丝帕蒙面,然后掩埋在池边,而不留任何标记。金太宗特别下诏,封朱后为靖康郡贞节夫人。两个月后,金军又将这群宋俘押往韩州,与另一群赵氏宗室聚居。

再说在燕京西南的宫城里,茂德帝姬的病势也愈来愈重,而且瘦得可怕。她向来以自己的美丽自豪,如今却不敢照一次铜镜。耶律观音得知她的病情,也转而手下留情,主动看望了几回,还说了一些安慰的话。唐括氏还一度告诉她金朝准备对宋通和的消息,茂德帝姬却十分悲观地说:"便是两国通和,奴家亦已入了地狱,而不得超生!"后来又传来了宗泽病死,金朝改变对宋政策的消息,茂德帝姬的沉疴进一步加剧。

八月二十四日,正是金太宗在御寨举行献俘仪式的当天,茂德帝姬也走完了她的人生旅程。她在临终前对唐括氏说:"感戴姐姐底大恩大德,妹妹唯有在九泉下相报。奴死之后,唯求棺椁盛殓,立一个'故宋驸马蔡鞗妻赵氏之墓'碑,奴家自当感恩于泉下。"唐括氏噙着泪水应允说:"姐姐虽是异族,自当依妹妹底国俗,决不食言。"茂德帝姬感动得伸出干枯的手,紧紧握住唐括氏的手,喘息着说:"妹妹自幼在繁华帝王之家,唯知娇生惯养,锦衣玉食,却是少有知己。如今在患难之中,难得有一个好姐姐,关怀备至。妹妹来生来世,誓当做牛做马,以图报……"言犹未了,就很快咽气。唐括氏抚尸大哭一场。

唐括氏从此也看破红尘,她自剃头发,坚决要求在报恩寺的尼院出家,茂德帝姬的墓就修建在附近。唐括氏就在青灯古佛之旁,吃素念经,每天祈祷菩萨,普救宋金两国受苦受难的众生。

[贰玖]
横　　溃

　　七月末,新任东京留守杜充正式坐衙,按照惯例,副留守郭仲荀也有资格坐在杜充的一侧,但杜充为显示自己至高无上的地位,亲自安排,自郭仲荀和留守判官宗颖以下,一律叉手侍立两旁。杜充头戴幞头,身穿紫袍,高视阔步,旁若无人,进入大堂,他那高大肥胖的身躯显得威风凛凛,正襟危坐之后,就开始用威严的目光扫视两旁的属官,然后用惯有的粗声大气训话:"我身膺重寄,坐镇东京,当国难深重之秋,唯知兢兢业业,报国效命。主上命我遵禀朝廷,深戒妄作,以正前官之失。本司忠勇将士屡破强敌,功绩可嘉,然而闻得你们唯知有宗汝霖,而不知有朝廷,此风切不可长。我赴任伊始,尤须力矫此弊!"他最后一句话特别加大了音量,怒声吼叫,并且再一次用威严的目光逼视两边。除了郭仲荀之外,这段开场白引起所有文官武将的反感。

　　杜充又说:"奉朝廷指挥,本司将士尚有分驻两河者,切须于近日勾抽,回东京屯驻,不可生事,以误朝廷大计。"郭仲荀说:"下官启禀留守相公,目即有王彦一军万人,据守濬、卫二州,薛广、张用与王善三军进兵相州,徐庆一军远去庆源府五马山,接应信王。"按照杜充的规定,下属们必须称呼他"相公",以示尊敬。

　　杜充命令说:"与我挪回,王彦一军须南下,去行在扬州屯驻。"郭仲荀正准备应答,有干办公事孙革走出班列,向杜充唱喏说:"下官孙革启禀留守相公,信王以皇弟之尊,河外兵马都元帅之重,苦守五马山,王彦另在太行有数十忠义民兵山寨,与东京如唇齿相依,唇亡则齿寒。切恐诸军挪回，两河难守，东京亦是孤立无援。"

杜充最忌讳的，莫过于下级同自己异议，他很不耐烦地将手一挥，吼道："你知识浅陋，岂能理会得朝廷底深机！"孙革也不肯退让，他用恳切的语调谏劝说："依黄、汪二相底意思，唯欲以两河割让虏人，屈辱媾和。切恐虏人贪得无厌，得寸进尺，大宋难以立国，恭请留守相公三思。"

杜充又吼道："你唯是一个芝麻大小底属官，如何敢轻议朝政，诋毁宰相？"孙革说："下官委是知识浅陋，自知人微言轻，亦稍有忧国之心。信王言道，他底足下便是大宋山河，唯有尺进，岂可寸退！留守相公高官厚禄，手握重兵，又饱读《诗》、《书》，满腹经纶，当不负圣贤所教，而甘心置祖宗底山河于不顾，置贤王底安危于不顾。"

杜充被迫转入辩解，说："依朝廷指挥，河外底事，东京留守不须管得，另有北京留守主持。"一丈青忍不住站出来说话："不知杜留守坐镇北京时，又为经营两河，支援信王，做了甚底事？"她明知杜充要求部属们称呼相公，却故意不叫相公，藉以表示对杜充的蔑视。

杜充气得满脸紫涨，但他毕竟也是在官场中厮混多年，懂得为了维护长官的尊严，就决不能将争论继续下去。他站立起来，厉声说："我今日坐衙，唯是措置朝廷指挥！郭承宣，且随我去小厅！"就转身退出大堂，郭仲荀也应声尾随杜充而去。

大堂之上，文官武将们围着宗颖，七嘴八舌地议论，说："如今唯有宗判官主张！"宗颖一时也感到十分为难，不好应答。不料郭仲荀又很快来到大堂，虽然满脸尴尬，还是当众宣布说："奉留守相公钧旨，孙干办改充监开远门，新兴郡夫人王氏即日离军，免充中军副统制。"这两项革职命令当然引起了公愤，群情大哗，宗颖上前说："留守相公如此处分，切恐人心不悦，久必生变。"郭仲荀说："留守相公既是出令，岂容反汗，且待日后徐议，缓缓劝谕。"宗颖气愤地找着杜充，两人大吵一场，却毫无结果。

几天之内，宗泽苦心招募和团聚的许多支义兵、溃兵游勇和盗匪，纷纷不辞而别，离开东京，各自为军，不再接受东京留守司的领导。另有很多文官武将找宗颖商议，大家联名上奏，弹劾杜充。与此同时，杜充本人也单独上奏宋廷，说是宗颖依仗父亲的影响，处处与自己为难，如今留守司政出多门，自己难以令行禁止。宋廷很快作出反应，下令罢免宗颖，命令他终止起复,回乡为父亲持服丁忧。宗颖当即满含悲愤,挥泪离开了东京城。于是东京留守司成了杜充独断专行的天下。

当杜充集中精力,清洗东京留守司,排除异己之时,金军又开始发动新的攻势。完颜粘罕的西路金军进攻河东未被占领的州县,扫荡民间抗金的红巾军,而完颜讹里朵的东路金军首先全力攻击易州的刘里忙义军山寨。不料刘里忙义军已经化整为零,分散转移到更西的山区。金军扑了个空,只是放火烧了几座空寨,又搜剔和杀戮附近的平民,然后将兵锋直指五马山寨。

信王和赵邦傑在五马山寨,先后有霍坚和徐庆、于鹏等带领军兵上山,呈送了都元帅制诰和宗泽、马扩两封长信。信王到此已完全明白,他除了得到都元帅的空名以外,绝不可能指望当皇帝的九哥给予任何支援,唯一的支援只能来自宗泽。但宗泽行将兴兵北伐的讯息,还是给义军带来很大的鼓舞,信王和赵邦傑会同徐庆等人,谋划部署,准备在宋军北上时会师,联合收复庆源府和真定府。不料此项计划全成泡影,信王最后得到的,是宗泽的死耗和杜充强迫徐庆一军撤回开封的命令。

时值中秋,团圆的清辉依旧普照北方苦难的山河。五马山寨上下的成年男子,每人都分到一碗加水的粘粟酒。在朝天寨的一块大石上,放着七碗酒,四碟蔬菜,旁边矗立一面周绣儿等日夜赶制的"大宋信王、河外兵马都元帅"红绢黑线绣旗。信王、赵邦傑、徐庆、于鹏、舒继明、赵宏和霍坚七人坐在大石周围,而周绣儿和赵邦傑的妻子在旁边侍候。

信王神情沮丧,他望了望那面大旗,用感伤的语调对徐庆等众将说:"既有杜留守底严令,你们不可在此久留,请痛饮一碗,从此诀别。"于鹏说:"自家们已自计议,宗留守虽已逝世,他底军令却是重如山岳,岂可移改。自家们唯愿护卫十八大王,执鞭随镫。"徐庆补充说:"度目今事势,朝廷既有奸臣,东京杜留守又秉承奸臣旨意。十八大王与其在此苦守,不如南下西京,会合闾太尉、岳统制军,徐谋兴复,方是上策。"

信王说:"我便是南下,切恐奸臣不容。我既已明立誓言,为祖宗死守脚下寸土,又岂可自食其言。"于鹏说:"凡事有经有权,十八大王亦须从权达变。"赵邦傑说:"此处山寨强固,义军虽是攻之不足,而守之有余。

若是虏人冒险攻山,必败无疑。"徐庆说:"我自上山以来,遍视连珠寨,委是易守难攻。然而山上无井,唯是依赖涧水,若是虏人断绝汲道,切恐难以固守。"徐庆不愧是智勇双全的将领,他上山不久,就发现了五马山寨的致命弱点。他和于鹏等苦劝信王几天,但赵邦杰却力持异议,信王因此犹豫不决。

拖延到八月下旬,完颜讹里朵、完颜挞懒、完颜兀术、完颜撒离喝等统领五万大军,将五马山寨团团包围。他们率领合扎亲兵,绕着山寨察看地势。完颜挞懒毕竟老于行阵,他用马鞭指着山寨,问完颜兀术说:"依你底意思,当如何攻山?"完颜兀术说:"待我明日率精兵两千,各自披戴两重铁甲,登山强攻。"完颜挞懒笑着说:"若是如此强攻,便是折尽儿郎,也破不得山寨。"完颜讹里朵问道:"挞懒,依你底意思,又当如何?"完颜挞懒说:"五马山势虽险,唯是仰赖两处涧泉汲水,兀术与撒离喝可各统一军,日夜严守,不容信王底军士汲水,十日之后,山寨当不攻自破。"完颜讹里朵说:"此计甚妙!兀术与撒离喝便依此计。"

正说话间,徐庆与舒继明、赵宏、霍坚率精兵冲下山来,徐庆一马当先,弯弓一发,射死了完颜讹里朵的坐骑,完颜讹里朵落地后,连忙跃身而起。完颜挞懒等指挥合扎亲兵救护,与宋军混战,双方都有相当伤亡。徐庆等人虽然勇猛善战,由于金军在兵力上占有优势,不得不退兵上山。

此后,宋军几次夜袭和争夺涧水,都不能成功,山寨缺水,形势日益危迫。信王召集众将会商,徐庆说:"自家们不可坐以待毙,唯有杀出重围,求得一线生机。"赵邦杰说:"便是丁壮杀透重围,老小岂不成了俎上底鱼肉?我料得太行数十寨忠义民兵,必不能坐视,当出兵救援。"徐庆说:"五马山在赞皇县城以东,成孤立之势,太行诸寨全在赞皇县城以西,切恐他们出兵,易于遭虏人拦截。"信王用沉重的语调说:"自兵兴以来,我皇族遭虏人驱略蹂躏,与鸡犬无异,却无一个身殉国难者,又如何为天下表率?我当与此寨共存亡!然而全寨忠义,又岂可同归于尽,徐统制等可突围南下,告报朝廷。"于鹏说:"既是信王不愿突围,自家们又岂忍舍信王而去?"

当天夜晚,周绣儿在卧室里苦劝信王,说:"官家轻信奸臣,国事必是不济,大王虽不是贪生怕死,亦须为国事突围南下。"信王说:"我若是南下,你一个女流,又如何随我突围?"周绣儿流泪说:"奴家既与大王结为夫妻,岂可遭虏人污辱,唯有一死,以报大王!大王须以国事为重,不须以奴家为念。"信王说:"我便是南下,九哥与奸臣又岂能容我主张国事。我若是苟合取容,或可得一介藩王底禄赐,又有何面目偷生,而取消于天下。如以国事为念,则必是兄弟阋墙,以谋叛罪名被诛。不如在此为国捐躯,以壮天下豪杰底意气。"到此地步,信王事实上已经将自己今后的各种前途,估计得十分清楚。他紧紧搂住周绣儿,说:"自家们原是邂逅相遇,却成了恩爱夫妻,虽不是同日生,却须同日死。"夫妻俩大哭一场。

延捱了几天,五马山寨还是不见有一兵一卒救援。事实并未出于鹏所料,太行山的各寨忠义民兵虽然屡次出师,都被金军阻截在赞皇县城以西。五马山的缺水局面,已经严重到饮马血,喝人尿的地步。金军乘机发动强攻,一举夺取了铁壁等三寨,赵邦杰和他的妻子都英勇战死。信王在最后一个朝天寨召集了徐庆等众将,他首先点火焚烧那面"大宋信王、河外兵马都元帅"的大旗,然后说:"事势危迫,自家们万万不可同归于尽。我既为皇族,尤须为天下尽节!"他说完,就迅速抱着周绣儿,两夫妻立即共同纵身跳崖。

徐庆等众人大哭一场,他们决定按信王的遗嘱,组织突围。由于刺马饮血,军中已无一匹战马。一千八百名壮士全体步行,杀下五马山。赵宏使浑铁枪,霍坚使狼牙棒,舒继明使斩马刀,冲锋在前,徐庆居中指挥,而于鹏断后。他们与拦截的金军骑兵进行殊死战,终于杀开了一条血路。徐庆发现于鹏的后队被金军包围,又手舞铁鞭,与舒继明奋不顾身,杀入重围,救出了于鹏。这是一场十分惨烈的突围战。在突围成功以后,徐庆最后统计,全军仅剩下了一百二十七人。他们沿太行山南下,决定不回东京,而去西京投奔间勍和岳飞。

再说间勍率岳飞等部在七月上旬就奔赴西京洛阳城,与京西北路制置使翟进所部会合。在双方的第一次军事会议上,间勍说:"时值初秋,正是番骑弓马得利之时,宗留守逝世,尤须预防虏人过河驰突。"翟进说:"西京大于东京,如今荒残已甚,居民稀少,难以城守,莫须于黄河南岸择险要扼守?"间勍说:"我当与翟制置分布人马,协力守御。岳统制可率右军进驻永安,护卫陵寝。"岳飞说:"巩县在永安县北,小将莫须驻军巩县,屏蔽永安?"闾勍说:"此说甚是,然而永安亦不可无兵驻泊。"最后,大家商定由王贵和寇成率五百骑守护皇陵,而岳飞以本军主力屯驻巩县。

岳飞率右军进驻巩县,又派张宪和沈德率领三百人,扼守汜水关,并且叮咛说:"汜水关当东、西两京咽喉之道,不可不防。"八月初二半夜,岳飞得到急报,说金军从汜水县东渡过黄河,杀奔汜水关而来。

原来完颜粘罕这次出兵,除了派完颜娄室率偏师进攻陕西外,还是打算将宋朝的东、西两京,作为主攻目标。完颜谷神却说:"宗老汉虽死,其余部尚是劲勇。不如与讹里朵合攻京东,直下淮南,若是生擒得康王,便是奇功。"完颜粘罕不听,说:"此回你须听从自家底计议。"两人争持不下,骁将完颜银术可说:"国相与监军不须争议,待我率一军渡河,若能先取东、西两京,便自汴河直下扬州。"完颜粘罕说:"银术可此议甚是!"完颜谷神说:"既是如此,你可速去一试!"完颜银术可立即指挥一万精兵,选择汜水县东的竹芦渡,作为东、西两京之间的防御薄弱点,夜渡黄河,准备先攻取西京,迎接完颜粘罕大军,再转攻东京。

岳飞率本部急行军,在天亮以前赶到汜水关。狭窄的关城其实容纳不了多少人马,岳飞命令军队在关西休息,他本人和王经等将进关,与张宪、沈德到城上谈话,张宪报告说:"虏人昨夜在关前扎寨,尚未交兵。"岳飞问道:"你何以不夜斫敌营?"张宪说:"自家们三百人马,守则有余,攻则不足。昨夜竟有番人前来投拜,我疑其中有诈,且将他拘禁,请岳五哥亲自根问。"

那名投降的女真兵被押到屋内,他一见岳飞,就行汉人跪礼,说:"请岳爷爷受男女一拜!"原来此人正是被岳飞两次释放的女奚烈奴申。岳飞也受了感动,亲自将他扶起,说:"你此回投拜,我知得是真心诚意。"女奚烈奴申向岳飞详细介绍了金军的情况。岳飞最后问道:"你既已投拜,不知北归之后,又如何安身立命?"女奚烈奴申说:"自家底老小俱已死去,我只求在大宋地界置一处闲田,耕种度日,不见兵戎。"岳飞说:"你们底郎主无休兵之意,唯恐四海之内,难得有不见兵戎底乐土。我若在战后送你去四川,不知你愿去否?"女奚烈奴申说:"男女愿去!"

岳飞吩咐将女奚烈奴申带走,给予优待,又派人驰马飞报西京的闾勋,然后对众将说:"敌情已明,自家们不可坐待阎太尉底援军,须先挫银术可郎君底锐气。"王经说:"唯是关路狭隘,摆布不得军马。"岳飞说:"此正可使虏人不知官兵底虚实,且看我为众太尉破敌!"他亲自挑选了一百精骑,其中包括王经、王敏求和沈德三将,早餐饱食之后,出关挑战。

汜水关是自古以来兵家必争的天险,关城东西,都是两崖壁立,其中是一线羊肠小道。一百骑只能两马并行,岳飞和王经两骑走在最前列。他们来到一处稍为开阔的地段,只见金军已经严阵待敌,有一名身材高大的骑将,跨下栗色骏马,身披重甲,头戴止露双目的铁兜鍪,手持一杆狼牙棒,突出阵前。他见到宋军,就舞棒纵马,前来挑战。岳飞正待出马,王经已抢先跃马,挥剑迎敌,与那名金将格斗。

岳飞依自己的战场经验,看出金将力大,略占上风,就骑逐电骠飞驰上前,开弓左射,一箭直穿金将右腰。金将负痛惨叫,早被王经飞剑劈下头颅。岳飞又看准在三角白日黑旗下,有另一名金将,身披紫袍,就驰马直前,弯弓一发,那名金将急忙躲闪,箭镞已中左肩,穿肉入骨。他还来不及呼叫,王经就已飞骑到他马前,一剑刺透他的右胸。金将落马,却有周围的金骑蜂拥而上,将他救起。岳飞舞锏,王经挥剑,王敏求和沈德各持手刀和双刀,率先冲锋,其余九十七骑也鼓勇陷阵,将金军杀个七零八落。

岳飞下令不得追击,他和部兵草草收拾了战场上遗弃的四十五具敌尸和战利品。他们取了第一个金将的首级,并且摘下他腰部所系的银牌。回关之后,就叫女奚烈奴申辨认。女奚烈奴申惊诧地说:"此便是银术可郎君底幼子兀典郎君,最是骁勇无敌!不期此回初战,却丧命于大宋官兵之手!"岳飞又询问立马旗下的那名身穿紫袍的金将,女奚烈奴申说:"军中穿紫袍底,唯有银术可郎君与他底弟弟拔离速郎君。"

岳飞立即与众将商议,他说:"去冬今春,银术可占取郑州之后,便南下京西,杀掠焚荡,百姓惨遭荼毒。此回岂可容他再去京西作过。官兵虽少,正须趁虏人悍将被斩,一军破胆之时,将虏人一举逐出河南。"众将都无异议。大家商量以后,决定由王经率一百人守汜水关,另外派人到永安县,抽调王贵和寇成的部分兵力,又派人带完颜兀典的首级和银牌飞报阎勋,请求援兵。岳飞亲自统领两千人马,东向进发。

五十七岁的完颜银术可自从灭辽破宋以来,身经百战,屡建战功,却连一根毫毛也未受过损伤。然而在今天的战场上,他亲眼见到小儿子被斩,还来不及作出反应,自己已身受重伤。他被合扎亲兵们救护后,逃往汜水一带。金军集结在汜水东、西两岸,由他的异母弟完颜拔离速统率。完颜拔离速得到败兵报告,见到自己的兄长因伤势过重,已不省人事,不免哀伤和震惊。他考虑了一会儿,决定全军撤往竹芦渡。他不敢擅自退兵,只是先将完颜银术可送到黄河以北,等候完颜粘罕的命令。

岳飞的军马渡过汜水,进抵汜水县的空城。他得到金军退到竹芦渡的探报后,当机立断,决计向竹芦渡进兵。张宪说:"敌众我寡,官兵仅有虏人五分之一,莫须待闾太尉发兵到此,再行进军?"岳飞说:"此回汜水关前斩得虏酋,虏人必是破胆,又不测官兵虚实,他们退师竹芦渡,便是犹豫观望,正宜乘机奋击。"王敏求说:"只是全军干粮已是不多。"岳飞说:"尚有两日军食,且一面催粮,一面进兵,力争粮尽之前,先破番兵。军马且驻泊城内,我当先去硬探。"

岳飞和沈德率百骑夜间出城侦察,在竹芦渡一带察看地形,未遇到敌人,却已定下了计策。第二天夜晚,沈德先指挥三百骑出城,每人各带两束薪柴。他们潜行到金军大寨的一座小土山前,就每人点起两个火把,擂鼓呐喊,往返奔驰,却并不进攻敌寨。

金军在汜水关前,不过是一次伤亡几十人的小衄,但由于主将重伤,悍将被斩,对其军心和斗志产生了很大的威慑作用。沈德的疑兵,使惊醒的金军十分慌乱。驻守小土山的金军千夫长向完颜拔离速飞报,说:"今有南人千军万马,自汜水县城杀来。"完颜拔离速本来就不敢恋战,他迅速作出决断:"可整军挪回河北!"他率先从黄河渡口乘船北撤。当金军慌乱撤退之时,岳飞、张宪、王敏求、沈德等分率部伍,攻袭金寨,但并不追往渡口,有意给数量五倍之多的金军让开一条退路。天明时,战斗结束了,竹芦渡一带到处是金军的尸体和战利品,而大量粟米,正是行将断炊的宋军所最急需的。

第二天,马皋率军从开封赶到汜水县,岳飞等出城迎接。大家来到县衙坐定,马皋说:"此回岳统制将虏人逐至河北,立得大功。"岳飞却感叹说:"若是知得马太尉前来,我且缓缓恭候,必使虏人匹马只轮不返,方是大功!如今却是追悔莫及。"

一丈青感伤地说:"岳五哥、张四哥,你们须知,奴家如今已不是副统制,唯是随军效力而已!"她的话使岳飞方面的众将大吃一惊。马皋随即介绍了东京新留守杜充的下马威,说:"此人色厉内荏,闻得虏人过河,便欲弃东京南逃。只是我与众将力请,方依允出兵。"

张宪摇头嗟叹说:"宗留守尸骨未寒,杜留守便倒行逆施,如何了得国事!"一丈青愤慨地说:"杜充妄自尊大,不许众人称他留守,须称相公。此回你们立功,却是他率先受赏!"众人也只能随着空发一阵牢骚。

再说东路金军攻破五马山后,又移师相州。相州作为真定府路安抚使司的治所,在知州赵不试和通判秦仔的领导下,一直是河北各州抗金的中坚。去年,相州军民曾重创了完颜兀术的攻城大军。但自今春以来,相州发生蝗灾,城里的粮食十分困难。按宗泽临终前的部署,薛广、张用和王善三军推进到相州城下,也支援城里一些粮食。

如前所述,杜充出任东京留守后,下令薛广、张用和王善三军撤回开封。赵不试亲自给杜充去信,挽留三军,他在信中还特别强调说:"留守相公忍见桑梓故里沦陷乎?"因为相州州治安阳县正是杜充的故乡,杜充却不予理睬。当王彦一军被迫从相州南面的澶、卫两州撤离,调遣扬州之后,相州更形孤立,缺乏后援。王善发生动摇,就率领摧锋军退回开封。于是,相州只剩下薛广的武锋军、张用的选锋军,还有杨再兴等人所统的宋朝宗室赵叔向的部队,以及原相州的守军,共计有一万二千人。前面说过,张用本是相州汤阴县的弓手,而薛广又是相州临漳县人,两人都经赵不试的苦劝,决定留下守卫乡土。

九月,完颜讹里朵和完颜挞懒指挥大军,进逼相州。赵不试找秦仔和张用、薛广、杨再兴、王兰、高林、姚侑、李德、罗彦等商议,秦仔说:"此回虏人兵势厚重,不可在平野与敌人争锋,唯有如建炎元年固守,方可退敌。"薛广表示反对说:"去年城里尚有余粮,又南有宗留守,东有张招抚,互为辅车之势。如今城内粮食鲜薄,东京杜留守又岂肯发兵应援,如何持久?不如厮杀得一阵,退了虏人,另谋粮饷,方是长久之计。"众将都纷纷附议。赵不试同意众将的意见,决定出战。他部署秦仔率领二千人守城,杨再兴六兄弟率二千人为前锋,薛广一军四千人为中坚,张用一军四千人为后援。出战的三军各有一百骑兵,而薛广和张用两军又各有八十辆决胜战车。

金军万夫长大挞不野所部首先与杨再兴军接战。杨再兴手执三十六宋斤重的虎头紫缨浑铁枪,与王兰、姚侑、李德、罗彦率一百骑兵突入敌阵,所向披靡,高林指挥步兵继进。金军被杀得七零八落,向北溃退。杨再兴等挥兵乘胜追击。不料大挞不野的所部竟是饵兵,完颜聂耳和完颜余列两军自左、右两翼实施侧后包抄,二千宋军全部被金军包围。薛广率军救援,又被完颜兀术和完颜撒离喝统精兵包围。张用眼看形势不妙,只能组织本军撤退,他们利用车阵,反复打退金军骑兵的袭击,却已经无法退回相州城,只能南下开封。

杨再兴一军在金军骑兵的包围和分割之下,只能四散突围,但步兵却往往被金军追歼。杨再兴等六个义兄弟悍勇非凡,杀敌无数,虽是突出重围,却已无法回到相州,只得奔走他乡。薛广的武锋军在敌人的重重包围下,只能驻守原地,以严密的车阵屡次击退金军的冲锋,苦苦支撑了三天三夜,终因食尽援绝,而被金军歼灭,薛广本人也在最后的战斗中牺牲。

完颜讹里朵率大军乘胜包围相州城,在劝降无效后,就发动猛攻。赵不试和秦仔在败亡之余,仍然组织全城军民,奋力抵抗。在接连三天攻城失败后,完颜讹里朵等人决定对相州实施围而不攻,长围久困。到十一月,相州城中完全断粮,人们只能吃树皮草根,煮马鞍,捉老鼠维生。

一天,赵不试和秦仔在南城楼上,绝望地眺望远方。秦仔用排行称呼说:"四五知州,如今事势,若要保全城池,便不能保全百姓。"赵不试说:"观秦通判底意思,莫须投拜番人?"秦仔激愤地说:"知州当知我底心意,我亦是个顶天立地底丈夫汉,岂能辫髪左衽?"赵不试不再说话,他在城上徘徊多时,仰天流涕,然后进城楼写了一封书信,递给秦仔过目。秦仔也不说话,又还给了赵不试。赵不试立即下令,将书信捆在箭上,教军士大喊,用床子弩将书信射向金军的巡绰马队边。有金兵下马,取走了书信。

过了约一个时辰,有一队金军来到南城下,有一个汉儿单骑靠近城楼前,大喊:"请赵氏知州答话!"赵不试在城上应答说:"自家便是大宋相州知州、真定府路安抚使赵不试。"那人当场双手举起一支折断的箭,说:

"大金三太子、右副元帅折箭为誓,若是全城投拜,大金军入城之后,不打掳,不杀一人!"赵不试说:"你可回报三太子,明日当洞开四门,放大金军入城!"那人听后,就和一队金军返回。

秦仔来到赵不试面前,噙着泪水说:"四五知州虽是依我之意,然而我亦当不负知州,不负大宋恩命,不负圣贤所教!"说完,就拔出宝剑,当场自刎。赵不试伏尸恸哭一场,然后吩咐将秦仔的尸体运到州衙,扔进一口井里。

接着,赵不试又召妻子和两子、两女都来到井边,用悲愤的语调说:"城中粮尽援绝,苦守无望,自家们乃是大宋宗室,岂可投拜,然而如不投拜,又何以救得全城生灵?秦通判非是赵姓,今已殉难在前,你们且当如何?"赵不试的妻子说:"奴家自当为国捐躯!"说着,就第一个跳下井去。两子和两女也跟着逐一投井。赵不试高声苦笑说:"至此方是全忠全孝,不负自家底赵姓!"他吩咐吏胥说:"我下井之后,可将此井填塞!"说完,就立即投身井下,吏胥们一面流泪,一面用土将井填平。

金军第二天进入了相州城,完颜讹里朵和完颜挞懒听投降者介绍后,来到填平的井边,完颜挞懒皱着眉头说:"赵知州与秦通判煞是忠臣!可在此修坟立墓。"

杜充得到金军南下的消息,慌忙下令,将黄河决口。黄河决口之后,改道入淮。但暴溢的浊流并不能阻挡金军的攻势。完颜银术可自从汜水关受重创以后,居然大难不死,但他从此只能在后方留守,不能再上战场,直到十一年后,方才病死。完颜粘罕和完颜谷神由于完颜银术可的战败,决定引军东向,他们在十二月转攻北京大名府。

北京城里,北京留守张益谦找提点刑狱郭永、转运判官裴亿和兵马钤辖刘浩紧急商讨对策。刘浩首先说:"虏人秋冬用兵,春夏避暑,大名府城高池深,粮储足备,自可固守,以待朝廷援兵。"裴亿说:"金虏兵势大盛,尤非去冬可比,相州等大藩俱已沦陷,孙子言道:'小敌之坚,大敌之擒也。'不如引军民南撤,方是不得已底上策。"郭永说:"北京屏蔽京东腹地,若是失陷,虏人便可长驱直入。军民南撤平原旷野,虏骑易于奔袭追击,便是置身死地,不如死守,徐挫敌锋,以待外援。"张益谦有气无力地说:"便依郭提刑与刘铃辖底计议。"

郭永提议,由张益谦守北城,刘浩守西城,自己守南城,裴亿守东城,大家并无异议。金军包围了北京城,完颜粘罕和完颜谷神亲自到正南景风门外劝降,萧庆带着一批济南府和东平府的降官,以济南知府刘豫为首,在城下大喊:"今东平、济南二府已降,投拜底受荣华富贵,不投拜底杀无噍类!大名府后援已绝,不降何待!"原来金军进攻济南,骁将关胜出战,屡挫敌人,刘豫却杀害关胜而出降,深得金人好感。郭永在城上大骂说:"刘豫叛臣贼子,有何面目来此!"吩咐部兵用炮和床子弩施放矢石,刘豫等人狼狈退走。

金军开始猛烈攻城,用炮石将城上的楼橹全部打坏。宋军坚持到第二天,大雾弥漫,金军乘机进攻,郭永和刘浩仍然率领军民,在南城和西城打退了敌人。突然城内人声鼎沸,有吏胥急报郭永,说:"张留守与裴运判已开北门与东门,投拜虏人!"郭永的三个儿子上前,拉着父亲的衣袖说:"阿爹,事已至此,莫须突围?"郭永悲愤地说:"我世受国恩,唯当以死报国,如今巢倾卵覆,你们待哪里去?"

在保卫北京的最后战斗中,郭永的三个儿子全部牺牲,而郭永本人则力屈被俘。完颜粘罕和完颜谷神坐在行宫的班瑞殿上,刘豫、张益谦、裴亿等叉手站立两旁,郭永头戴幞头,身穿绿袍,昂然而入,立而不跪。完颜粘罕厉声问话,由萧庆翻译说:"我大军到此,谁敢力沮投拜?"郭永说:"不投拜底便是自家,你何须多问?"萧庆说:"国相念你是个丈夫汉,如今若是回心转意,降服大金,国相当优加官赏。"

郭永瞋着怒目,将一口唾沫啐在张益谦的脸上,右手指着刘豫等人说:"可恨大宋养士一百六十年,出此败类!我恨不能将虏人与败类尽行俎醢,以报国家!"他指天画地,骂声不绝。完颜粘罕说:"速与我押下!"郭永却说:"何不速杀我!我死之后,当率义鬼剿灭你们!"

刘豫此时已经是辫髪左衽的打扮,他站出来,向完颜粘罕恭敬地行女真跪礼,说:"国相爱惜人才,仁至义尽,然而郭永既是不肯降服大金,留于世上,必生患害!"完颜粘罕说:"便由你处分!"刘豫立即拔剑,将郭永的右手砍掉。郭永痛得在地上打滚,殷红的鲜血汩汩地流在殿庭。刘豫又向张益谦等招手示意,张益谦、裴亿等降官就一拥而上,将郭永乱剑砍死。郭永死年五十三岁。北京市民悼念郭永,大家通过吏胥,设法将他的尸体背出府衙埋葬。

大名府的部分守军,在刘浩的指挥下,从西南的安正门突围而出。他们冲破了金军的阻截和追击,最后只剩下二百多人。身受重伤的刘浩到达内黄县界,再也不能支持,他躺在旷地上,嘱咐李廷珪说:"天南海北,你们底去处却是难于寻觅。宗留守逝世,杜充处已是去不得。"李廷珪说:"西京尚有闾太尉与岳统制,自家们唯有去西京。"刘浩说:"甚好!只恨我空有报国之心,已无厮杀之力。寄语岳统制,目今既是沧海横流,奸佞当道,便尤须努力国事,为我报仇!"说完,竟悲愤地睁目而逝。李廷珪与众军士抚尸恸哭一阵,只能将刘浩就地掩埋。他率领这支不大的队伍,历尽艰辛,前往西京洛阳。

东、西两路金军顺利地攻城略地,会师于濮州(治今山东鄄城北)。将帅们的心境已非半年前可比,个个兴高采烈。在州衙内,完颜粘罕、完颜讹里朵等人还是平等地分坐两边。完颜粘罕得意地说:"康王不能用李纲,又气死宗老汉,如今他底江山便是我手中底物事!"完颜挞懒说:"然而东京军中,尚有几个能征惯战底统制,不可轻视。银术可犹且重创于汜水关。"完颜讹里朵说:"此回且攻取京东州县。明年秋冬,可直下淮南扬州,先擒了康王,东京底杜充,亦岂有不投拜之理。"

完颜粘罕用几分讥诮的口吻说:"待你明年秋冬用兵,唯恐康王如一只逃兔,早已去了江南。我已与谷神定议,当乘康王不备,另发精兵,直取扬州。"完颜讹里朵说:"捉拿康王,岂能由西朝廷独自发兵!"完颜粘罕将手一挥,用不容争辩的口吻说:"既是自家们定议,你们不得争功!"完颜讹里朵在这种关键场合是不肯轻易让步的,他说:"你如是独家出兵,我当命人先报康王!"

这句话果然产生了效应,完颜谷神出面圆场,说:"此事干系甚大,自可东、西两朝廷共同发兵。"双方又经过一番商议和争论,决定东、西两军各自出三千精骑,任命西路军的完颜拔离速为东南道都统孛堇,东路军的兀林答泰欲为东南道副都统孛堇,西路军的耶律马五为东南道都监,完颜银术可的长子完颜毅英为先锋。六千骑兵都是清一色正兵,不配备一名阿里喜。完颜粘罕召出征将领训话说:"你们此去,不可攻城,只须直捣扬州,生擒得康王,便是奇功!"完颜讹里朵说:"你们立得奇功,我当禀报郎主叔父,为你们请赏!"他抬出"郎主叔父",是为表明自己的地位决不低于完颜粘罕。

[叁零]
劫难中的团圆

徐庆、于鹏、舒继明、赵宏、霍坚等一百二十七名官兵,自从五马山突围以后,为躲避强敌,在山区一路昼宿夜行。他们没有食物,只能渴饮山泉,尝试用各种野果、蘑菇、树叶之类充饥。他们穿越了信德府和磁州,在九月下旬的一个清晨,来到了相州林虑县界一处秀美的山区,只见山脊有一条玉泉蜿蜒下垂,如飞练千尺,又如珠帘百幅,联翩而下,乍散乍聚,乍缓乍急,乍细乍钜,鸣玉跳珠,潴为明莹澄碧的潭水。

徐庆叹息说:"此地名叫挂镜台,我曾到此,平时煞是仙境一般。只可惜如今却是一夜奔走,饥肠辘辘。"话音刚落,霍坚突然高喊一声,向一个小土堆扑去,以闪电般的动作,双手同时抓住两只肥硕的山鼠,用力向地上一掷,两只山鼠立即被摔死。在没有食物的时候,山鼠当然成了佳食。于鹏赞叹说:"霍太尉如此机敏,端的是电发霆击!"

赵宏却凝视着小土堆说:"此处有一小穴,莫非其中有民间藏粮?"一句话提醒了众人,大家开始用兵器挖土,只见在土堆下,有一块石板,掀开石板,其下果然堆积着麻袋装的粮食,在小穴的出口处,麻袋已被山鼠咬破,溢出了金灿灿的粟米。一百二十七人个个欢呼雀跃。

徐庆说:"自家们仅有百余人,百姓藏粮,只为避敌维生,自家们不可多取,且取十五斛。"他率领众人抬出了十五袋粟米,大家又凑齐了三十贯铜钱,放在粮堆上,再合上石板,重新修整了土堆。与此同时,另一些人早已饥不可耐,他们忙于汲潭水煮饭。在多少天断粮之后,粟米饭的香甜可口,简直难以形容。

众人正在吃饭,在挂镜台后,走出了三个僧人,他们上前,向大家躬身合掌,说:"小僧们委是饥饿难忍,乞施主赐一碗饭,自当不忘恩德。"徐庆此时才留神细看,原来这三个僧人竟是岳翻、高泽民和姚政。由于岳翻和高泽民找不到家眷老小,岳飞另命姚政与他们一同寻找。

双方互相作揖后,岳翻等三人坐下,一面吃饭,一面叙话。岳翻详述了寻找母亲的艰难,他低头叹息说:"自家们直是踏遍了相州底尺地寸土,亦不见妈妈底踪影!"徐庆听后,心头也不免沉重,他真担心姚氏等人已经不在人世,但在表面上,又只能劝慰说:"岳妈妈大忠大义,苍天自当相佑!平原之上,虏骑出没,自难寻访。你们不如与我一同南下,在深山寻觅,或有岳妈妈底踪迹。"

岳翻等人到此地步,也只能随同徐庆南下。他们来到了卫州共城县界的狼石口,舒继明指点群山,向众人介绍了去年在此地抗击完颜兀术大军的情况。于鹏说:"离此不远,便是雁翅口山寨,自家们既来此地,自当去拜见韩清与李孺人。"徐庆说:"当年在平定军时,我与岳五哥等,蒙李孺人厚待,可惜时至今日,亦无以回报,尤须前去拜会。"

这支一百三十人的队伍来到雁翅口山寨,韩清得到报告,就亲自下山迎接。宾主互相作揖,于鹏和舒继明还未向韩清介绍徐庆等人,只见有一个小孩从韩清身后窜跳出来,跪在地上,说:"徐二伯、六叔、表哥,我端的是想杀你们!"原来这个孩子正是年方十岁的岳雲。高泽民第一个扑上前去,搂住了表弟大哭起来。岳翻忙问:"妈妈他们安否?"韩清说:"岳六哥且请放心。他们辗转流离,投奔寨中,幸得平安无事。表姐李十孺人与他们相得甚欢。"徐庆等人连忙向韩清跪拜,说:"感戴韩寨主底大恩大德!"韩清也慌忙将他们扶起,说:"自家们亦曾受你们救助之恩,何须如此!"韩清领众人上山,而岳雲却拉着高泽民,急不可耐地飞奔上山,向岳母姚氏等报告这个天大的喜讯。

实际上,姚氏等人上山还不过六天。他们在岳飞舅父姚茂带领下,组成了二十多人的难民群,辗转来到雁翅口山寨乞食。李娃与几个女子出面周济难民,为他们做饭。突然,一个衣衫蓝缕的孩子来到她面前下跪,称呼她"孺人伯娘"。李娃至此方才辨认出这个孩子竟是岳雲,不由悲喜交集,将他扶起,紧紧搂住,两串泪珠滴落在岳云的头上,她叫着岳云的乳名说:"祥祥,不料奴家与你竟在此相会,你可知奴底全家,仅剩下奴一人?"李娃见到岳云,又勾起了失去亲人的伤痛。

姚氏等万万没有料想到,在山寨上竟有岳云熟识的女子,大家就纷纷按岳云的称呼,再次向李娃行礼,男的喊"感荷孺人",女的喊"孺人万福"。李娃谦恭地还礼道"万福",她恳切地说:"自家们尽是兵燹下受苦受难底人,自当相濡以沫。只恨山寨事力单薄,照顾不周。"她望着这群男女,很快流露出惶惑的目光,因为在人群中竟见不到熟识的刘巧娘。

岳云拉着李娃,逐一介绍自己的亲人,说:"此是自家底婆婆,此是自家底舅公,此是自家底姑姑,此是自家底六婶,此是张四婶。"姚氏、姚茂、岳银铃、芮红奴、高芸香也一一与李娃互相寒暄。李娃望着依偎在岳银铃身边怯生生的岳雷,问道:"此可是鹏举底幼儿?他底妈妈阿刘今在哪里?他底六叔今又在何处?"

姚氏一面流泪,一面向李娃介绍了刘巧娘私奔,岳翻和高泽民去集市出售丝绢,而下落不明的情况。李娃心中一阵酸楚,她噙着泪水,上前抱起了三岁的岳雷,说:"岳妈妈与高四姐且请宽心,鹏举与循礼今在东京留守司统兵,屡立战功,你们相会有期。"她接着又简单介绍了自己的身世以及同岳飞会面的情况。这是岳飞和张宪离家三年以来,姚氏、高芸香等人初次得知从军者的音讯,无疑给终日思亲的女子们带来最大的宽慰。

李娃最后说:"自家们生逢乱世,岳妈妈、高四姐等如此深明义理,奴家煞是钦敬。今日不期相见,却是相见恨晚。只可惜了这个幼儿,面黄肌瘦,不料阿刘竟忍心弃他而去!"她哀怜地抚摸着岳雷,又落下了两串同情的泪珠。姚氏说:"幸得有他底姑姑、六婶与高四姐抚育,便如亲子一般,唯是离乱奔走,免不得忍饥受冻。"

姚氏等在雁翅口山寨落脚以后,李娃事实上就以岳家的媳妇自居,敬老爱幼,对他们尽心照顾。她曾在平定军和岳云相处三年,彼此感情很深,现在更加爱怜两个无母的孩子,她虽然并无后母的身份,却已先尽母亲之责。李娃的年龄小于岳银铃,而大于芮红奴和高芸香,彼此很快就情同姐妹,特别是高芸香,由于文化层次的关系,与李娃更是话得投机。

今天，姚氏正和家人谈论李娃，她说："李孺人贤德，自不须论。她降尊纡贵，厚待自家们，老身亦是扪心有愧。"姚茂用排行称呼姚氏说："三姐，如今五郎与张四哥亦是朝廷命官，与李孺人已是门户相当，五郎曾救得雁翅口全寨老小性命。李孺人沥心厚待，三姐亦不须自卑。"高芸香得知丈夫的确讯，三年间抑郁和愁苦的心境已为之一扫，她说："岳妈妈，姚八舅，依奴家之见，李孺人底贤良，固然无与伦比，而其中亦是另有曲折。"芮红奴问："如何另有曲折？"

高芸香正待回答，只见岳云同一个小和尚，直奔屋内，小和尚跪倒在岳银铃面前，抱住双腿，哭喊"妈妈"。大家方才看清这个小和尚就是高泽民，悲喜交集，唯有芮红奴却格外紧张，她忙问高泽民："你底六舅今在哪里？"岳云抢先回答："六叔即刻上山！"芮红奴也兴奋得落泪，她上前紧紧搂住岳雲，激动得说不出一句话。姚氏以手加额，说："此亦是上苍可怜，神佛护佑，虽是遭逢大劫大难，全家老小亦得完聚！"

身穿丧服的李娃抱着岳雷进屋，经过几天的调理，岳雷的气色已大有好转，他亲昵地搂住李娃的颈部，小脸贴着李娃的脸。原来李娃也听到了徐庆等人上山的消息，她对岳银铃和芮红奴表示祝贺，并且教岳雷说："恭贺姑姑与六婶母子夫妻团圆。"清脆稚嫩的童音，更引起众人的欢笑，这是岳家在三年间从未有过的欢笑。在一片喜庆气氛中，姚氏忽然想起了刘巧娘，她长叹一声，说："如今全家唯是少了阿刘一人！"芮红奴用诙谐的语调说："此亦是阿刘无福，日后伯伯当另娶一个有福底姆姆，孝敬阿姑。"言者无心，听者有意，李娃竟下意识地羞红了脸。别人并未注意李娃的脸色，而聪慧的高芸香却看在眼里。

徐庆、岳翻等上山以后，见到姚氏等人，免不了一番离乱后的悲喜，互诉衷肠。女子们更忙着执爨，芮红奴和高芸香两双巧手，特别显示了高超的技艺，居然将山寨里的粗粝食物，烹调得颇有滋味。宾主们胃口大开，赞不绝口。

饭后，大家会聚在厅堂谈话，徐庆问韩清说："依目今事势，不知韩寨主如何措置？"韩清说："自家们在太行山设寨，只是响应信王与王都统，唯二人马首是瞻。如今信王殉难，王都统又被朝廷传唤去扬州，人心甚是不安。表姐李十孺人屡次劝我当机立断，不可迟疑，在此久留，然而南下亦甚是难事。"李娃说:"此寨男女老幼三千余人,而能战底壮丁不足六百。若是离得山寨,遭虏人拦截,切恐难以支捂。便是到得黄河,若寻觅不得渡船,岂不成了虏人刀俎间底鱼肉。"

姚政说:"我当先去西京,告报岳统制,请他发兵接应。"岳翻说:"我与你同去。"高泽民正想说话,岳银铃却抢先制止,说:"儿子年幼,此回须随奴家同行。"

李娃用徐庆的表字称呼说:"此回祝康来此,委是天赐其便。然而军中不可无主,若欲成事,须是祝康主张。"徐庆推辞说:"自家们途经山寨,蒙韩寨主与李孺人厚待,岂有喧宾夺主之理!"韩清当即向徐庆下跪,说:"表姐所言甚是,我愿听候徐统制使唤!"徐庆急忙将韩清扶起,他还想说话,却被于鹏制止说:"危难时节,徐统制不须拘礼。"李娃又说:"祝康身经百战,多谋善断,你不主张,更有何人主张!"

徐庆当即命令姚政和岳翻启程南下。他详细地询问山寨的各种情况,同众人反复商议,决定先用两天时间,做各种准备,然后放弃雁翅口山寨,沿山路南下。

夜深人静,在李娃房里,岳雷卧床熟睡,而李娃和高芸香却在一盏油灯下,为岳云和岳雷赶着缝制麻布绵袍。高芸香感到眼皮发涩,就略为停一下针黹,她看到李娃仍然在精心缝制,就赞叹说:"慈母手中线。"李娃听到"慈母"两字,下意识地羞红了脸,她不能不用话掩饰:"奴家与祥祥在平定军时,煞是情同母子。"

高芸香抿嘴微笑,她望着李娃微红的脸蛋,望着她身上的衰经丧服,说:"数月之后,便是季团练大祥之时。李十姐以为岳五哥如何?"因为两人的关系亲密,她已不再用"孺人"的尊称。李娃不料高芸香竟已看穿自己的心事,更加感到羞赧,但她毕竟是成年女子,又很快地镇定下来,用一本正经的语调说:"鹏举端的是个'尽忠报国'底英雄。"

高芸香说:"李十姐难道知得岳五哥背上底刺字?"李娃大大方方地解释说:"去冬鹏举与奴家邂逅相遇,为他敷金疮药,以此知得他背刺'尽忠报国'四字,亦知得高四姐为循礼背刺'以身许国'四字,令人钦敬。"

高芸香完全理解李娃的心理,作为一个官宦之家的女子,特别在为亡夫守丧期间,决不肯坦白对岳飞的爱情。她只能现身说法,主动坦白同张宪成婚的经过,说:"女子青春守寡,尤为苦痛,奴家亦是思量再三,唯念机不可失,只得不顾羞耻。不料又被芮十二姐撞破,委是无地自容。幸亏岳妈妈深明事理,一力主张,方得成亲。"李娃也深受感动,她含蓄地说:"唯有高四姐与奴同病相怜,又能推心置腹。"高芸香说:"且请李十姐放心,奴决不声张此事,日后当一力为岳五哥主张此事。"李娃面带羞色,只是伸出右手,紧紧捏住对方的左手,表示谢意。

徐庆为这次南下,进行紧张的策划和安排。他统计人数,雁翅口寨的男女老幼,连同自己带来的将士,合计三千三百人,其中男丁有七百三十人。他部署舒继明率五十名骑士为前锋,赵宏率一百步兵作为第二梯队,自己率领二百步兵押后,于鹏、霍坚和韩清分率其余男丁,护送老弱妇幼。徐庆特别下令说:"不须焚烧山寨,以免引惹虏人。如有虏人来袭,不可惊慌,不论男女老孺,只须退至山上,投石抗击,以待救援。"这支队伍悄然离开雁翅口,井然有序地列队南撤。不料沿途另有其他人群,要求一同南下,徐庆也只能下令收容,将他们重新组织。由于参加者不绝,这支队伍不断扩大,最后竟增加到约五千人。

队伍从卫州共城县地界进入怀州修武县地界,前队报告说,有一支金军,自河东泽州方向进逼而来。徐庆立即命令老弱妇孺到附近山上隐蔽,自己率领壮丁前往迎战。双方在一个较为宽阔的山谷口遭遇。徐庆登高了望,只见金军骑兵自另一山谷中拥出,却无法估计敌人的数量。金军当即发起冲锋。徐庆的步兵已列阵封住谷口,他目测敌骑的距离,下令放箭。他率先一发,命中第一个敌骑,接着又有十多名敌骑中箭倒地。

金军首次冲锋被击退后,徐庆戒励部伍,准备反击敌人的第二次冲锋。不料金军的侧后突然发生混乱。在乱军之中,杀出了一队骑兵,一律头裹红帕,这当然是河东抗金民间武装的标志,一面"太行山忠义保社"血字的白绢旗迎风飘扬,有三个好汉冲杀在前,各人都使一杆鸦项枪,所向披靡。徐庆见到此种情景,马上命令步兵让开一条路,自己和舒继明、霍坚率五十骑急驰直前,又命令于鹏和赵宏率二百步兵随后参战,韩清依然率步兵守住谷口。

这支金军实际上只有一猛安的编制,约有八百人,在战斗中被杀一百五十多人,其余的金骑很快溃退逃窜。徐庆等人和忠义保社的首领互相在马上行礼,通报姓名,并且教韩清前来相见,再三表示谢意。这三名忠义保社首领名叫梁兴、赵云和李进,分别是河东泽州、绛州和平阳府人。徐庆介绍自己方面的情况,说:"三位壮士委是骁勇敢战,不知可有意同去西京?"梁兴说:"河东是故土,自家们当在故土与虏人死战,迎候王师北伐。"徐庆认为不必勉强,就说:"众位壮士立志于故土抗虏,令人钦敬,切望后会有期。"梁兴也说:"恭祝徐统制等一路平安,日后发兵北上之时,与自家们互致音问,共同掩杀虏人,收复我大宋山河。"双方就此告别。

徐庆的队伍来到临近黄河渡口时,只见远处来了一支军马,从绯红色的旌旗和军装判断,应是宋军。但徐庆等人仍不敢懈怠,命令队伍进行戒备,准备弓箭,以防不测。有两骑马自远而近,并且开始大声呼喊,原来正是姚政和岳翻,众人方才放心。姚政和岳翻来到队伍中间,找到姚氏等人,介绍情况,岳翻特别对高芸香说:"张四哥率五百铁骑,前来护卫老小,暂时不得与高四姐相见,他言道,切望高四姐鉴谅。"虽然不过是短短一句话,对高芸香却如同醍醐灌顶,她充分体会到丈夫的深情。

人们只见两行铁骑,一律身披重甲,头戴只露双目的铁兜鍪,从队伍的两边走来,然后挟护着队伍同行。高芸香的目光,努力在难以辨认面目的骑士群中来回搜索,她终于见到一名手执四宋尺六宋寸镔铁四楞铜的骑士,从这件特殊的兵器可以判断,此人必定是自己的丈夫。无比兴奋、激动,甚至还有几分羞怯的复杂心理,使高芸香心头突突乱跳,脸涨通红。

其实,由于女子们大多还戴着盖头,难于辨认,张宪并未看见妻子,就失之交臂。他首先急于到后队寻找徐庆,了解情况,徐庆只同他简单交谈几句,就建议说:"待我节制全军,你当去会多情多义底高四姐。"他给张宪卸脱了指挥的责任,张宪得以单骑来回搜索。他终于在人群中找到了姚氏一行,却还不便下马看高芸香,只是骑马并行。芮红奴发现了张宪,就对高芸香说:"张四哥已在身边,何不前去?"高芸香摇摇头,说:"他如今总率一军,奴家岂可搅扰。"直到队伍抵达黄河岸边,与岳飞的大队相遇,张宪方才下马,拜见了姚氏、高芸香等人。

黄河渡口停泊了四十八条渡船,岳飞的军队则在岸边严阵以待。他首先见到了前队的舒继明和赵宏,就命令他们立即部署老弱妇孺渡河。

岳飞牵着逐电骠,手执丈八钢枪,步行寻找,当他见到姚氏一行时,就放下钢枪,跪倒在地,用十分激动的语调说:"儿子不孝,使妈妈、八舅等受苦受难三年,乞妈妈责罪!"姚氏也尽量克制眼泪,只是激动地说:"五郎为国效力,老身亦足以自慰,军务在身,可免礼速起。"岳飞接着又向岳银铃、芮红奴、高芸香、李娃、韩清等人作揖和寒暄。

岳雲拉着弟弟岳雷上前叩见父亲,岳飞右手抱起分别时不过几个月的幼子,左手搂住长子,眼睛发红,又用十分激动的语调说:"我身为阿爹,未能尽责,今日委是愧见儿子!"岳雲的脸贴着父亲的甲胄,哭着说:"阿爹杀敌,保家卫国,并无亏负儿子,儿子日夜思念阿爹。"岳雷虽然不懂事,也用小脸紧贴父亲的脸,流下两行泪水,不断地喊"阿爹"。面对此情此景,且不说女子们,就是张宪、韩清、姚茂等人也都忍不住眼红或落泪。

岳飞身为一军统制,今天无论如何也得强忍泪水。他突然发现,全家除了母亲和两儿子外,在十月初冬还只是穿着夹衣,特别是李娃也穿着夹衣,大家都瑟缩着身体。岳银铃已经看出弟弟惊异的眼神,就解释说:"李孺人将自家底绵衣送与妈妈,又与高四姐为两个侄儿缝制了绵衣。"岳飞十分感动,他说:"李孺人屈己厚待自家底母子,教我何以为情?"说着,就向李娃长揖,李娃还礼说:"患难时节,尤须抚恤老幼,鹏举不须挂心。"

岳飞又对众人说:"请妈妈与八舅等登船。"姚氏说:"如今你既是一军之主,自家们不可居前,且待众人济渡已毕,最后登船。"岳飞又请韩清和李娃上船,李娃也说:"自家们与岳妈妈一同登船。"于是大家就在河岸等待渡河,徐庆率领的后卫部队最终来到岸边,他见到岳飞,互相作揖慰劳。徐庆说:"如今老小行将渡河,自家心头底千斤重石方始落地。"岳飞说:"国家祸难未已,自家们心头底千斤重石尚未得落地。"

全体军民渡河以后,向巩县城进发。王经等将已在北门等候多时,徐庆的妻子也带着巩岫娟,以急切的心情期盼着亲人。他们见到队伍回归,就出城门迎接。巩岫娟见到牵马步行的岳飞,就飞奔上前,接连大喊"阿爹"。由于有徐庆事先的介绍,岳家对突然出现的义女并不感到惊奇。巩岫娟恭敬地向姚氏以下逐一叩头请安,又高兴地拉着岳雲的手,亲热地叫"哥哥"。姚氏等虽是初次见面,都非常喜爱这个十分懂事和伶俐的女孩。

岳飞进城以后,吩咐张宪、徐庆、岳翻等各自安顿家眷,他本人先安顿了韩清和李娃,还须安顿几千北方的避难者,好在巩县城内外,经战乱后,还有相当多的无人空屋。岳飞急于卸脱铠甲,然后脱下去年李娃赠送的绵袍,说:"此是去冬李孺人所赠,如今当奉还孺人御寒。"李娃恰好见到了在岳飞内衣的左腰,佩着自己所赠的玉环,用红丝绳绾成的同心结,十分鲜艳耀目,不由脸上一阵飞红。岳飞觉察李娃的神色,才想起腰间的纪念品,也有几分羞赧,就急于告别。

李娃却关切地说:"鹏举衣单,又如何御寒?"岳飞说:"李孺人且请宽心,我当另加衣服。"他边说边退,却又被李娃喊住,说:"此行多是雁翅口寨底家眷,奴家与表弟自当同共安置。"岳飞说:"此事如何再由李孺人劳神费心。"李娃和韩清都坚持要和岳飞共同处置安顿事宜。岳飞无可奈何,只得回房另加了一件麻布夹衣,原来在战乱连绵、耕桑废弛的情势下,他也只有一件绵袍。李娃见到岳飞原来只是加穿夹衣,不免颦眉蹙额,心中别有一番滋味,但当着众人的面,也不好意思再说什么。岳飞和韩清、李娃开始处理安顿事务。他很快发现,李娃对此类事务颇为得心应手,处置得有条不紊,男女老少,各得其所,心中不由更多了一重敬慕之意。

张宪带着高芸香来到一间小小的卧室。他的第一个动作,就是脱下自己的绵衣,裹在妻子身上。在众人面前勉力压抑感情的妻子,此时才扑到丈夫怀里,悲声大放,她哭得那么伤心,那么辛酸,又那么痛快,那么甜蜜。张宪也完全明白妻子的心意,他很难找到恰当的语言抚慰,只是深情地用手抚摸妻子的肩背。过了许久,张宪感慨说:"往日唯是梦里相会,今日幸得相会,犹如在梦里。"高芸香此时才开口说:"三夜恩爱夫妻,却是三年生离死别。常言道,丈夫有泪不轻弹,奴家却是女儿有泪不得挥。岳家连遭不幸,奴尚须劝慰,岂能在岳妈妈众人面前哭泣。唯有孤身一人,独自掩泣。此回方是苦尽甘来。"张宪感叹说:"如今却是苦未尽,甘未来。国家奸佞当轴,祸难未已,亦不知何日方得太平?"高芸香说:"不论甘苦祸福,从今须是夫妻共同担当,永不分离。"

久别胜新婚,特别是在饱受患难之余,张宪和高芸香更是恩爱无比。

第二天早晨,高芸香提笔,给丈夫写了一首古诗:

山河已破碎,
中原荡征尘。
一腔报国血,
万缕夫妻情。
新婚痛离乱,
何处藏妾身?
冻馁复艰险,
奔窜尤悲辛。
老幼涸辙鲋,
相濡爱意真。
梦里相思苦,
梦回湿布襟。
三年音问绝,
大愿一朝伸。
风云天借力,
妾身归兵屯。
余生劫难后,
极感夫君亲。
惨祸延四海,
万姓盼经纶。
乾坤震金鼓,
国运仗武臣。
狼烟何时靖?
归耕故园春。

转眼之间,已临近建炎二年岁末,岳飞和张宪突然接到间勍的公文,命令他们前去西京。他们几天后回来,就下令准备行装,说是有东京留守杜充的命令,岳飞的右军须移驻开封,明年初就有紧急军务。间勍当然不愿抽调这支精兵,却又难以违抗杜充,他同岳飞和张宪商议,采取折衷的办法,将右军分为两部,安排岳飞、张宪等率两千人马去开封,而王贵、徐庆、舒继明和赵宏四将率其余一千多人马依然留驻巩县、汜水关一带,由间勋另外调拨兵力,也凑足两千,另立背嵬军。

除夕之夜,岳飞因与王贵等将离别在即,吩咐岳翻和家属共庆团圆,自己另外召集众将设宴。宴会的吃食其实相当简单,只有粟饭麦面,少量的猪羊肉,另加一些齑菜和掺水的薄酒,却是由芮红奴和高芸香精心准备,尽量烹调得可口。岳飞本人只是用一碗井水代酒,特别对王贵等四将致以新年的祝福。这群武人虽有粗豪之气,彼此也难免依依不舍,特别是对国家的前途充满了忧虞之情。

王贵在席间举起酒碗,对岳飞说:"岳五哥,自家们是出生入死底患难兄弟,离别在即,我唯有一言相劝,常言道,小不忍则乱大谋。岳五哥屈居杜充之下,万事切须忍耐。"岳飞沉默不答,张宪说:"自家们在洛阳时,间太尉为此亦已叮咛再三。岳五哥性刚,我当尽力规勉,不致有失。"王经等人也纷纷说:"此事但请王统制放心。"徐庆说:"全仗众太尉协力调护,请满饮一碗!"

建炎二年的岁末,战乱继续向京东和淮南延伸。女真族原来并无历法,如今金朝的元帅和将领,却是在女子群中,美酒席上,尽欢作乐,庆祝金朝天会六年的除夕。唯有完颜拔离速等所率的铁骑,则顾不上休息和作乐,只是昼夜兼程,杀奔扬州。然而在南宋的扬州,从宋高宗的行宫,到黄潜善、汪伯彦等人的府第,仍然是醉生梦死,欢度佳节,似乎北方的战事过于遥远,完全不影响自己的欢愉。当然,也有不少志士仁人,他们无法欢度节日。李纲在流放海南岛的路上,途经澧州(治今湖南澧县)。另一个已经贬谪到岭南的张所,由于浩荡的皇恩,已经量移荆湖南路的首府潭州(治今湖南长沙)。他们本有扭转国运的能力,空有忧心和苦志,而对局势的演变全然无能为力,自己的命运还须听凭皇帝和奸臣的摆布。一场更惨重的劫难,将在新的一年,即建炎三年,迎候着宋朝的百姓。